U0942265

聖經通識手冊

羅慶才、黃錫木主編

基道出版社

▼

聖經通識叢書

聖經通識手冊

A Concise Bible Handbook

主編
羅慶才 Lo, Hing-Choi、黃錫木 Wong, Simon S.M.

系列編委
張達民、張略、孫寶玲、黃錫木

研究編輯
蔡寶琪、許寶瑩

執行編輯
羅慧琪

裝幀設計
郭曉勤

■

出版／發行
基道出版社
香港沙田火炭坳背灣街 26 號富騰工業中心 10 樓 1011 室
LOGOS PUBLISHERS
Unit 1011, 10/F, Fo Tan Ind. Centre, 26 Au Pui Wan St., Shatin, Hong Kong
電話：(852) 2687-0331　傳真：(852) 2687-0281
網址：https://www.logos.com.hk

承印
陽光（彩美）印刷有限公司

●

1/2005 初版　11/2005 二版
Cat. No. LP156-2A
ISBN-10: 962-457-269-0
ISBN-13: 978-962-457-269-8

刷次	15	14	13	12	11	10	9	8	7	6
年份	2030	2029	2028	2027	2026	2025	2024	2023	2022	2021

序言

教會 (或信徒) 和聖經研究學者對研讀和應用聖經，各自有自己的出發點和關注點，兩者之間存在著張力是可以理解的。

教會既高舉聖經的神聖權威，必然認為聖經的信息是劃時代性的，而聖經既然「於教訓、督責、使人歸正、教導人學義都是有益的」(提後三16)，教會就必然會從實用性角度來看聖經，認為聖經可以處理信徒生活處境中的每一個大小問題。無論是同性戀、死刑、民主精神、商業倫理，甚至是生兒育女或瘦身美容等問題，信徒都期望聖經能給予指引和答案。

聖經學者既以客觀研究 (或科學性) 的角度研究聖經，未必能夠回答信眾在生活細節上的實用性問題。首先，幾百年的學術研究歷史，已經為聖經研究建立了一個有規範性和嚴謹的研究學統，亦對每位從事這門研究的學人有一定的要求。就如很多科學研究的結果未必能即時發展出商業製成品，但卻往往成為有突破性新產品的理論基礎，同樣，諸如對古代歷史、宗教、文化和語言的研究，都未必能直接服事教會或回應信徒的需要，但對深入理解聖經，卻是不可或缺的。

其次，科學研究的精神是強調研究的説服力和過程中的可追溯性，至於是否能找出一個絕對的答案，反而不是最重要。本聖經手冊所介紹的各種聖經研究方法，各有利弊長短，採用任何一種方法的學者都不會説，他 (她) 對聖經的解釋是必然絕對正確的。一般聖經學者都會強調，聖經是一部歷史文獻，必須從聖經原作者的原意 (或原讀者所領受的意思) 入手，然後再從中歸納出重要的原則處理時代性問題。在這個過程中，不同的學者很明顯會受其背景影響，以致各人處理數據的假設和方法各有不同。因此，要對某些時代性問題提供具體指引，雖然，我們必須從聖經角度來看，但也必須配合其他學科 (如心理學、社會學、人類文化學、自然科學等) 的研究結果。

在對任何課題的深入研究中，都會發現很多課題的結論都是模稜兩可；學者的訓練是擅長處理這種掙扎、不穩定的心境，而這亦是每一個成長中的信徒必須學習的。很多與信仰有關的課題，可能根本沒有所謂清晰無誤的「答案」。父母對年幼子女的指示都是一清二楚的，但子女漸漸成長，就會知道從前以為是黑白分明的事情，其實不少都是模稜兩可的。這並非說，父母從前錯了，只是在不同階段，教授者的教導方式和受教者的領受均有不同而已。同樣，教會對信徒亦不能只提供單一式的教導，或單純地為捍衛某傳統版本而教導，反而要協助信徒在不同的信仰歷程中，尋索和開闊視野，在多元化的答案中仰望真理的主的帶領。

在神學研究領域中，教會對聖經研究的期望最大，這是可理解的。因此，聖經學者確實責無旁貸，應該以平信徒可明白的語言，深入淺出地表達，以提高信徒對聖經的認知。而本書的起源正好見證著學者對教會的服事。

本書是第一部華文原創，具有學術價值又可讀性高的聖經手冊；內容精簡易明，既適合一般信徒使用，亦可作為教會領袖、傳道同工和神學生的參考書。在編排上，本書有別於傳統的聖經手冊。現時一般(英語)聖經手冊都是以聖經書卷為編排主線，然後在不同書卷的介紹中，插入有關的主題。為方便讀者尋找個別主題，本書把全部內容，共286個條目，按主題分為四類，分別是認識聖經書卷、認識聖經歷史和背景、認識聖經(研究)主題和認識綜合性主題，另附多幅精美圖表、圖片和地圖。此書的特色在於以精簡的表達方式——每條不多於1,000字——深入淺出地從聖經研究的學術角度介紹各個主題的重點。

筆者衷心多謝有份參與撰寫本書的學者，包括張略博士、張達民博士、馮耀榮博士、郭鴻標博士、盧龍光博士、羅慶才博士、吳慧儀博士、孫寶玲博士和鄧紹光博士。他們原來為服事一間教會而付出勞苦，在上帝的旨意裏，其實是要用來服事整個普世華人教會的。多謝羅慶才博士願意與筆者一同參與本書的主編工作，能與這位學長同工，是人生一大快事。

多謝本書的兩位研究編輯許寶瑩姊妹和蔡寶琪姊妹的參與；許寶瑩姊妹協助筆者和羅慶才博士編寫本書「認識聖經歷史和背景」部分中主要的地方條目，而蔡寶琪姊妹則負責審稿和校對全書的工作。多謝基道出版社的編輯和製作部同工的參與，特別多謝編輯主任蔡錦圖先生的統籌和支持。

教會的「聖經（主題）匯通」

筆者在2002年起於香港鑽石山浸信會當上義務傳道時，為提高信徒對聖經和信仰的認識，計劃撰寫短文，附加在周日的崇拜程序表中（隨後出版為《聖經導讀卡》），在一年內逐一介紹聖經各書卷，並且在崇拜中的「聖經（主題）匯通」時段，花3分鐘時間把內容朗讀一遍，讓崇拜成為學習的場合。會眾對這種點滴式的教導模式，十分歡迎，因此翌年（即2003年）延伸至介紹聖經主題，並邀得幾位好友學者拔刀相助，在百忙中抽空為教會撰寫有關的主題。

聖經和基督信仰中的主題之豐富，當然不是52張卡可以完整地介紹完畢的，因此今年繼續介紹主題，由筆者與剛履新的堂主任羅慶才牧師一同編訂。在此刻，我們深覺這3個年度所提及的內容確實十分豐富和實用，而今天的華人基督教讀物中，還未能找到類似的作品。因此，我們便決定把原來只為一間教會提供的點滴教導，結集成書，與華人教會和所有信徒分享。為使本書的內容更豐富和實用，我們把原來156個條目，增至今天的286個。

讀者眼前的這本聖經伴讀，就是源自這樣一個不經意的念頭，而在上帝的恩典帶領之下成就出來的。鑽石山浸信會的弟兄姊妹在這3年來所經歷到的，不只是學會了156個條目的內容，而是體驗到上帝藉著這些條目對他們的信仰生命的啟迪。

本書中所包括的條目，可能不是每一個都適合於崇拜使用，但可用的條目(如聖經書卷、聖經神學、人物、基督徒生活的條目)確實不少。有意在教會採用本書中條目的，可聯絡基道出版社。

黃錫木(代序)

2004年10月1日

* 除特別標示外，本書的經文均引自《新標點和合本》；其他專有名詞則以《基督教聖經與神學詞典》(香港：漢語聖經協會，2003)為依據。

* 文中「*」符號表示之前的詞語為本書的條目之一。

再版序言

感謝上帝，《聖經通識手冊》能在一年內再版，並且獲得基督教出版聯會主辦的第二屆金書獎金獎暨原創神學研經工具書類金獎，這算是上帝給我們10位學者最大的讚賞，亦可反映本書內容對華人教會的適切性。

除了修訂第一版內容上的瑕疵之外，再版還特別重寫了幾個條目：「聖經神學」、「聖經的文學特色」和「舊約歷史書的符類問題」(現改名為「舊約的符類問題」)。在這裏要特別多謝吳慧儀博士和羅慶才博士的辛勞，以及他們那種力求精益求精的精神。

黃錫木

2005年9月30日．香港

目錄

卷一　認識聖經書卷

羅慶才、黃錫木

卷二　認識聖經歷史和背景

張略、羅慶才、孫寶玲、黃錫木

卷三　認識聖經(研究)主題

張略、張達民、馮耀榮、郭鴻標、羅慶才、吳慧儀、
孫寶玲、鄧紹光、黃錫木

卷四　認識綜合性主題

郭鴻標、盧龍光、吳慧儀、孫寶玲、鄧紹光、黃錫木

地圖及圖表目錄

卷一

認識聖經書卷

羅慶才[1]、黃錫木

[1] 此部分「約伯記」和「十二小先知書」兩個條目均由羅慶才博士撰寫。

聖經

聖經（*Bible*）是基督教信仰的中心，亦是信徒信仰生活的指標。整本聖經接近1,500頁，約100萬字，是一本由66卷書組成的古籍文獻集，由30多位來自不同背景、不同年代的作者，歷時1,000至1,500年才寫成。從第一卷書面世至今，可能已有3,000年時間，而最後一卷寫成的書亦距今接近2,000年。

聖經分為「舊約」（Old Testament）和「新約」（New Testament）兩個部分。舊約聖經有39卷書（有些版本更包括次經*，合共51卷），主要以希伯來文*寫成，亦有少數章節是以亞蘭文*寫成；而新約聖經則有27卷書，以希臘文*寫成。

「約」一詞指「協定」或「盟約」。盟約是雙方面的協議，聖經作者以這概念來表達上帝與人之間的關係。

「舊約」實為上帝與人類訂立的「首份盟約」，主動立約的一方是上帝，而受惠者主要是以色列人。舊約聖經就是這份盟約的記錄，指出以色列人必須遵照上帝所訂下的律法典章，上帝才與他們同在。然而，以色列人一而再地背約，證明了上帝的子民不能單憑自己的能力守約，所以上帝要為他們另立新的約。惟有靠賴上帝給予屬祂的人一顆順從祂的心，子民方能守約（耶三十一31～34；來八8～12）。

上帝的兒子耶穌基督*的降世帶來了「新約」，主動立約的一方仍是上帝，但受惠的人已不單是以色列人，而是全人類。新約聖經就是記載這新約的內容。耶穌基督降世，又死在十架上，為世人立下作為上帝子民的榜樣。他不單為每個守舊約而失敗的人(如以色列人)付上代價，同時亦為那些未有機會享受舊約權利的人，付上同等代價，可見這約是惠及全人類的。所有相信耶穌的人——相信耶穌是上帝的兒子，為眾人的罪*死在十字架上，且從死裏復活*，並賜給人新生命的——都得以受惠於上帝所訂立的新約。

整體而言，基督新教(更正教)聖經的書卷排列次序，主要是按體裁分類。舊約聖經書卷可分為4大類：五經*、歷史書*、詩歌智慧書*和先知書*。這種劃分方法反映了英文聖經(亦是拉丁文*聖經)的傳統，可追溯至早期教會所使用的舊約聖經的希臘文版本，即《七十士譯本*》。新約聖經書卷則可分為兩大類：歷史書卷*和書信*(包括啟示錄*)。

聖經不僅是人類的書，更是上帝的書。基督徒相信聖經是上帝給人類全備的啟示*，因此，聖經作者在選材或編寫的過程中，都有聖靈*的保守。保羅*寫信給年輕的傳道人提摩太時，特別提及當時的聖經(即舊約聖經)的權威和效用；他的話不僅指向舊約聖經，實際上也適用於新約聖經。

> 聖經都是上帝所默示的，於教訓、督責、使人歸正、教導人學義都是有益的，叫屬上帝的人得以完全，預備行各樣的善事。(提後三16～17)

舊約

• 這是一份13世紀於法國斯達拉斯堡抄寫的妥拉，用了上等的羊皮抄成，現屬美國加州 Gene Scott 博士的個人收藏。

五經

在舊約書卷的分類上，雖然基督新教(更正教)聖經與猶太人聖經有所不同，但兩者的第一類書卷都是「五經」，包括創世記*、出埃及記*、利未記*、民數記*和申命記*，可見這5卷書在舊約聖經中的重要性。對於猶太教而言，五經更可謂是「經中之經」。

「五經」意即「一書五卷」(英文Pentateuch一詞就有這個意思)，因為在古時的抄傳過程中，這5卷書經常被編列在一起。猶太人傳統稱之為「妥拉」(*Torah*)，這希伯來文字*的意思是「教訓」或「指令」，因為五經是上帝對祂子民的生活指引。

在聖經中，五經又常被稱為「摩西*律法書」(參王下十四6；路二十四44)；在今天，有時會被稱為「摩西五經」，因為摩西是當中的核心人物，而律例的闡述則是書中非常重要的部分，這些律例是由摩西闡述的。然而，5卷書的結集大概是相當後期的事(約公元前7世紀)。無論五經是否全出自摩西的手筆，都不影響它在舊約聖經的地位。

五經所涉及的體裁和內容很多元化。除了家譜和詩歌外，還有現代人印象最深刻的律例闡述，以及與這律法部分緊扣在一起的敘述性故事(申六20～24)。這些故事的主要內容是記述從創世以來直至摩西離世時，上帝在祂所揀選的以色列民族中所施行的事迹，更重要的是描寫上帝(即耶和華)與以色列人的列祖，如挪亞、亞伯拉罕*、雅各(上帝賜名為「以色列」)、摩西等人所立的約。隨著這一連串敘述性故事發展出來的高潮，就是古以色列民出埃及*的故事，以及上帝藉摩西所頒布的十誡。

在書卷次序的編排上，五經是以創世記開始的，藉其敘述性質的故事形式作為其餘4卷書的引子，記述以色列人入埃及的經過及原因（參創五十26）。五經以申命記為終，藉宣告性文體來總結並重申摩西律法及典章，讓以色列人在進入迦南*之前（或接著的日子），確實知道要怎樣堅守上帝與他們所立的約。

十誡固然是猶太人律法的核心，但絕非律法的全部；律法還包括各種禮儀*和詳細的執行規條。傳統猶太教認為，猶太人律法共有613條，而這些規條均可歸納於以十誡為代表的規則裏。對猶太人而言，這些律例旨在使以色列人在地上過著和平敬虔的生活。除了這些以文字記錄的「文載律法／妥拉」（Written Law/ *Torah*）外，猶太人亦同樣重視「口傳律法／妥拉」（Oral Law/ *Torah*）。所謂「口傳律法」，就是指歷代拉比（即老師）對「文載律法」的解釋；這些口傳律法已於公元2世紀陸續被編寫下來。

值得留意的是，在希伯來文聖經中，五經最後的一個字（即申三十四12）是「以色列」，這也許可以表明五經對以色列民族的獨特意義。

創世記

記述世界的被造、伊甸園中人類的墮落、挪亞方舟和洪水的故事，以及族長亞伯拉罕、以撒、雅各和約瑟等人的事迹，從而帶出上帝所開展的救贖計劃。(作者：摩西及後人；公元前12～7世紀期間)

「創世記」這名稱反映現代人對這書最深刻的印象，然而，原本希伯來文*的書名則取自該書的第一個字*bereshith*，意即「起初」。

在希伯來文聖經中，創世記裏經常出現一個鑰字：*toledot*，意即「記載」或「來歷」。按此鑰字，全書分成10個段落，並以一章1節至二章3節有關天地萬物的創造*作為全書的引言。這10個「記載」的段落主題分別是：

1. 對天地的記載(二4～四26)
2. 對亞當的記載(五1～六8)
3. 對挪亞的記載(六9～九29)
4. 對閃、含、雅弗的記載(十1～十一9)
5. 對閃的記載(十一10～26)
6. 對他拉(或亞伯拉罕*)的記載(十一27～二十五11)
7. 對以實瑪利的記載(二十五12～18)
8. 對以撒的記載(二十五19～三十五29)
9. 對以掃的記載(三十六1～三十七1；留意三十六章9節再次出現 *toledot*)
10. 對雅各的記載(三十七2～五十26)

在這結構中，首11章是有關遠古時期的故事，藉著一些具代表性(或象徵性)的人物和事件，向古時讀者解釋有關人類基本元素的起源，包括世界的出現(創造的故事)、罪*和苦毒的出現(亞當和夏娃、該隱和亞伯的故事)、上帝的懲罰(洪水的故事)和人類不同語言(巴別塔的故事)的出現。這些故事的主旨是要顯出人類對知識和權力的追求，如何帶來人與人之間和人與上帝之間的衝突，然而，在這一切衝突之中，全能的上帝仍掌管一切，並開展祂的救贖計劃。

這書亦提到兩個很重要的約，是上帝與以色列列祖所立的。一個是在洪水之後上帝與挪亞所立的約，以彩虹為記號，上帝承諾不再用洪水來懲罰人類(參九1～17)；另一個是上帝與亞伯拉罕所立的約，以割禮*為記號，上帝應許作亞伯拉罕和他後裔的上帝，又將迦南地賜給他和他的後裔，並承諾他的後裔將會成為大國(參十七1～22)。

全書的重心在其餘部分(即十二章～五十26)，目的是要藉著亞伯拉罕、以撒、雅各等人物的故事，帶出以色列——上帝賜予雅各的名字——家族(民族)的誕生，並藉著約瑟的遭遇，解釋這個家族如何從迦南的應許之地遷徙到埃及*。在希伯來文聖經中，創世記的最後一個字是「在埃及」。

在這些兜兜轉轉的人事變遷中，上帝依然掌管著歷史的發展；昔日上帝對以色列列祖的承諾，並未因為這些變遷而改變。上帝不單創造宇宙萬物，祂更掌管一切。

從前你們的意思是要害我，但上帝的意思原是好的，要保全許多人的性命，成就今日的光景。(五十20)

希臘化時代的埃及與敍利亞（公元前2世紀末）

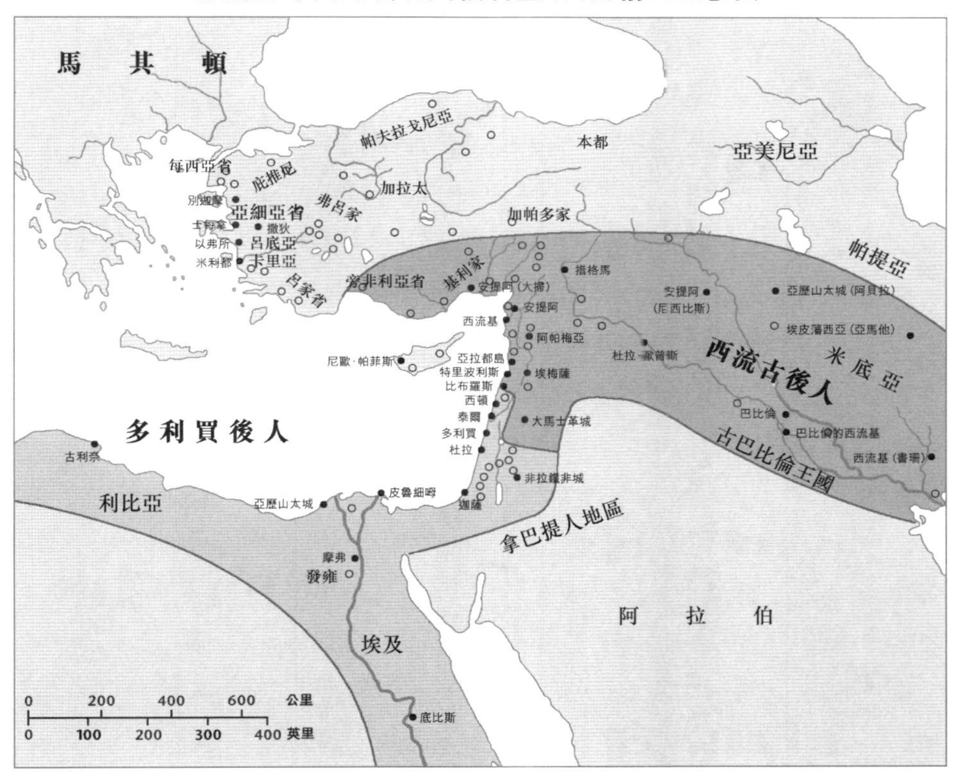

哈斯摩尼王朝年代表

在位年份均為公元前，以*Anchor Bible Dictionary*為依據

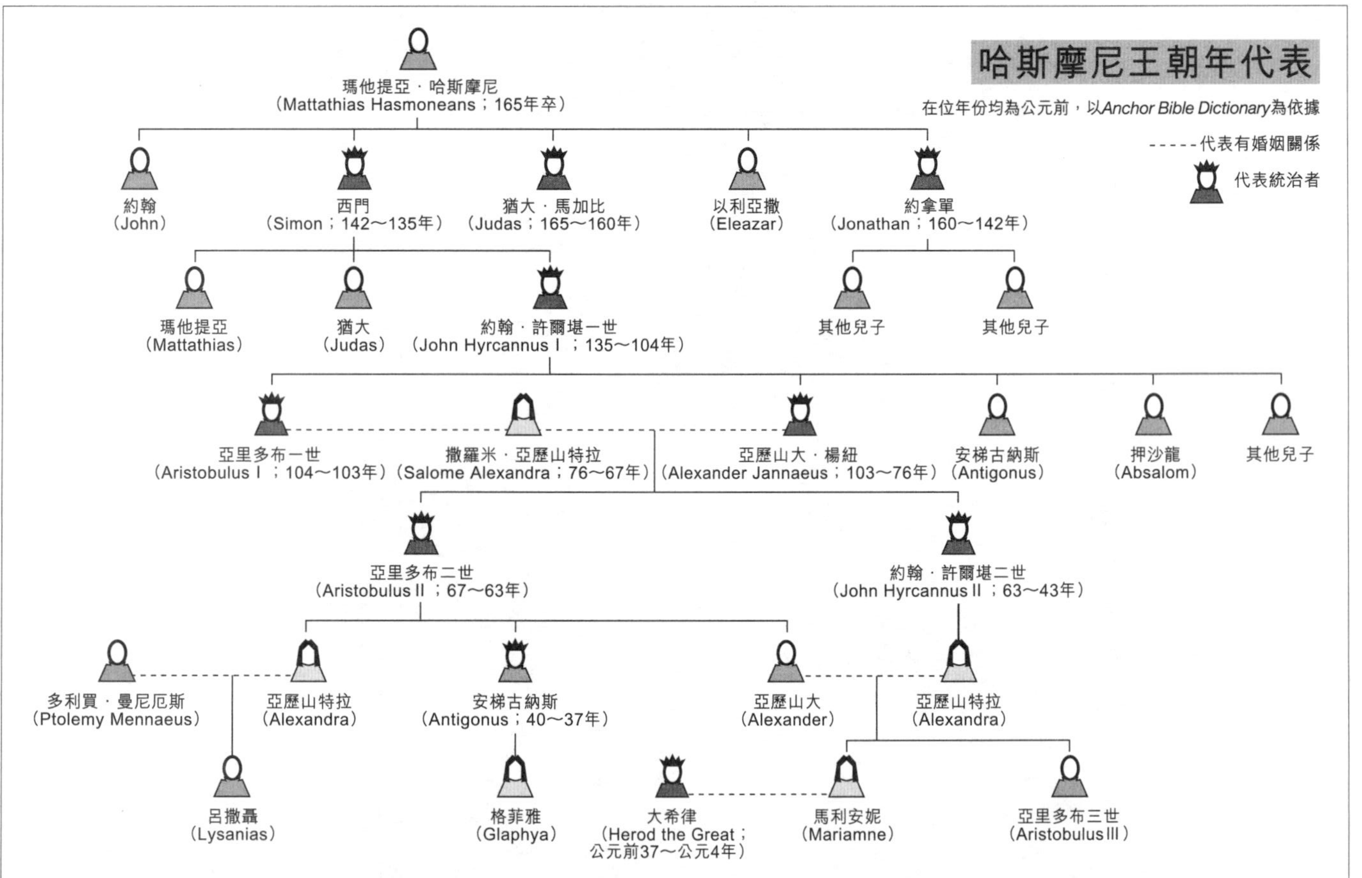

猶太散居地

黃錫木

在新約時代，猶太散居僑民的數目遠超過住在巴勒斯坦本土的猶太人；雖然有些猶太僑民較為開放，但大多數依然謹守猶太傳統。

猶太散居地（*disapora*）是指猶太地（或巴勒斯坦*）或以色列地以外的地方。

在古代社會，移民並非一件光彩的事。除了因經商或逃避饑荒（得一1）、戰亂、迫害（王下二十五25～26；耶四十一1～18）而自願遷徙外，一般猶太人都是被迫移居外地，例如因戰敗被俘擄到別國。自大衛*統一王朝，以色列人先後經歷兩次大規模遷移，分別是被亞述*（公元前722/721；王下十七1～6）和巴比倫*（公元前587/586；王下二十五8～21）強迫的。在兩約時期*，猶太人亦經歷多次遷徙。而在兩次猶太叛亂中，不少猶太人亦遷居到美索不達米亞以東地區。

新約時代，猶太僑民散布羅馬帝國*各地，主要有巴比倫、埃及、敍利亞、小亞細亞和羅馬*；我們甚至可以肯定，猶太散居僑民比住在巴勒斯坦的猶太人還要多。

埃及是最重要和歷史最悠久的猶太散居地。據考古和文獻記載，在埃及最南方的伊里芬丁（Elephantine）的猶太人，曾經於公元前6世紀末建造一座耶和華的殿（但後來被當地人拆毀）。據約瑟夫*所說，在新約時代的埃及就有100萬猶太人。在亞歷山太城，猶太人佔城市總人口的極大部分。他們在政治上自成一體，

居住在自己的地區和城市，延續傳統猶太文化和生活方式。除了埃及，巴比倫也是很重要的城鎮。雖然波斯*王 (公元前538年) 曾經宣布猶太人可以回歸自己的國土，但依然有很多人寧願留在巴比倫 (按典外文獻的記載)，暗示了人民已經在那裏落地生根。公元70年耶路撒冷*淪陷後，巴比倫就成為保留猶太傳統的中心。

住在異教文化當中的猶太人，固然較容易受希羅文化影響，他們雖然未至於放棄自己獨特的信仰與文化，但卻較願意學習希臘文化。不少後期的猶太作品，特別是那些寫於亞歷山太城的作品，均深受希臘哲學的影響，其用詞與寫於巴勒斯坦地的猶太作品，亦有差異。

很多猶太人依然謹守傳統猶太教的教導，男性出生8天便受割禮*。猶太人自小便接受律法的教導，獨尊上帝，拒絕跪拜別的神明及參與任何其他宗教儀式，又謹守一切潔淨*的禮儀、禁食、安息日*及節期*。散居地的猶太人常與其他民族發生衝突和磨擦，這與他們謹守這些習俗有密切關係。於是，在宗教、文化和社交上，會堂*往往成為維繫猶太散居僑民的一個非常重要的活動中心。

這些猶太僑民為保持自己獨特的文化和信仰，和非猶太人的關係常變得緊張；從希臘和羅馬作家常在作品中貶低那些生活在他們當中的猶太人可見一斑。

散居的猶太僑民（公元前1世紀末）

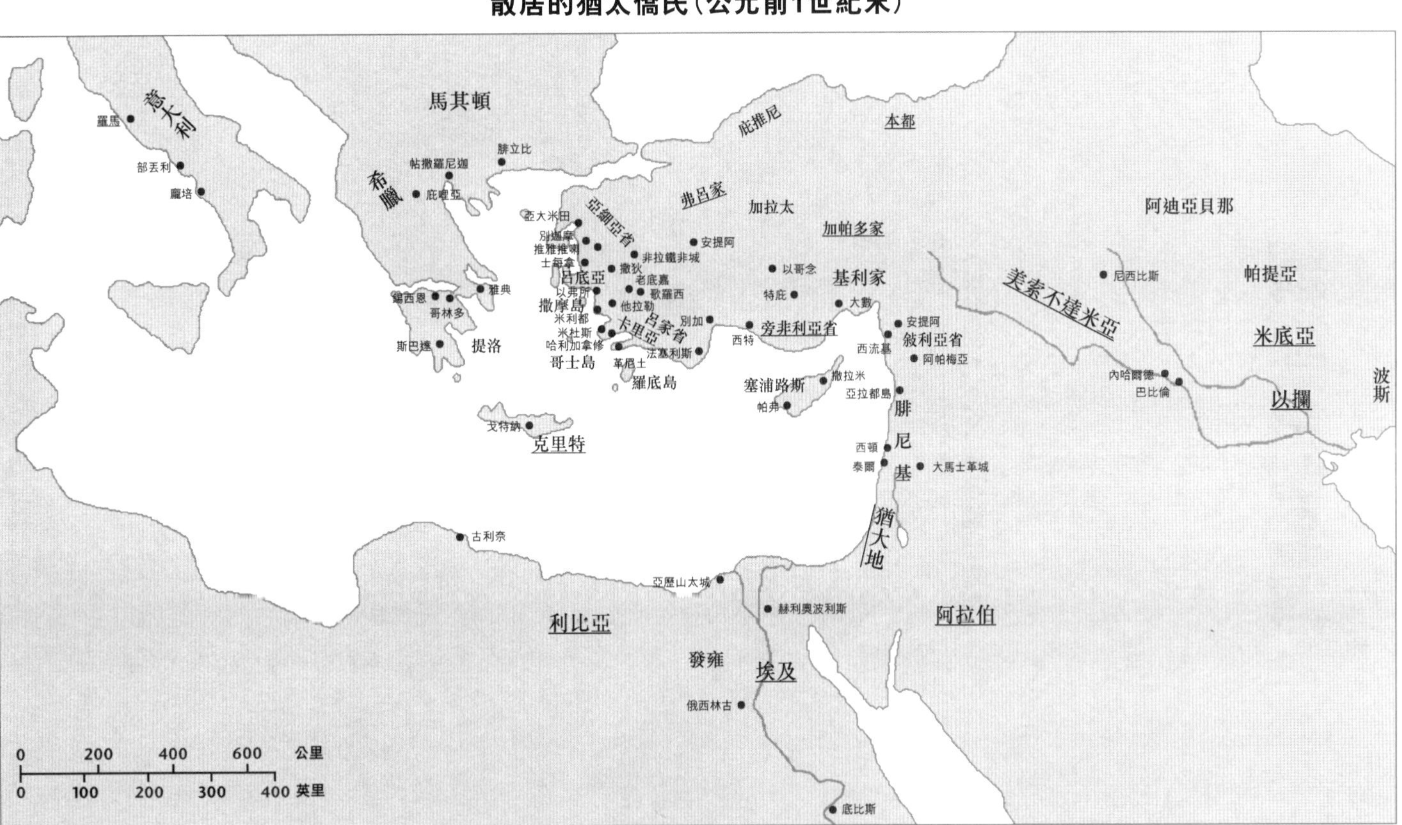

新約歷史簡述

羅馬帝國版圖（公元1世紀末）

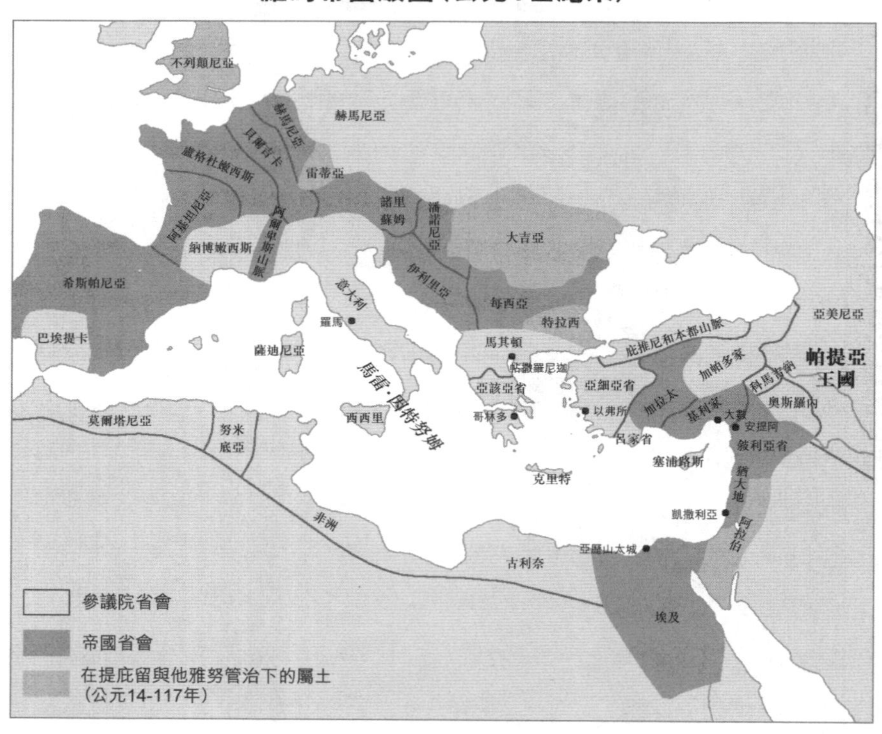

大希律的統治

黃錫木

大希律的統治揭開新約時代的歷史序幕。希律生性殘暴狡猾，不過，他對猶太人社會亦有很深遠的貢獻。

公元前63年，羅馬*將軍龐培 (Pompey) 進軍耶路撒冷*，結束了為期只有80年 (公元前143/142～63年) 的馬加比家族*獨立管治。自此，猶太地一帶成為羅馬中央政府管治的地區，屬敍利亞省。龐培將軍任命馬加比家族*的後人許爾堪二世 (Hyrcanus II；他亦是當時的大祭司*) 管理猶太人事務，他手下其中一位精明的輔臣就是希律的父親安提帕特 (Antipater)。因為這種關係，希律家族*取得羅馬公民的資格。

希律自年幼時已處處表現領導者的風範。他管治加利利*省時只有25歲，當時的加利利省，已經是一個高度自治的省分。希律雖然多次在政治決策上錯下注碼，但他至終仍能得到羅馬王帝的信任。公元前37年，希律正式被羅馬政府封為猶太人的王，使當時的巴勒斯坦地*享有全面的自主權，直接向羅馬負責，歷時35年之久。

希律自知自己不是純猶太血統 (原是以東人)，不能像馬加比家族的成員一樣當大祭司，因此，他極其量只能擔任猶太人的王。為使猶太人視他為哈斯摩尼王朝的合法繼承人，希律娶了許爾堪二世的孫女馬利安妮 (Mariamne) 為妻；又為要使人對其家族忠心，他特別設立擁護自己的猶太派別，就是「希律黨人」。除此以外，他仿效埃及多利買 (Ptolemy) 政府，以組雇傭軍、建立政制和建築防衛體系(其中之一就是瑪撒大*堡壘)鞏固自己的權力。

希律性情殘暴，曾處死自己的兩個妻子、3個兒子，又在耶穌出生時，下令殺害全國兩歲以下的嬰孩(太二16～18)。他的私生活一團糟，曾結婚10次，家庭中數之不盡的問題，都是他的妻子和她們的母親為使自己的子女得到某些優待或特權而產生的。歷史上對希律的為人作出最貼切的評價的，要算是奧古斯都了。當他聽見希律殺了自己的骨肉時，他幽默地說：「當希律的豬，勝過當他的兒子。」

希律是猶太人歷史上最偉大的建築家。他在任期間，大興土木，經營了十多個大城邑，其中最有名的是地中海沿岸的凱撒利亞*。耶路撒冷的建築物，例如歌劇院、浴場和學校等都是他自費興建的，而最重要的，亦因而得到猶太人歡心的，莫過於擴建聖殿*。計劃始於公元前19年，聖殿本身的建築過了不久便落成，但附近的建築和裝飾則花了很多人力和時間；整個工程到公元64年才完成。然而，希律並不是一個虔誠的猶太教信徒，既沒有敬畏的心，也不在乎甚麼是正統；反之，他卻是希羅文化和宗教的熱愛者。

希律在位33年，卒於公元前4年。

耶穌時期的巴勒斯坦地

黎巴嫩
黎巴嫩谷
西連山
黑門
大海（西海）
加利利
基述
巴珊
革尼撒勒湖
基順
他泊
雅姆克河
迦密
耶斯列平原
基利波
約旦
沙崙
基列
以巴路
加里津
亞拉巴
雅博河
加拿溪
山
山
地
非利士平原
示非拉
約旦平原
毘斯迦山坡
尼波
坡
曠
野
死海（鹽海）
高
原
亞嫩河
猶大曠野
哈拉
亞拉巴
撒烈溪
西珥地
0 10 20 30 40 50 60 公里
0 10 20 30 40 英里

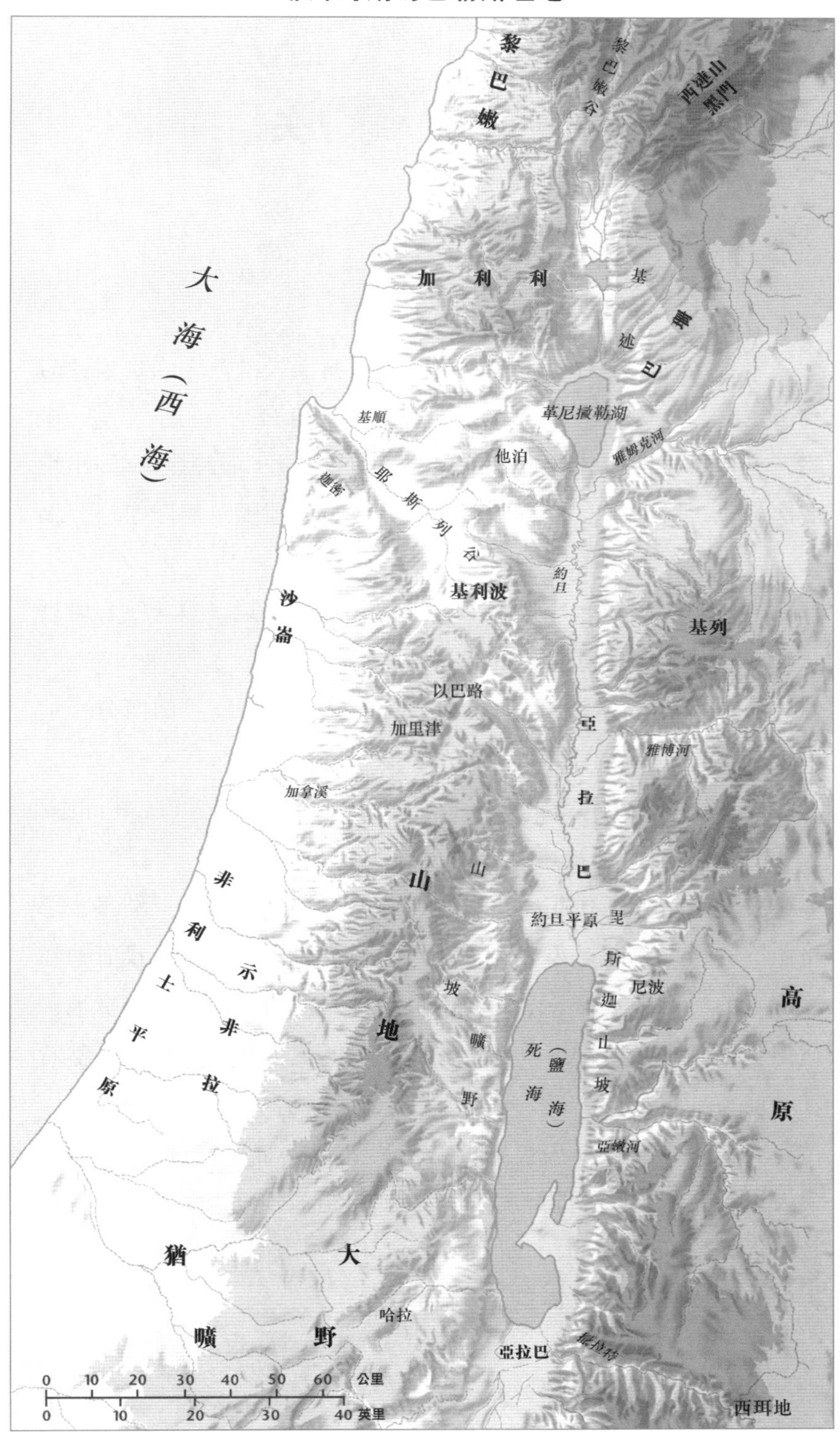

希律的家族

黃錫木

希律的家族是新約時代中最重要的猶太人家族，在這家族的統治下，猶太地的猶太人能享有某程度的自治。

希律在位33年，卒於公元前4年。他死後，耶路撒冷*即出現多次暴亂。騷亂平息後，羅馬政府完成他的遺願，將國家一分為三，交由他的3個兒子治理：

1. 亞基老（參太二22）管治猶太地、撒馬利亞和以土買，是專管理猶太人事務的提督（ethnarch）；
2. 安提帕（Antipas）管理加利利*和比利亞省（Perea）的四分一地區，職銜是分封王（tetrarch）；
3. 腓力（參路三1）承受以土利亞（Iturea）、特拉可尼（Trachonitis）和東北部的附屬地區，作為分封王。

亞基老統治了10年，承襲父親的暴行（參太二22）。結果，耶路撒冷的居民聯同撒馬利亞人*派遣一隊專員到羅馬*，投訴他在治理上的無能和殘酷。羅馬政府最後奪回他的統治權，交由地區巡撫管理，直接向羅馬政府負責；在耶穌誕生時，居里扭是當時敘利亞省的巡撫（路二2）。

與亞基老相反，安提帕的管治與父親大希律*一樣，能與猶太人維持良好關係；耶穌和施洗約翰*傳道旅程經過的地方，主要是安提帕的所屬地（太十四1～12）。不過，施洗約翰卻是被他殺害的，耶穌亦曾被他審訊。

腓力可能是大希律的繼承者中，惟一的好領袖。按約瑟夫*

所記，他愛護人民，尊重猶太人，又沒有耗費人力物力於奢華的建築工程上。他重建了加利利湖一帶多個城市，包括伯賽大，又開拓了凱撒利亞．腓立比這個城市，以自己和羅馬王的名字作為這城的名稱。

大希律另有兩名孫兒也見於新約聖經中，就是亞基帕一世和二世。亞基帕一世的父親被大希律處死，他在羅馬長大，認識了兩位日後成為羅馬王帝的朋友——該猶和克勞第（又稱革老丟）。在他們的幫助之下，他把大希律原本統治的國界重新合併起來。雖然新約聖經記載他把雅各處死，又監禁彼得*（參徒十二1～4），但在猶太人心目中，亞基帕因遵守傳統猶太教的教訓和規條，得到猶太人的敬重。按約瑟夫記載，他是得到怪病而死的（徒十二20～23）。

亞基帕二世在任期間，曾應非斯都之邀請，一起聽保羅*的分訴，而他的妹妹百妮基亦在場（徒二十五13～二十六32）。亞基帕二世完成其祖父大希律修葺聖殿*的計劃，並在耶路撒冷多處街道上，鋪上大理石塊。他雖然敬重猶太教，但仍然忠於羅馬。公元66年，當第一次猶太人叛亂*剛剛開始，亞基帕二世和他的妹妹百妮基竭力勸阻猶太人對抗羅馬政府，但不成功。亞基帕二世不單擴張自己管轄的領土，更與後來成為王帝的提多將軍成為好友。亞基帕二世於公元96年去世，此後，希律家再沒機會直接管理猶太人的事務。

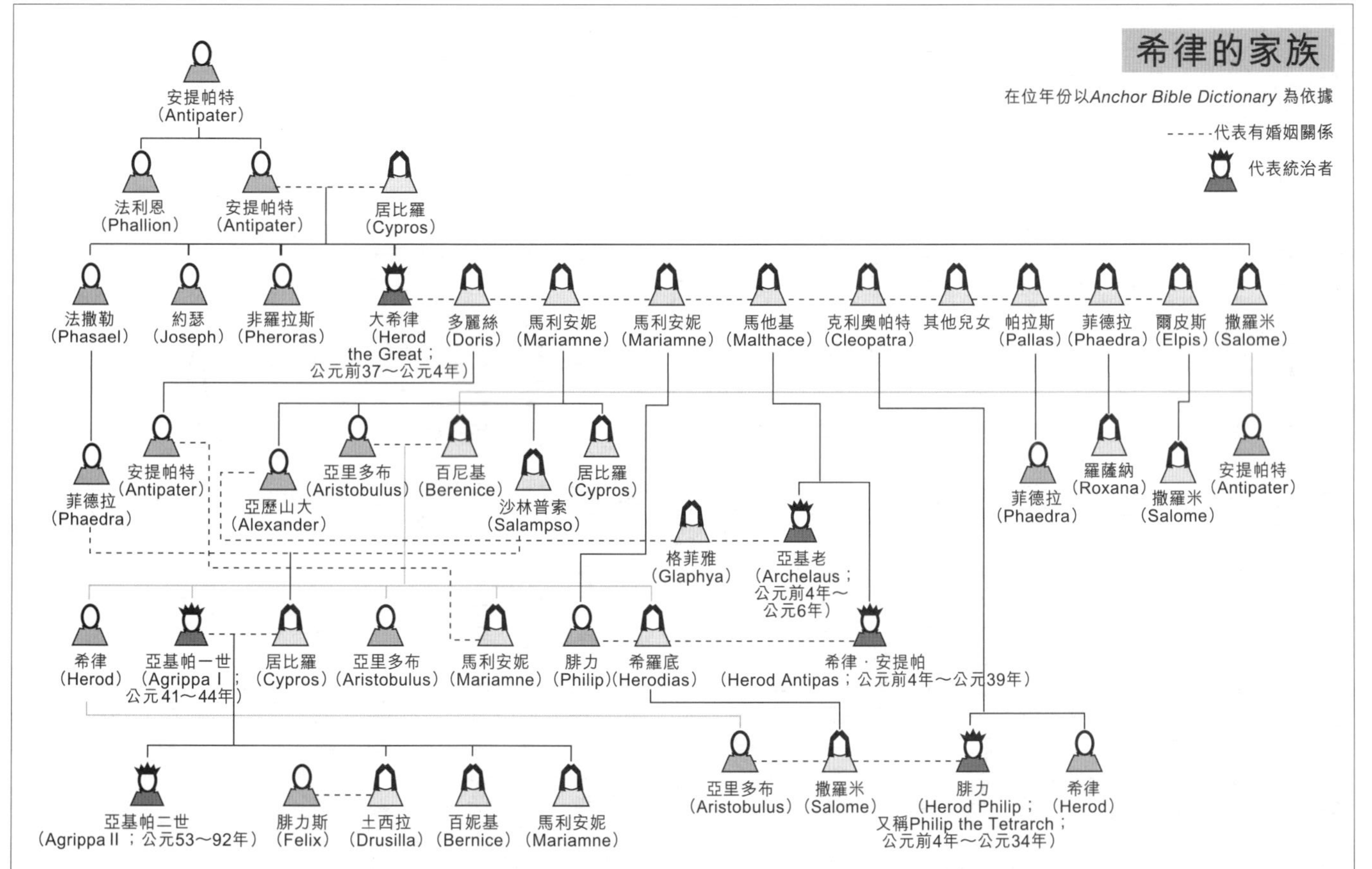
希律的家族
在位年份以Anchor Bible Dictionary 為依據
-----代表有婚姻關係
代表統治者
安提帕特（Antipater）
法利恩（Phallion）
安提帕特（Antipater）
居比羅（Cypros）
法撒勒（Phasael）
約瑟（Joseph）
非羅拉斯（Pheroras）
大希律（Herod the Great；公元前37～公元4年）
多麗絲（Doris）
馬利安妮（Mariamne）
馬利安妮（Mariamne）
馬他基（Malthace）
克利奧帕特（Cleopatra）
其他兒女
帕拉斯（Pallas）
菲德拉（Phaedra）
爾皮斯（Elpis）
撒羅米（Salome）
菲德拉（Phaedra）
安提帕特（Antipater）
亞歷山大（Alexander）
亞里多布（Aristobulus）
百尼基（Berenice）
沙林普索（Salampso）
居比羅（Cypros）
格菲雅（Glaphya）
亞基老（Archelaus；公元前4年～公元6年）
菲德拉（Phaedra）
羅薩納（Roxana）
撒羅米（Salome）
安提帕特（Antipater）
希律（Herod）
亞基帕一世（Agrippa I；公元41～44年）
居比羅（Cypros）
亞里多布（Aristobulus）
馬利安妮（Mariamne）
腓力（Philip）
希羅底（Herodias）
希律．安提帕（Herod Antipas；公元前4年～公元39年）
亞基帕二世（Agrippa II；公元53～92年）
腓力斯（Felix）
土西拉（Drusilla）
百妮基（Bernice）
馬利安妮（Mariamne）
亞里多布（Aristobulus）
撒羅米（Salome）
腓力（Herod Philip；又稱Philip the Tetrarch；公元前4年～公元34年）
希律（Herod）

耶穌生平

黃錫木

雖然我們未能仔細和具體地重構耶穌的一生，但分階段理解耶穌的一生能讓我們更清晰地認識他。

4卷福音書對耶穌一生的言行提供了不少資料，但由於要完全協調這些資料是極其困難，我們不能詳細地重構耶穌一生所做的事，而只能分階段描述他的一生。

耶穌公開傳道前的日子：耶穌的出生、童年、少年和成長經過，直至30歲為止，福音書有關這方面的記載只有100多節。在這段日子，有兩件事是福音書作者很看重的：耶穌領受施洗約翰*的水禮*——顯示耶穌與約翰是一脈相承的；耶穌接受並勝過魔鬼*的試探——象徵他要以得勝者的姿態出現。有關耶穌傳道的年日，雖然馬太福音*、馬可福音*和路加福音*記載耶穌只有一次（亦是最後的一次）上耶路撒冷*，但約翰福音*則清楚記述耶穌曾經3次上耶路撒冷過每年一度的節期*（約二23，五1，六4，十二1）；後者的記載似乎較清晰表達耶穌傳道的時間。

傳道的初期：耶穌在猶太地開始傳道（約三22），在施洗約翰的推舉下，耶穌已有幾位核心的跟隨者（如彼得*、約翰*等）。在這一年半裏，耶穌可能穿梭於猶太與加利利*之間，他突出的言論（如在會堂*講論；路四16～32）和所行的神蹟*已使他薄有名聲（約二23～25，三1～21）；而他「出位」的行為，例如與撒馬利亞人*和外邦人（甚至是婦女）接觸（太十五21～28；約四1～12），亦使他成為猶太領袖針對的對象（約二13～22）。

在加利利傳道：雖然耶穌傳道的活動範圍遍及巴勒斯坦*，但加利利省明顯是福音書作者記載的焦點。耶穌的言論和行徑為他贏得思想較開放的加利利人歡迎。他在眾多的跟隨者中，揀選了12位門徒，成為他的門生和同工，既為他的日常生活和傳道工作打點，亦學習宣講天國*的道理（路九1～2）。除了個別言論的記載，馬太和路加分別把耶穌在不同場合的講論整合成為著名的登山寶訓（太五～七章）和平原講道（路六17～49）。按福音書的記載，耶穌的講論主要以比喻*為主，並且常在被人詢問和挑戰的情況下才闡述某些課題。福音書共記載了35件耶穌所行的神蹟，很多都是在這段日子施行的，其中有一半以上是與醫治*和驅鬼有關，其餘的主要是突顯他超乎自然定律的大能。

上十字架的道路：耶穌知道自己受難的日子近了，便多次向門徒披露此事，然而，門徒既不明白，亦不能接受（可八31～33）。耶穌沿途經過很多地方，在伯大尼，馬利亞用極貴的香膏膏抹耶穌（約十二1～8）；福音書作者認為這是為他的安葬準備的。耶穌花了一整週在耶路撒冷，當中他不忘繼續講道，包括末世*的事情（可十三章）。最後，他在假公濟私的審判之下被處死，死在十字架上。

耶穌生平年表

年份	耶穌生平的重要事件	馬太	馬可	路加	約翰
公元前	**耶穌的出生**				
5	天使傳報耶穌誕生的喜信			一26～38	
5	約瑟的夢	一18～25			
	耶穌的童年				
	耶穌的家譜	一2～17		三23～38	
4	耶穌的降生	一18～25		二1～7	
4	天使與牧人			二8～20	
4	耶穌受割禮並在聖殿奉獻			二21～38	
4	朝拜聖嬰耶穌	二1～12		二8～20	
4/2	逃往埃及、歸來	二13～21			
2	童年的耶穌在拿撒勒	二22～23		二39～40	
公元	**沉寂期**				
8	孩童耶穌在聖殿聽道			二41～52	
	18年沉寂期／預備及傳道初期				
26	耶穌受洗	三13～17	一9～11	三21～22	一29～34
26	耶穌受試探	四1～11	一12～13	四1～13	
27	迦拿婚筵				二1～11
27	耶穌潔淨聖殿	二十一12～13	十一15～17	十九45～46	二14～22
27	耶穌與尼哥德慕談道				三1～21
27	耶穌與撒馬利亞婦人談道				四4～42
27	迦百農的百夫長	八5～13		七1～10	四46下～54
27	耶穌在拿撒勒傳道	十三53～58	六1～6上	四16～30	
	聲名遠播時期				
28	耶穌呼召眾門徒	四18～22	一16～20		
28	耶穌醫治彼得的岳母	八14～15	一29～31	四38～39	
28	耶穌第一次到加利利各城各鄉傳道	四23	一39	四44	
28	利未（馬太）被召	九9～13	二13～17	五27～32	
28	耶穌揀選12個門徒	十1～4	三13～19	六12～16	
28	登山寶訓／平原講道	四24～七27		六17～49	
28	婦人與香膏	二十六6～13	十四3～9	七36～50	十二1～8

28	耶穌第二次到加利利			八1～3	
28	耶穌講論天國的比喻	十三1～52	四1～34	八4～18，十三18～21	
28	耶穌平靜風和海	八23～27	四35～41	八22～25	
28	睚魯【葉魯《現修》】的女兒和患血漏病的女人	九18～26	五21～43	八40～56	
28	耶穌差遣12個使徒	九35～十14	六6下～13	九1～6	
	被敵對時期				
29	施洗約翰之死	十四3～12	六17～29	三19～20	
29	5,000人得飽	十四13～21	六32～44	九10下～17	六1～15
29	耶穌履海	十四22～33	六45～52		六16～21
29	4,000人得飽	十五32～39	八1～10		
29	彼得承認耶穌為基督	十六13～20	八27～30	九18～21	六67～71
29	耶穌醫好生來瞎眼的人				九1～41
29	耶穌改變形像	十七1～9	九2～10	九28～36	
29	耶穌在住棚節上耶路撒冷				七11～52（～十21）
29	拉撒路復活				十一1～44
30	耶穌為小孩祝福	十九13～15	十13～16	十八15～17	
30	瞎子（巴底買）得醫治	二十29～34	十46～52	十八35～43	
30	稅吏撒該			十九1～10	
30	耶穌探望馬大和馬利亞				十一55～十二1
30	耶穌的最後一週	二十一1～二十七66	十一1～十六8	二十二39～二十三56	十二12～十九42
30	耶穌復活的形像	二十八1～20		二十四1～53	二十1～二十一25

初代教會的發展

黃錫木

在短短60多年間，初代教會的人數由只有120人發展成數以萬計，遍布的範圍超越當時羅馬帝國的邊界。

新約聖經沒有在初代教會發展史方面提供完整的資料；路加的使徒行傳*(和保羅書信)所提供的資料主要都是以保羅*為主。對於研究初代教會的發展史，這的確是一個限制，但這卻是聖經作者要我們細察的角度。

耶穌升天之前，他指示使徒要先等候聖靈*降臨，才遍傳復活*的喜訊。他們又選擇了另一個門徒馬提亞，代替出賣耶穌後自殺的猶大，完整保存「12」這個數目，為要標誌一個新的以色列民族。在這時候，這個羣體只有120個信徒。耶穌的預言在五旬節*當天應驗了，按路加的理解，教會*就在這天成立。在當天的宣講*中，有3,000人回應了彼得*的信息，認罪*悔改。這些信徒奉耶穌的名施洗，聚集祈禱*，聽使徒的教訓，守主的聖餐*。

雖然教會的人數不斷增加，但從猶太人來的壓迫亦不斷增加。彼得和約翰*被監禁，之後司提反執事在猶太人引發的騷動中被石頭打死(徒七章)，又有以逼迫基督信徒為榮的掃羅(即保羅)；這種種危機反而成為把福音外傳的契機。路加特別記載腓利的傳道工作，他把福音傳到撒馬利亞人*當中，然後又向一名衣索匹亞(或稱埃塞俄比亞)的太監傳福音*(徒八章)——從猶太人的角度而言，他是一名被雙重詛咒的人。路加要指出，主耶穌的大使命在腓利身上已被落實。

保羅信主（徒九1～19）是初代教會發展的一大轉捩點，因此，從使徒行傳九章開始，他亦成為全書的中心人物。保羅雖然曾經到耶城教會作短暫停留，但之後一直以安提阿為根據地，在基利家省及敍利亞積極投入宣教*工作。公元46至48年，巴拿巴和保羅更遠赴旁非利亞省；這幾年的工作非常成功，亦使初代教會開始思想基督信仰與猶太教的關係。結果，在耶路撒冷*的會議中，耶城教會認同保羅的見解，認為外邦人不需要守割禮*和猶太人的律例，但卻要遠離拜偶像和淫亂等事情（徒十五章）。

這是初代教會發展的新里程。自此，雖然保羅依然受到猶太人的迫害，但他已經和當時耶城教會的領袖取得共識，把福音傳到更遠的地方。於公元49/50至58年，保羅把福音傳至馬其頓和希臘，並在哥林多*和以弗所兩城逗留較長時間。他又藉著上訴羅馬*的機會，把福音帶到西班牙去。

直至公元1世紀末，福音遍傳的範圍已超越羅馬帝國的邊境，東至印度（馬太和巴多羅買），西至羅馬（彼得和馬可），甚至西班牙（保羅曾到那裏），南至埃及的亞歷山太城和亞拉伯半島地區。

第一次猶太人叛亂

黃錫木

於公元66至74年發生的第一次猶太人叛亂，是古代猶太人最慘烈的歷史事件，最後以耶城聖殿被毀告終。

羅馬*政府統治巴勒斯坦*初期（自公元前63年起），與猶太人保持頗良好的關係，這多少是大希律*的功勞。然而，隨著大希律去世，他兒子的暴政，後來羅馬直接指派的巡撫極為腐敗的管治（公元44～66年），以及整體上各地的反閃族情緒，直到公元1世紀中期，很多猶太人聚居的地方已經醞釀了不少騷亂情緒。

根據猶太歷史家約瑟夫*所記，第一次猶太人叛亂是由猶太地巡撫弗洛厄斯的劣行所致的：他搶掠聖殿*的庫房，又大肆屠殺抗議的羣眾。發生這些事後，亞基帕二世和他的妹妹百妮基（兩者都是大希律的孫兒）、大祭司*和法利賽人*企圖說服猶太人不要以武力反抗，但猶太人的憤怒情緒已一發不可收拾。

聖殿的守殿官以利亞撒聯同奮鋭黨*的極端派系刺客黨，一起安排殺戮行動。他們先將亞基帕二世和百妮基趕出耶城，然後佔據城中的羅馬人城堡，殺盡所有羅馬軍隊，甚至連那些溫和派的猶太人也殺害（包括大祭司）。不但如此，刺客黨亦佔據原為羅馬部隊駐守的瑪撒大*（Masada）；至此，原本只屬猶太地的叛亂，已擴展至整個巴勒斯坦地。在這個時候，耶路撒冷*的猶太人變得士氣激昂，他們以為上帝會帶領他們脫離異族的管治。他們組織游擊隊，又在加利利*設防壘。當時本來是祭司的約瑟夫，就是在此時從耶路撒冷被調派到加利利駐守。

雖然在叛亂的初期，猶太人可算是節節勝利，但猶太人的人數與羅馬軍隊的人數，實在不可相比。在羅馬大將軍維斯帕先(Vespasian)的統領之下，叛黨逐步被剷平，而猶太人的內訌亦愈來愈嚴重。公元69年，維斯帕先回羅馬當皇帝，他的兒子提多繼續率領大軍；翌年9月，在惡劣的天氣和缺糧的情況之下，耶城終被攻破，聖殿被摧毀，只剩下瑪撒大的叛黨仍不屈服。

由於地理形勢險要，羅馬軍隊花了很多精力和時間，才成功攻上瑪撒大的城寨。據約瑟夫的記載，猶太叛黨為免被羅馬人凌辱，決定全體自殺。但按近代考古學發現，可能只是一部分叛黨自殺，還有一些人是與攻上來的羅馬人交戰而死的，甚至也有想躲藏或逃走的人。

聖殿被毀以後，猶太的獻祭和祭司制度便徹底廢止了，而領導層轉為法利賽人(後來稱為拉比)執掌。猶太基督徒沒有參與戰爭，並且於叛亂的早期已逃離耶路撒冷，到約旦河外的比拉城(Pella)；由於他們將此次毀滅解釋為上帝的審判[*]，所以第一次猶太人叛亂無疑加深了猶太教和基督教之間的鴻溝。

• 位於死海以西的瑪撒大，為第一次猶太人叛亂的最後據點。

• 公元71年，為了慶祝提多平定第一次猶太人叛亂，羅馬議會宣布在羅馬道上舉行盛大的遊行，特建了一座用木頭和灰泥製的拱門，這位得勝的將軍和猶太俘虜則從其下經過。到公元81年，又用大理石和銅重建這座拱門。

• 拱門雕刻有羅馬士兵搶劫耶路撒冷城聖殿的情景。

新約大事年表

年份（公元）	新約歷史事迹	參考新約經卷	羅馬王朝歷史
公元前4～公元30	**耶穌生平**	**馬太福音、馬可福音、路加福音、約翰福音**	
公元前4	耶穌出生		奧古斯都（公元前27～公元14年）
8	耶穌12歲在聖殿聽道		
26	施洗約翰開始傳道工作；耶穌開始傳道工作		提庇留（公元14～37年）
26～36			猶太總督本丟・彼拉多上任
27～28	施洗約翰被囚		
29	施洗約翰被斬；耶穌過住棚節		
30	耶穌被釘十字架、復活、升天；聖靈在五旬節降臨		
30～100	**早期教會時期**	**使徒行傳**	
35	大數的掃羅信主		
44	約翰的兄弟雅各殉道	雅各書	克勞第（公元41～54年）
46～48	保羅第一次傳道旅程		
49/50	耶路撒冷會議	加拉太書	
49/50～52	保羅第二次傳道旅程	帖撒羅尼迦前、後書	
53～57	保羅第三次傳道旅程	羅馬書，哥林多前、後書	尼祿（公元54～68年）
57	保羅在耶路撒冷被捕		
59	保羅在凱撒面前申訴		
60～62	保羅在羅馬被軟禁兩年	以弗所書、歌羅西書	
62	耶穌的兄弟雅各殉道	腓利門書、腓立比書	
64			尼祿焚燒羅馬
65～67	保羅在羅馬第二次被囚	彼得前、後書，提摩太前、後書，提多書，猶大書	

65～67/68	彼得與保羅在羅馬殉道		迦勒巴、鄂圖、威特留(公元69年)，維斯帕先(公元69～79年)，提多(公元79～81年)
70	耶路撒冷被毀；聖殿被毀	希伯來書	
81～96	多米田逼迫基督徒		
90～95	使徒約翰被逐至拔摩海島	約翰一、二、三書，啟示錄	納華(公元96～98年)

羅馬帝國王帝和任期(至公元2世紀初)

公元前27～公元14年	奧古斯都(Augustus)
公元14～37年	提庇留(Tiberius)
公元37～41年	該猶/加里古拉(Gaius/Caligula)
公元41～54年	克勞第(Claudius)
公元54～68年	尼祿(Nero)
公元68～69年	迦勒巴(Galba)、鄂圖(Ctho)和威特留(Vitellius)
公元69～79年	維斯帕先(Vespasian)
公元79～81年	提多(Titus)
公元81～96年	多米田(Domitian)
公元96～98年	納華(Nerva)
公元98～117年	他雅努(Trajan)
公元117～138年	哈德良(Hadrian)

古代民族和帝國
非利士人

羅慶才

非利士人屬「海民」(Sea Peoples) 的一族，其發源地乃愛琴海一帶的島嶼；雖然非利士人其後從歷史中消失，巴勒斯坦 (Palestine) 地卻因而得名。

包括非利士人在內的「海民」沿陸 (經小亞細亞) 海 (經克里特及塞浦路斯) 兩路遷移到埃及*時，曾摧毀赫人帝國及腓尼基境內各國。到公元前12世紀初，這羣「海民」曾大舉入侵埃及，最後被擊退，自此粉碎其侵佔埃及的野心。當時在位的法老蘭塞三世把被征服的「海民」安置在迦南地沿海平原上。此後，「海民」在那裏建立城邦聯盟，包括5大城市：沿海的迦薩、亞實基倫、亞實突，並內陸的以革倫和迦特 (書十三3)。

按舊約聖經記載，雖然早在列祖時代，亞伯拉罕*與以撒曾接觸非利士人的王亞比米勒 (創二十，二十六章)，然而考古研究發現，非利士人要到較後期才大規模在迦南出現。他們與以色列人其實是差不多同時期到達巴勒斯坦* (公元前13世紀末～12世紀初)，但以色列人初期多聚居於中央山脈之上，故少與非利士人接觸。其後，因兩族人口不斷增長，對土地需求增加，遂無可避免地發生衝突。舊約中士師記*所記載的參孫的故事 (十三～十六章) 及撒母耳記*中所載的示羅*一役 (撒上四～六章)，正是以此為背景。從中可見非利士人的軍事優勢。

當以色列人膏立掃羅為王時，非利士人對以色列人的威脅最大。當時，在便雅憫地的示羅已被非利士人攻破 (撒上四章)，約

櫃被搶走，表示非利士人的勢力已深入以色列的心臟地帶。掃羅統治時，並未能有效阻止非利士人的擴張（撒上三十一章）。到大衛*作王時，才能瓦解非利士人的力量（撒下五17～25，八1，二十一15～22，二十三9～17），並取代非利士，成為區內的霸權。即使如此，兩族的關係仍然相當緊張（王上十五27，十六15～17）。

正當新亞述帝國*在提革拉．毗列色統治下進入高峯時，非利士於公元前734年被亞述征服。直至亞述帝國滅亡為止（公元前612年），非利士雖然在政治上受制於異族，但其經濟卻有重大發展。其後，非利士經歷了巴比倫*及波斯*時期，就逐漸湮沒在歷史裏。

非利士人的文化較接近歐洲愛琴海一帶的邁錫尼（Mycenean）文化。舊約指出以色列人在科技上遠遜於非利士，這與現代考古學的發現大致相符。近期的考古研究顯示非利士人其實有相當發達的文化，經濟則以農業為主，考古研究顯示他們把迦南地的橄欖油經海路出口到其他地區，進行貿易。當非利士人在迦南定居後，逐漸融入當地文化。在宗教上，他們主要信奉大袞（士十六23～25）、女神亞斯她錄（撒上三十一10）和巴力．西卜（王下一2～3），這些皆為古代近東*普遍的神衹。

迦南人

羅慶才

迦南人乃迦南地的原居民，其中包括多個民族，其信仰與文化對以色列有頗為深遠的影響。

「迦南」一詞的起源及意思至今仍未有定論，但自公元前3000年起，就一直作地理名稱用。不過，古代典籍對迦南地的範圍卻沒有明確的界定。約於公元前1500年，「迦南」乃埃及*統治的區域之一，其範圍約北至敘利亞，東面則包括大馬士革及約旦河東高原，南面止於埃及河。舊約聖經大致採納這說法。

「迦南人」並非一個民族，而是一個多元化的族羣。舊約多處經文列舉了組成「迦南人」的各部族名稱(創十五18～21；申七1等)。在以色列民進入迦南*前，當地的政治組織以城邦為主(書九1～2，十1～5，十二7～24)，各自為政，且多有紛爭衝突。迦南人的重要城市多建於迦南區內的平原上，以農業為主。此外，迦南人亦以善於進行買賣交易而聞名(亞十四21)。從現時的資料可知，迦南人的社會結構是金字塔式，階級分明，貧富懸殊，以少數貴族操控大部分經濟資源。

因迦南地以農業為主，其宗教信仰亦與此有關。迦南神祇中主要是巴力，根據當地的神話*傳統，巴力把邪惡之神「大魚」殺死後，就創造*了宇宙萬物。此外，巴力也執掌氣候及萬物的生殖能力，務農者敬拜它就是為了確保有豐盛的收穫。巴力的妻子亞舍拉亦是迦南人所尊崇的神祇之一。

舊約記載迦南人的事迹，往往給讀者這個印象：以色列人對

迦南人深惡痛絕。律法書中三番四次強調以色列人不能與迦南人通婚，不要被他們的宗教敬拜吸引，更要徹底剷除迦南人的敬拜，不然就會成為以色列的網羅，難以自拔。自以色列建立王國*後，所羅門雇用了大量迦南人來建設城市及建造國家設施（如聖殿*）。到大衛*王國分裂*後，有大批迦南人居於北國以色列境內，成為一股強大的政治力量，以致北國的統治者不得不用政治手段，滿足他們的訴求，如為他們建立神廟等（王上十六32～33），以討好他們。此舉在聖經作者眼中，無異是出賣了以色列的一神信仰。

話說回來，以色列人居於迦南區內，少不免受其文化影響。從近代考古學研究得知，以色列的建築風格與迦南人的無異，這包括城市、房屋、敬拜場所等，甚至農業技術、生活方式等亦多有相同之處。然而，另一方面，以色列因信仰的緣故，與迦南本土居民亦有顯著的差異。例如以色列的先知秉承律法的精神，強烈譴責國內貧富懸殊的情況，多番提醒同胞要以公平公義的原則彼此相待。而在律法中，亦以建立一個公平的、沒有貧窮的社會為目標（利二十五章；申十五1～18）。這就是以色列信仰對社會帶來的影響。

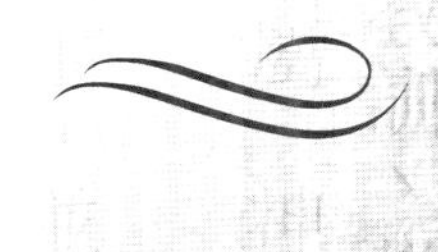

埃及

羅慶才

埃及乃古代文明大國，歷史悠久，對古代近東歷史影響頗深；在舊約時代，更常常企圖染指區內的局勢發展。

埃及位處非洲東北角，東西兩面被茫茫沙漠包圍，南面為高原，尼羅河從上而下流，水流急速，不易逾越，地理環境頗為孤立。不過，地理上的阻隔亦同時成為埃及防守的優勢，使埃及在政治及軍事方面均享有高度穩定的形勢，有利其經濟及文化發展。可稽考的埃及歷史可追溯至公元前3100年，直至公元前322年，始為希臘*多利買(Ptolemy)王朝取代。至其女王克麗佩脱拉(Cleopatra)在公元前31年與羅馬將軍安東尼(Mark Anthony)雙雙自殺後，埃及就被羅馬帝國*吞併，其歷史長達差不多4,000年。在距今約4,000年前，埃及人已建成金字塔——今天被稱為世界七大奇景之一。

埃及的命脈就是尼羅河，其三角洲的土地肥沃，加上氣候穩定，出產豐富(民十一5)，有古代近東的糧倉之稱，是鄰近地區人民饑荒時的避難所(創四十一53～57)。埃及墓室中的壁畫描繪了一些來自巴勒斯坦*的人進出埃及的情況，栩栩如生，讓我們一窺當時的生活面貌。

在法老的統治下，埃及奉行神權政治，統治者被視為神的兒子，地位超然，同時亦扮演大祭司的角色。埃及的社會結構就像金字塔一樣，法老及其親屬於頂端，其下是各階層的知識分子及技術人員，最下層就是普羅大眾。

在舊約時代，埃及與以色列的關係可謂千絲萬縷。埃及本身

的物產雖然豐富，但仍需從以色列人的聚居地迦南進口大量金屬及木材，所以在經濟上，迦南對埃及是非常重要的。另一方面，埃及亦可說是以色列的發源地，因為以色列在當地從一個只有70人的家族，發展成壯大的民族（出一1～7）。至大衛*建立王國時，其政府架構亦是仿效埃及的（撒下八15～18，二十23～26）。當以色列定居迦南後，埃及很多時都想借機影響迦南區內的政治，從中得利。在所羅門作王時，就曾與埃及結盟，娶了法老的女兒為妻，法老把本屬迦南人*的城市基色城相贈作嫁妝（王上九16）。其後，所羅門的臣僕耶羅波安密謀作反，被識破後潛逃至埃及，得埃及法老示撒收留（王上十一40）。到所羅門死後，耶羅波安返國，領導北面10支派脫離大衛家的統治，建立以色列國（王上十二章）。之後法老示撒率領軍隊入侵南北兩國，但觀其行軍路線，其主要對象實在是以色列國（王上十四25～26）。

從公元前8世紀起，隨著亞述帝國*的興起，埃及為要在本身和亞述間設下緩衝區，常常插手迦南區內的事務，扶助備受壓力的以色列及猶大政府（王下十七4，二十三29），但卻不能成事，最終以色列及猶大均先後敗亡於亞述及巴比倫*之手。

亞述

羅慶才

亞述乃古代近東的文明大國，亦為古代近東首個帝國，以好戰及強悍見稱，在以色列歷史中有舉足輕重的地位。

亞述的發源地乃亞施戶城(Assur)，位於底格里斯河東岸，因該地氣候適合畜牧，所以成為遊牧者的聚居處。其最早發現的考古文物為公元前2800至2200年左右，顯示其文化與居於亞述以南的蘇美爾人(Sumerians)相似。亞述人作為一個政治實體，最早可追溯至公元前2000年左右。除本土居民外，還混合了亞摩利人及亞蘭人的血統。

亞述人早期聚居於幼發拉底河和底格里斯河流域的北部，以尼尼微、亞比拉、亞施戶城等地為核心，以農業和畜牧為生，自公元前1900年(古帝國期)始有政治制度及組織。公元前1750至1000年間為亞述發展的高峯期(中帝國期)，曾征服南部的巴比倫*及西面的亞蘭，建立了一個強大的國家。其後經歷了一段低沉時期，但由公元前9世紀初起，亞述又再興盛，至公元前8世紀末至7世紀初達至頂峯，成為歷史上的「新亞述帝國」。然而，亞述的國力自公元前625年起迅速滑落，其國都尼尼微於公元前612年被巴比倫及瑪代聯軍所破，亞述帝國最後於公元前609年滅亡。

和眾多古代近東國家一樣，亞述的社會結構亦是金字塔式的。最上層的是君王貴族，依次為各級官員、平民百姓，最下層的就是奴隸。亞述社會崇尚武力，有軍國主義的傾向，人民從小習武。君王同時是軍隊中的最高統帥，有絕對的權力，他的說話

就是律法；君王權力的惟一掣肘就是社會傳統及宗教習慣。記載在舊約中的官員包括：「他珥探」(總督或總管)、「拉伯撒利」(太監長)和「拉伯沙基」(酒政)(王下十八17)。

經濟方面，亞述土地肥沃，農業及畜牧業均相當發達。此外，亞述政府向對外貿易徵稅，是為亞述經濟來源的第三大支柱。當亞述成為超級大國時，還有外國的貢銀作為第四大收入來源(王下十五19，十六8等)。

除軍事及政治外，亞述在文化方面亦有亘大成就。亞述人承襲了亞甲人(Akkadian)的文化傳統，保存了很多重要的亞甲文獻。亞述巴尼帕王(Ashurbanipal，公元前669～627年)在位時，曾在皇宮中建造圖書館，搜集古巴比倫文獻，並將之存放於此；此圖書館在19世紀中期被發掘出土。在藝術及雕刻方面，亞述亦有卓越的成就，亞述的雕刻家甚有創意，生動地捕捉了古代生活各方面的形態，尤其值得注意的是印鑒，常刻有與亞述宗教有關的主題，為舊約研究提供了重要的參考資料。此外，亞述皇宮中的浮雕亦甚有價值，常刻有古代生活的面貌，如搜獵和皇室花園景色等。另外，浮雕上亦常見古代戰爭的場面，可見古代進行戰事的方式等，實具歷史價值。

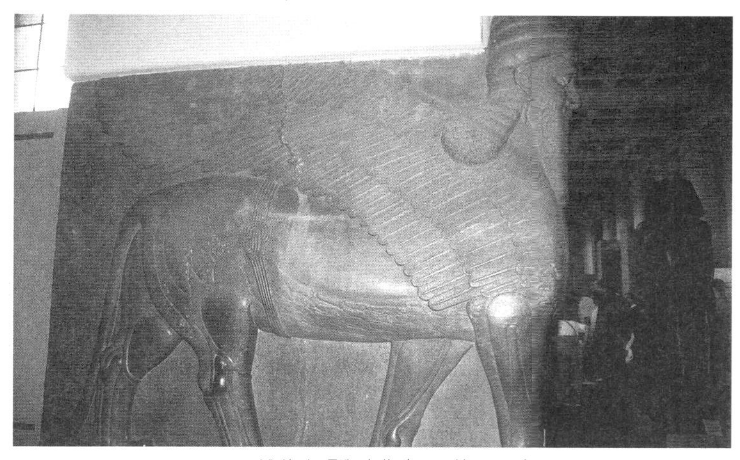

• 亞述的人頭獅身像(公元前9世紀)

巴比倫

羅慶才

巴比倫文化最早可追溯至公元前4000年，屬重要文化發源地之一。

「巴比倫人」所指的是居於美索不達米亞南部，今巴格達至波斯灣海岸一帶的居民。他們自公元前3000年已建立城邦，其後逐漸發展成古代近東的軍事強國。

當以色列人於公元前13世紀末進入迦南*時，巴比倫正受亞述*控制，到8世紀更被亞述統治。不過，至公元前7世紀末，隨著亞述的衰落，巴比倫在尼布甲尼撒二世的領導下，不只擺脫了亞述的掣肘，更建立了新巴比倫帝國，取代亞述成為古代近東霸主，其統治範圍包括迦南地，猶大在內的各國。不過，這段輝煌時期只維持了數十年，至公元前539年，波斯*不費吹灰之力，就推翻了巴比倫帝國。

巴比倫一帶的雨量較少，而幼發拉底和底格里斯兩大河流域地勢平坦，廣泛地區都是沼澤，故此自古以來，巴比倫統治者的天職就是開發及維修灌溉用的輸水道，以利農耕。不過，因土質鹽分較高，故農產以大麥為主。此外，巴比倫是區內棗子產量最多的國家。

巴比倫最早期的政治結構基本是以城邦為主，君主制度成立後，源自城邦時期的一些傳統，如長老的參與，雖仍得以維持，卻已演變成扶助君主執政的工具。其次，廟宇及其祭司在經濟上本來有舉足輕重的地位，但到君主執政時期，其影響力已被大大

希臘化時代的埃及與敘利亞（公元前2世紀末）

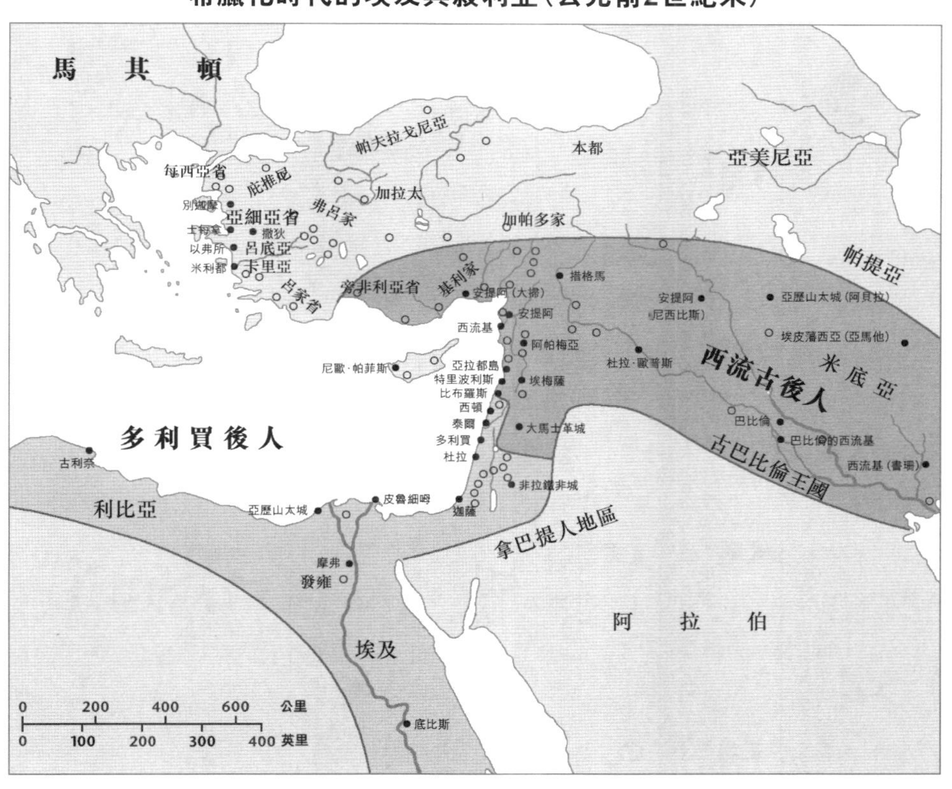

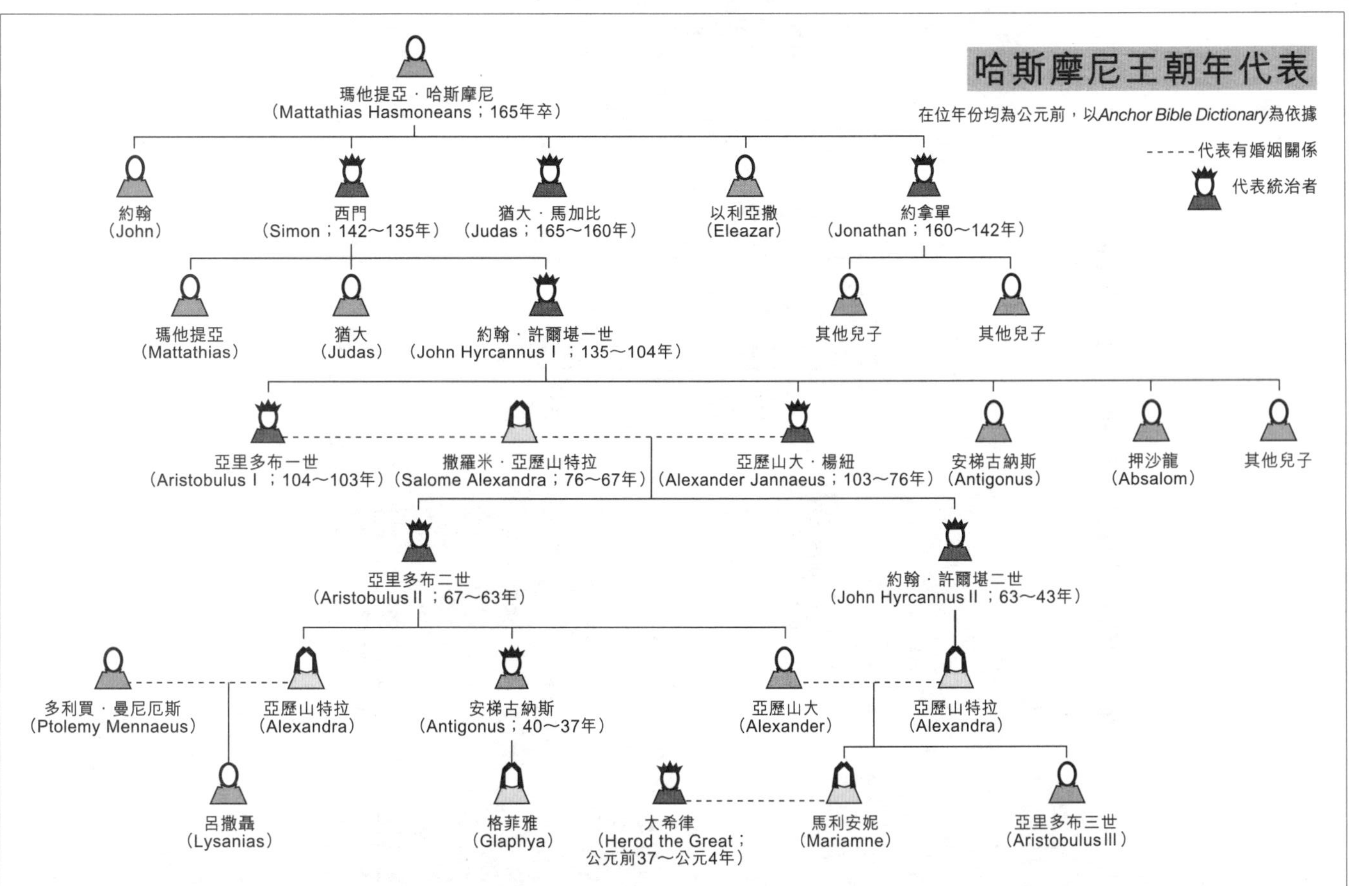
哈斯摩尼王朝年代表
在位年份均為公元前，以Anchor Bible Dictionary為依據
代表有婚姻關係
代表統治者
瑪他提亞．哈斯摩尼
（Mattathias Hasmoneans；165年卒）
約翰
（John）
西門
（Simon；142～135年）
猶大．馬加比
（Judas；165～160年）
以利亞撒
（Eleazar）
約拿單
（Jonathan；160～142年）
瑪他提亞
（Mattathias）
猶大
（Judas）
約翰．許爾堪一世
（John Hyrcannus I；135～104年）
其他兒子
其他兒子
亞里多布一世
（Aristobulus I；104～103年）
撒羅米．亞歷山特拉
（Salome Alexandra；76～67年）
亞歷山大．楊紐
（Alexander Jannaeus；103～76年）
安梯古納斯
（Antigonus）
押沙龍
（Absalom）
其他兒子
亞里多布二世
（Aristobulus II；67～63年）
約翰．許爾堪二世
（John Hyrcannus II；63～43年）
多利買．曼尼厄斯
（Ptolemy Mennaeus）
亞歷山特拉
（Alexandra）
安梯古納斯
（Antigonus；40～37年）
亞歷山大
（Alexander）
亞歷山特拉
（Alexandra）
呂撒聶
（Lysanias）
格菲雅
（Glaphya）
大希律
（Herod the Great；
公元前37～公元4年）
馬利安妮
（Mariamne）
亞里多布三世
（Aristobulus III）

猶太散居地

黃錫木

在新約時代，猶太散居僑民的數目遠超過住在巴勒斯坦本土的猶太人；雖然有些猶太僑民較為開放，但大多數依然謹守猶太傳統。

猶太散居地（*disapora*）是指猶太地（或巴勒斯坦*）或以色列地以外的地方。

在古代社會，移民並非一件光彩的事。除了因經商或逃避饑荒（得一1）、戰亂、迫害（王下二十五25～26；耶四十一1～18）而自願遷徙外，一般猶太人都是被迫移居外地，例如因戰敗被俘擄到別國。自大衞*統一王朝，以色列人先後經歷兩次大規模遷移，分別是被亞述*（公元前722/721；王下十七1～6）和巴比倫*（公元前587/586；王下二十五8～21）強迫的。在兩約時期*，猶太人亦經歷多次遷徙。而在兩次猶太叛亂中，不少猶太人亦遷居到美索不達米亞以東地區。

新約時代，猶太僑民散布羅馬帝國*各地：主要有巴比倫、埃及、敍利亞、小亞細亞和羅馬*；我們甚至可以肯定，猶太散居僑民比住在巴勒斯坦的猶太人還要多。

埃及是最重要和歷史最悠久的猶太散居地。據考古和文獻記載，在埃及最南方的伊里芬丁（Elephantine）的猶太人，曾經於公元前6世紀末建造一座耶和華的殿（但後來被當地人拆毀）。據約瑟夫*所說，在新約時代的埃及就有100萬猶太人。在亞歷山太城，猶太人佔城市總人口的極大部分。他們在政治上自成一體，

居住在自己的地區和城市，延續傳統猶太文化和生活方式。除了埃及，巴比倫也是很重要的城鎮。雖然波斯*王（公元前538年）曾經宣布猶太人可以回歸自己的國土，但依然有很多人寧願留在巴比倫（按典外文獻的記載），暗示了人民已經在那裏落地生根。公元70年耶路撒冷*淪陷後，巴比倫就成為保留猶太傳統的中心。

住在異教文化當中的猶太人，固然較容易受希羅文化影響，他們雖然未至於放棄自己獨特的信仰與文化，但卻較願意學習希臘文化。不少後期的猶太作品，特別是那些寫於亞歷山太城的作品，均深受希臘哲學的影響，其用詞與寫於巴勒斯坦地的猶太作品，亦有差異。

很多猶太人依然謹守傳統猶太教的教導，男性出生8天便受割禮*。猶太人自小便接受律法的教導，獨尊上帝，拒絕跪拜別的神明及參與任何其他宗教儀式，又謹守一切潔淨*的禮儀、禁食、安息日*及節期*。散居地的猶太人常與其他民族發生衝突和磨擦，這與他們謹守這些習俗有密切關係。於是，在宗教、文化和社交上，會堂*往往成為維繫猶太散居僑民的一個非常重要的活動中心。

這些猶太僑民為保持自己獨特的文化和信仰，和非猶太人的關係常變得緊張；從希臘和羅馬作家常在作品中貶低那些生活在他們當中的猶太人可見一斑。

散居的猶太僑民（公元前1世紀末）

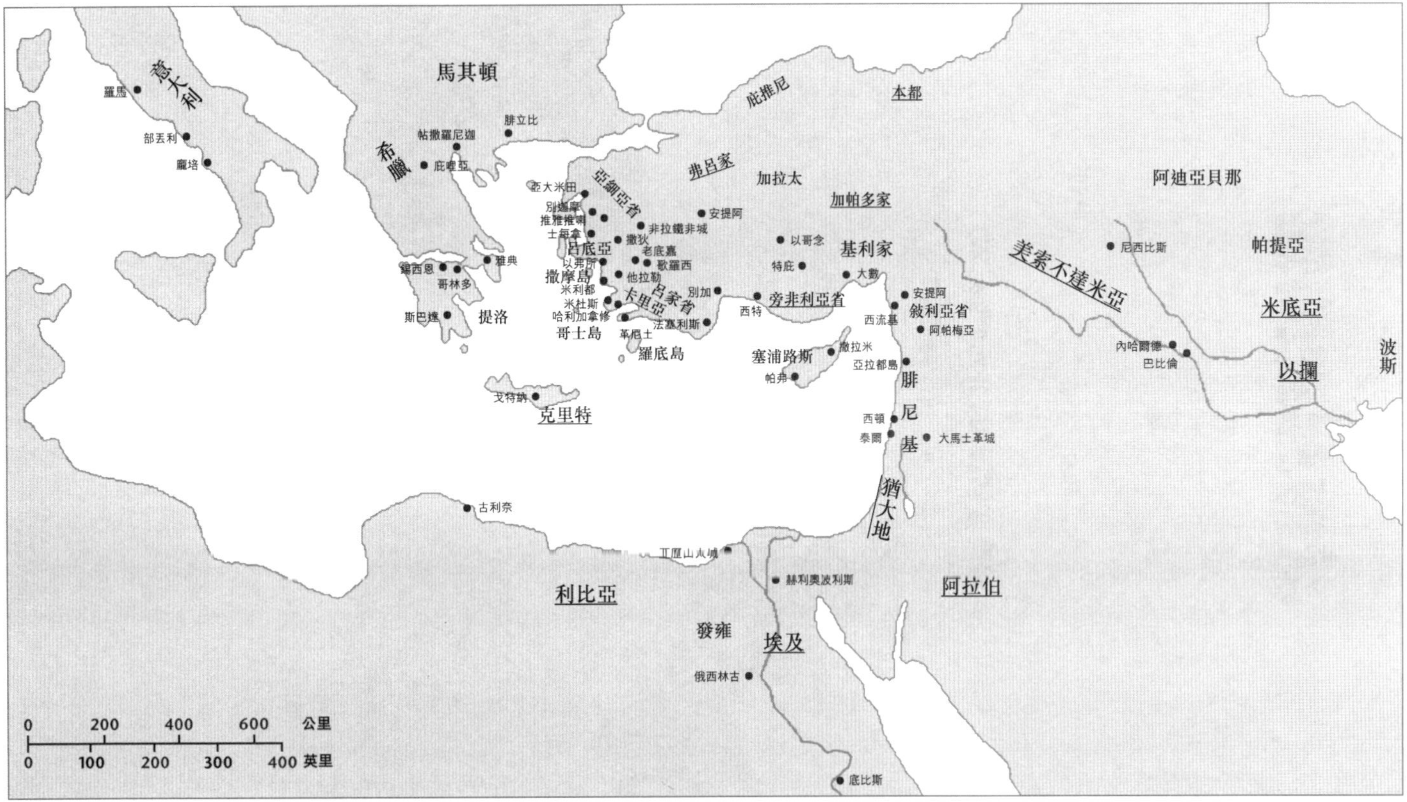

意大利
羅馬
部丟利
龐培
馬其頓
希臘
帖撒羅尼迦
腓立比
庇哩亞
雅典
哥林多
斯巴達
提洛
克里特
戈特納
古利奈
利比亞
亞細亞省
呂底亞
撒摩島
米利都
哥士島
羅底島
卡里亞
呂家省
以弗所
撒狄
老底嘉
歌羅西
他拉勒
非拉鐵非城
安提阿
別加
法塞利斯
弗呂家
加拉太
加帕多家
庇推尼
本都
以哥念
特庇
基利家
大數
旁非利亞省
西特
塞浦路斯
撒拉米
帕弗
安提阿
敍利亞省
西流基
阿帕梅亞
亞拉都島
腓
尼
基
西頓
泰爾
大馬士革城
猶大地
阿拉伯
亞歷山大城
赫利奧波利斯
發雍
埃及
俄西林古
底比斯
美索不達米亞
尼西比斯
內哈爾德
巴比倫
阿迪亞貝那
帕提亞
米底亞
以攔
波斯
0 200 400 600 公里
0 100 200 300 400 英里

新約歷史簡述

羅馬帝國版圖（公元1世紀末）

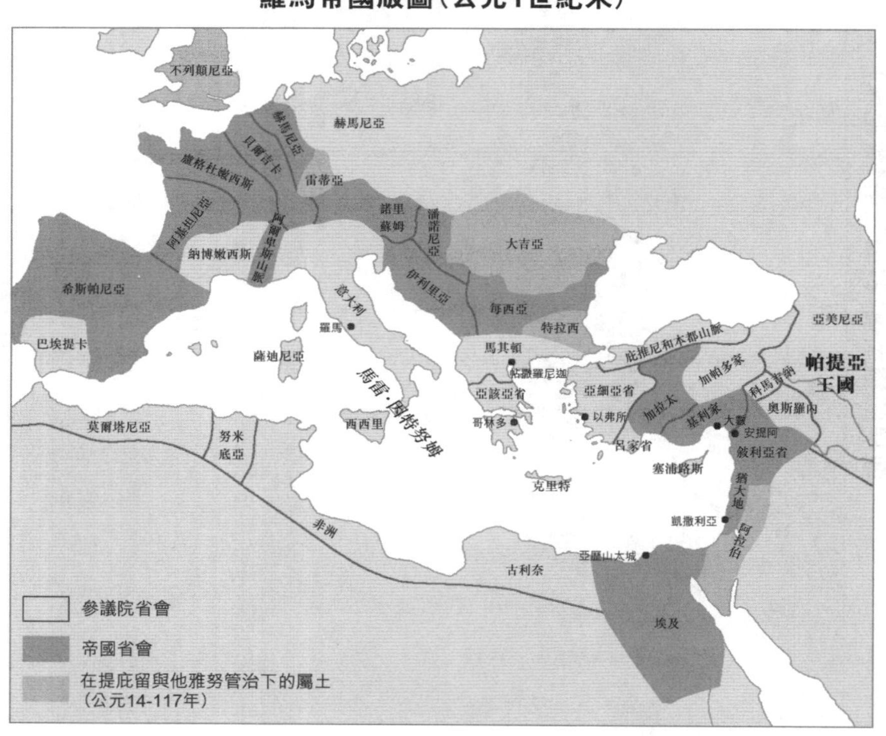

大希律的統治

黃錫木

大希律的統治揭開新約時代的歷史序幕。希律生性殘暴狡猾，不過，他對猶太人社會亦有很深遠的貢獻。

公元前63年，羅馬*將軍龐培(Pompey)進軍耶路撒冷*，結束了為期只有80年(公元前143/142～63年)的馬加比家族*獨立管治。自此，猶太地一帶成為羅馬中央政府管治的地區，屬敍利亞省。龐培將軍任命馬加比家族*的後人許爾堪二世(Hyrcanus II；他亦是當時的大祭司*)管理猶太人事務，他手下其中一位精明的輔臣就是希律的父親安提帕特(Antipater)。因為這種關係，希律家族*取得羅馬公民的資格。

希律自年幼時已處處表現領導者的風範。他管治加利利*省時只有25歲，當時的加利利省，已經是一個高度自治的省分。希律雖然多次在政治決策上錯下注碼，但他至終仍能得到羅馬王帝的信任。公元前37年，希律正式被羅馬政府封為猶太人的王，使當時的巴勒斯坦地*享有全面的自主權，直接向羅馬負責，歷時35年之久。

希律自知自己不是純猶太血統(原是以東人)，不能像馬加比家族的成員一樣當大祭司，因此，他極其量只能擔任猶太人的王。為使猶太人視他為哈斯摩尼王朝的合法繼承人，希律娶了許爾堪二世的孫女馬利安妮(Mariamne)為妻；又為要使人對其家族忠心，他特別設立擁護自己的猶太派別，就是「希律黨人」。除此以外，他仿效埃及多利買(Ptolemy)政府，以組雇傭軍、建立政制

和建築防衛體系(其中之一就是瑪撒大*堡壘)鞏固自己的權力。

希律性情殘暴，曾處死自己的兩個妻子、3個兒子，又在耶穌出生時，下令殺害全國兩歲以下的嬰孩(太二16～18)。他的私生活一團糟，曾結婚10次，家庭中數之不盡的問題，都是他的妻子和她們的母親為使自己的子女得到某些優待或特權而產生的。歷史上對希律的為人作出最貼切的評價的，要算是奧古斯都了。當他聽見希律殺了自己的骨肉時，他幽默地說：「當希律的豬，勝過當他的兒子。」

希律是猶太人歷史上最偉大的建築家。他在任期間，大興土木，經營了十多個大城邑，其中最有名的是地中海沿岸的凱撒利亞*。耶路撒冷的建築物，例如歌劇院、浴場和學校等都是他自費興建的，而最重要的，亦因而得到猶太人歡心的，莫過於擴建聖殿*。計劃始於公元前19年，聖殿本身的建築過了不久便落成，但附近的建築和裝飾則花了很多人力和時間；整個工程到公元64年才完成。然而，希律並不是一個虔誠的猶太教信徒，既沒有敬畏的心，也不在乎甚麼是正統；反之，他卻是希羅文化和宗教的熱愛者。

希律在位33年，卒於公元前4年。

耶穌時期的巴勒斯坦地

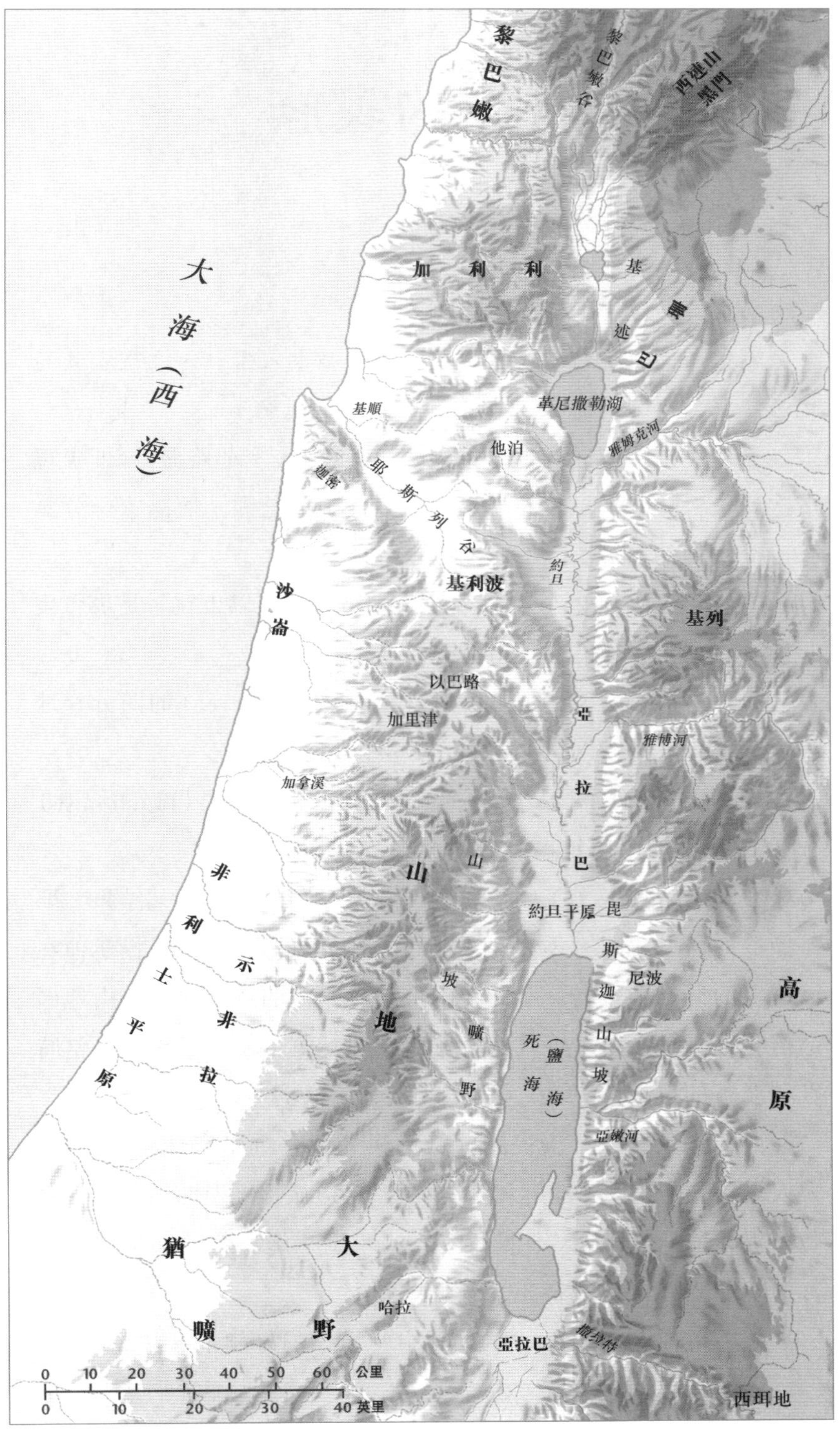

希律的家族

黃錫木

希律的家族是新約時代中最重要的猶太人家族，在這家族的統治下，猶太地的猶太人能享有某程度的自治。

希律在位33年，卒於公元前4年。他死後，耶路撒冷*即出現多次暴亂。騷亂平息後，羅馬政府完成他的遺願，將國家一分為三，交由他的3個兒子治理：

1. 亞基老(參太二22)管治猶太地、撒馬利亞和以土買，是專管理猶太人事務的提督(ethnarch)；
2. 安提帕(Antipas)管理加利利*和比利亞省(Perea)的四分一地區，職銜是分封王(tetrarch)；
3. 腓力(參路三1)承受以土利亞(Iturea)、特拉可尼(Trachonitis)和東北部的附屬地區，作為分封王。

亞基老統治了10年，承襲父親的暴行(參太二22)。結果，耶路撒冷的居民聯同撒馬利亞人*派遣一隊專員到羅馬*，投訴他在治理上的無能和殘酷。羅馬政府最後奪回他的統治權，交由地區巡撫管理，直接向羅馬政府負責；在耶穌誕生時，居里扭是當時敍利亞省的巡撫(路二2)。

與亞基老相反，安提帕的管治與父親大希律*一樣，能與猶太人維持良好關係；耶穌和施洗約翰*傳道旅程經過的地方，主要是安提帕的所屬地(太十四1～12)。不過，施洗約翰卻是被他殺害的，耶穌亦曾被他審訊。

腓力可能是大希律的繼承者中，惟一的好領袖。按約瑟夫*

所記，他愛護人民，尊重猶太人，又沒有耗費人力物力於奢華的建築工程上。他重建了加利利湖一帶多個城市，包括伯賽大，又開拓了凱撒利亞．腓立比這個城市，以自己和羅馬王的名字作為這城的名稱。

大希律另有兩名孫兒也見於新約聖經中，就是亞基帕一世和二世。亞基帕一世的父親被大希律處死，他在羅馬長大，認識了兩位日後成為羅馬王帝的朋友——該猶和克勞第（又稱革老丟）。在他們的幫助之下，他把大希律原本統治的國界重新合併起來。雖然新約聖經記載他把雅各處死，又監禁彼得*（參徒十二1～4），但在猶太人心目中，亞基帕因遵守傳統猶太教的教訓和規條，得到猶太人的敬重。按約瑟夫記載，他是得到怪病而死的（徒十二20～23）。

亞基帕二世在任期間，曾應非斯都之邀請，一起聽保羅*的分訴，而他的妹妹百妮基亦在場（徒二十五13～二十六32）。亞基帕二世完成其祖父大希律修葺聖殿*的計劃，並在耶路撒冷多處街道上，鋪上大理石塊。他雖然敬重猶太教，但仍然忠於羅馬。公元66年，當第一次猶太人叛亂*剛剛開始，亞基帕二世和他的妹妹百妮基竭力勸阻猶太人對抗羅馬政府，但不成功。亞基帕二世不單擴張自己管轄的領土，更與後來成為王帝的提多將軍成為好友。亞基帕二世於公元96年去世，此後，希律家再沒機會直接管理猶太人的事務。

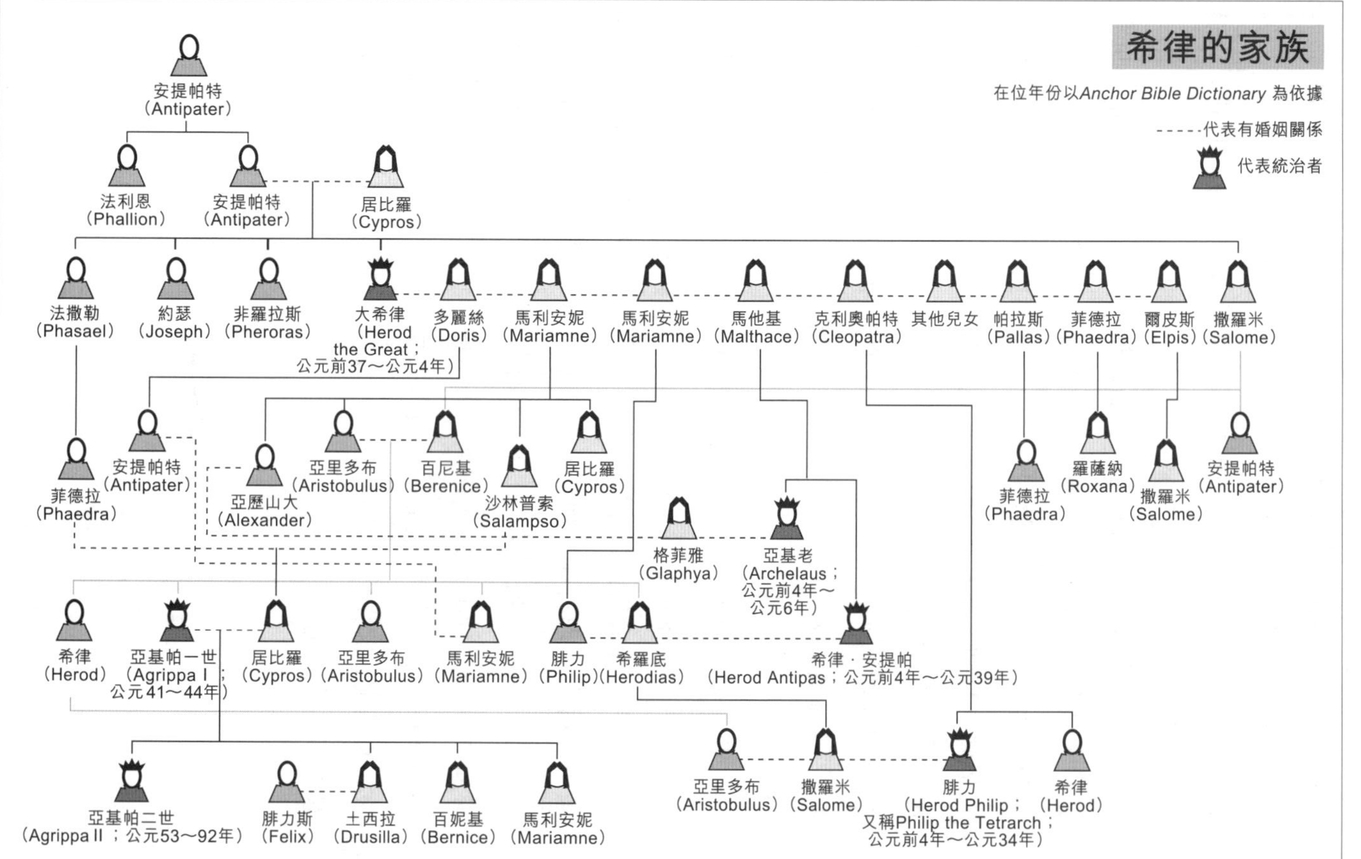
希律的家族
在位年份以Anchor Bible Dictionary 為依據
-----代表有婚姻關係
代表統治者
安提帕特（Antipater）
法利恩（Phallion）
安提帕特（Antipater）
居比羅（Cypros）
法撒勒（Phasael）
約瑟（Joseph）
非羅拉斯（Pheroras）
大希律（Herod the Great；公元前37～公元4年）
多麗絲（Doris）
馬利安妮（Mariamne）
馬利安妮（Mariamne）
馬他基（Malthace）
克利奧帕特（Cleopatra）
其他兒女
帕拉斯（Pallas）
菲德拉（Phaedra）
爾皮斯（Elpis）
撒羅米（Salome）
菲德拉（Phaedra）
安提帕特（Antipater）
亞歷山大（Alexander）
亞里多布（Aristobulus）
百尼基（Berenice）
沙林普索（Salampso）
居比羅（Cypros）
格菲雅（Glaphya）
亞基老（Archelaus；公元前4年～公元6年）
菲德拉（Phaedra）
羅薩納（Roxana）
撒羅米（Salome）
安提帕特（Antipater）
希律（Herod）
亞基帕一世（Agrippa I；公元41～44年）
居比羅（Cypros）
亞里多布（Aristobulus）
馬利安妮（Mariamne）
腓力（Philip）
希羅底（Herodias）
希律．安提帕（Herod Antipas；公元前4年～公元39年）
亞基帕二世（Agrippa II；公元53～92年）
腓力斯（Felix）
土西拉（Drusilla）
百妮基（Bernice）
馬利安妮（Mariamne）
亞里多布（Aristobulus）
撒羅米（Salome）
腓力（Herod Philip；又稱Philip the Tetrarch；公元前4年～公元34年）
希律（Herod）

耶穌生平

黃錫木

雖然我們未能仔細和具體地重構耶穌的一生，但分階段理解耶穌的一生能讓我們更清晰地認識他。

4卷福音書對耶穌一生的言行提供了不少資料，但由於要完全協調這些資料是極其困難，我們不能詳細地重構耶穌一生所做的事，而只能分階段描述他的一生。

耶穌公開傳道前的日子：耶穌的出生、童年、少年和成長經過，直至30歲為止，福音書有關這方面的記載只有100多節。在這段日子，有兩件事是福音書作者很看重的：耶穌領受施洗約翰*的水禮*——顯示耶穌與約翰是一脈相承的；耶穌接受並勝過魔鬼*的試探——象徵他要以得勝者的姿態出現。有關耶穌傳道的年日，雖然馬太福音*、馬可福音*和路加福音*記載耶穌只有一次(亦是最後的一次)上耶路撒冷*，但約翰福音*則清楚記述耶穌曾經3次上耶路撒冷過每年一度的節期*(約二23，五1，六4，十二1)；後者的記載似乎較清晰表達耶穌傳道的時間。

傳道的初期：耶穌在猶太地開始傳道(約三22)，在施洗約翰的推舉下，耶穌已有幾位核心的跟隨者(如彼得*、約翰*等)。在這一年半裏，耶穌可能穿梭於猶太與加利利*之間，他突出的言論(如在會堂*講論；路四16～32)和所行的神蹟*已使他薄有名聲(約二23～25，三1～21)；而他「出位」的行為，例如與撒馬利亞人*和外邦人(甚至是婦女)接觸(太十五21～28；約四1～12)，亦使他成為猶太領袖針對的對象(約二13～22)。

在加利利傳道：雖然耶穌傳道的活動範圍遍及巴勒斯坦*，但加利利省明顯是福音書作者記載的焦點。耶穌的言論和行徑為他贏得思想較開放的加利利人歡迎。他在眾多的跟隨者中，揀選了12位門徒，成為他的門生和同工，既為他的日常生活和傳道工作打點，亦學習宣講天國*的道理（路九1～2）。除了個別言論的記載，馬太和路加分別把耶穌在不同場合的講論整合成為著名的登山寶訓（太五～七章）和平原講道（路六17～49）。按福音書的記載，耶穌的講論主要以比喻*為主，並且常在被人詢問和挑戰的情況下才闡述某些課題。福音書共記載了35件耶穌所行的神蹟，很多都是在這段日子施行的，其中有一半以上是與醫治*和驅鬼有關，其餘的主要是突顯他超乎自然定律的大能。

上十字架的道路：耶穌知道自己受難的日子近了，便多次向門徒披露此事，然而，門徒既不明白，亦不能接受（可八31～33）。耶穌沿途經過很多地方，在伯大尼，馬利亞用極貴的香膏膏抹耶穌（約十二1～8）；福音書作者認為這是為他的安葬準備的。耶穌花了一整週在耶路撒冷，當中他不忘繼續講道，包括末世*的事情（可十三章）。最後，他在假公濟私的審判之下被處死，死在十字架上。

耶穌生平年表

年份	耶穌生平的重要事件	馬太	馬可	路加	約翰
公元前	**耶穌的出生**				
5	天使傳報耶穌誕生的喜信			一26～38	
5	約瑟的夢	一18～25			
	耶穌的童年				
	耶穌的家譜	一2～17		三23～38	
4	耶穌的降生	一18～25		二1～7	
4	天使與牧人			二8～20	
4	耶穌受割禮並在聖殿奉獻			二21～38	
4	朝拜聖嬰耶穌	二1～12		二8～20	
4/2	逃往埃及、歸來	二13～21			
2	童年的耶穌在拿撒勒	二22～23		二39～40	
公元	**沉寂期**				
8	孩童耶穌在聖殿聽道			二41～52	
	18年沉寂期／預備及傳道初期				
26	耶穌受洗	三13～17	一9～11	三21～22	一29～34
26	耶穌受試探	四1～11	一12～13	四1～13	
27	迦拿婚筵				二1～11
27	耶穌潔淨聖殿	二十一12～13	十一15～17	十九45～46	二14～22
27	耶穌與尼哥德慕談道				三1～21
27	耶穌與撒馬利亞婦人談道				四4～42
27	迦百農的百夫長	八5～13		七1～10	四46下～54
27	耶穌在拿撒勒傳道	十三53～58	六1～6上	四16～30	
	聲名遠播時期				
28	耶穌呼召眾門徒	四18～22	一16～20		
28	耶穌醫治彼得的岳母	八14～15	一29～31	四38～39	
28	耶穌第一次到加利利各城各鄉傳道	四23	一39	四44	
28	利未(馬太)被召	九9～13	二13～17	五27～32	
28	耶穌揀選12個門徒	十1～4	三13～19	六12～16	
28	登山寶訓／平原講道	四24～七27		六17～49	
28	婦人與香膏	二十六6～13	十四3～9	七36～50	十二1～8

28	耶穌第二次到加利利			八1～3	
28	耶穌講論天國的比喻	十三1～52	四1～34	八4～18，十三18～21	
28	耶穌平靜風和海	八23～27	四35～41	八22～25	
28	睚魯【葉魯《現修》】的女兒和患血漏病的女人	九18～26	五21～43	八40～56	
28	耶穌差遣12個使徒	九35～十14	六6下～13	九1～6	
	被敵對時期				
29	施洗約翰之死	十四3～12	六17～29	三19～20	
29	5,000人得飽	十四13～21	六32～44	九10下～17	六1～15
29	耶穌履海	十四22～33	六45～52		六16～21
29	4,000人得飽	十五32～39	八1～10		
29	彼得承認耶穌為基督	十六13～20	八27～30	九18～21	六67～71
29	耶穌醫好生來瞎眼的人				九1～41
29	耶穌改變形像	十七1～9	九2～10	九28～36	
29	耶穌在住棚節上耶路撒冷				七11～52 (～十21)
29	拉撒路復活				十一1～44
30	耶穌為小孩祝福	十九13～15	十13～16	十八15～17	
30	瞎子(巴底買)得醫治	二十29～34	十46～52	十八35～43	
30	稅吏撒該			十九1～10	
30	耶穌探望馬大和馬利亞				十一55～十二1
30	耶穌的最後一週	二十一1～二十七66	十一1～十六8	二十二39～二十三56	十二12～十九42
30	耶穌復活的形像	二十八1～20		二十四1～53	二十1～二十一25

初代教會的發展

黃錫木

在短短60多年間，初代教會的人數由只有120人發展成數以萬計，遍布的範圍超越當時羅馬帝國的邊界。

新約聖經沒有在初代教會發展史方面提供完整的資料；路加的使徒行傳*（和保羅書信）所提供的資料主要都是以保羅*為主。對於研究初代教會的發展史，這的確是一個限制，但這卻是聖經作者要我們細察的角度。

耶穌升天之前，他指示使徒要先等候聖靈*降臨，才遍傳復活*的喜訊。他們又選擇了另一個門徒馬提亞，代替出賣耶穌後自殺的猶大，完整保存「12」這個數目，為要標誌一個新的以色列民族。在這時候，這個羣體只有120個信徒。耶穌的預言在五旬節*當天應驗了，按路加的理解，教會*就在這天成立。在當天的宣講*中，有3,000人回應了彼得*的信息，認罪*悔改。這些信徒奉耶穌的名施洗，聚集祈禱*，聽使徒的教訓，守主的聖餐*。

雖然教會的人數不斷增加，但從猶太人來的壓迫亦不斷增加。彼得和約翰*被監禁，之後司提反執事在猶太人引發的騷動中被石頭打死（徒七章），又有以逼迫基督信徒為榮的掃羅（即保羅）；這種種危機反而成為把福音外傳的契機。路加特別記載腓利的傳道工作，他把福音傳到撒馬利亞人*當中，然後又向一名衣索匹亞（或稱埃塞俄比亞）的太監傳福音*（徒八章）——從猶太人的角度而言，他是一名被雙重詛咒的人。路加要指出，主耶穌的大使命在腓利身上已被落實。

保羅信主（徒九1～19）是初代教會發展的一大轉捩點，因此，從使徒行傳九章開始，他亦成為全書的中心人物。保羅雖然曾經到耶城教會作短暫停留，但之後一直以安提阿為根據地，在基利家省及敍利亞積極投入宣教*工作。公元46至48年，巴拿巴和保羅更遠赴旁非利亞省；這幾年的工作非常成功，亦使初代教會開始思想基督信仰與猶太教的關係。結果，在耶路撒冷*的會議中，耶城教會認同保羅的見解，認為外邦人不需要守割禮*和猶太人的律例，但卻要遠離拜偶像和淫亂等事情（徒十五章）。

這是初代教會發展的新里程。自此，雖然保羅依然受到猶太人的迫害，但他已經和當時耶城教會的領袖取得共識，把福音傳到更遠的地方。於公元49/50至58年，保羅把福音傳至馬其頓和希臘，並在哥林多*和以弗所兩城逗留較長時間。他又藉著上訴羅馬*的機會，把福音帶到西班牙去。

直至公元1世紀末，福音遍傳的範圍已超越羅馬帝國的邊境，東至印度（馬太和巴多羅買），西至羅馬（彼得和馬可），甚至西班牙（保羅曾到那裏），南至埃及的亞歷山太城和亞拉伯半島地區。

第一次猶太人叛亂

黃錫木

於公元66至74年發生的第一次猶太人叛亂，是古代猶太人最慘烈的歷史事件，最後以耶城聖殿被毀告終。

羅馬*政府統治巴勒斯坦*初期(自公元前63年起)，與猶太人保持頗良好的關係，這多少是大希律*的功勞。然而，隨著大希律去世，他兒子的暴政，後來羅馬直接指派的巡撫極為腐敗的管治(公元44～66年)，以及整體上各地的反閃族情緒，直到公元1世紀中期，很多猶太人聚居的地方已經醞釀了不少騷亂情緒。

根據猶太歷史家約瑟夫*所記，第一次猶太人叛亂是由猶太地巡撫弗洛厄斯的劣行所致的：他搶掠聖殿*的庫房，又大肆屠殺抗議的羣眾。發生這些事後，亞基帕二世和他的妹妹百妮基(兩者都是大希律的孫兒)、大祭司*和法利賽人*企圖說服猶太人不要以武力反抗，但猶太人的憤怒情緒已一發不可收拾。

聖殿的守殿官以利亞撒聯同奮鋭黨*的極端派系刺客黨，一起安排殺戮行動。他們先將亞基帕二世和百妮基趕出耶城，然後佔據城中的羅馬人城堡，殺盡所有羅馬軍隊，甚至連那些溫和派的猶太人也殺害(包括大祭司)。不但如此，刺客黨亦佔據原為羅馬部隊駐守的瑪撒大*(Masada)；至此，原本只屬猶太地的叛亂，已擴展至整個巴勒斯坦地。在這個時候，耶路撒冷*的猶太人變得士氣激昂，他們以為上帝會帶領他們脱離異族的管治。他們組織游擊隊，又在加利利*設防壘。當時本來是祭司的約瑟夫，就是在此時從耶路撒冷被調派到加利利駐守。

雖然在叛亂的初期，猶太人可算是節節勝利，但猶太人的人數與羅馬軍隊的人數，實在不可相比。在羅馬大將軍維斯帕先(Vespasian)的統領之下，叛黨逐步被剷平，而猶太人的內訌亦愈來愈嚴重。公元69年，維斯帕先回羅馬當皇帝，他的兒子提多繼續率領大軍；翌年9月，在惡劣的天氣和缺糧的情況之下，耶城終被攻破，聖殿被摧毀，只剩下瑪撒大的叛黨仍不屈服。

由於地理形勢險要，羅馬軍隊花了很多精力和時間，才成功攻上瑪撒大的城寨。據約瑟夫的記載，猶太叛黨為免被羅馬人凌辱，決定全體自殺。但按近代考古學發現，可能只是一部分叛黨自殺，還有一些人是與攻上來的羅馬人交戰而死的，甚至也有想躲藏或逃走的人。

聖殿被毀以後，猶太的獻祭和祭司制度便徹底廢止了，而領導層轉為法利賽人(後來稱為拉比)執掌。猶太基督徒沒有參與戰爭，並且於叛亂的早期已逃離耶路撒冷，到約旦河外的比拉城(Pella)；由於他們將此次毀滅解釋為上帝的審判*，所以第一次猶太人叛亂無疑加深了猶太教和基督教之間的鴻溝。

• 位於死海以西的瑪撒大，為第一次猶太人叛亂的最後據點。

• 公元71年，為了慶祝提多平定第一次猶太人叛亂，羅馬議會宣布在羅馬道上舉行盛大的遊行，特建了一座用木頭和灰泥製的拱門，這位得勝的將軍和猶太孚虜則從其下經過。到公元81年，又用大理石和銅重建這座拱門。

• 拱門雕刻有羅馬士兵搶劫耶路撒冷城聖殿的情景。

新約大事年表

年份（公元）	新約歷史事迹	參考新約經卷	羅馬王朝歷史
公元前4～公元30	**耶穌生平**	**馬太福音、馬可福音、路加福音、約翰福音**	
公元前4	耶穌出生		奧古斯都（公元前27～公元14年）
8	耶穌12歲在聖殿聽道		
26	施洗約翰開始傳道工作；耶穌開始傳道工作		提庇留（公元14～37年）
26～36			猶太總督本丟．彼拉多上任
27～28	施洗約翰被囚		
29	施洗約翰被斬；耶穌過住棚節		
30	耶穌被釘十字架、復活、升天；聖靈在五旬節降臨		
30～100	**早期教會時期**	**使徒行傳**	
35	大數的掃羅信主		
44	約翰的兄弟雅各殉道	雅各書	克勞第（公元41～54年）
46～48	保羅第一次傳道旅程		
49/50	耶路撒冷會議	加拉太書	
49/50～52	保羅第二次傳道旅程	帖撒羅尼迦前、後書	
53～57	保羅第三次傳道旅程	羅馬書，哥林多前、後書	尼祿（公元54～68年）
57	保羅在耶路撒冷被捕		
59	保羅在凱撒面前申訴		
60～62	保羅在羅馬被軟禁兩年	以弗所書、歌羅西書	
62	耶穌的兄弟雅各殉道	腓利門書、腓立比書	
64			尼祿焚燒羅馬
65～67	保羅在羅馬第二次被囚	彼得前、後書，提摩太前、後書，提多書，猶大書	

65～67/68	彼得與保羅在羅馬殉道		迦勒巴、鄂圖、威特留(公元69年)，維斯帕先(公元69～79年)，提多(公元79～81年)
70	耶路撒冷被毀；聖殿被毀	希伯來書	
81～96	多米田逼迫基督徒		
90～95	使徒約翰被逐至拔摩海島	約翰一、二、三書，啟示錄	納華(公元96～98年)

羅馬帝國王帝和任期(至公元2世紀初)

公元前27～公元14年	奧古斯都(Augustus)
公元14～37年	提庇留(Tiberius)
公元37～41年	該猶／加里古拉(Gaius/Caligula)
公元41～54年	克勞第(Claudius)
公元54～68年	尼祿(Nero)
公元68～69年	迦勒巴(Galba)、鄂圖(Otho)和威特留(Vitellius)
公元69～79年	維斯帕先(Vespasian)
公元79～81年	提多(Titus)
公元81～96年	多米田(Domitian)
公元96～98年	納華(Nerva)
公元98～117年	他雅努(Trajan)
公元117～138年	哈德良(Hadrian)

古代民族和帝國

非利士人

羅慶才

非利士人屬「海民」(Sea Peoples) 的一族，其發源地乃愛琴海一帶的島嶼；雖然非利士人其後從歷史中消失，巴勒斯坦 (Palestine) 地卻因而得名。

包括非利士人在內的「海民」沿陸 (經小亞細亞) 海 (經克里特及塞浦路斯) 兩路遷移到埃及*時，曾摧毀赫人帝國及腓尼基境內各國。到公元前12世紀初，這羣「海民」曾大舉入侵埃及，最後被擊退，自此粉碎其侵佔埃及的野心。當時在位的法老蘭塞三世把被征服的「海民」安置在迦南地沿海平原上。此後，「海民」在那裏建立城邦聯盟，包括5大城市：沿海的迦薩、亞實基倫、亞實突，並內陸的以革倫和迦特 (書十三3)。

按舊約聖經記載，雖然早在列祖時代，亞伯拉罕*與以撒曾接觸非利士人的王亞比米勒 (創二十，二十六章)，然而考古研究發現，非利士人要到較後期才大規模在迦南出現。他們與以色列人其實是差不多同時期到達巴勒斯坦* (公元前13世紀末～12世紀初)，但以色列人初期多聚居於中央山脈之上，故少與非利士人接觸。其後，因兩族人口不斷增長，對土地需求增加，遂無可避免地發生衝突。舊約中士師記*所記載的參孫的故事 (十三～十六章) 及撒母耳記*中所載的示羅*一役 (撒上四～六章)，正是以此為背景。從中可見非利士人的軍事優勢。

當以色列人膏立掃羅為王時，非利士人對以色列人的威脅最大。當時，在便雅憫地的示羅已被非利士人攻破 (撒上四章)，約

櫃被搶走，表示非利士人的勢力已深入以色列的心臟地帶。掃羅統治時，並未能有效阻止非利士人的擴張（撒上三十一章）。到大衛*作王時，才能瓦解非利士人的力量（撒下五17～25，八1，二十一15～22，二十三9～17），並取代非利士，成為區內的霸權。即使如此，兩族的關係仍然相當緊張（王上十五27，十六15～17）。

正當新亞述帝國*在提革拉．毗列色統治下進入高峯時，非利士於公元前734年被亞述征服。直至亞述帝國滅亡為止（公元前612年），非利士雖然在政治上受制於異族，但其經濟卻有重大發展。其後，非利士經歷了巴比倫*及波斯*時期，就逐漸湮沒在歷史裏。

非利士人的文化較接近歐洲愛琴海一帶的邁錫尼（Mycenean）文化。舊約指出以色列人在科技上遠遜於非利士，這與現代考古學的發現大致相符。近期的考古研究顯示非利士人其實有相當發達的文化，經濟則以農業為主，考古研究顯示他們把迦南地的橄欖油經海路出口到其他地區，進行貿易。當非利士人在迦南定居後，逐漸融入當地文化。在宗教上，他們主要信奉大袞（士十六23～25）、女神亞斯她錄（撒上三十一10）和巴力．西卜（王下一2～3），這些皆為古代近東*普遍的神祇。

迦南人

羅慶才

迦南人乃迦南地的原居民，其中包括多個民族，其信仰與文化對以色列有頗為深遠的影響。

「迦南」一詞的起源及意思至今仍未有定論，但自公元前3000年起，就一直作地理名稱用。不過，古代典籍對迦南地的範圍卻沒有明確的界定。約於公元前1500年，「迦南」乃埃及*統治的區域之一，其範圍約北至敍利亞，東面則包括大馬士革及約旦河東高原，南面止於埃及河。舊約聖經大致採納這說法。

「迦南人」並非一個民族，而是一個多元化的族羣。舊約多處經文列舉了組成「迦南人」的各部族名稱（創十五18～21；申七1等）。在以色列民進入迦南*前，當地的政治組織以城邦為主（書九1～2，十1～5，十二7～24），各自為政，且多有紛爭衝突。迦南人的重要城市多建於迦南區內的平原上，以農業為主。此外，迦南人亦以善於進行買賣交易而聞名（亞十四21）。從現時的資料可知，迦南人的社會結構是金字塔式，階級分明，貧富懸殊，以少數貴族操控大部分經濟資源。

因迦南地以農業為主，其宗教信仰亦與此有關。迦南神祇中主要是巴力，根據當地的神話*傳統，巴力把邪惡之神「大魚」殺死後，就創造*了宇宙萬物。此外，巴力也執掌氣候及萬物的生殖能力，務農者敬拜它就是為了確保有豐盛的收穫。巴力的妻子亞舍拉亦是迦南人所尊崇的神祇之一。

舊約記載迦南人的事迹，往往給讀者這個印象：以色列人對

迦南人深惡痛絕。律法書中三番四次強調以色列人不能與迦南人通婚，不要被他們的宗教敬拜吸引，更要徹底剷除迦南人的敬拜，不然就會成為以色列的網羅，難以自拔。自以色列建立王國*後，所羅門雇用了大量迦南人來建設城市及建造國家設施（如聖殿*）。到大衛*王國分裂*後，有大批迦南人居於北國以色列境內，成為一股強大的政治力量，以致北國的統治者不得不用政治手段，滿足他們的訴求，如為他們建立神廟等（王上十六32～33），以討好他們。此舉在聖經作者眼中，無異是出賣了以色列的一神信仰。

話說回來，以色列人居於迦南區內，少不免受其文化影響。從近代考古學研究得知，以色列的建築風格與迦南人的無異，這包括城市、房屋、敬拜場所等，甚至農業技術、生活方式等亦多有相同之處。然而，另一方面，以色列因信仰的緣故，與迦南本土居民亦有顯著的差異。例如以色列的先知秉承律法的精神，強烈譴責國內貧富懸殊的情況，多番提醒同胞要以公平公義的原則彼此相待。而在律法中，亦以建立一個公平的、沒有貧窮的社會為目標（利二十五章；申十五1～18）。這就是以色列信仰對社會帶來的影響。

埃及

羅慶才

埃及乃古代文明大國，歷史悠久，對古代近東歷史影響頗深；在舊約時代，更常常企圖染指區內的局勢發展。

埃及位處非洲東北角，東西兩面被茫茫沙漠包圍，南面為高原，尼羅河從上而下流，水流急速，不易逾越，地理環境頗為孤立。不過，地理上的阻隔亦同時成為埃及防守的優勢，使埃及在政治及軍事方面均享有高度穩定的形勢，有利其經濟及文化發展。可稽考的埃及歷史可追溯至公元前3100年，直至公元前322年，始為希臘*多利買 (Ptolemy) 王朝取代。至其女王克麗佩脫拉 (Cleopatra) 在公元前31年與羅馬將軍安東尼 (Mark Anthony) 雙雙自殺後，埃及就被羅馬帝國*吞併，其歷史長達差不多4,000年。在距今約4,000年前，埃及人已建成金字塔——今天被稱為世界七大奇景之一。

埃及的命脈就是尼羅河，其三角洲的土地肥沃，加上氣候穩定，出產豐富 (民十一5)，有古代近東的糧倉之稱，是鄰近地區人民饑荒時的避難所 (創四十一53～57)。埃及墓室中的壁畫描繪了一些來自巴勒斯坦*的人進出埃及的情況，栩栩如生，讓我們一窺當時的生活面貌。

在法老的統治下，埃及奉行神權政治，統治者被視為神的兒子，地位超然，同時亦扮演大祭司的角色。埃及的社會結構就像金字塔一樣，法老及其親屬於頂端，其下是各階層的知識分子及技術人員，最下層就是普羅大眾。

在舊約時代，埃及與以色列的關係可謂千絲萬縷。埃及本身

的物產雖然豐富，但仍需從以色列人的聚居地迦南進口大量金屬及木材，所以在經濟上，迦南對埃及是非常重要的。另一方面，埃及亦可說是以色列的發源地，因為以色列在當地從一個只有70人的家族，發展成壯大的民族（出一1～7）。至大衛*建立王國時，其政府架構亦是仿效埃及的（撒下八15～13，二十23～26）。當以色列定居迦南後，埃及很多時都想借機影響迦南區內的政治，從中得利。在所羅門作王時，就曾與埃及結盟，娶了法老的女兒為妻，法老把本屬迦南人*的城市基色城相贈作嫁妝（王上九16）。其後，所羅門的臣僕耶羅波安密謀作反，被識破後潛逃至埃及，得埃及法老示撒收留（王上十一40）。到所羅門死後，耶羅波安返國，領導北面10支派脫離大衛家的統治，建立以色列國（王上十二章）。之後法老示撒率領軍隊入侵南北兩國，但觀其行軍路線，其主要對象實在是以色列國（王上十四25～26）。

從公元前8世紀起，隨著亞述帝國*的興起，埃及為要在本身和亞述間設下緩衝區，常常插手迦南區內的事務，扶助備受壓力的以色列及猶大政府（王下十七4，二十三29），但卻不能成事，最終以色列及猶大均先後敗亡於亞述及巴比倫*之手。

亞述

羅慶才

亞述乃古代近東的文明大國，亦為古代近東首個帝國，以好戰及強悍見稱，在以色列歷史中有舉足輕重的地位。

亞述的發源地乃亞施戶城(Assur)，位於底格里斯河東岸，因該地氣候適合畜牧，所以成為遊牧者的聚居處。其最早發現的考古文物為公元前2800至2200年左右，顯示其文化與居於亞述以南的蘇美爾人(Sumerians)相似。亞述人作為一個政治實體，最早可追溯至公元前2000年左右。除本土居民外，還混合了亞摩利人及亞蘭人的血統。

亞述人早期聚居於幼發拉底河和底格里斯河流域的北部，以尼尼微、亞比拉、亞施戶城等地為核心，以農業和畜牧為生，自公元前1900年(古帝國期)始有政治制度及組織。公元前1750至1000年間為亞述發展的高峯期(中帝國期)，曾征服南部的巴比倫*及西面的亞蘭，建立了一個強大的國家。其後經歷了一段低沉時期，但由公元前9世紀初起，亞述又再興盛，至公元前8世紀末至7世紀初達至頂峯，成為歷史上的「新亞述帝國」。然而，亞述的國力自公元前625年起迅速滑落，其國都尼尼微於公元前612年被巴比倫及瑪代聯軍所破，亞述帝國最後於公元前609年滅亡。

和眾多古代近東國家一樣，亞述的社會結構亦是金字塔式的。最上層的是君王貴族，依次為各級官員、平民百姓，最下層的就是奴隸。亞述社會崇尚武力，有軍國主義的傾向，人民從小習武。君王同時是軍隊中的最高統帥，有絕對的權力，他的說話

就是律法；君王權力的惟一掣肘就是社會傳統及宗教習慣。記載在舊約中的官員包括：「他珥探」(總督或總管)、「拉伯撒利」(太監長)和「拉伯沙基」(酒政)(王下十八17)。

經濟方面，亞述土地肥沃，農業及畜牧業均相當發達。此外，亞述政府向對外貿易徵稅，是為亞述經濟來源的第三大支柱。當亞述成為超級大國時，還有外國的貢銀作為第四大收入來源(王下十五19，十六8等)。

除軍事及政治外，亞述在文化方面亦有重大成就。亞述人承襲了亞甲人(Akkadian)的文化傳統，保存了很多重要的亞甲文獻。亞述巴尼帕王(Ashurbanipal，公元前669～627年)在位時，曾在皇宮中建造圖書館，搜集古巴比倫文獻，並將之存放於此；此圖書館在19世紀中期被發掘出土。在藝術及雕刻方面，亞述亦有卓越的成就，亞述的雕刻家甚有創意，生動地捕捉了古代生活各方面的形態，尤其值得注意的是印鑒，常刻有與亞述宗教有關的主題，為舊約研究提供了重要的參考資料。此外，亞述皇宮中的浮雕亦甚有價值，常刻有古代生活的面貌：如搜獵和皇室花園景色等。另外，浮雕上亦常見古代戰爭的場面，可見古代進行戰事的方式等，實具歷史價值。

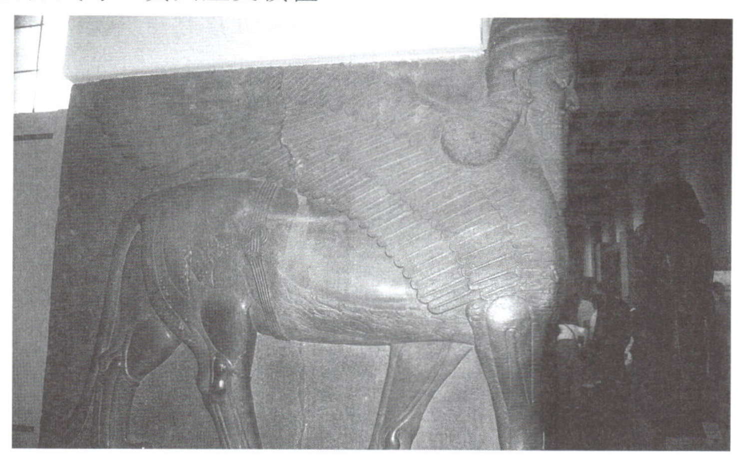

• 亞述的人頭獅身像(公元前9世紀)

巴比倫

羅慶才

巴比倫文化最早可追溯至公元前4000年，屬重要文化發源地之一。

「巴比倫人」所指的是居於美索不達米亞南部，今巴格達至波斯灣海岸一帶的居民。他們自公元前3000年已建立城邦，其後逐漸發展成古代近東的軍事強國。

當以色列人於公元前13世紀末進入迦南*時，巴比倫正受亞述*控制，到8世紀更被亞述統治。不過，至公元前7世紀末，隨著亞述的衰落，巴比倫在尼布甲尼撒二世的領導下，不只擺脫了亞述的掣肘，更建立了新巴比倫帝國，取代亞述成為古代近東霸主，其統治範圍包括迦南地，猶大在內的各國。不過，這段輝煌時期只維持了數十年，至公元前539年，波斯*不費吹灰之力，就推翻了巴比倫帝國。

巴比倫一帶的雨量較少，而幼發拉底和底格里斯兩大河流域地勢平坦，廣泛地區都是沼澤，故此自古以來，巴比倫統治者的天職就是開發及維修灌溉用的輸水道，以利農耕。不過，因土質鹽分較高，故農產以大麥為主。此外，巴比倫是區內棗子產量最多的國家。

巴比倫最早期的政治結構基本是以城邦為主，君主制度成立後，源自城邦時期的一些傳統，如長老的參與，雖仍得以維持，卻已演變成扶助君主執政的工具。其次，廟宇及其祭司在經濟上本來有舉足輕重的地位，但到君主執政時期，其影響力已被大大

希臘化時代的埃及與敍利亞（公元前2世紀末）

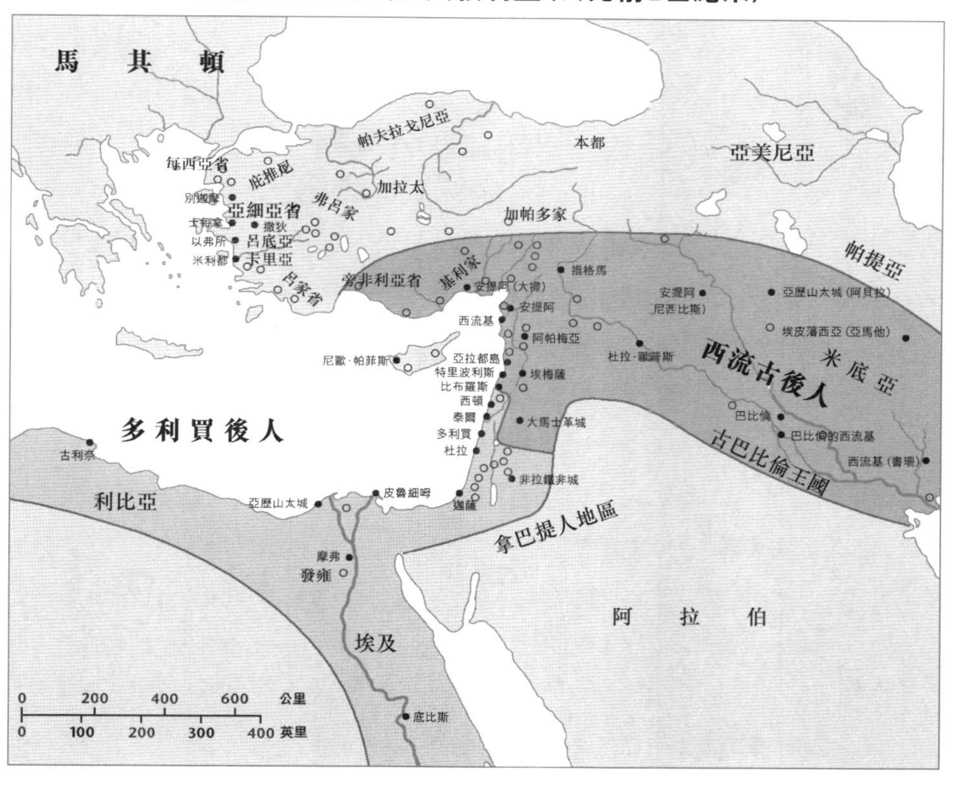

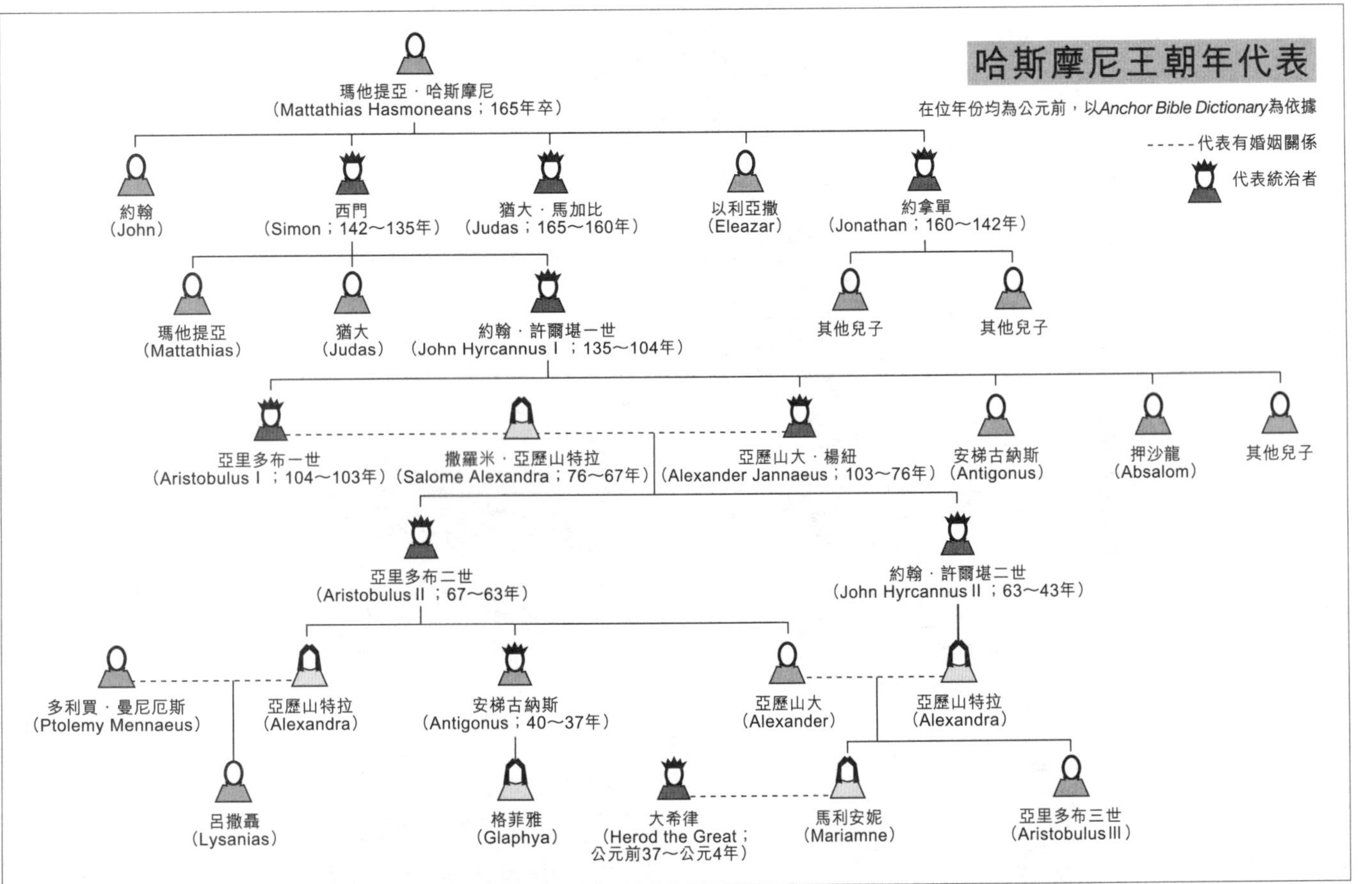
哈斯摩尼王朝年代表
在位年份均為公元前，以Anchor Bible Dictionary為依據
-----代表有婚姻關係
代表統治者
瑪他提亞・哈斯摩尼
（Mattathias Hasmoneans；165年卒）
約翰
（John）
西門
（Simon；142～135年）
猶大・馬加比
（Judas；165～160年）
以利亞撒
（Eleazar）
約拿單
（Jonathan；160～142年）
瑪他提亞
（Mattathias）
猶大
（Judas）
約翰・許爾堪一世
（John Hyrcannus I；135～104年）
其他兒子
其他兒子
亞里多布一世
（Aristobulus I；104～103年）
撒羅米・亞歷山特拉
（Salome Alexandra；76～67年）
亞歷山大・楊紐
（Alexander Jannaeus；103～76年）
安梯古納斯
（Antigonus）
押沙龍
（Absalom）
其他兒子
亞里多布二世
（Aristobulus II；67～63年）
約翰・許爾堪二世
（John Hyrcannus II；63～43年）
多利買・曼尼厄斯
（Ptolemy Mennaeus）
亞歷山特拉
（Alexandra）
安梯古納斯
（Antigonus；40～37年）
亞歷山大
（Alexander）
亞歷山特拉
（Alexandra）
呂撒聶
（Lysanias）
格菲雅
（Glaphya）
大希律
（Herod the Great；
公元前37～公元4年）
馬利安妮
（Mariamne）
亞里多布三世
（Aristobulus III）

猶太散居地

黃錫木

在新約時代，猶太散居僑民的數目遠超過住在巴勒斯坦本土的猶太人；雖然有些猶太僑民較為開放，但大多數依然謹守猶太傳統。

猶太散居地（*disapora*）是指猶太地（或巴勒斯坦*）或以色列地以外的地方。

在古代社會，移民並非一件光彩的事。除了因經商或逃避饑荒（得一1）、戰亂、迫害（王下二十五25～26；耶四十一1～18）而自願遷徙外，一般猶太人都是被迫移居外地，例如因戰敗被俘擄到別國。自大衛*統一王朝，以色列人先後經歷兩次大規模遷移，分別是被亞述*（公元前722/721；王下十七1～6）和巴比倫*（公元前587/586；王下二十五8～21）強迫的。在兩約時期*，猶太人亦經歷多次遷徙。而在兩次猶太叛亂中，不少猶太人亦遷居到美索不達米亞以東地區。

新約時代，猶太僑民散布羅馬帝國*各地，主要有巴比倫、埃及、敘利亞、小亞細亞和羅馬*；我們甚至可以肯定，猶太散居僑民比住在巴勒斯坦的猶太人還要多。

埃及是最重要和歷史最悠久的猶太散居地。據考古和文獻記載，在埃及最南方的伊里芬丁（Elephantine）的猶太人，曾經於公元前6世紀末建造一座耶和華的殿（但後來被當地人拆毀）。據約瑟夫*所說，在新約時代的埃及就有100萬猶太人。在亞歷山太城，猶太人佔城市總人口的極大部分。他們在政治上自成一體，

居住在自己的地區和城市，延續傳統猶太文化和生活方式。除了埃及，巴比倫也是很重要的城鎮。雖然波斯*王（公元前538年）曾經宣布猶太人可以回歸自己的國土，但依然有很多人寧願留在巴比倫（按典外文獻的記載），暗示了人民已經在那裏落地生根。公元70年耶路撒冷*淪陷後，巴比倫就成為保留猶太傳統的中心。

住在異教文化當中的猶太人，固然較容易受希羅文化影響，他們雖然未至於放棄自己獨特的信仰與文化，但卻較願意學習希臘文化。不少後期的猶太作品，特別是那些寫於亞歷山太城的作品，均深受希臘哲學的影響，其用詞與寫於巴勒斯坦地的猶太作品，亦有差異。

很多猶太人依然謹守傳統猶太教的教導，男性出生8天便受割禮*。猶太人自小便接受律法的教導，獨尊上帝，拒絕跪拜別的神明及參與任何其他宗教儀式，又謹守一切潔淨*的禮儀、禁食、安息日*及節期*。散居地的猶太人常與其他民族發生衝突和磨擦，這與他們謹守這些習俗有密切關係。於是，在宗教、文化和社交上，會堂*往往成為維繫猶太散居僑民的一個非常重要的活動中心。

這些猶太僑民為保持自己獨特的文化和信仰，和非猶太人的關係常變得緊張；從希臘和羅馬作家常在作品中貶低那些生活在他們當中的猶太人可見一斑。

散居的猶太僑民（公元前1世紀末）

新約歷史簡述

羅馬帝國版圖（公元1世紀末）

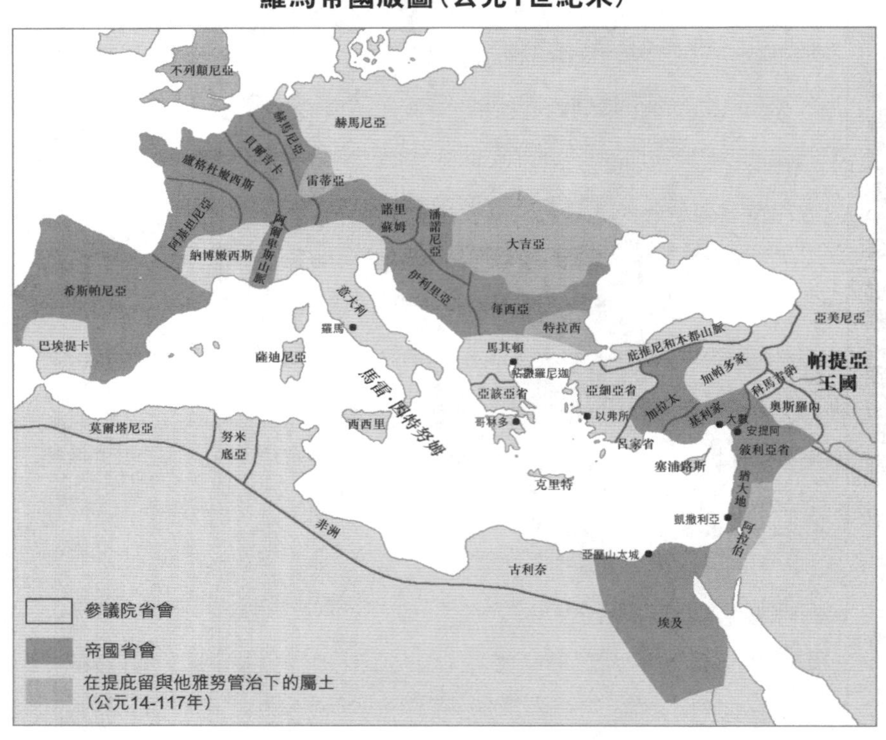

大希律的統治

黃錫木

大希律的統治揭開新約時代的歷史序幕。希律生性殘暴狡猾，不過，他對猶太人社會亦有很深遠的貢獻。

公元前63年，羅馬*將軍龐培（Pompey）進軍耶路撒冷*，結束了為期只有80年（公元前143/142～63年）的馬加比家族*獨立管治。自此，猶太地一帶成為羅馬中央政府管治的地區，屬敍利亞省。龐培將軍任命馬加比家族*的後人許爾堪二世（Hyrcanus II；他亦是當時的大祭司*）管理猶太人事務，他手下其中一位精明的輔臣就是希律的父親安提帕特（Antipater）。因為這種關係，希律家族*取得羅馬公民的資格。

希律自年幼時已處處表現領導者的風範。他管治加利利*省時只有25歲，當時的加利利省，已經是一個高度自治的省分。希律雖然多次在政治決策上錯下注碼，但他至終仍能得到羅馬王帝的信任。公元前37年，希律正式被羅馬政府封為猶太人的王，使當時的巴勒斯坦地*享有全面的自主權，直接向羅馬負責，歷時35年之久。

希律自知自己不是純猶太血統（原是以東人），不能像馬加比家族的成員一樣當大祭司，因此，他極其量只能擔任猶太人的王。為使猶太人視他為哈斯摩尼王朝的合法繼承人，希律娶了許爾堪二世的孫女馬利安妮（Mariamne）為妻；又為要使人對其家族忠心，他特別設立擁護自己的猶太派別，就是「希律黨人」。除此以外，他仿效埃及多利買（Ptolemy）政府，以組雇傭軍、建立政制

和建築防衛體系（其中之一就是瑪撒大*堡壘）鞏固自己的權力。

希律性情殘暴，曾處死自己的兩個妻子、3個兒子，又在耶穌出生時，下令殺害全國兩歲以下的嬰孩（太二16～18）。他的私生活一團糟，曾結婚10次，家庭中數之不盡的問題，都是他的妻子和她們的母親為使自己的子女得到某些優待或特權而產生的。歷史上對希律的為人作出最貼切的評價的，要算是奧古斯都了。當他聽見希律殺了自己的骨肉時，他幽默地說：「當希律的豬，勝過當他的兒子。」

希律是猶太人歷史上最偉大的建築家。他在任期間，大興土木，經營了十多個大城邑，其中最有名的是地中海沿岸的凱撒利亞*。耶路撒冷的建築物，例如歌劇院、浴場和學校等都是他自費興建的，而最重要的，亦因而得到猶太人歡心的，莫過於擴建聖殿*。計劃始於公元前19年，聖殿本身的建築過了不久便落成，但附近的建築和裝飾則花了很多人力和時間；整個工程到公元64年才完成。然而，希律並不是一個虔誠的猶太教信徒，既沒有敬畏的心，也不在乎甚麼是正統；反之，他卻是希羅文化和宗教的熱愛者。

希律在位33年，卒於公元前4年。

耶穌時期的巴勒斯坦地

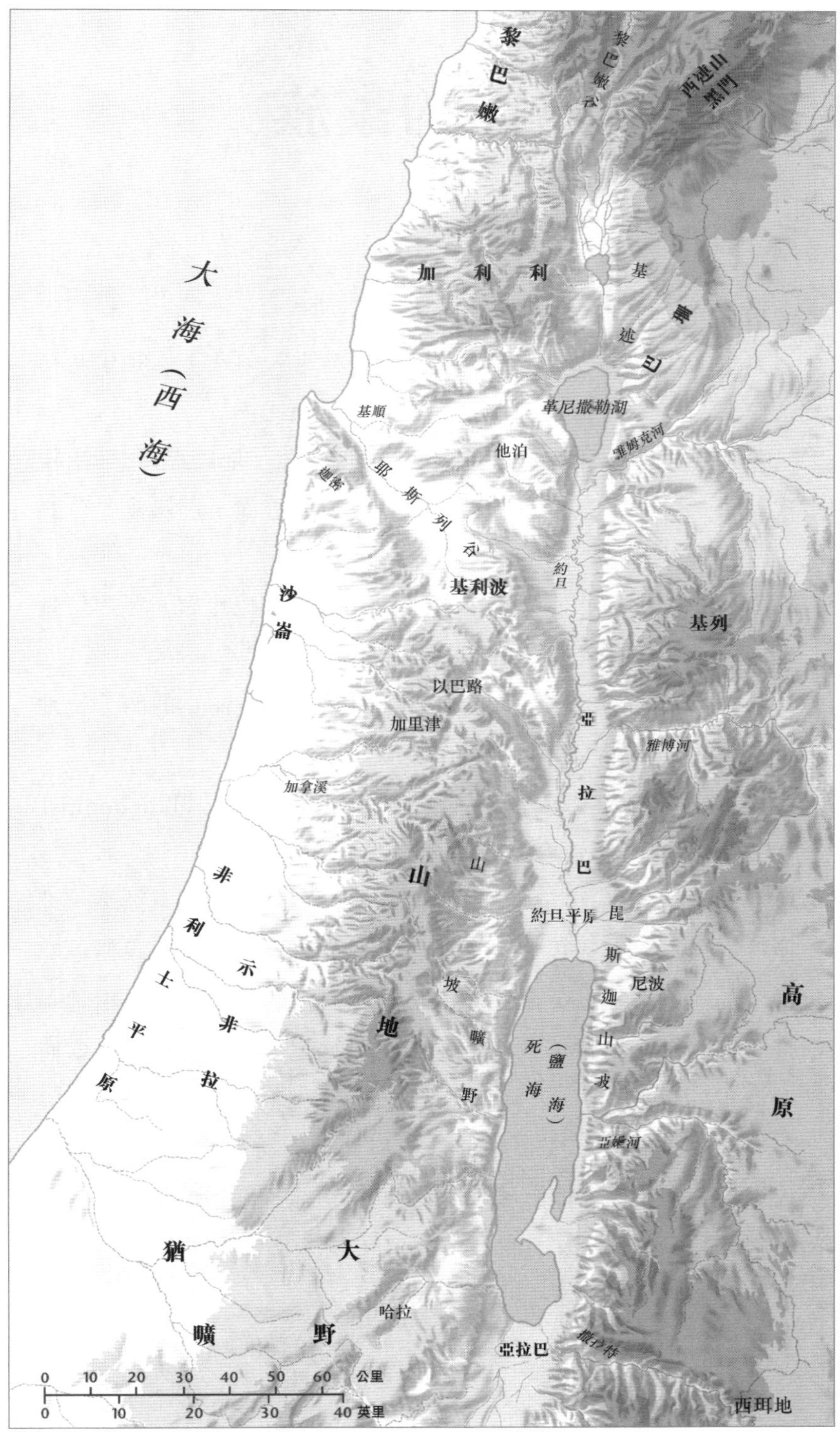

希律的家族

黃錫木

希律的家族是新約時代中最重要的猶太人家族，在這家族的統治下，猶太地的猶太人能享有某程度的自治。

希律在位33年，卒於公元前4年。他死後，耶路撒冷*即出現多次暴亂。騷亂平息後，羅馬政府完成他的遺願，將國家一分為三，交由他的3個兒子治理：

1. 亞基老（參太二22）管治猶太地、撒馬利亞和以土買，是專管理猶太人事務的提督（ethnarch）；
2. 安提帕（Antipas）管理加利利*和比利亞省（Perea）的四分一地區，職銜是分封王（tetrarch）；
3. 腓力（參路三1）承受以土利亞（Iturea）、特拉可尼（Trachonitis）和東北部的附屬地區，作為分封王。

亞基老統治了10年，承襲父親的暴行（參太二22）。結果，耶路撒冷的居民聯同撒馬利亞人*派遣一隊專員到羅馬*，投訴他在治理上的無能和殘酷。羅馬政府最後奪回他的統治權，交由地區巡撫管理，直接向羅馬政府負責；在耶穌誕生時，居里扭是當時敘利亞省的巡撫（路二2）。

與亞基老相反，安提帕的管治與父親大希律*一樣，能與猶太人維持良好關係；耶穌和施洗約翰*傳道旅程經過的地方，主要是安提帕的所屬地（太十四1～12）。不過，施洗約翰卻是被他殺害的，耶穌亦曾被他審訊。

腓力可能是大希律的繼承者中，惟一的好領袖。按約瑟夫*

所記，他愛護人民，尊重猶太人，又沒有耗費人力物力於奢華的建築工程上。他重建了加利利湖一帶多個城市，包括伯賽大，又開拓了凱撒利亞·腓立比這個城市，以自己和羅馬王的名字作為這城的名稱。

大希律另有兩名孫兒也見於新約聖經中，就是亞基帕一世和二世。亞基帕一世的父親被大希律處死，他在羅馬長大，認識了兩位日後成為羅馬王帝的朋友——該猶和克勞第（又稱革老丟）。在他們的幫助之下，他把大希律原本統治的國界重新合併起來。雖然新約聖經記載他把雅各處死，又監禁彼得*（參徒十二1～4），但在猶太人心目中，亞基帕因遵守傳統猶太教的教訓和規條，得到猶太人的敬重。按約瑟夫記載，他是得到怪病而死的（徒十二20～23）。

亞基帕二世在任期間，曾應非斯都之邀請，一起聽保羅*的分訴，而他的妹妹百妮基亦在場（徒二十五13～二十六32）。亞基帕二世完成其祖父大希律修葺聖殿*的計劃，並在耶路撒冷多處街道上，鋪上大理石塊。他雖然敬重猶太教，但仍然忠於羅馬。公元66年，當第一次猶太人叛亂*剛剛開始，亞基帕二世和他的妹妹百妮基竭力勸阻猶太人對抗羅馬政府，但不成功。亞基帕二世不單擴張自己管轄的領土，更與後來成為王帝的提多將軍成為好友。亞基帕二世於公元96年去世，此後，希律家再沒機會直接管理猶太人的事務。

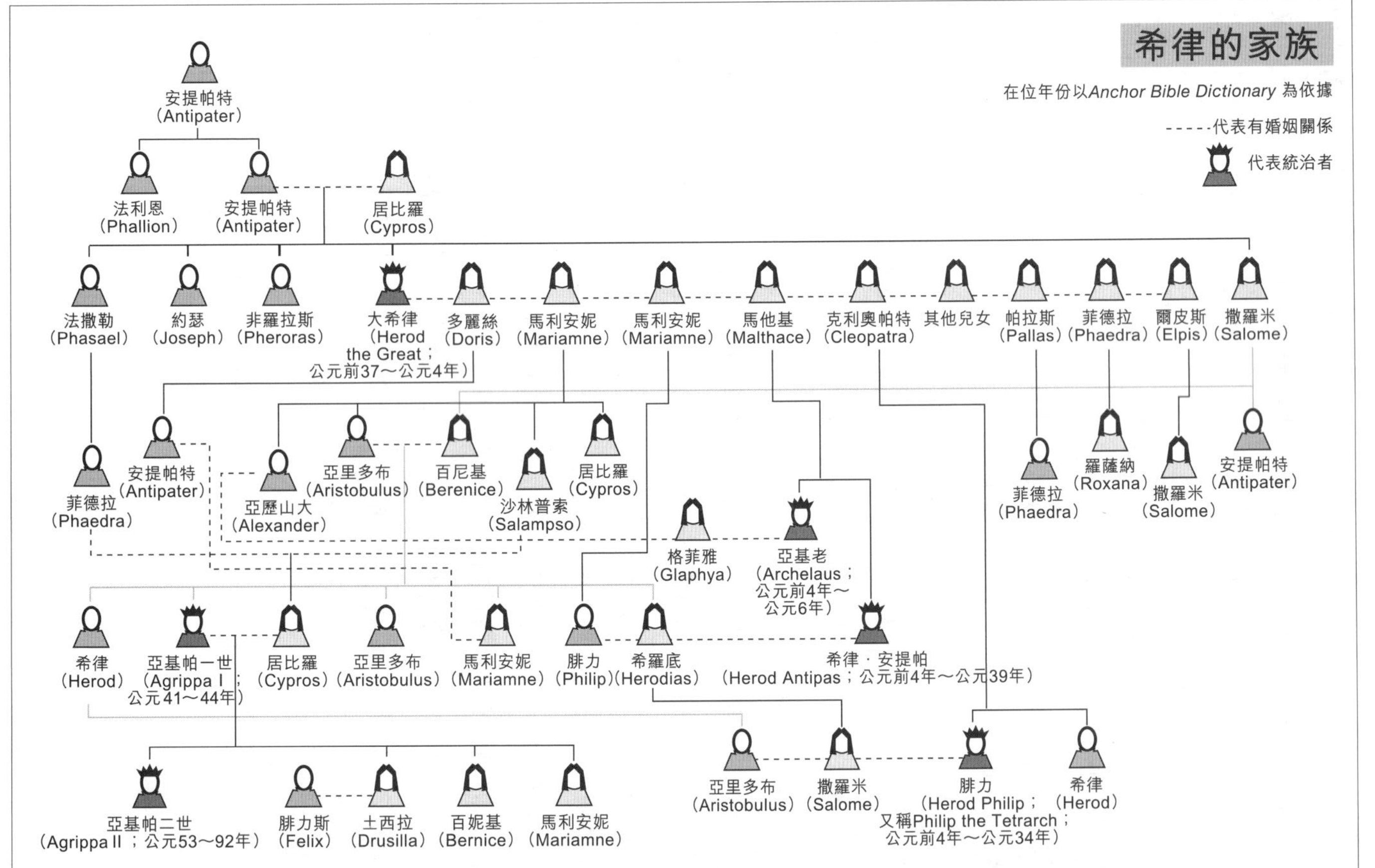
希律的家族
在位年份以Anchor Bible Dictionary為依據
----代表有婚姻關係
代表統治者
安提帕特（Antipater）
法利恩（Phallion）
安提帕特（Antipater）
居比羅（Cypros）
法撒勒（Phasael）
約瑟（Joseph）
非羅拉斯（Pheroras）
大希律（Herod the Great；公元前37～公元4年）
多麗絲（Doris）
馬利安妮（Mariamne）
馬利安妮（Mariamne）
馬他基（Malthace）
克利奧帕特（Cleopatra）
其他兒女
帕拉斯（Pallas）
菲德拉（Phaedra）
爾皮斯（Elpis）
撒羅米（Salome）
菲德拉（Phaedra）
安提帕特（Antipater）
亞歷山大（Alexander）
亞里多布（Aristobulus）
百尼基（Berenice）
沙林普索（Salampso）
居比羅（Cypros）
格菲雅（Glaphya）
亞基老（Archelaus；公元前4年～公元6年）
菲德拉（Phaedra）
羅薩納（Roxana）
撒羅米（Salome）
安提帕特（Antipater）
希律（Herod）
亞基帕一世（Agrippa I；公元41～44年）
居比羅（Cypros）
亞里多布（Aristobulus）
馬利安妮（Mariamne）
腓力（Philip）
希羅底（Herodias）
希律．安提帕（Herod Antipas；公元前4年～公元39年）
亞基帕二世（Agrippa II；公元53～92年）
腓力斯（Felix）
土西拉（Drusilla）
百妮基（Bernice）
馬利安妮（Mariamne）
亞里多布（Aristobulus）
撒羅米（Salome）
腓力（Herod Philip；又稱Philip the Tetrarch；公元前4年～公元34年）
希律（Herod）

耶穌生平

黃錫木

雖然我們未能仔細和具體地重構耶穌的一生，但分階段理解耶穌的一生能讓我們更清晰地認識他。

4卷福音書對耶穌一生的言行提供了不少資料，但由於要完全協調這些資料是極其困難，我們不能詳細地重構耶穌一生所做的事，而只能分階段描述他的一生。

耶穌公開傳道前的日子：耶穌的出生、童年、少年和成長經過，直至30歲為止，福音書有關這方面的記載只有100多節。在這段日子，有兩件事是福音書作者很看重的：耶穌領受施洗約翰*的水禮*——顯示耶穌與約翰是一脈相承的；耶穌接受並勝過魔鬼*的試探——象徵他要以得勝者的姿態出現。有關耶穌傳道的年日，雖然馬太福音*、馬可福音*和路加福音*記載耶穌只有一次（亦是最後的一次）上耶路撒冷*，但約翰福音*則清楚記述耶穌曾經3次上耶路撒冷過每年一度的節期*（約二23，五1，六4，十二1）；後者的記載似乎較清晰表達耶穌傳道的時間。

傳道的初期：耶穌在猶太地開始傳道（約三22），在施洗約翰的推舉下，耶穌已有幾位核心的跟隨者（如彼得*、約翰*等）。在這一年半裏，耶穌可能穿梭於猶太與加利利*之間，他突出的言論（如在會堂*講論；路四16～32）和所行的神蹟*已使他薄有名聲（約二23～25，三1～21）；而他「出位」的行為，例如與撒馬利亞人*和外邦人（甚至是婦女）接觸（太十五21～28；約四1～12），亦使他成為猶太領袖針對的對象（約二13～22）。

在加利利傳道：雖然耶穌傳道的活動範圍遍及巴勒斯坦*，但加利利省明顯是福音書作者記載的焦點。耶穌的言論和行徑為他贏得思想較開放的加利利人歡迎。他在眾多的跟隨者中，揀選了12位門徒，成為他的門生和同工，既為他的日常生活和傳道工作打點，亦學習宣講天國*的道理（路九1～2）。除了個別言論的記載，馬太和路加分別把耶穌在不同場合的講論整合成為著名的登山寶訓（太五～七章）和平原講道（路六17～49）。按福音書的記載，耶穌的講論主要以比喻*為主，並且常在被人詢問和挑戰的情況下才闡述某些課題。福音書共記載了35件耶穌所行的神蹟，很多都是在這段日子施行的，其中有一半以上是與醫治*和驅鬼有關，其餘的主要是突顯他超乎自然定律的大能。

上十字架的道路：耶穌知道自己受難的日子近了，便多次向門徒披露此事，然而，門徒既不明白，亦不能接受（可八31～33）。耶穌沿途經過很多地方，在伯大尼，馬利亞用極貴的香膏膏抹耶穌（約十二1～8）；福音書作者認為這是為他的安葬準備的。耶穌花了一整週在耶路撒冷，當中他不忘繼續講道，包括末世*的事情（可十三章）。最後，他在假公濟私的審判之下被處死，死在十字架上。

耶穌生平年表

年份	耶穌生平的重要事件	馬太	馬可	路加	約翰
公元前	**耶穌的出生**				
5	天使傳報耶穌誕生的喜信			一26～38	
5	約瑟的夢	一18～25			
	耶穌的童年				
	耶穌的家譜	一2～17		三23～38	
4	耶穌的降生	一18～25		二1～7	
4	天使與牧人			二8～20	
4	耶穌受割禮並在聖殿奉獻			二21～38	
4	朝拜聖嬰耶穌	二1～12		二8～20	
4/2	逃往埃及、歸來	二13～21			
2	童年的耶穌在拿撒勒	二22～23		二39～40	
公元	**沉寂期**				
8	孩童耶穌在聖殿聽道			二41～52	
	18年沉寂期／預備及傳道初期				
26	耶穌受洗	三13～17	一9～11	三21～22	一29～34
26	耶穌受試探	四1～11	一12～13	四1～13	
27	迦拿婚筵				二1～11
27	耶穌潔淨聖殿	二十一12～13	十一15～17	十九45～46	二14～22
27	耶穌與尼哥德慕談道				三1～21
27	耶穌與撒馬利亞婦人談道				四4～42
27	迦百農的百夫長	八5～13		七1～10	四46下～54
27	耶穌在拿撒勒傳道	十三53～58	六1～6上	四16～30	
	聲名遠播時期				
28	耶穌呼召眾門徒	四18～22	一16～20		
28	耶穌醫治彼得的岳母	八14～15	一29～31	四38～39	
28	耶穌第一次到加利利各城各鄉傳道	四23	一39	四44	
28	利未（馬太）被召	九9～13	二13～17	五27～32	
28	耶穌揀選12個門徒	十1～4	三13～19	六12～16	
28	登山寶訓／平原講道	四24～七27		六17～49	
28	婦人與香膏	二十六6～13	十四3～9	七36～50	十二1～8

28	耶穌第二次到加利利			八1～3	
28	耶穌講論天國的比喻	十三1～52	四1～34	八4～18，十三18～21	
28	耶穌平靜風和海	八23～27	四35～41	八22～25	
28	睚魯【葉魯《現修》】的女兒和患血漏病的女人	九18～26	五21～43	八40～56	
28	耶穌差遣12個使徒	九35～十14	六6下～13	九1～6	
	被敵對時期				
29	施洗約翰之死	十四3～12	六17～29	三19～20	
29	5,000人得飽	十四13～21	六32～44	九10下～17	六1～15
29	耶穌履海	十四22～33	六45～52		六16～21
29	4,000人得飽	十五32～39	八1～10		
29	彼得承認耶穌為基督	十六13～20	八27～30	九18～21	六67～71
29	耶穌醫好生來瞎眼的人				九1～41
29	耶穌改變形像	十七1～9	九2～10	九28～36	
29	耶穌在住棚節上耶路撒冷				七11～52（～十21）
29	拉撒路復活				十一1～44
30	耶穌為小孩祝福	十九13～15	十13～16	十八15～17	
30	瞎子（巴底買）得醫治	二十29～34	十46～52	十八35～43	
30	稅吏撒該			十九1～10	
30	耶穌探望馬大和馬利亞				十一55～十二1
30	耶穌的最後一週	二十一1～二十七66	十一1～十六8	二十二39～二十三56	十二12～十九42
30	耶穌復活的形像	二十八1～20		二十四1～53	二十1～二十一25

初代教會的發展

黃錫木

在短短60多年間，初代教會的人數由只有120人發展成數以萬計，遍布的範圍超越當時羅馬帝國的邊界。

新約聖經沒有在初代教會發展史方面提供完整的資料；路加的使徒行傳*（和保羅書信）所提供的資料主要都是以保羅*為主。對於研究初代教會的發展史，這的確是一個限制，但這卻是聖經作者要我們細察的角度。

耶穌升天之前，他指示使徒要先等候聖靈*降臨，才遍傳復活*的喜訊。他們又選擇了另一個門徒馬提亞，代替出賣耶穌後自殺的猶大，完整保存「12」這個數目，為要標誌一個新的以色列民族。在這時候，這個羣體只有120個信徒。耶穌的預言在五旬節*當天應驗了，按路加的理解，教會*就在這天成立。在當天的宣講*中，有3,000人回應了彼得*的信息，認罪*悔改。這些信徒奉耶穌的名施洗，聚集祈禱*，聽使徒的教訓，守主的聖餐*。

雖然教會的人數不斷增加，但從猶太人來的壓迫亦不斷增加。彼得和約翰*被監禁，之後司提反執事在猶太人引發的騷動中被石頭打死（徒七章），又有以逼迫基督信徒為榮的掃羅（即保羅）；這種種危機反而成為把福音外傳的契機。路加特別記載腓利的傳道工作，他把福音傳到撒馬利亞人*當中，然後又向一名衣索匹亞（或稱埃塞俄比亞）的太監傳福音*（徒八章）——從猶太人的角度而言，他是一名被雙重詛咒的人。路加要指出，主耶穌的大使命在腓利身上已被落實。

保羅信主（徒九1～19）是初代教會發展的一大轉捩點，因此，從使徒行傳九章開始，他亦成為全書的中心人物。保羅雖然曾經到耶城教會作短暫停留，但之後一直以安提阿為根據地，在基利家省及敍利亞積極投入宣教*工作。公元46至48年，巴拿巴和保羅更遠赴旁非利亞省；這幾年的工作非常成功，亦使初代教會開始思想基督信仰與猶太教的關係。結果，在耶路撒冷*的會議中，耶城教會認同保羅的見解，認為外邦人不需要守割禮*和猶太人的律例，但卻要遠離拜偶像和淫亂等事情（徒十五章）。

這是初代教會發展的新里程。自此，雖然保羅依然受到猶太人的迫害，但他已經和當時耶城教會的領袖取得共識，把福音傳到更遠的地方。於公元49/50至58年，保羅把福音傳至馬其頓和希臘，並在哥林多*和以弗所兩城逗留較長時間。他又藉著上訴羅馬*的機會，把福音帶到西班牙去。

直至公元1世紀末，福音遍傳的範圍已超越羅馬帝國的邊境，東至印度（馬太和巴多羅買），西至羅馬（彼得和馬可），甚至西班牙（保羅曾到那裏），南至埃及的亞歷山太城和亞拉伯半島地區。

第一次猶太人叛亂

黃錫木

於公元66至74年發生的第一次猶太人叛亂，是古代猶太人最慘烈的歷史事件，最後以耶城聖殿被毀告終。

羅馬*政府統治巴勒斯坦*初期（自公元前63年起），與猶太人保持頗良好的關係，這多少是大希律*的功勞。然而，隨著大希律去世，他兒子的暴政，後來羅馬直接指派的巡撫極為腐敗的管治（公元44～66年），以及整體上各地的反閃族情緒，直到公元1世紀中期，很多猶太人聚居的地方已經醞釀了不少騷亂情緒。

根據猶太歷史家約瑟夫*所記，第一次猶太人叛亂是由猶太地巡撫弗洛厄斯的劣行所致的：他搶掠聖殿*的庫房，又大肆屠殺抗議的羣眾。發生這些事後，亞基帕二世和他的妹妹百妮基（兩者都是大希律的孫兒）、大祭司*和法利賽人*企圖說服猶太人不要以武力反抗，但猶太人的憤怒情緒已一發不可收拾。

聖殿的守殿官以利亞撒聯同奮銳黨*的極端派系刺客黨，一起安排殺戮行動。他們先將亞基帕二世和百妮基趕出耶城，然後佔據城中的羅馬人城堡，殺盡所有羅馬軍隊，甚至連那些溫和派的猶太人也殺害（包括大祭司）。不但如此，刺客黨亦佔據原為羅馬部隊駐守的瑪撒大*（Masada）；至此，原本只屬猶太地的叛亂，已擴展至整個巴勒斯坦地。在這個時候，耶路撒冷*的猶太人變得士氣激昂，他們以為上帝會帶領他們脫離異族的管治。他們組織游擊隊，又在加利利*設防壘。當時本來是祭司的約瑟夫，就是在此時從耶路撒冷被調派到加利利駐守。

雖然在叛亂的初期，猶太人可算是節節勝利，但猶太人的人數與羅馬軍隊的人數，實在不可相比。在羅馬大將軍維斯帕先(Vespasian)的統領之下，叛黨逐步被剷平，而猶太人的內訌亦愈來愈嚴重。公元69年，維斯帕先回羅馬當皇帝，他的兒子提多繼續率領大軍；翌年9月，在惡劣的天氣和缺糧的情況之下，耶城終被攻破，聖殿被摧毀，只剩下瑪撒大的叛黨仍不屈服。

由於地理形勢險要，羅馬軍隊花了很多精力和時間，才成功攻上瑪撒大的城寨。據約瑟夫的記載，猶太叛黨為免被羅馬人凌辱，決定全體自殺。但按近代考古學發現，可能只是一部分叛黨自殺，還有一些人是與攻上來的羅馬人交戰而死的，甚至也有想躲藏或逃走的人。

聖殿被毀以後，猶太的獻祭和祭司制度便徹底廢止了，而領導層轉為法利賽人(後來稱為拉比)執掌。猶太基督徒沒有參與戰爭，並且於叛亂的早期已逃離耶路撒冷，到約旦河外的比拉城(Pella)；由於他們將此次毀滅解釋為上帝的審判*，所以第一次猶太人叛亂無疑加深了猶太教和基督教之間的鴻溝。

• 位於死海以西的瑪撒大，為第一次猶太人叛亂的最後據點。

• 公元71年，為了慶祝提多平定第一次猶太人叛亂，羅馬議會宣布在羅馬道上舉行盛大的遊行，特建了一座用木頭和灰泥製的拱門，這位得勝的將軍和猶太俘虜則從其下經過。到公元81年，又用大理石和銅重建這座拱門。

• 拱門雕刻有羅馬士兵搶劫耶路撒冷城聖殿的情景。

新約大事年表

年份（公元）	新約歷史事迹	參考新約經卷	羅馬王朝歷史
公元前4～公元30	**耶穌生平**	**馬太福音、馬可福音、路加福音、約翰福音**	
公元前4	耶穌出生		奧古斯都（公元前27～公元14年）
8	耶穌12歲在聖殿聽道		
26	施洗約翰開始傳道工作；耶穌開始傳道工作		提庇留（公元14～37年）
26～36			猶太總督本丟・彼拉多上任
27～28	施洗約翰被囚		
29	施洗約翰被斬；耶穌過住棚節		
30	耶穌被釘十字架、復活、升天；聖靈在五旬節降臨		
30～100	**早期教會時期**	**使徒行傳**	
35	大數的掃羅信主		
44	約翰的兄弟雅各殉道	雅各書	克勞第（公元41～54年）
46～48	保羅第一次傳道旅程		
49/50	耶路撒冷會議	加拉太書	
49/50～52	保羅第二次傳道旅程	帖撒羅尼迦前、後書	
53～57	保羅第三次傳道旅程	羅馬書，哥林多前、後書	尼祿（公元54～68年）
57	保羅在耶路撒冷被捕		
59	保羅在凱撒面前申訴		
60～62	保羅在羅馬被軟禁兩年	以弗所書、歌羅西書	
62	耶穌的兄弟雅各殉道	腓利門書、腓立比書	
64			尼祿焚燒羅馬
65～67	保羅在羅馬第二次被囚	彼得前、後書，提摩太前、後書，提多書，猶大書	

65～67/68	彼得與保羅在羅馬殉道		迦勒巴、鄂圖、威特留(公元69年)，維斯帕先(公元69～79年)，提多(公元79～81年)
70	耶路撒冷被毀；聖殿被毀	希伯來書	
81～96	多米田逼迫基督徒		
90～95	使徒約翰被逐至拔摩海島	約翰一、二、三書，啟示錄	納華(公元96～98年)

羅馬帝國王帝和任期(至公元2世紀初)

公元前27～公元14年	奧古斯都(Augustus)
公元14～37年	提庇留(Tiberius)
公元37～41年	該猶／加里古拉(Gaius,Caligula)
公元41～54年	克勞第(Claudius)
公元54～68年	尼祿(Nero)
公元68～69年	迦勒巴(Galba)、鄂圖(Otho)和威特留(Vitellius)
公元69～79年	維斯帕先(Vespasian)
公元79～81年	提多(Titus)
公元81～96年	多米田(Domitian)
公元96～98年	納華(Nerva)
公元98～117年	他雅努(Trajan)
公元117～138年	哈德良(Hadrian)

古代民族和帝國
非利士人

羅慶才

非利士人屬「海民」(Sea Peoples) 的一族，其發源地乃愛琴海一帶的島嶼；雖然非利士人其後從歷史中消失，巴勒斯坦 (Palestine) 地卻因而得名。

包括非利士人在內的「海民」沿陸（經小亞細亞）海（經克里特及塞浦路斯）兩路遷移到埃及*時，曾摧毀赫人帝國及腓尼基境內各國。到公元前12世紀初，這羣「海民」曾大舉入侵埃及，最後被擊退，自此粉碎其侵佔埃及的野心。當時在位的法老蘭塞三世把被征服的「海民」安置在迦南地沿海平原上。此後，「海民」在那裏建立城邦聯盟，包括5大城市：沿海的迦薩、亞實基倫、亞實突，並內陸的以革倫和迦特（書十三3）。

按舊約聖經記載，雖然早在列祖時代，亞伯拉罕*與以撒曾接觸非利士人的王亞比米勒（創二十，二十六章），然而考古研究發現，非利士人要到較後期才大規模在迦南出現。他們與以色列人其實是差不多同時期到達巴勒斯坦*（公元前13世紀末～12世紀初），但以色列人初期多聚居於中央山脈之上，故少與非利士人接觸。其後，因兩族人口不斷增長，對土地需求增加，遂無可避免地發生衝突。舊約中士師記*所記載的參孫的故事（十三～十六章）及撒母耳記*中所載的示羅*一役（撒上四～六章），正是以此為背景。從中可見非利士人的軍事優勢。

當以色列人膏立掃羅為王時，非利士人對以色列人的威脅最大。當時，在便雅憫地的示羅已被非利士人攻破（撒上四章），約櫃被搶走，表示非利士人的勢力已深入以色列的心臟地帶。掃羅統治時，並未能有效阻止非利士人的擴張（撒上三十一章）。到大衛*作王時，才能瓦解非利士人的力量（撒下五17～25，八1，二十一15～22，二十三9～17），並取代非利士，成為區內的霸權。即使如此，兩族的關係仍然相當緊張（王上十五27，十六15～17）。

正當新亞述帝國*在提革拉．毗列色統治下進入高峯時，非利士於公元前734年被亞述征服。直至亞述帝國滅亡為止（公元前612年），非利士雖然在政治上受制於異族，但其經濟卻有重大發展。其後，非利士經歷了巴比倫*及波斯*時期，就逐漸湮沒在歷史裏。

非利士人的文化較接近歐洲愛琴海一帶的邁錫尼（Mycenean）文化。舊約指出以色列人在科技上遠遜於非利士，這與現代考古學的發現大致相符。近期的考古研究顯示非利士人其實有相當發達的文化，經濟則以農業為主，考古研究顯示他們把迦南地的橄欖油經海路出口到其他地區，進行貿易。當非利士人在迦南定居後，逐漸融入當地文化。在宗教上，他們主要信奉大袞（士十六23～25）、女神亞斯她錄（撒上三十一10）和巴力．西卜（王下一2～3），這些皆為古代近東*普遍的神祇。

迦南人

羅慶才

迦南人乃迦南地的原居民，其中包括多個民族，其信仰與文化對以色列有頗為深遠的影響。

「迦南」一詞的起源及意思至今仍未有定論，但自公元前3000年起，就一直作地理名稱用。不過，古代典籍對迦南地的範圍卻沒有明確的界定。約於公元前1500年，「迦南」乃埃及*統治的區域之一，其範圍約北至敍利亞，東面則包括大馬士革及約旦河東高原，南面止於埃及河。舊約聖經大致採納這說法。

「迦南人」並非一個民族，而是一個多元化的族羣。舊約多處經文列舉了組成「迦南人」的各部族名稱（創十五18～21；申七1等）。在以色列民進入迦南*前，當地的政治組織以城邦為主（書九1～2，十1～5，十二7～24），各自為政，且多有紛爭衝突。迦南人的重要城市多建於迦南區內的平原上，以農業為主。此外，迦南人亦以善於進行買賣交易而聞名（亞十四21）。從現時的資料可知，迦南人的社會結構是金字塔式，階級分明，貧富懸殊，以少數貴族操控大部分經濟資源。

因迦南地以農業為主，其宗教信仰亦與此有關。迦南神祇中主要是巴力，根據當地的神話*傳統，巴力把邪惡之神「大魚」殺死後，就創造*了宇宙萬物。此外，巴力也執掌氣候及萬物的生殖能力，務農者敬拜它就是為了確保有豐盛的收穫。巴力的妻子亞舍拉亦是迦南人所尊崇的神祇之一。

舊約記載迦南人的事迹，往往給讀者這個印象：以色列人對

迦南人深惡痛絕。律法書中三番四次強調以色列人不能與迦南人通婚，不要被他們的宗教敬拜吸引，更要徹底剷除迦南人的敬拜，不然就會成為以色列的網羅，難以自拔。自以色列建立王國*後，所羅門雇用了大量迦南人來建設城市及建造國家設施（如聖殿*）。到大衛*王國分裂*後，有大批迦南人居於北國以色列境內，成為一股強大的政治力量，以致北國的統治者不得不用政治手段，滿足他們的訴求，如為他們建立神廟等（王上十六32～33），以討好他們。此舉在聖經作者眼中，無異是出賣了以色列的一神信仰。

話說回來，以色列人居於迦南區內，少不免受其文化影響。從近代考古學研究得知，以色列的建築風格與迦南人的無異，這包括城市、房屋、敬拜場所等，甚至農業技術、生活方式等亦多有相同之處。然而，另一方面，以色列因信仰的緣故，與迦南本土居民亦有顯著的差異。例如以色列的先知秉承律法的精神，強烈譴責國內貧富懸殊的情況，多番提醒同胞要以公平公義的原則彼此相待。而在律法中，亦以建立一個公平的、沒有貧窮的社會為目標（利二十五章；申十五1～18）。這就是以色列信仰對社會帶來的影響。

埃及

羅慶才

埃及乃古代文明大國，歷史悠久，對古代近東歷史影響頗深；在舊約時代，更常常企圖染指區內的局勢發展。

埃及位處非洲東北角，東西兩面被茫茫沙漠包圍，南面為高原，尼羅河從上而下流，水流急速，不易逾越，地理環境頗為孤立。不過，地理上的阻隔亦同時成為埃及防守的優勢，使埃及在政治及軍事方面均享有高度穩定的形勢，有利其經濟及文化發展。可稽考的埃及歷史可追溯至公元前3100年，直至公元前322年，始為希臘*多利買(Ptolemy)王朝取代。至其女王克麗佩脫拉(Cleopatra)在公元前31年與羅馬將軍安東尼(Mark Anthony)雙雙自殺後，埃及就被羅馬帝國*吞併，其歷史長達差不多4,000年。在距今約4,000年前，埃及人已建成金字塔——今天被稱為世界七大奇景之一。

埃及的命脈就是尼羅河，其三角洲的土地肥沃，加上氣候穩定，出產豐富(民十一5)，有古代近東的糧倉之稱，是鄰近地區人民饑荒時的避難所(創四十一53～57)。埃及墓室中的壁畫描繪了一些來自巴勒斯坦*的人進出埃及的情況，栩栩如生，讓我們一窺當時的生活面貌。

在法老的統治下，埃及奉行神權政治，統治者被視為神的兒子，地位超然，同時亦扮演大祭司的角色。埃及的社會結構就像金字塔一樣，法老及其親屬於頂端，其下是各階層的知識分子及技術人員，最下層就是普羅大眾。

在舊約時代，埃及與以色列的關係可謂千絲萬縷。埃及本身

的物產雖然豐富，但仍需從以色列人的聚居地迦南進口大量金屬及木材，所以在經濟上，迦南對埃及是非常重要的。另一方面，埃及亦可說是以色列的發源地，因為以色列在當地從一個只有70人的家族，發展成壯大的民族（出一1～7）。至大衛*建立王國時，其政府架構亦是仿效埃及的（撒下八15～18，二十23～26）。當以色列定居迦南後，埃及很多時都想借機影響迦南區內的政治，從中得利。在所羅門作王時，就曾與埃及結盟，娶了法老的女兒為妻，法老把本屬迦南人*的城市基色城相贈作嫁妝（王上九16）。其後，所羅門的臣僕耶羅波安密謀作反，被識破後潛逃至埃及，得埃及法老示撒收留（王上十一40）。到所羅門死後，耶羅波安返國，領導北面10支派脫離大衛家的統治，建立以色列國（王上十二章）。之後法老示撒率領軍隊入侵南北兩國，但觀其行軍路線，其主要對象實在是以色列國（王上十四25～26）。

從公元前8世紀起，隨著亞述帝國*的興起，埃及為要在本身和亞述間設下緩衝區，常常插手迦南區內的事務，扶助備受壓力的以色列及猶大政府（王下十七4，二十三29），但卻不能成事，最終以色列及猶大均先後敗亡於亞述及巴比倫*之手。

亞述

羅慶才

亞述乃古代近東的文明大國，亦為古代近東首個帝國，以好戰及強悍見稱，在以色列歷史中有舉足輕重的地位。

亞述的發源地乃亞施戶城(Assur)，位於底格里斯河東岸，因該地氣候適合畜牧，所以成為遊牧者的聚居處。其最早發現的考古文物為公元前2800至2200年左右，顯示其文化與居於亞述以南的蘇美爾人(Sumerians)相似。亞述人作為一個政治實體，最早可追溯至公元前2000年左右。除本土居民外，還混合了亞摩利人及亞蘭人的血統。

亞述人早期聚居於幼發拉底河和底格里斯河流域的北部，以尼尼微、亞比拉、亞施戶城等地為核心，以農業和畜牧為生，自公元前1900年(古帝國期)始有政治制度及組織。公元前1750至1000年間為亞述發展的高峯期(中帝國期)，曾征服南部的巴比倫*及西面的亞蘭，建立了一個強大的國家。其後經歷了一段低沉時期，但由公元前9世紀初起，亞述又再興盛，至公元前8世紀末至7世紀初達至頂峯，成為歷史上的「新亞述帝國」。然而，亞述的國力自公元前625年起迅速滑落，其國都尼尼微於公元前612年被巴比倫及瑪代聯軍所破，亞述帝國最後於公元前609年滅亡。

和眾多古代近東國家一樣，亞述的社會結構亦是金字塔式的。最上層的是君王貴族，依次為各級官員、平民百姓，最下層的就是奴隸。亞述社會崇尚武力，有軍國主義的傾向，人民從小習武。君王同時是軍隊中的最高統帥，有絕對的權力，他的說話

就是律法；君王權力的惟一掣肘就是社會傳統及宗教習慣。記載在舊約中的官員包括：「他珥探」(總督或總管)、「拉伯撒利」(太監長)和「拉伯沙基」(酒政)(王下十八17)。

經濟方面，亞述土地肥沃，農業及畜牧業均相當發達。此外，亞述政府向對外貿易徵稅，是為亞述經濟來源的第三大支柱。當亞述成為超級大國時，還有外國的貢銀作為第四大收入來源(王下十五19，十六8等)。

除軍事及政治外，亞述在文化方面亦有重大成就。亞述人承襲了亞甲人(Akkadian)的文化傳統，保存了很多重要的亞甲文獻。亞述巴尼帕王(Ashurbanipal，公元前669～627年)在位時，曾在皇宮中建造圖書館，搜集古巴比倫文獻，並將之存放於此；此圖書館在19世紀中期被發掘出土。在藝術及雕刻方面，亞述亦有卓越的成就，亞述的雕刻家甚有創意，生動地捕捉了古代生活各方面的形態，尤其值得注意的是印鑒，常刻有與亞述宗教有關的主題，為舊約研究提供了重要的參考資料。此外，亞述皇宮中的浮雕亦甚有價值，常刻有古代生活的面貌，如搜獵和皇室花園景色等。另外，浮雕上亦常見古代戰爭的場面，可見古代進行戰事的方式等，實具歷史價值。

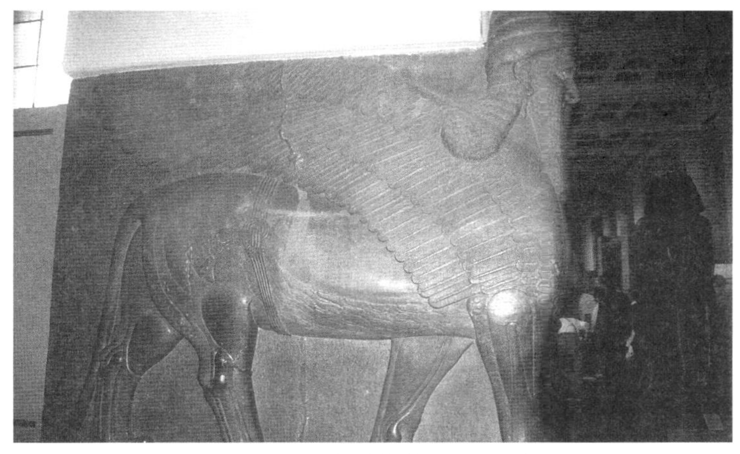

• 亞述的人頭獅身像(公元前9世紀)

巴比倫

羅慶才

巴比倫文化最早可追溯至公元前4000年，屬重要文化發源地之一。

「巴比倫人」所指的是居於美索不達米亞南部，今巴格達至波斯灣海岸一帶的居民。他們自公元前3000年已建立城邦，其後逐漸發展成古代近東的軍事強國。

當以色列人於公元前13世紀末進入迦南*時，巴比倫正受亞述*控制，到8世紀更被亞述統治。不過，至公元前7世紀末，隨著亞述的衰落，巴比倫在尼布甲尼撒二世的領導下，不只擺脫了亞述的掣肘，更建立了新巴比倫帝國，取代亞述成為古代近東霸主，其統治範圍包括迦南地，猶大在內的各國。不過，這段輝煌時期只維持了數十年，至公元前539年，波斯*不費吹灰之力，就推翻了巴比倫帝國。

巴比倫一帶的雨量較少，而幼發拉底和底格里斯兩大河流域地勢平坦，廣泛地區都是沼澤，故此自古以來，巴比倫統治者的天職就是開發及維修灌溉用的輸水道，以利農耕。不過，因土質鹽分較高，故農產以大麥為主。此外，巴比倫是區內棗子產量最多的國家。

巴比倫最早期的政治結構基本是以城邦為主，君主制度成立後，源自城邦時期的一些傳統，如長老的參與，雖仍得以維持，卻已演變成扶助君主執政的工具。其次，廟宇及其祭司在經濟上本來有舉足輕重的地位，但到君主執政時期，其影響力已被大大

希臘化時代的埃及與敍利亞(公元前2世紀末)

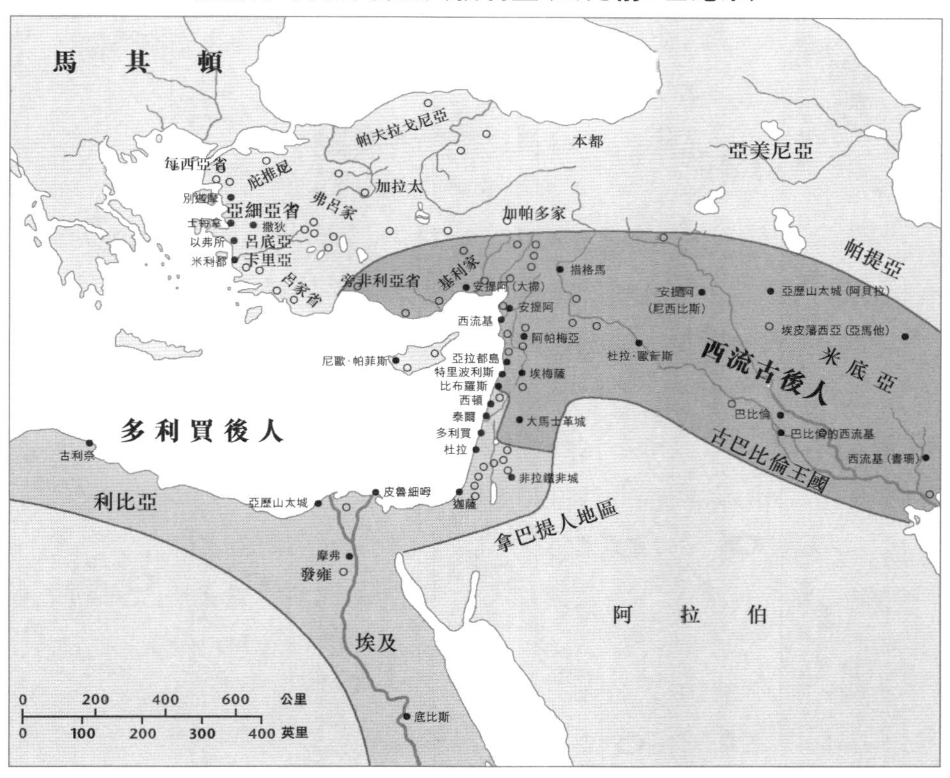

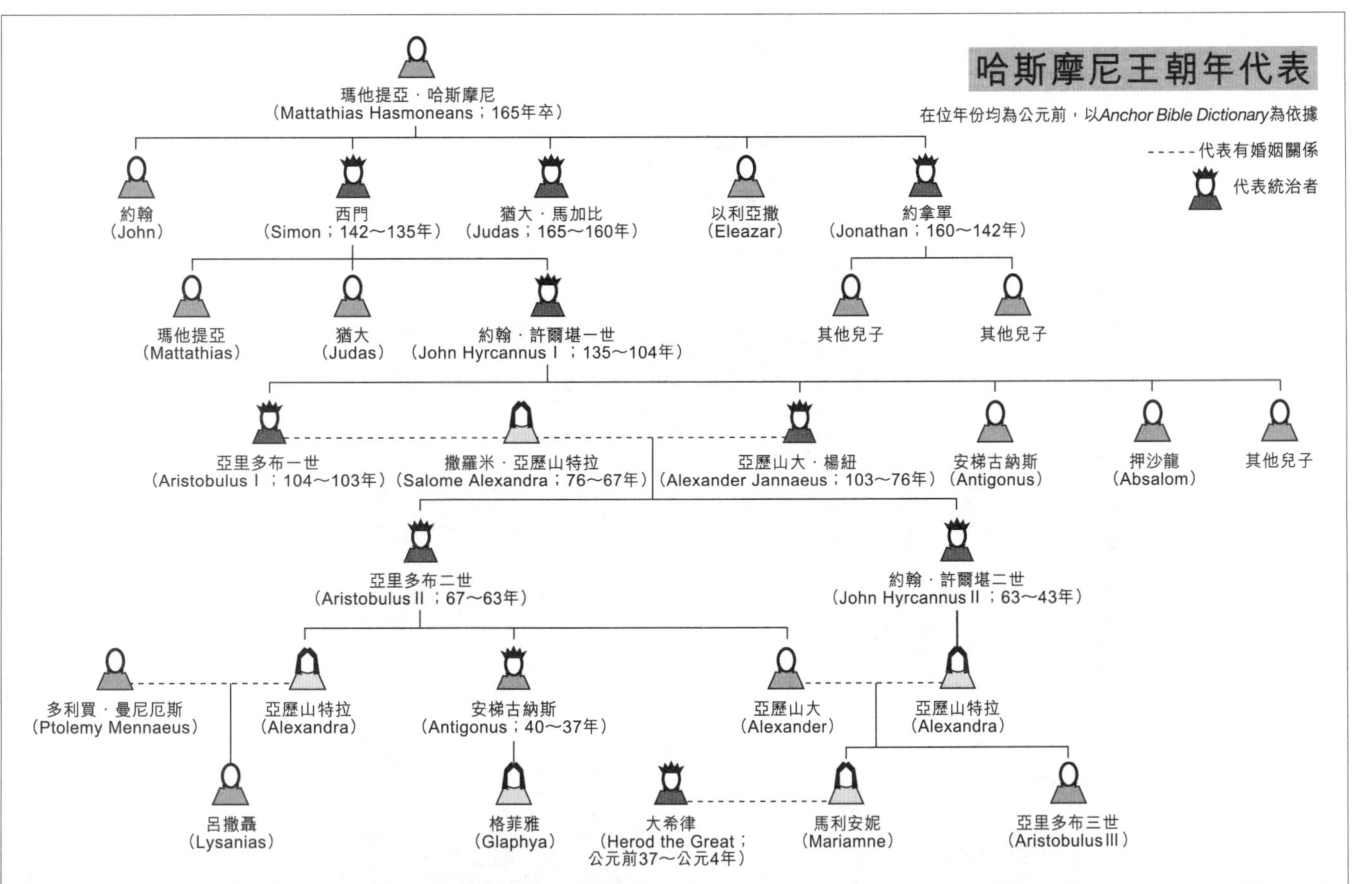
哈斯摩尼王朝年代表
在位年份均為公元前，以*Anchor Bible Dictionary*為依據
-----代表有婚姻關係
代表統治者
瑪他提亞·哈斯摩尼（Mattathias Hasmoneans；165年卒）
約翰（John）
西門（Simon；142～135年）
猶大·馬加比（Judas；165～160年）
以利亞撒（Eleazar）
約拿單（Jonathan；160～142年）
瑪他提亞（Mattathias）
猶大（Judas）
約翰·許爾堪一世（John Hyrcannus I；135～104年）
其他兒子
其他兒子
亞里多布一世（Aristobulus I；104～103年）
撒羅米·亞歷山特拉（Salome Alexandra；76～67年）
亞歷山大·楊紐（Alexander Jannaeus；103～76年）
安梯古納斯（Antigonus）
押沙龍（Absalom）
其他兒子
亞里多布二世（Aristobulus II；67～63年）
約翰·許爾堪二世（John Hyrcannus II；63～43年）
多利買·曼尼厄斯（Ptolemy Mennaeus）
亞歷山特拉（Alexandra）
安梯古納斯（Antigonus；40～37年）
亞歷山大（Alexander）
亞歷山特拉（Alexandra）
呂撒聶（Lysanias）
格菲雅（Glaphya）
大希律（Herod the Great；公元前37～公元4年）
馬利安妮（Mariamne）
亞里多布三世（Aristobulus III）

猶太散居地

黃錫木

在新約時代，猶太散居僑民的數目遠超過住在巴勒斯坦本土的猶太人；雖然有些猶太僑民較為開放，但大多數依然謹守猶太傳統。

猶太散居地(*disapora*)是指猶太地(或巴勒斯坦*)或以色列地以外的地方。

在古代社會，移民並非一件光彩的事。除了因經商或逃避饑荒(得一1)、戰亂、迫害(王下二十五25～26；耶四十一1～18)而自願遷徙外，一般猶太人都是被迫移居外地，例如因戰敗被俘擄到別國。自大衛*統一王朝，以色列人先後經歷兩次大規模遷移，分別是被亞述*(公元前722/721；王下十七1～6)和巴比倫*(公元前587/586；王下二十五8～21)強迫的。在兩約時期*，猶太人亦經歷多次遷徙。而在兩次猶太叛亂中，不少猶太人亦遷居到美索不達米亞以東地區。

新約時代，猶太僑民散布羅馬帝國*各地，主要有巴比倫、埃及、敍利亞、小亞細亞和羅馬*；我們甚至可以肯定，猶太散居僑民比住在巴勒斯坦的猶太人還要多。

埃及是最重要和歷史最悠久的猶太散居地。據考古和文獻記載，在埃及最南方的伊里芬丁(Elephantine)的猶太人，曾經於公元前6世紀末建造一座耶和華的殿(但後來被當地人拆毀)。據約瑟夫*所說，在新約時代的埃及就有100萬猶太人。在亞歷山太城，猶太人佔城市總人口的極大部分。他們在政治上自成一體，

居住在自己的地區和城市，延續傳統猶太文化和生活方式。除了埃及，巴比倫也是很重要的城鎮。雖然波斯*王（公元前538年）曾經宣布猶太人可以回歸自己的國土，但依然有很多人寧願留在巴比倫（按典外文獻的記載），暗示了人民已經在那裏落地生根。公元70年耶路撒冷*淪陷後，巴比倫就成為保留猶太傳統的中心。

住在異教文化當中的猶太人，固然較容易受希羅文化影響，他們雖然未至於放棄自己獨特的信仰與文化，但卻較願意學習希臘文化。不少後期的猶太作品，特別是那些寫於亞歷山太城的作品，均深受希臘哲學的影響，其用詞與寫於巴勒斯坦地的猶太作品，亦有差異。

很多猶太人依然謹守傳統猶太教的教導，男性出生8天便受割禮*。猶太人自小便接受律法的教導，獨尊上帝，拒絕跪拜別的神明及參與任何其他宗教儀式，又謹守一切潔淨*的禮儀、禁食、安息日*及節期*。散居地的猶太人常與其他民族發生衝突和磨擦，這與他們謹守這些習俗有密切關係。於是，在宗教、文化和社交上，會堂*往往成為維繫猶太散居僑民的一個非常重要的活動中心。

這些猶太僑民為保持自己獨特的文化和信仰，和非猶太人的關係常變得緊張；從希臘和羅馬作家常在作品中貶低那些生活在他們當中的猶太人可見一斑。

散居的猶太僑民(公元前1世紀末)

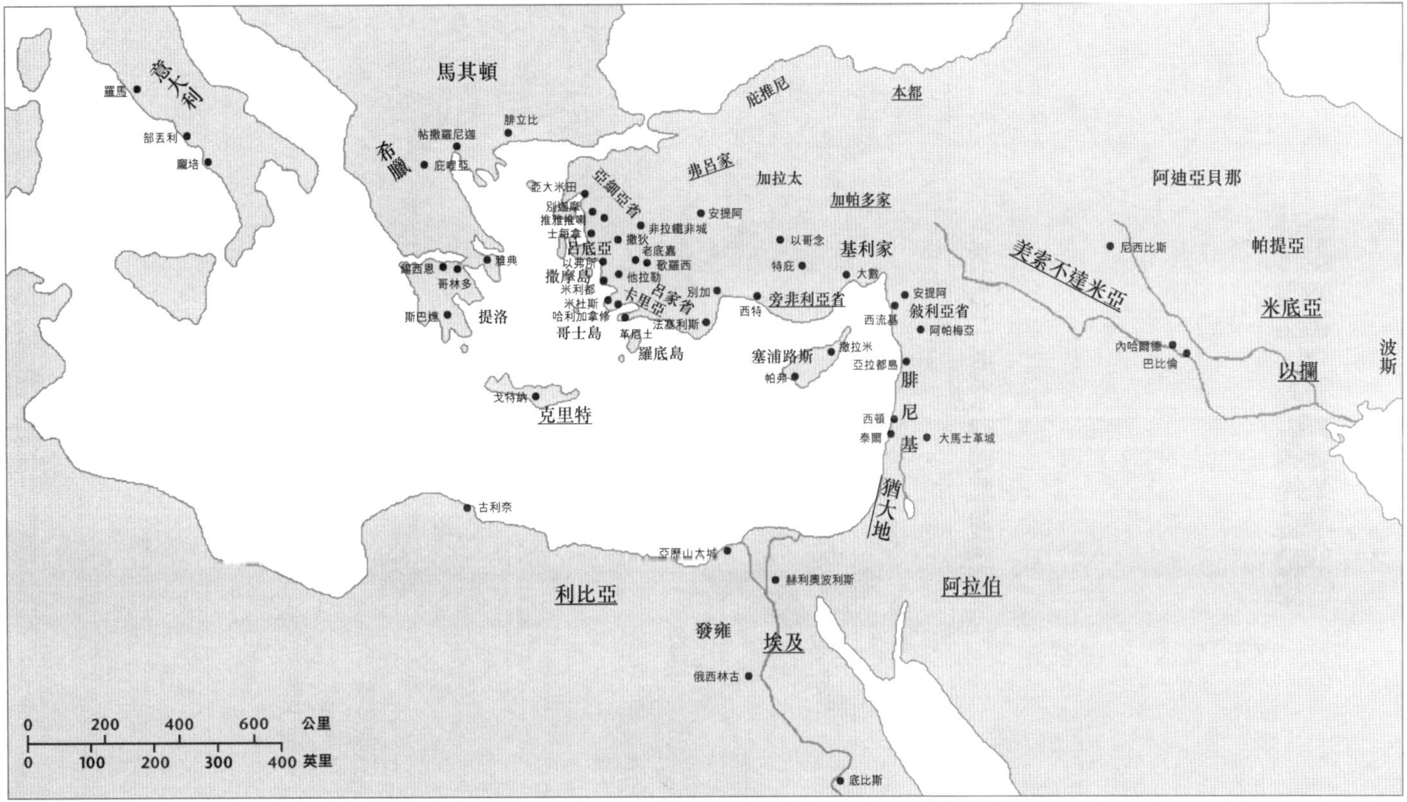

新約歷史簡述

羅馬帝國版圖（公元1世紀末）

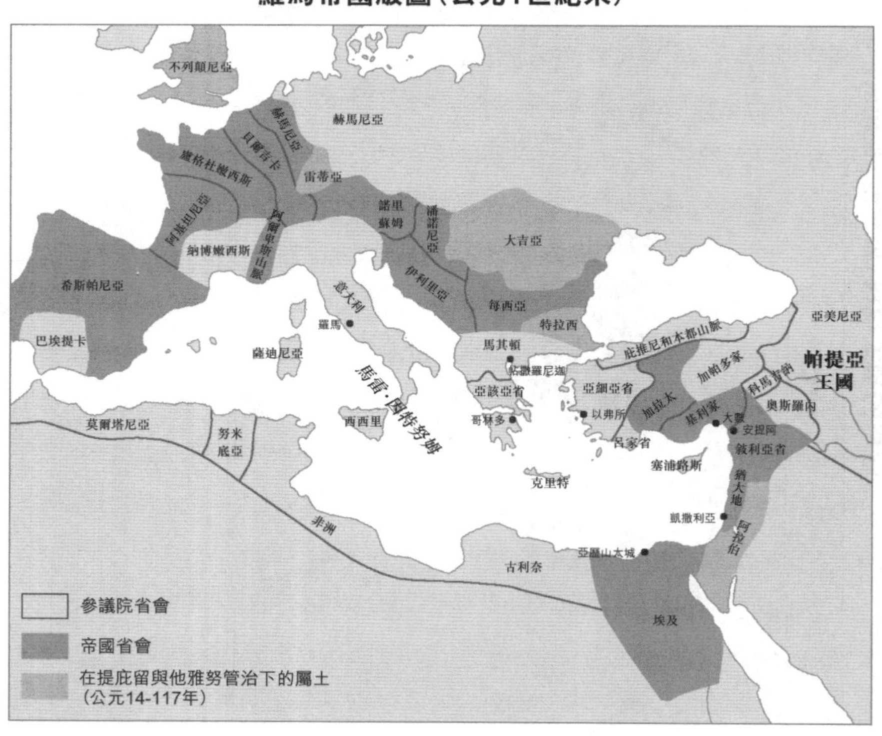

大希律的統治

黃錫木

大希律的統治揭開新約時代的歷史序幕。希律生性殘暴狡猾，不過，他對猶太人社會亦有很深遠的貢獻。

公元前63年，羅馬*將軍龐培(Pompey)進軍耶路撒冷*，結束了為期只有80年(公元前143/142～63年)的馬加比家族*獨立管治。自此，猶太地一帶成為羅馬中央政府管治的地區，屬敘利亞省。龐培將軍任命馬加比家族*的後人許爾堪二世(Hyrcanus II；他亦是當時的大祭司*)管理猶太人事務，他手下其中一位精明的輔臣就是希律的父親安提帕特(Antipater)。因為這種關係，希律家族*取得羅馬公民的資格。

希律自年幼時已處處表現領導者的風範。他管治加利利*省時只有25歲，當時的加利利省，已經是一個高度自治的省分。希律雖然多次在政治決策上錯下注碼，但他至終仍能得到羅馬王帝的信任。公元前37年，希律正式被羅馬政府封為猶太人的王，使當時的巴勒斯坦地*享有全面的自主權，直接向羅馬負責，歷時35年之久。

希律自知自己不是純猶太血統(原是以東人)，不能像馬加比家族的成員一樣當大祭司，因此，他極其量只能擔任猶太人的王。為使猶太人視他為哈斯摩尼王朝的合法繼承人，希律娶了許爾堪二世的孫女馬利安妮(Mariamne)為妻；又為要使人對其家族忠心，他特別設立擁護自己的猶太派別，就是「希律黨人」。除此以外，他仿效埃及多利買(Ptolemy)政府，以組雇傭軍、建立政制

和建築防衛體系(其中之一就是瑪撒大*堡壘)鞏固自己的權力。

希律性情殘暴，曾處死自己的兩個妻子、3個兒子，又在耶穌出生時，下令殺害全國兩歲以下的嬰孩(太二16～18)。他的私生活一團糟，曾結婚10次，家庭中數之不盡的問題，都是他的妻子和她們的母親為使自己的子女得到某些優待或特權而產生的。歷史上對希律的為人作出最貼切的評價的，要算是奧古斯都了。當他聽見希律殺了自己的骨肉時，他幽默地說：「當希律的豬，勝過當他的兒子。」

希律是猶太人歷史上最偉大的建築家。他在任期間，大興土木，經營了十多個大城邑，其中最有名的是地中海沿岸的凱撒利亞*。耶路撒冷的建築物，例如歌劇院、浴場和學校等都是他自費興建的，而最重要的，亦因而得到猶太人歡心的，莫過於擴建聖殿*。計劃始於公元前19年，聖殿本身的建築過了不久便落成，但附近的建築和裝飾則花了很多人力和時間；整個工程到公元64年才完成。然而，希律並不是一個虔誠的猶太教信徒，既沒有敬畏的心，也不在乎甚麼是正統；反之，他卻是希羅文化和宗教的熱愛者。

希律在位33年，卒於公元前4年。

耶穌時期的巴勒斯坦地

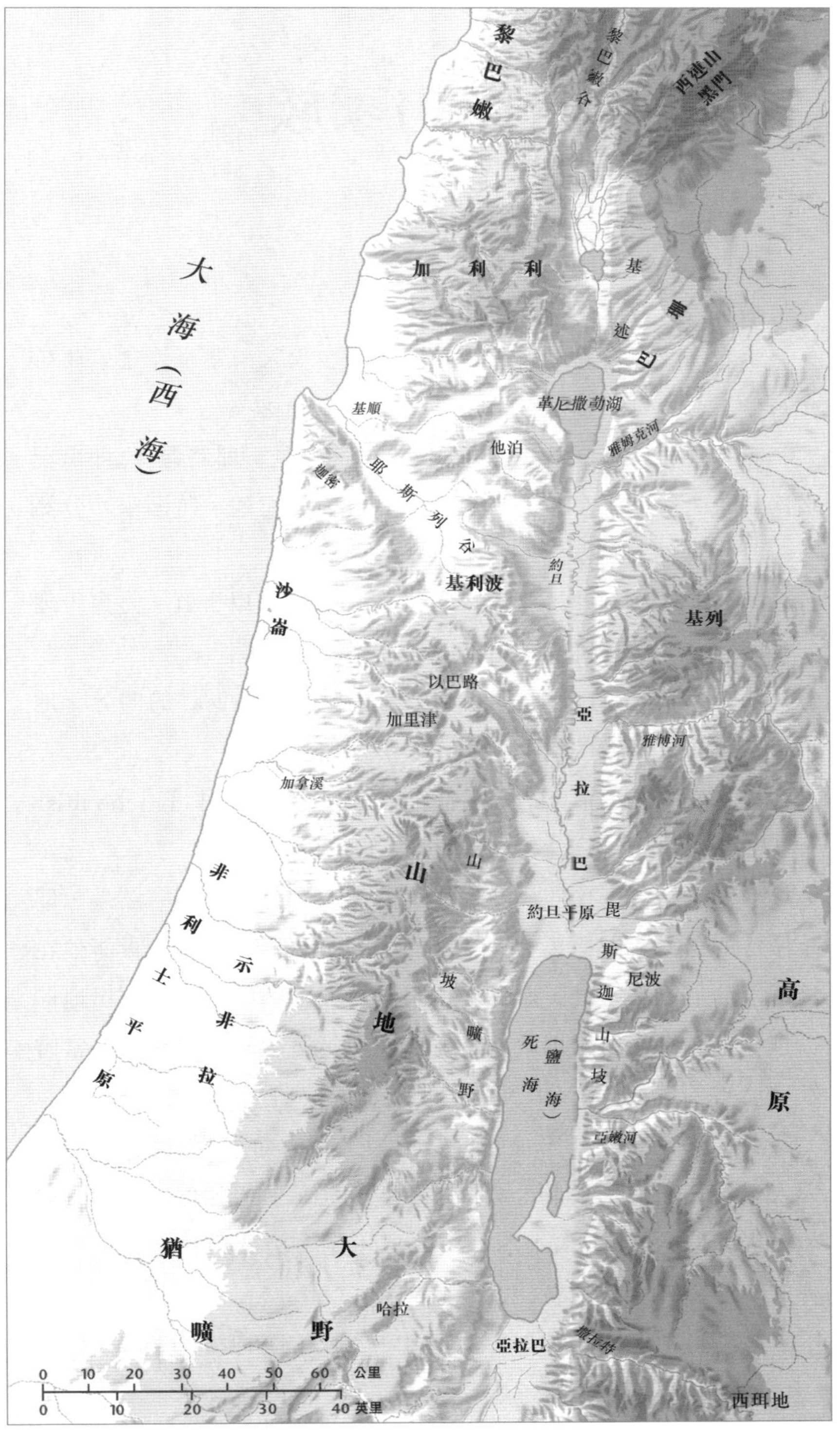

希律的家族

黃錫木

希律的家族是新約時代中最重要的猶太人家族，在這家族的統治下，猶太地的猶太人能享有某程度的自治。

希律在位33年，卒於公元前4年。他死後，耶路撒冷*即出現多次暴亂。騷亂平息後，羅馬政府完成他的遺願，將國家一分為三，交由他的3個兒子治理：

1. 亞基老（參太二22）管治猶太地、撒馬利亞和以土買，是專管理猶太人事務的提督（ethnarch）；
2. 安提帕（Antipas）管理加利利*和比利亞省（Perea）的四分一地區，職銜是分封王（tetrarch）；
3. 腓力（參路三1）承受以土利亞（Iturea）、特拉可尼（Trachonitis）和東北部的附屬地區，作為分封王。

亞基老統治了10年，承襲父親的暴行（參太二22）。結果，耶路撒冷的居民聯同撒馬利亞人*派遣一隊專員到羅馬*，投訴他在治理上的無能和殘酷。羅馬政府最後奪回他的統治權，交由地區巡撫管理，直接向羅馬政府負責；在耶穌誕生時，居里扭是當時敍利亞省的巡撫（路二2）。

與亞基老相反，安提帕的管治與父親大希律*一樣，能與猶太人維持良好關係；耶穌和施洗約翰*傳道旅程經過的地方，主要是安提帕的所屬地（太十四1～12）。不過，施洗約翰卻是被他殺害的，耶穌亦曾被他審訊。

腓力可能是大希律的繼承者中，惟一的好領袖。按約瑟夫*

所記，他愛護人民，尊重猶太人，又沒有耗費人力物力於奢華的建築工程上。他重建了加利利湖一帶多個城市，包括伯賽大，又開拓了凱撒利亞．腓立比這個城市，以自己和羅馬王的名字作為這城的名稱。

大希律另有兩名孫兒也見於新約聖經中，就是亞基帕一世和二世。亞基帕一世的父親被大希律處死，他在羅馬長大，認識了兩位日後成為羅馬王帝的朋友——該猶和克勞第（又稱革老丟）。在他們的幫助之下，他把大希律原本統治的國界重新合併起來。雖然新約聖經記載他把雅各處死，又監禁彼得*（參徒十二1～4），但在猶太人心目中，亞基帕因遵守傳統猶太教的教訓和規條，得到猶太人的敬重。按約瑟夫記載，他是得到怪病而死的（徒十二20～23）。

亞基帕二世在任期間，曾應非斯都之邀請，一起聽保羅*的分訴，而他的妹妹百妮基亦在場（徒二十五13～二十六32）。亞基帕二世完成其祖父大希律修葺聖殿*的計劃，並在耶路撒冷多處街道上，鋪上大理石塊。他雖然敬重猶太教，但仍然忠於羅馬。公元66年，當第一次猶太人叛亂*剛剛開始，亞基帕二世和他的妹妹百妮基竭力勸阻猶太人對抗羅馬政府，但不成功。亞基帕二世不單擴張自己管轄的領土，更與後來成為王帝的提多將軍成為好友。亞基帕二世於公元96年去世，此後，希律家再沒機會直接管理猶太人的事務。

希律的家族

在位年份以*Anchor Bible Dictionary* 為依據

-----代表有婚姻關係

代表統治者

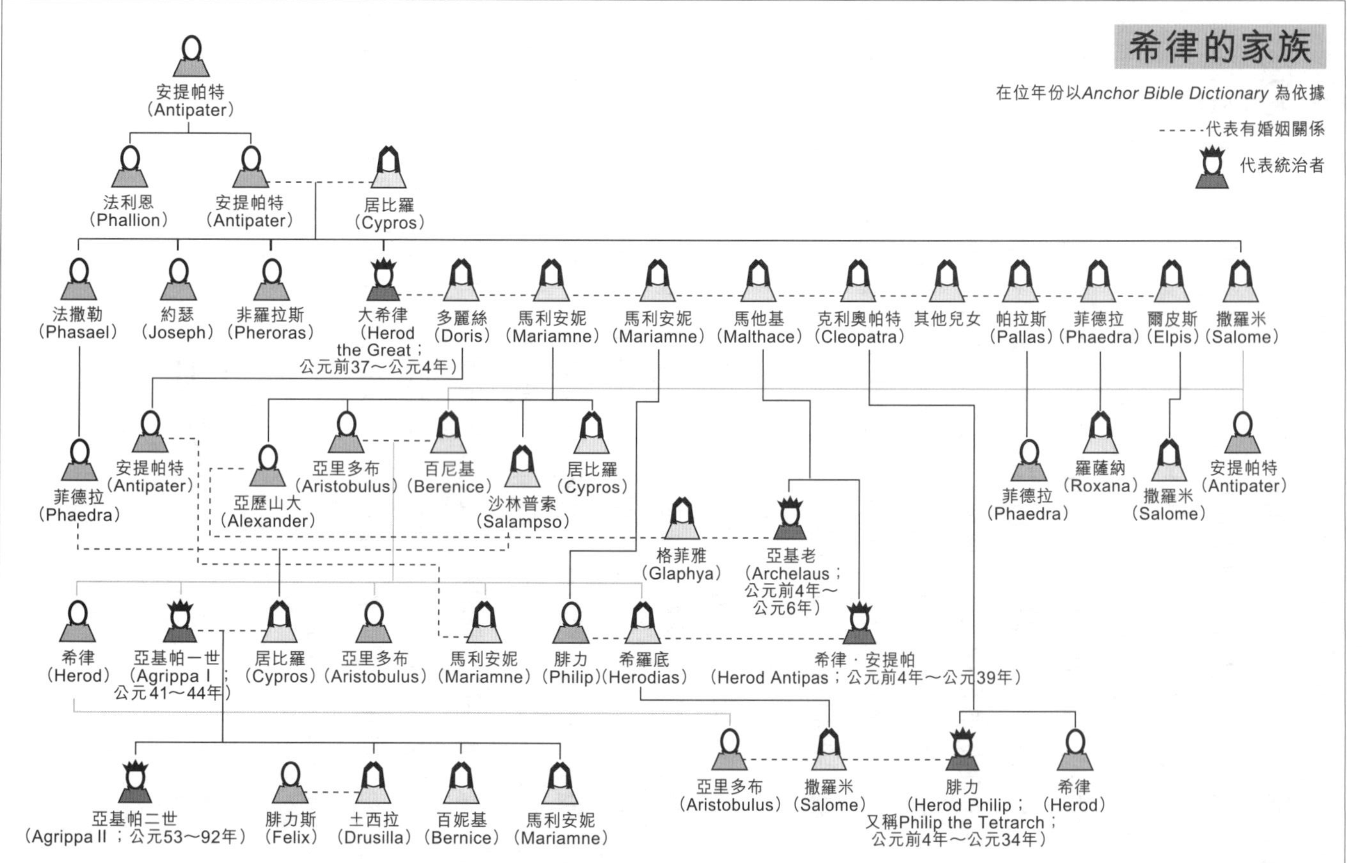

耶穌生平

黃錫木

雖然我們未能仔細和具體地重構耶穌的一生，但分階段理解耶穌的一生能讓我們更清晰地認識他。

4卷福音書對耶穌一生的言行提供了不少資料，但由於要完全協調這些資料是極其困難，我們不能詳細地重構耶穌一生所做的事，而只能分階段描述他的一生。

耶穌公開傳道前的日子：耶穌的出生、童年、少年和成長經過，直至30歲為止，福音書有關這方面的記載只有100多節。在這段日子，有兩件事是福音書作者很看重的：耶穌領受施洗約翰*的水禮*——顯示耶穌與約翰是一脈相承的；耶穌接受並勝過魔鬼*的試探——象徵他要以得勝者的姿態出現。有關耶穌傳道的年日，雖然馬太福音*、馬可福音*和路加福音*記載耶穌只有一次（亦是最後的一次）上耶路撒冷*，但約翰福音*則清楚記述耶穌曾經3次上耶路撒冷過每年一度的節期*（約二23；五1，六4，十二1）；後者的記載似乎較清晰表達耶穌傳道的時間。

傳道的初期：耶穌在猶太地開始傳道（約三22），在施洗約翰的推舉下，耶穌已有幾位核心的跟隨者（如彼得*、約翰*等）。在這一年半裏，耶穌可能穿梭於猶太與加利利*之間，他突出的言論（如在會堂*講論；路四16～32）和所行的神蹟*已使他薄有名聲（約二23～25，三1～21）；而他「出位」的行為，例如與撒馬利亞人*和外邦人（甚至是婦女）接觸（太十五21～23；約四1～12），亦使他成為猶太領袖針對的對象（約二13～22）。

在加利利傳道：雖然耶穌傳道的活動範圍遍及巴勒斯坦*，但加利利省明顯是福音書作者記載的焦點。耶穌的言論和行徑為他贏得思想較開放的加利利人歡迎。他在眾多的跟隨者中，揀選了12位門徒，成為他的門生和同工，既為他的日常生活和傳道工作打點，亦學習宣講天國*的道理(路九1～2)。除了個別言論的記載，馬太和路加分別把耶穌在不同場合的講論整合成為著名的登山寶訓(太五～七章)和平原講道(路六17～49)。按福音書的記載，耶穌的講論主要以比喻*為主，並且常在被人詢問和挑戰的情況下才闡述某些課題。福音書共記載了35件耶穌所行的神蹟，很多都是在這段日子施行的，其中有一半以上是與醫治*和驅鬼有關，其餘的主要是突顯他超乎自然定律的大能。

上十字架的道路：耶穌知道自己受難的日子近了，便多次向門徒披露此事，然而，門徒既不明白，亦不能接受(可八31～33)。耶穌沿途經過很多地方，在伯大尼，馬利亞用極貴的香膏膏抹耶穌(約十二1～8)；福音書作者認為這是為他的安葬準備的。耶穌花了一整週在耶路撒冷，當中他不忘繼續講道，包括末世*的事情(可十三章)。最後，他在假公濟私的審判之下被處死，死在十字架上。

耶穌生平年表

年份	耶穌生平的重要事件	馬太	馬可	路加	約翰
公元前	**耶穌的出生**				
5	天使傳報耶穌誕生的喜信			一26～38	
5	約瑟的夢	一18～25			
	耶穌的童年				
	耶穌的家譜	一2～17		三23～38	
4	耶穌的降生	一18～25		二1～7	
4	天使與牧人			二8～20	
4	耶穌受割禮並在聖殿奉獻			二21～38	
4	朝拜聖嬰耶穌	二1～12		二8～20	
4/2	逃往埃及、歸來	二13～21			
2	童年的耶穌在拿撒勒	二22～23		二39～40	
公元	**沉寂期**				
8	孩童耶穌在聖殿聽道			二41～52	
	18年沉寂期／預備及傳道初期				
26	耶穌受洗	三13～17	一9～11	三21～22	一29～34
26	耶穌受試探	四1～11	一12～13	四1～13	
27	迦拿婚筵				二1～11
27	耶穌潔淨聖殿	二十一12～13	十一15～17	十九45～46	二14～22
27	耶穌與尼哥德慕談道				三1～21
27	耶穌與撒馬利亞婦人談道				四4～42
27	迦百農的百夫長	八5～13		七1～10	四46下～54
27	耶穌在拿撒勒傳道	十三53～58	六1～6上	四16～30	
	聲名遠播時期				
28	耶穌呼召眾門徒	四18～22	一16～20		
28	耶穌醫治彼得的岳母	八14～15	一29～31	四38～39	
28	耶穌第一次到加利利各城各鄉傳道	四23	一39	四44	
28	利未（馬太）被召	九9～13	二13～17	五27～32	
28	耶穌揀選12個門徒	十1～4	三13～19	六12～16	
28	登山寶訓／平原講道	四24～七27		六17～49	
28	婦人與香膏	二十六6～13	十四3～9	七36～50	十二1～8

28	耶穌第二次到加利利			八1～3	
28	耶穌講論天國的比喻	十三1～52	四1～34	八4～18，十三18～21	
28	耶穌平靜風和海	八23～27	四35～41	八22～25	
28	睚魯【葉魯《現修》】的女兒和患血漏病的女人	九18～26	五21～43	八40～56	
28	耶穌差遣12個使徒	九35～十14	六6下～13	九1～6	
	被敵對時期				
29	施洗約翰之死	十四3～12	六17～29	三19～20	
29	5,000人得飽	十四13～21	六32～44	九10下～17	六1～15
29	耶穌履海	十四22～33	六45～52		六16～21
29	4,000人得飽	十五32～39	八1～10		
29	彼得承認耶穌為基督	十六13～20	八27～30	九18～21	六67～71
29	耶穌醫好生來瞎眼的人				九1～41
29	耶穌改變形像	十七1～9	九2～10	九28～36	
29	耶穌在住棚節上耶路撒冷				七11～52（～十21）
29	拉撒路復活				十一1～44
30	耶穌為小孩祝福	十九13～15	十13～16	十八15～17	
30	瞎子（巴底買）得醫治	二十29～34	十46～52	十八35～43	
30	稅吏撒該			十九1～10	
30	耶穌探望馬大和馬利亞				十一55～十二1
30	耶穌的最後一週	二十一1～二十七66	十一1～十六8	二十二39～二十三56	十二12～十九42
30	耶穌復活的形像	二十八1～20		二十四1～53	二十1～二十一25

初代教會的發展

黃錫木

在短短60多年間，初代教會的人數由只有120人發展成數以萬計，遍布的範圍超越當時羅馬帝國的邊界。

新約聖經沒有在初代教會發展史方面提供完整的資料；路加的使徒行傳*(和保羅書信)所提供的資料主要都是以保羅*為主。對於研究初代教會的發展史，這的確是一個限制，但這卻是聖經作者要我們細察的角度。

耶穌升天之前，他指示使徒要先等候聖靈*降臨，才遍傳復活*的喜訊。他們又選擇了另一個門徒馬提亞，代替出賣耶穌後自殺的猶大，完整保存「12」這個數目，為要標誌一個新的以色列民族。在這時候，這個羣體只有120個信徒。耶穌的預言在五旬節*當天應驗了，按路加的理解，教會*就在這天成立。在當天的宣講*中，有3,000人回應了彼得*的信息，認罪*悔改。這些信徒奉耶穌的名施洗，聚集祈禱*，聽使徒的教訓，守主的聖餐*。

雖然教會的人數不斷增加，但從猶太人來的壓迫亦不斷增加。彼得和約翰*被監禁，之後司提反執事在猶太人引發的騷動中被石頭打死(徒七章)，又有以逼迫基督信徒為榮的掃羅(即保羅)；這種種危機反而成為把福音外傳的契機。路加特別記載腓利的傳道工作，他把福音傳到撒馬利亞人*當中，然後又向一名衣索匹亞(或稱埃塞俄比亞)的太監傳福音*(徒八章)——從猶太人的角度而言，他是一名被雙重詛咒的人。路加要指出，主耶穌的大使命在腓利身上已被落實。

保羅信主(徒九1～19)是初代教會發展的一大轉捩點，因此，從使徒行傳九章開始，他亦成為全書的中心人物。保羅雖然曾經到耶城教會作短暫停留，但之後一直以安提阿為根據地，在基利家省及敘利亞積極投入宣教*工作。公元46至48年，巴拿巴和保羅更遠赴旁非利亞省；這幾年的工作非常成功，亦使初代教會開始思想基督信仰與猶太教的關係。結果，在耶路撒冷*的會議中，耶城教會認同保羅的見解，認為外邦人不需要守割禮*和猶太人的律例，但卻要遠離拜偶像和淫亂等事情(徒十五章)。

這是初代教會發展的新里程。自此，雖然保羅依然受到猶太人的迫害，但他已經和當時耶城教會的領袖取得共識，把福音傳到更遠的地方。於公元49/50至58年，保羅把福音傳至馬其頓和希臘，並在哥林多*和以弗所兩城逗留較長時間。他又藉著上訴羅馬*的機會，把福音帶到西班牙去。

直至公元1世紀末，福音遍傳的範圍已超越羅馬帝國的邊境，東至印度(馬太和巴多羅買)，西至羅馬(彼得和馬可)，甚至西班牙(保羅曾到那裏)，南至埃及的亞歷山太城和亞拉伯半島地區。

第一次猶太人叛亂

黃錫木

於公元66至74年發生的第一次猶太人叛亂，是古代猶太人最慘烈的歷史事件，最後以耶城聖殿被毀告終。

羅馬*政府統治巴勒斯坦*初期（自公元前63年起），與猶太人保持頗良好的關係，這多少是大希律*的功勞。然而，隨著大希律去世，他兒子的暴政，後來羅馬直接指派的巡撫極為腐敗的管治（公元44～66年），以及整體上各地的反閃族情緒，直到公元1世紀中期，很多猶太人聚居的地方已經醞釀了不少騷亂情緒。

根據猶太歷史家約瑟夫*所記，第一次猶太人叛亂是由猶太地巡撫弗洛厄斯的劣行所致的：他搶掠聖殿*的庫房，又大肆屠殺抗議的羣眾。發生這些事後，亞基帕二世和他的妹妹百妮基（兩者都是大希律的孫兒）、大祭司*和法利賽人*企圖說服猶太人不要以武力反抗，但猶太人的憤怒情緒已一發不可收拾。

聖殿的守殿官以利亞撒聯同奮鋭黨*的極端派系刺客黨，一起安排殺戮行動。他們先將亞基帕二世和百妮基趕出耶城，然後佔據城中的羅馬人城堡，殺盡所有羅馬軍隊　甚至連那些溫和派的猶太人也殺害（包括大祭司）。不但如此，刺客黨亦佔據原為羅馬部隊駐守的瑪撒大*（Masada）；至此，原本只屬猶太地的叛亂，已擴展至整個巴勒斯坦地。在這個時候，耶路撒冷*的猶太人變得士氣激昂，他們以為上帝會帶領他們脫離異族的管治。他們組織游擊隊，又在加利利*設防壘。當時本來是祭司的約瑟夫，就是在此時從耶路撒冷被調派到加利利駐守。

雖然在叛亂的初期，猶太人可算是節節勝利，但猶太人的人數與羅馬軍隊的人數，實在不可相比。在羅馬大將軍維斯帕先(Vespasian)的統領之下，叛黨逐步被剿平，而猶太人的內訌亦愈來愈嚴重。公元69年，維斯帕先回羅馬當皇帝，他的兒子提多繼續率領大軍；翌年9月，在惡劣的天氣和缺糧的情況之下，耶城終被攻破，聖殿被摧毀，只剩下瑪撒大的叛黨仍不屈服。

由於地理形勢險要，羅馬軍隊花了很多精力和時間，才成功攻上瑪撒大的城寨。據約瑟夫的記載，猶太叛黨為免被羅馬人凌辱，決定全體自殺。但按近代考古學發現，可能只是一部分叛黨自殺，還有一些人是與攻上來的羅馬人交戰而死的，甚至也有想躲藏或逃走的人。

聖殿被毀以後，猶太的獻祭和祭司制度便徹底廢止了，而領導層轉為法利賽人(後來稱為拉比)執掌。猶太基督徒沒有參與戰爭，並且於叛亂的早期已逃離耶路撒冷，到約旦河外的比拉城(Pella)；由於他們將此次毀滅解釋為上帝的審判*，所以第一次猶太人叛亂無疑加深了猶太教和基督教之間的鴻溝。

• 位於死海以西的瑪撒大，為第一次猶太人叛亂的最後據點。

• 公元71年，為了慶祝提多平定第一次猶太人叛亂，羅馬議會宣布在羅馬道上舉行盛大的遊行，特建了一座用木頭和灰泥製的拱門，這位得勝的將軍和猶太俘虜則從其下經過。到公元81年，又用大理石和銅重建這座拱門。

• 拱門雕刻有羅馬士兵搶劫耶路撒冷城聖殿的情景。

新約大事年表

年份（公元）	新約歷史事迹	參考新約經卷	羅馬王朝歷史
公元前4 ～ 公元30	**耶穌生平**	**馬太福音、馬可福音、路加福音、約翰福音**	
公元前4	耶穌出生		奧古斯都（公元前27～公元14年）
8	耶穌12歲在聖殿聽道		
26	施洗約翰開始傳道工作；耶穌開始傳道工作		提庇留（公元14～37年）
26～36			猶太總督本丟．彼拉多上任
27～28	施洗約翰被囚		
29	施洗約翰被斬；耶穌過住棚節		
30	耶穌被釘十字架、復活、升天；聖靈在五旬節降臨		
30～100	**早期教會時期**	**使徒行傳**	
35	大數的掃羅信主		
44	約翰的兄弟雅各殉道	雅各書	克勞第（公元41～54年）
46～48	保羅第一次傳道旅程		
49/50	耶路撒冷會議	加拉太書	
49/50～52	保羅第二次傳道旅程	帖撒羅尼迦前、後書	
53～57	保羅第三次傳道旅程	羅馬書，哥林多前、後書	尼祿（公元54～68年）
57	保羅在耶路撒冷被捕		
59	保羅在凱撒面前申訴		
60～62	保羅在羅馬被軟禁兩年	以弗所書、歌羅西書	
62	耶穌的兄弟雅各殉道	腓利門書、腓立比書	
64			尼祿焚燒羅馬
65～67	保羅在羅馬第二次被囚	彼得前、後書，提摩太前、後書，提多書，猶大書	

65～67/68	彼得與保羅在羅馬殉道		迦勒巴、鄂圖、威特留(公元69年)，維斯帕先(公元69～79年)，提多(公元79～81年)
70	耶路撒冷被毀；聖殿被毀	希伯來書	
81～96	多米田逼迫基督徒		
90～95	使徒約翰被逐至拔摩海島	約翰一、二、三書、啟示錄	納華(公元96～98年)

羅馬帝國王帝和任期(至公元2世紀初)

公元前27～公元14年	奧古斯都(Augustus)
公元14～37年	提庇留(Tiberius)
公元37～41年	該猶／加里古拉(Gaius/Caligula)
公元41～54年	克勞第(Claudius)
公元54～68年	尼祿(Nero)
公元68～69年	迦勒巴(Galba)、鄂圖(Otho)和威特留(Vitellius)
公元69～79年	維斯帕先(Vespasian)
公元79～81年	提多(Titus)
公元81～96年	多米田(Domitian)
公元96～98年	納華(Nerva)
公元98～117年	他雅努(Trajan)
公元117～138年	哈德良(Hadrian)

古代民族和帝國
非利士人

羅慶才

非利士人屬「海民」(Sea Peoples) 的一族，其發源地乃愛琴海一帶的島嶼；雖然非利士人其後從歷史中消失，巴勒斯坦(Palestine) 地卻因而得名。

包括非利士人在內的「海民」沿陸 (經小亞細亞) 海 (經克里特及塞浦路斯) 兩路遷移到埃及*時，曾摧毀赫人帝國及腓尼基境內各國。到公元前12世紀初，這羣「海民」曾大舉入侵埃及，最後被擊退，自此粉碎其侵佔埃及的野心。當時在位的法老蘭塞三世把被征服的「海民」安置在迦南地沿海平原上。此後，「海民」在那裏建立城邦聯盟，包括5大城市：沿海的迦薩、亞實基倫、亞實突，並內陸的以革倫和迦特 (書十三3)。

按舊約聖經記載，雖然早在列祖時代，亞伯拉罕*與以撒曾接觸非利士人的王亞比米勒 (創二十，二十六章)，然而考古研究發現，非利士人要到較後期才大規模在迦南出現。他們與以色列人其實是差不多同時期到達巴勒斯坦* (公元前13世紀末～12世紀初)，但以色列人初期多聚居於中央山脈之上，故少與非利士人接觸。其後，因兩族人口不斷增長，對土地需求增加，遂無可避免地發生衝突。舊約中士師記*所記載的參孫的故事 (十三～十六章) 及撒母耳記*中所載的示羅*一役 (撒上四～六章)，正是以此為背景。從中可見非利士人的軍事優勢。

當以色列人膏立掃羅為王時，非利士人對以色列人的威脅最大。當時，在便雅憫地的示羅已被非利士人攻破 (撒上四章)，約

櫃被搶走，表示非利士人的勢力已深入以色列的心臟地帶。掃羅統治時，並未能有效阻止非利士人的擴張（撒上三十一章）。到大衛*作王時，才能瓦解非利士人的力量（撒下五17～25，八1，二十一15～22，二十三9～17），並取代非利士，成為區內的霸權。即使如此，兩族的關係仍然相當緊張（王上十五27，十六15～17）。

正當新亞述帝國*在提革拉．毗列色統治下進入高峯時，非利士於公元前734年被亞述征服。直至亞述帝國滅亡為止（公元前612年），非利士雖然在政治上受制於異族，但其經濟卻有重大發展。其後，非利士經歷了巴比倫*及波斯*時期，就逐漸湮沒在歷史裏。

非利士人的文化較接近歐洲愛琴海一帶的邁錫尼（Mycenean）文化。舊約指出以色列人在科技上遠遜於非利士，這與現代考古學的發現大致相符。近期的考古研究顯示非利士人其實有相當發達的文化，經濟則以農業為主，考古研究顯示他們把迦南地的橄欖油經海路出口到其他地區，進行貿易。當非利士人在迦南定居後，逐漸融入當地文化。在宗教上，他們主要信奉大袞（士十六23～25）、女神亞斯她錄（撒上三十一10）和巴力．西卜（王下一2～3），這些皆為古代近東*普遍的神祇。

迦南人

羅慶才

迦南人乃迦南地的原居民，其中包括多個民族，其信仰與文化對以色列有頗為深遠的影響。

「迦南」一詞的起源及意思至今仍未有定論，但自公元前3000年起，就一直作地理名稱用。不過，古代典籍對迦南地的範圍卻沒有明確的界定。約於公元前1500年，「迦南」乃埃及*統治的區域之一，其範圍約北至敍利亞，東面則包括大馬士革及約旦河東高原，南面止於埃及河。舊約聖經大致採納這說法。

「迦南人」並非一個民族，而是一個多元化的族羣。舊約多處經文列舉了組成「迦南人」的各部族名稱(創十五18～21；申七1等)。在以色列民進入迦南*前，當地的政治組織以城邦為主(書九1～2，十1～5，十二7～24)，各自為政，且多有紛爭衝突。迦南人的重要城市多建於迦南區內的平原上，以農業為主。此外，迦南人亦以善於進行買賣交易而聞名(亞十四21)。從現時的資料可知，迦南人的社會結構是金字塔式，階級分明，貧富懸殊，以少數貴族操控大部分經濟資源。

因迦南地以農業為主，其宗教信仰亦與此有關。迦南神祇中主要是巴力，根據當地的神話*傳統，巴力把邪惡之神「大魚」殺死後，就創造*了宇宙萬物。此外，巴力也執掌氣候及萬物的生殖能力，務農者敬拜它就是為了確保有豐盛的收穫。巴力的妻子亞舍拉亦是迦南人所尊崇的神祇之一。

舊約記載迦南人的事迹，往往給讀者這個印象：以色列人對

迦南人深惡痛絕。律法書中三番四次強調以色列人不能與迦南人通婚，不要被他們的宗教敬拜吸引，更要徹底剷除迦南人的敬拜，不然就會成為以色列的網羅，難以自拔。自以色列建立王國*後，所羅門雇用了大量迦南人來建設城市及建造國家設施(如聖殿*)。到大衛*王國分裂*後，有大批迦南人居於北國以色列境內，成為一股強大的政治力量，以致北國的統治者不得不用政治手段，滿足他們的訴求，如為他們建立神廟等(王上十六32～33)，以討好他們。此舉在聖經作者眼中，無異是出賣了以色列的一神信仰。

話說回來，以色列人居於迦南區內，少不免受其文化影響。從近代考古學研究得知，以色列的建築風格與迦南人的無異，這包括城市、房屋、敬拜場所等，甚至農業技術、生活方式等亦多有相同之處。然而，另一方面，以色列因信仰的緣故，與迦南本土居民亦有顯著的差異。例如以色列的先知秉承律法的精神，強烈譴責國內貧富懸殊的情況，多番提醒同胞要以公平公義的原則彼此相待。而在律法中，亦以建立一個公平的、沒有貧窮的社會為目標(利二十五章；申十五1～18)。這就是以色列信仰對社會帶來的影響。

埃及

羅慶才

埃及乃古代文明大國，歷史悠久，對古代近東歷史影響頗深；在舊約時代，更常常企圖染指區內的局勢發展。

埃及位處非洲東北角，東西兩面被茫茫沙漠包圍，南面為高原，尼羅河從上而下流，水流急速，不易逾越，地理環境頗為孤立。不過，地理上的阻隔亦同時成為埃及防守的優勢，使埃及在政治及軍事方面均享有高度穩定的形勢，有利其經濟及文化發展。可稽考的埃及歷史可追溯至公元前3100年，直至公元前322年，始為希臘*多利買(Ptolemy)王朝取代。至其女王克麗佩脫拉(Cleopatra)在公元前31年與羅馬將軍安東尼(Mark Anthony)雙雙自殺後，埃及就被羅馬帝國*吞併，其歷史長達差不多4,000年。在距今約4,000年前，埃及人已建成金字塔——今天被稱為世界七大奇景之一。

埃及的命脈就是尼羅河，其三角洲的土地肥沃，加上氣候穩定，出產豐富(民十一5)，有古代近東的糧倉之稱，是鄰近地區人民饑荒時的避難所(創四十一53～57)。埃及墓室中的壁畫描繪了一些來自巴勒斯坦*的人進出埃及的情況，栩栩如生，讓我們一窺當時的生活面貌。

在法老的統治下，埃及奉行神權政治，統治者被視為神的兒子，地位超然，同時亦扮演大祭司的角色。埃及的社會結構就像金字塔一樣，法老及其親屬於頂端，其下是各階層的知識分子及技術人員，最下層就是普羅大眾。

在舊約時代，埃及與以色列的關係可謂千絲萬縷。埃及本身

的物產雖然豐富，但仍需從以色列人的聚居地迦南進口大量金屬及木材，所以在經濟上，迦南對埃及是非常重要的。另一方面，埃及亦可說是以色列的發源地，因為以色列在當地從一個只有70人的家族，發展成壯大的民族（出一1～7）。至大衛*建立王國時，其政府架構亦是仿效埃及的（撒下八15～18，二十23～26）。當以色列定居迦南後，埃及很多時都想借機影響迦南區內的政治，從中得利。在所羅門作王時，就曾與埃及結盟，娶了法老的女兒為妻，法老把本屬迦南人*的城市基色城作贈作嫁妝（王上九16）。其後，所羅門的臣僕耶羅波安密謀作反，被識破後潛逃至埃及，得埃及法老示撒收留（王上十一40）。到所羅門死後，耶羅波安返國，領導北面10支派脫離大衛家的統治，建立以色列國（王上十二章）。之後法老示撒率領軍隊入侵南北兩國，但觀其行軍路線，其主要對象實在是以色列國（王上十四25～26）。

從公元前8世紀起，隨著亞述帝國*的興起，埃及為要在本身和亞述間設下緩衝區，常常插手迦南區內的事務，扶助備受壓力的以色列及猶大政府（王下十七4，二十三29），但卻不能成事，最終以色列及猶大均先後敗亡於亞述及巴比倫*之手。

亞述

羅慶才

亞述乃古代近東的文明大國，亦為古代近東首個帝國，以好戰及強悍見稱，在以色列歷史中有舉足輕重的地位。

亞述的發源地乃亞施戶城(Assur)，位於底格里斯河東岸，因該地氣候適合畜牧，所以成為遊牧者的聚居處。其最早發現的考古文物為公元前2800至2200年左右，顯示其文化與居於亞述以南的蘇美爾人(Sumerians)相似。亞述人作為一個政治實體，最早可追溯至公元前2000年左右。除本土居民外，還混合了亞摩利人及亞蘭人的血統。

亞述人早期聚居於幼發拉底河和底格里斯河流域的北部，以尼尼微、亞比拉、亞施戶城等地為核心，以農業和畜牧為生，自公元前1900年(古帝國期)始有政治制度及組織。公元前1750至1000年間為亞述發展的高峯期(中帝國期)，曾征服南部的巴比倫*及西面的亞蘭，建立了一個強大的國家。其後經歷了一段低沉時期，但由公元前9世紀初起，亞述又再興盛，至公元前8世紀末至7世紀初達至頂峯，成為歷史上的「新亞述帝國」。然而，亞述的國力自公元前625年起迅速滑落，其國都尼尼微於公元前612年被巴比倫及瑪代聯軍所破，亞述帝國最後於公元前609年滅亡。

和眾多古代近東國家一樣，亞述的社會結構亦是金字塔式的。最上層的是君王貴族，依次為各級官員、平民百姓，最下層的就是奴隸。亞述社會崇尚武力，有軍國主義的傾向，人民從小習武。君王同時是軍隊中的最高統帥，有絕對的權力，他的說話

就是律法；君王權力的惟一掣肘就是社會傳統及宗教習慣。記載在舊約中的官員包括：「他珥探」(總督或總管)、「拉伯撒利」(太監長) 和「拉伯沙基」(酒政) (王下十八17)。

經濟方面，亞述土地肥沃，農業及畜牧業均相當發達。此外，亞述政府向對外貿易徵稅，是為亞述經濟來源的第三大支柱。當亞述成為超級大國時，還有外國的貢銀作為第四大收入來源 (王下十五19，十六8等)。

除軍事及政治外，亞述在文化方面亦有重大成就。亞述人承襲了亞甲人 (Akkadian) 的文化傳統，保存了很多重要的亞甲文獻。亞述巴尼帕王 (Ashurbanipal，公元前669～627年) 在位時，曾在皇宮中建造圖書館，搜集古巴比倫文獻，並將之存放於此；此圖書館在19世紀中期被發掘出土。在藝術及雕刻方面，亞述亦有卓越的成就，亞述的雕刻家甚有創意，生動地捕捉了古代生活各方面的形態，尤其值得注意的是印鑒，常刻有與亞述宗教有關的主題，為舊約研究提供了重要的參考資料。此外，亞述皇宮中的浮雕亦甚有價值，常刻有古代生活的面貌，如搜獵和皇室花園景色等。另外，浮雕上亦常見古代戰爭的場面，可見古代進行戰事的方式等，實具歷史價值。

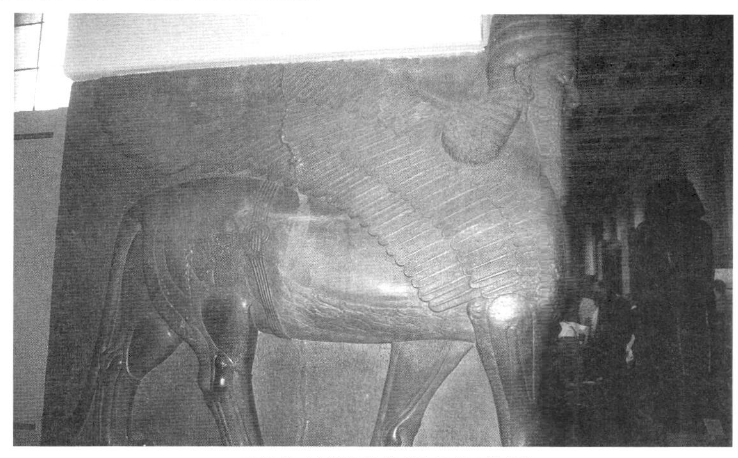

• 亞述的人頭獅身像 (公元前9世紀)

巴比倫

羅慶才

巴比倫文化最早可追溯至公元前4000年，屬重要文化發源地之一。

「巴比倫人」所指的是居於美索不達米亞南部，今巴格達至波斯灣海岸一帶的居民。他們自公元前3000年已建立城邦，其後逐漸發展成古代近東的軍事強國。

當以色列人於公元前13世紀末進入迦南*時，巴比倫正受亞述*控制，到8世紀更被亞述統治。不過，至公元前7世紀末，隨著亞述的衰落，巴比倫在尼布甲尼撒二世的領導下，不只擺脫了亞述的掣肘，更建立了新巴比倫帝國，取代亞述成為古代近東霸主，其統治範圍包括迦南地，猶大在內的各國。不過，這段輝煌時期只維持了數十年，至公元前539年，波斯*不費吹灰之力，就推翻了巴比倫帝國。

巴比倫一帶的雨量較少，而幼發拉底和底格里斯兩大河流域地勢平坦，廣泛地區都是沼澤，故此自古以來，巴比倫統治者的天職就是開發及維修灌溉用的輸水道，以利農耕。不過，因土質鹽分較高，故農產以大麥為主。此外，巴比倫是區內棗子產量最多的國家。

巴比倫最早期的政治結構基本是以城邦為主，君主制度成立後，源自城邦時期的一些傳統，如長老的參與，雖仍得以維持，卻已演變成扶助君主執政的工具。其次，廟宇及其祭司在經濟上本來有舉足輕重的地位，但到君主執政時期，其影響力已被大大

希臘化時代的埃及與敍利亞(公元前2世紀末)

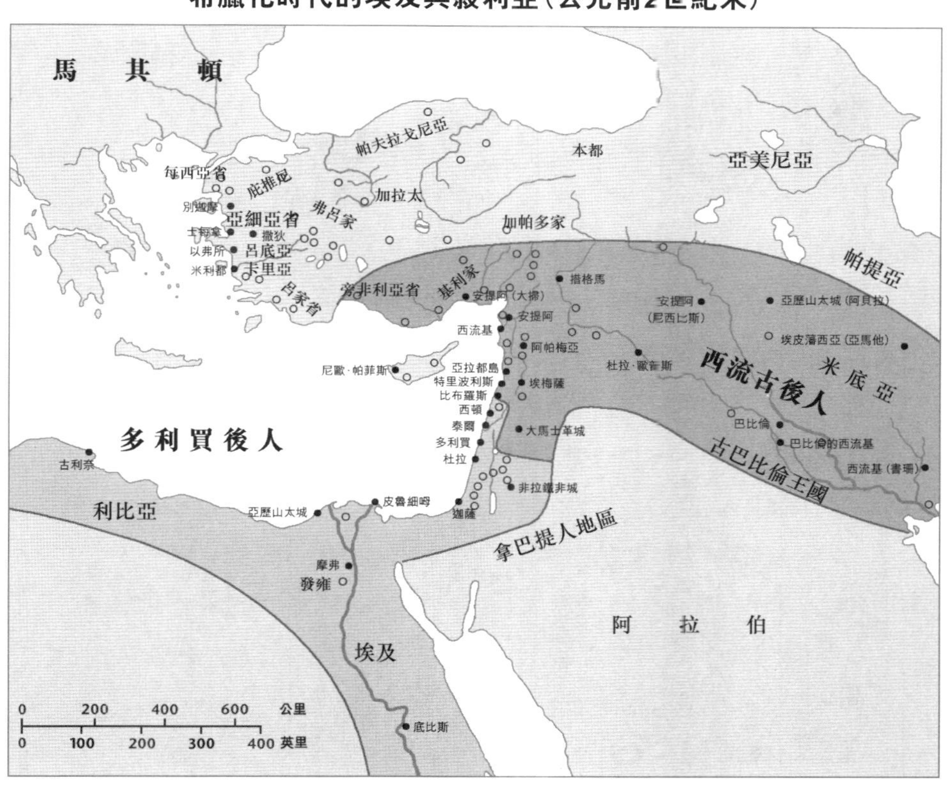

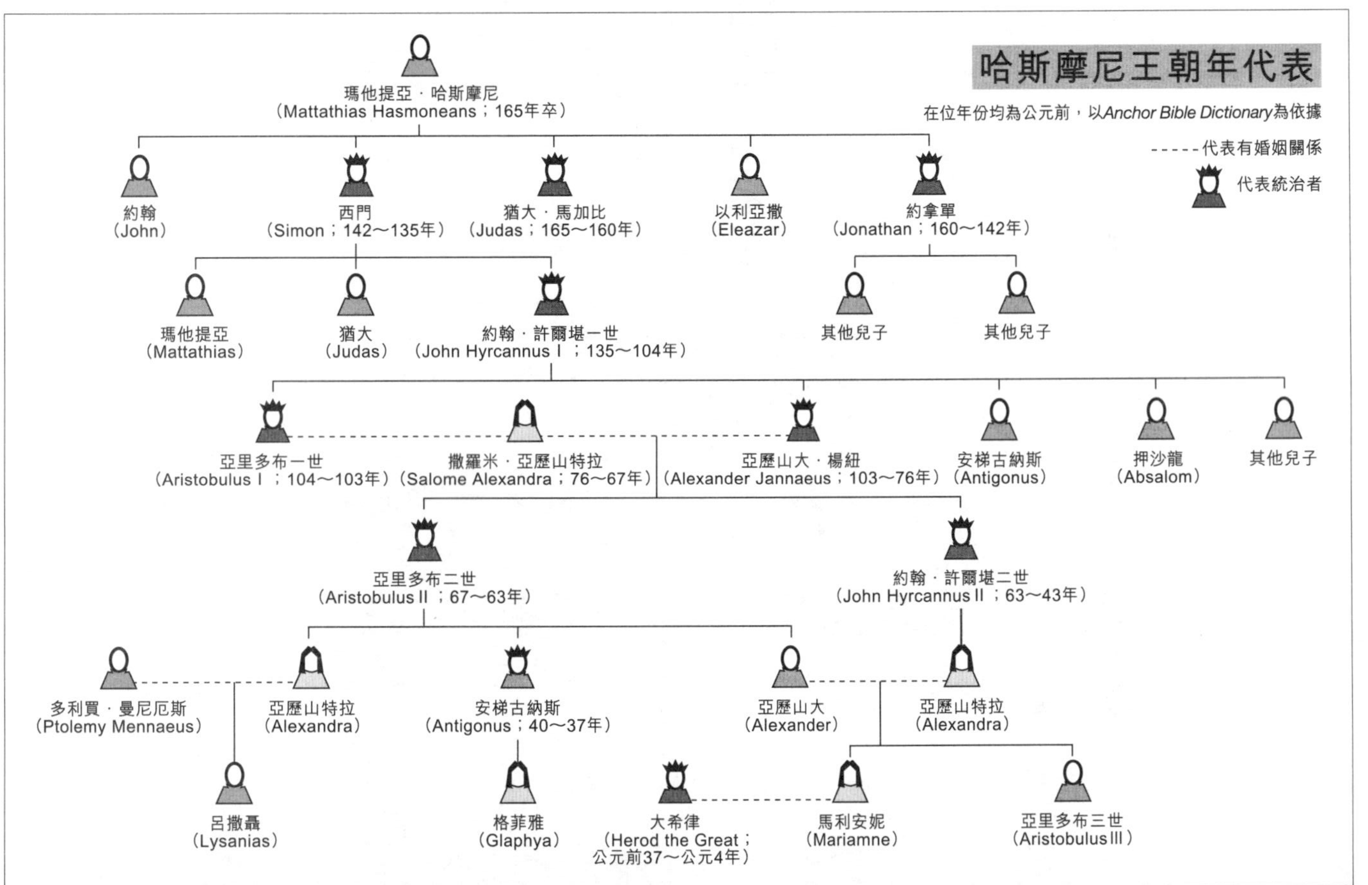
哈斯摩尼王朝年代表
在位年份均為公元前，以*Anchor Bible Dictionary*為依據
-----代表有婚姻關係
代表統治者
瑪他提亞．哈斯摩尼
（Mattathias Hasmoneans；165年卒）
約翰
（John）
西門
（Simon；142～135年）
猶大．馬加比
（Judas；165～160年）
以利亞撒
（Eleazar）
約拿單
（Jonathan；160～142年）
瑪他提亞
（Mattathias）
猶大
（Judas）
約翰．許爾堪一世
（John Hyrcannus I；135～104年）
其他兒子
其他兒子
亞里多布一世
（Aristobulus I；104～103年）
撒羅米．亞歷山特拉
（Salome Alexandra；76～67年）
亞歷山大．楊紐
（Alexander Jannaeus；103～76年）
安梯古納斯
（Antigonus）
押沙龍
（Absalom）
其他兒子
亞里多布二世
（Aristobulus II；67～63年）
約翰．許爾堪二世
（John Hyrcannus II；63～43年）
多利買．曼尼厄斯
（Ptolemy Mennaeus）
亞歷山特拉
（Alexandra）
安梯古納斯
（Antigonus；40～37年）
亞歷山大
（Alexander）
亞歷山特拉
（Alexandra）
呂撒聶
（Lysanias）
格菲雅
（Glaphya）
大希律
（Herod the Great；
公元前37～公元4年）
馬利安妮
（Mariamne）
亞里多布三世
（Aristobulus III）

猶太散居地

黃錫木

在新約時代，猶太散居僑民的數目遠超過住在巴勒斯坦本土的猶太人；雖然有些猶太僑民較為開放，但大多數依然謹守猶太傳統。

猶太散居地（*disapora*）是指猶太地（或巴勒斯坦*）或以色列地以外的地方。

在古代社會，移民並非一件光彩的事。除了因經商或逃避饑荒（得一1）、戰亂、迫害（王下二十五25～26；耶四十一1～18）而自願遷徙外，一般猶太人都是被迫移居外地，例如因戰敗被俘擄到別國。自大衛*統一王朝，以色列人先後經歷兩次大規模遷移，分別是被亞述*（公元前722/721；王下十七1～6）和巴比倫*（公元前587/586；王下二十五8～21）強迫的。在兩約時期*，猶太人亦經歷多次遷徙。而在兩次猶太叛亂中，不少猶太人亦遷居到美索不達米亞以東地區。

新約時代，猶太僑民散布羅馬帝國*各地，主要有巴比倫、埃及、敘利亞、小亞細亞和羅馬*；我們甚至可以肯定，猶太散居僑民比住在巴勒斯坦的猶太人還要多。

埃及是最重要和歷史最悠久的猶太散居地。據考古和文獻記載，在埃及最南方的伊里芬丁（Elephantine）的猶太人，曾經於公元前6世紀末建造一座耶和華的殿（但後來被當地人拆毀）。據約瑟夫*所說，在新約時代的埃及就有100萬猶太人。在亞歷山太城，猶太人佔城市總人口的極大部分。他們在政治上自成一體，

居住在自己的地區和城市，延續傳統猶太文化和生活方式。除了埃及，巴比倫也是很重要的城鎮。雖然波斯*王（公元前538年）曾經宣布猶太人可以回歸自己的國土，但依然有很多人寧願留在巴比倫（按典外文獻的記載），暗示了人民已經在那裏落地生根。公元70年耶路撒冷*淪陷後，巴比倫就成為保留猶太傳統的中心。

住在異教文化當中的猶太人，固然較容易受希羅文化影響，他們雖然未至於放棄自己獨特的信仰與文化，但卻較願意學習希臘文化。不少後期的猶太作品，特別是那些寫於亞歷山太城的作品，均深受希臘哲學的影響，其用詞與寫於巴勒斯坦地的猶太作品，亦有差異。

很多猶太人依然謹守傳統猶太教的教導，男性出生8天便受割禮*。猶太人自小便接受律法的教導，獨尊上帝，拒絕跪拜別的神明及參與任何其他宗教儀式，又謹守一切潔淨*的禮儀、禁食、安息日*及節期*。散居地的猶太人常與其他民族發生衝突和磨擦，這與他們謹守這些習俗有密切關係。於是，在宗教、文化和社交上，會堂*往往成為維繫猶太散居僑民的一個非常重要的活動中心。

這些猶太僑民為保持自己獨特的文化和信仰，和非猶太人的關係常變得緊張；從希臘和羅馬作家常在作品中貶低那些生活在他們當中的猶太人可見一斑。

散居的猶太僑民（公元前1世紀末）

新約歷史簡述

羅馬帝國版圖（公元1世紀末）

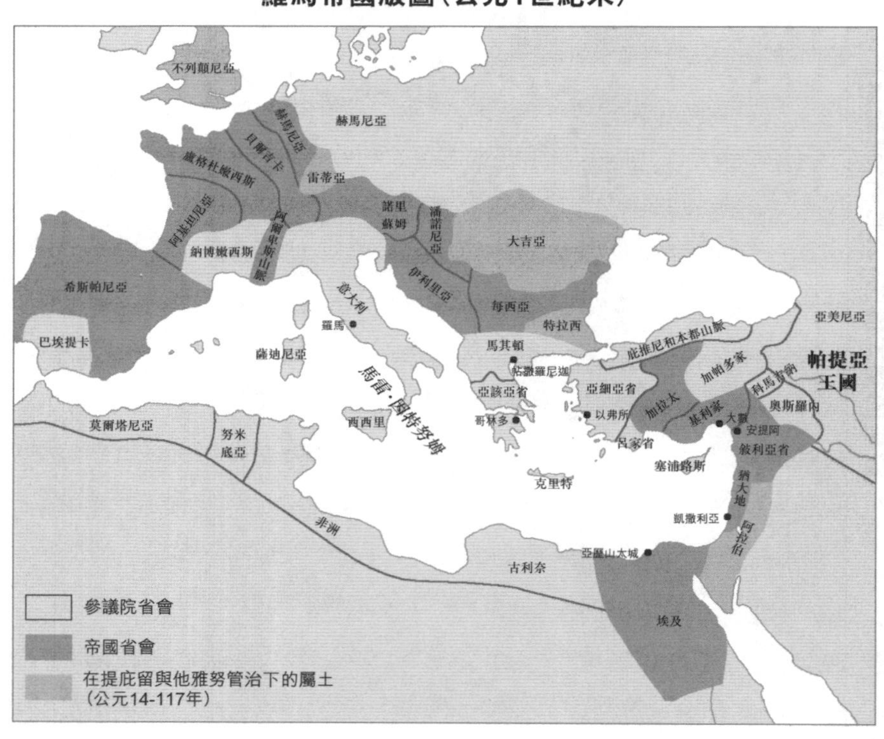

大希律的統治

黃錫木

大希律的統治揭開新約時代的歷史序幕。希律生性殘暴狡猾，不過，他對猶太人社會亦有很深遠的貢獻。

公元前63年，羅馬*將軍龐培(Pompey)進軍耶路撒冷*，結束了為期只有80年(公元前143/142～63年)的馬加比家族*獨立管治。自此，猶太地一帶成為羅馬中央政府管治的地區，屬敘利亞省。龐培將軍任命馬加比家族*的後人許爾堪二世(Hyrcanus II；他亦是當時的大祭司*)管理猶太人事務，他手下其中一位精明的輔臣就是希律的父親安提帕特(Antipater)。因為這種關係，希律家族*取得羅馬公民的資格。

希律自年幼時已處處表現領導者的風範。他管治加利利*省時只有25歲，當時的加利利省，已經是一個高度自治的省分。希律雖然多次在政治決策上錯下注碼，但他至終仍能得到羅馬王帝的信任。公元前37年，希律正式被羅馬政府封為猶太人的王，使當時的巴勒斯坦地*享有全面的自主權，直接向羅馬負責，歷時35年之久。

希律自知自己不是純猶太血統(原是以東人)，不能像馬加比家族的成員一樣當大祭司，因此，他極其量只能擔任猶太人的王。為使猶太人視他為哈斯摩尼王朝的合法繼承人，希律娶了許爾堪二世的孫女馬利安妮(Mariamne)為妻；又為要使人對其家族忠心，他特別設立擁護自己的猶太派別，就是「希律黨人」。除此以外，他仿效埃及多利買(Ptolemy)政府，以組雇傭軍、建立政制

和建築防衛體系(其中之一就是瑪撒大*堡壘)鞏固自己的權力。

希律性情殘暴，曾處死自己的兩個妻子、3個兒子，又在耶穌出生時，下令殺害全國兩歲以下的嬰孩(太二16～18)。他的私生活一團糟，曾結婚10次，家庭中數之不盡的問題，都是他的妻子和她們的母親為使自己的子女得到某些優待或特權而產生的。歷史上對希律的為人作出最貼切的評價的，要算是奧古斯都了。當他聽見希律殺了自己的骨肉時，他幽默地說：「當希律的豬，勝過當他的兒子。」

希律是猶太人歷史上最偉大的建築家。他在任期間，大興土木，經營了十多個大城邑，其中最有名的是地中海沿岸的凱撒利亞*。耶路撒冷的建築物，例如歌劇院、浴場和學校等都是他自費興建的，而最重要的，亦因而得到猶太人歡心的，莫過於擴建聖殿*。計劃始於公元前19年，聖殿本身的建築過了不久便落成，但附近的建築和裝飾則花了很多人力和時間；整個工程到公元64年才完成。然而，希律並不是一個虔誠的猶太教信徒，既沒有敬畏的心，也不在乎甚麼是正統；反之，他卻是希羅文化和宗教的熱愛者。

希律在位33年，卒於公元前4年。

耶穌時期的巴勒斯坦地

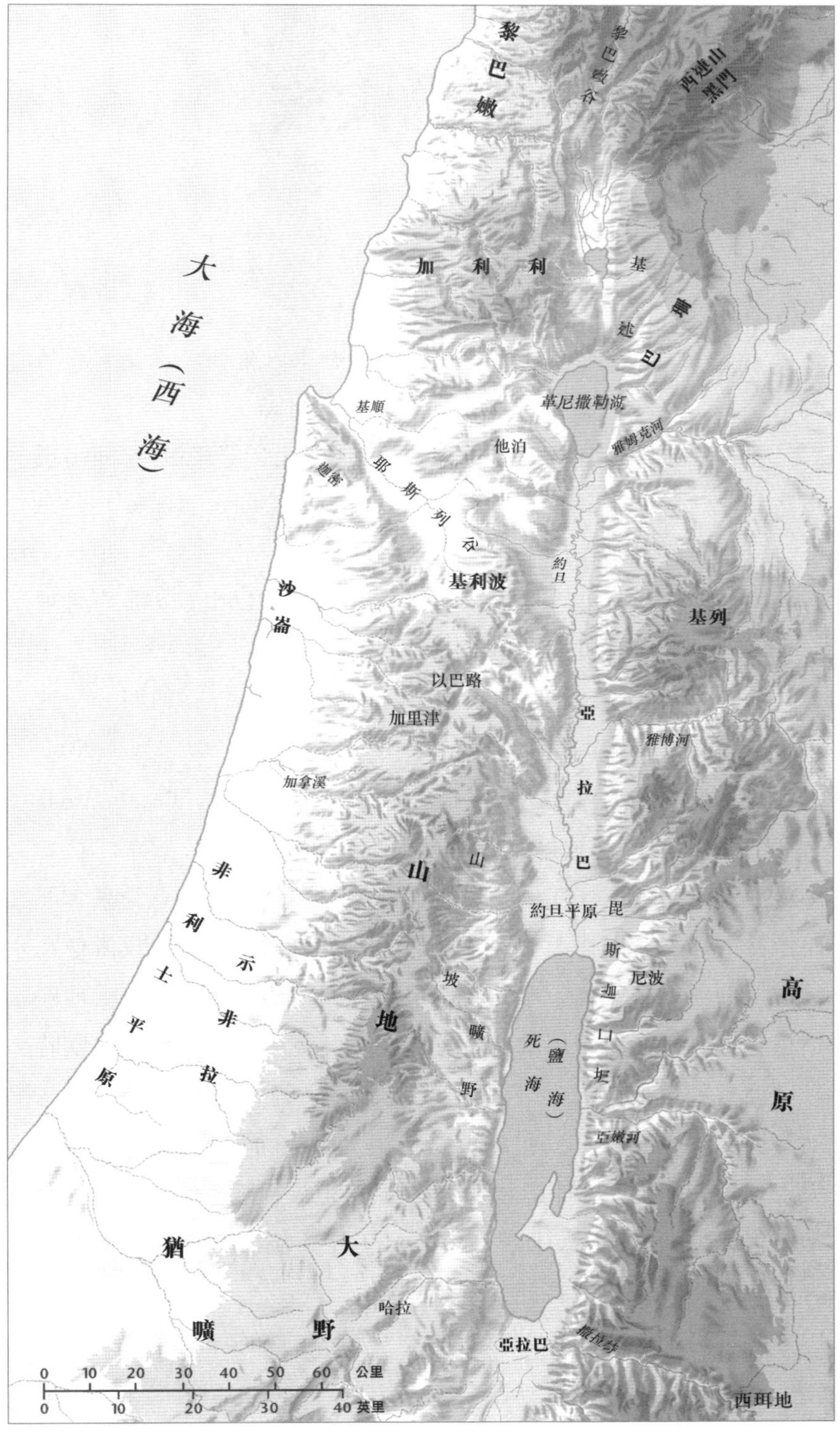

希律的家族

黃錫木

希律的家族是新約時代中最重要的猶太人家族，在這家族的統治下，猶太地的猶太人能享有某程度的自治。

希律在位33年，卒於公元前4年。他死後，耶路撒冷*即出現多次暴亂。騷亂平息後，羅馬政府完成他的遺願，將國家一分為三，交由他的3個兒子治理：

1. 亞基老（參太二22）管治猶太地、撒馬利亞和以土買，是專管理猶太人事務的提督（ethnarch）；
2. 安提帕（Antipas）管理加利利*和比利亞省（Perea）的四分一地區，職銜是分封王（tetrarch）；
3. 腓力（參路三1）承受以土利亞（Iturea）、特拉可尼（Trachonitis）和東北部的附屬地區，作為分封王。

亞基老統治了10年，承襲父親的暴行（參太二22）。結果，耶路撒冷的居民聯同撒馬利亞人*派遣一隊專員到羅馬*，投訴他在治理上的無能和殘酷。羅馬政府最後奪回他的統治權，交由地區巡撫管理，直接向羅馬政府負責；在耶穌誕生時，居里扭是當時敍利亞省的巡撫（路二2）。

與亞基老相反，安提帕的管治與父親大希律*一樣，能與猶太人維持良好關係；耶穌和施洗約翰*傳道旅程經過的地方，主要是安提帕的所屬地（太十四1～12）。不過，施洗約翰卻是被他殺害的，耶穌亦曾被他審訊。

腓力可能是大希律的繼承者中，惟一的好領袖。按約瑟夫*

所記，他愛護人民，尊重猶太人，又沒有耗費人力物力於奢華的建築工程上。他重建了加利利湖一帶多個城市，包括伯賽大，又開拓了凱撒利亞．腓立比這個城市，以自己和羅馬王的名字作為這城的名稱。

大希律另有兩名孫兒也見於新約聖經中，就是亞基帕一世和二世。亞基帕一世的父親被大希律處死，他在羅馬長大，認識了兩位日後成為羅馬王帝的朋友——該猶和克勞第（又稱革老丟）。在他們的幫助之下，他把大希律原本統治的國界重新合併起來。雖然新約聖經記載他把雅各處死，又監禁彼得*（參徒十二1～4），但在猶太人心目中，亞基帕因遵守傳統猶太教的教訓和規條，得到猶太人的敬重。按約瑟夫記載，他是得到怪病而死的（徒十二20～23）。

亞基帕二世在任期間，曾應非斯都之邀請，一起聽保羅*的分訴，而他的妹妹百妮基亦在場（徒二十五13～二十六32）。亞基帕二世完成其祖父大希律修葺聖殿*的計劃，並在耶路撒冷多處街道上，鋪上大理石塊。他雖然敬重猶太教，但仍然忠於羅馬。公元66年，當第一次猶太人叛亂*剛剛開始，亞基帕二世和他的妹妹百妮基竭力勸阻猶太人對抗羅馬政府，但不成功。亞基帕二世不單擴張自己管轄的領土，更與後來成為王帝的提多將軍成為好友。亞基帕二世於公元96年去世，此後，希律家再沒機會直接管理猶太人的事務。

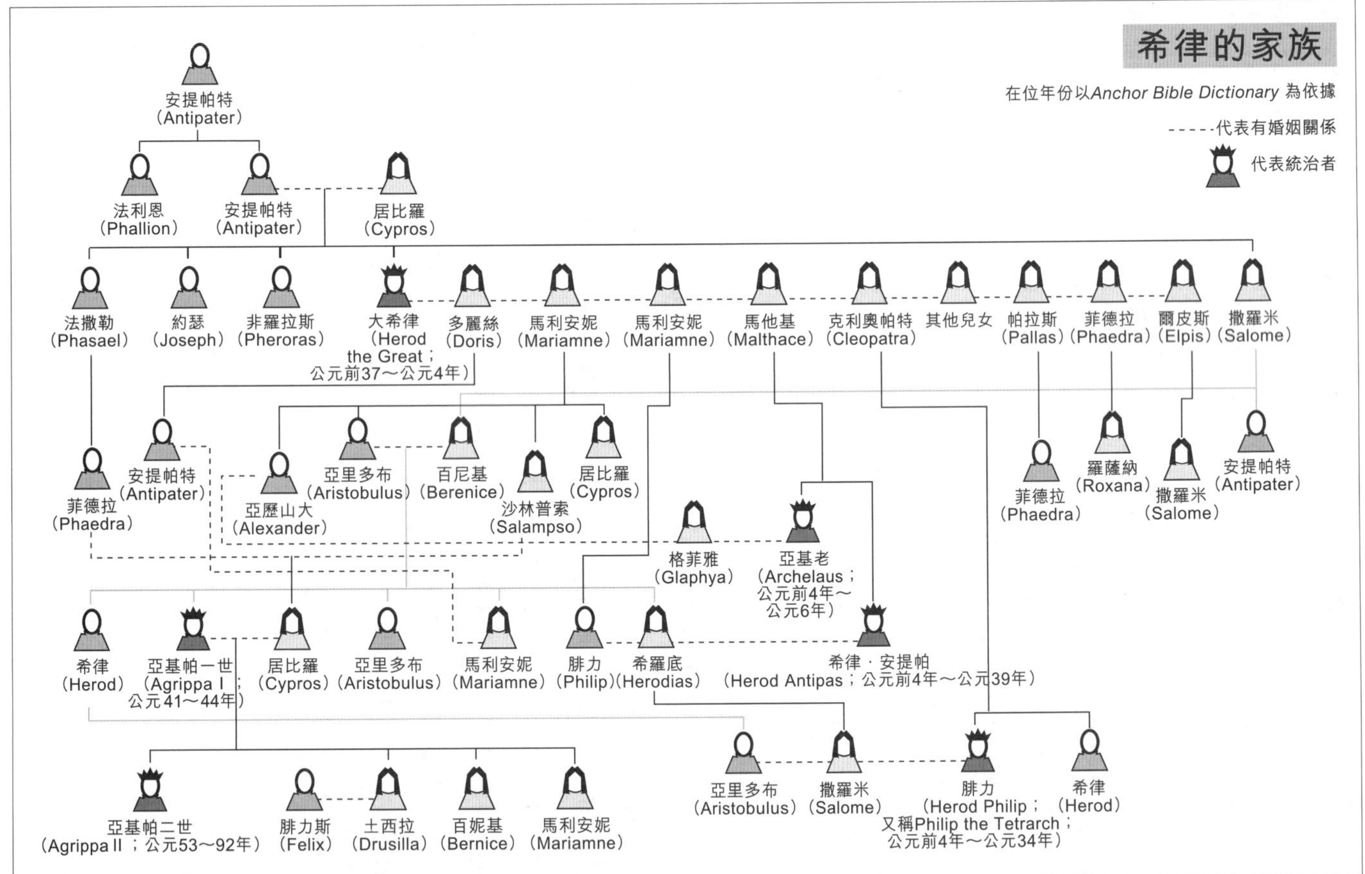
希律的家族
在位年份以Anchor Bible Dictionary 為依據
-----代表有婚姻關係
代表統治者
安提帕特（Antipater）
法利恩（Phallion）
安提帕特（Antipater）
居比羅（Cypros）
法撒勒（Phasael）
約瑟（Joseph）
非羅拉斯（Pheroras）
大希律（Herod the Great；公元前37～公元4年）
多麗絲（Doris）
馬利安妮（Mariamne）
馬利安妮（Mariamne）
馬他基（Malthace）
克利奧帕特（Cleopatra）
其他兒女
帕拉斯（Pallas）
菲德拉（Phaedra）
爾皮斯（Elpis）
撒羅米（Salome）
菲德拉（Phaedra）
安提帕特（Antipater）
亞歷山大（Alexander）
亞里多布（Aristobulus）
百尼基（Berenice）
沙林普索（Salampso）
居比羅（Cypros）
格菲雅（Glaphya）
亞基老（Archelaus；公元前4年～公元6年）
菲德拉（Phaedra）
羅薩納（Roxana）
撒羅米（Salome）
安提帕特（Antipater）
希律（Herod）
亞基帕一世（Agrippa I；公元41～44年）
居比羅（Cypros）
亞里多布（Aristobulus）
馬利安妮（Mariamne）
腓力（Philip）
希羅底（Herodias）
希律．安提帕（Herod Antipas；公元前4年～公元39年）
亞基帕二世（Agrippa II；公元53～92年）
腓力斯（Felix）
土西拉（Drusilla）
百妮基（Bernice）
馬利安妮（Mariamne）
亞里多布（Aristobulus）
撒羅米（Salome）
腓力（Herod Philip；又稱Philip the Tetrarch；公元前4年～公元34年）
希律（Herod）

耶穌生平

黃錫木

雖然我們未能仔細和具體地重構耶穌的一生，但分階段理解耶穌的一生能讓我們更清晰地認識他。

4卷福音書對耶穌一生的言行提供了不少資料，但由於要完全協調這些資料是極其困難，我們不能詳細地重構耶穌一生所做的事，而只能分階段描述他的一生。

耶穌公開傳道前的日子：耶穌的出生、童年、少年和成長經過，直至30歲為止，福音書有關這方面的記載只有100多節。在這段日子，有兩件事是福音書作者很看重的：耶穌領受施洗約翰*的水禮*——顯示耶穌與約翰是一脈相承的；耶穌接受並勝過魔鬼*的試探——象徵他要以得勝者的姿態出現。有關耶穌傳道的年日，雖然馬太福音*、馬可福音*和路加福音*記載耶穌只有一次（亦是最後的一次）上耶路撒冷*，但約翰福音*則清楚記述耶穌曾經3次上耶路撒冷過每年一度的節期*（約二23，五1，六4，十二1）；後者的記載似乎較清晰表達耶穌傳道的時間。

傳道的初期：耶穌在猶太地開始傳道（約三22），在施洗約翰的推舉下，耶穌已有幾位核心的跟隨者（如彼得*、約翰*等）。在這一年半裏，耶穌可能穿梭於猶太與加利利*之間，他突出的言論（如在會堂*講論；路四16～32）和所行的神蹟*已使他薄有名聲（約二23～25，三1～21）；而他「出位」的行為，例如與撒馬利亞人*和外邦人（甚至是婦女）接觸（太十五21～28；約四1～12），亦使他成為猶太領袖針對的對象（約二13～22）。

在加利利傳道：雖然耶穌傳道的活動範圍遍及巴勒斯坦*，但加利利省明顯是福音書作者記載的焦點。耶穌的言論和行徑為他贏得思想較開放的加利利人歡迎。他在眾多的跟隨者中，揀選了12位門徒，成為他的門生和同工，既為他的日常生活和傳道工作打點，亦學習宣講天國*的道理（路九1～2）。除了個別言論的記載，馬太和路加分別把耶穌在不同場合的講論整合成為著名的登山寶訓（太五～七章）和平原講道（路六17～49）。按福音書的記載，耶穌的講論主要以比喻*為主，並且常在被人詢問和挑戰的情況下才闡述某些課題。福音書共記載了35件耶穌所行的神蹟，很多都是在這段日子施行的，其中有一半以上是與醫治*和驅鬼有關，其餘的主要是突顯他超乎自然定律的大能。

上十字架的道路：耶穌知道自己受難的日子近了，便多次向門徒披露此事，然而，門徒既不明白，亦不能接受（可八31～33）。耶穌沿途經過很多地方，在伯大尼，馬利亞用極貴的香膏膏抹耶穌（約十二1～8）；福音書作者認為這是為他的安葬準備的。耶穌花了一整週在耶路撒冷，當中他不忘繼續講道，包括末世*的事情（可十三章）。最後，他在假公濟私的審判之下被處死，死在十字架上。

耶穌生平年表

年份	耶穌生平的重要事件	馬太	馬可	路加	約翰
公元前	**耶穌的出生**				
5	天使傳報耶穌誕生的喜信			一26～38	
5	約瑟的夢	一18～25			
	耶穌的童年				
	耶穌的家譜	一2～17		三23～38	
4	耶穌的降生	一18～25		二1～7	
4	天使與牧人			二8～20	
4	耶穌受割禮並在聖殿奉獻			二21～38	
4	朝拜聖嬰耶穌	二1～12		二8～20	
4/2	逃往埃及、歸來	二13～21			
2	童年的耶穌在拿撒勒	二22～23		二39～40	
公元	**沉寂期**				
8	孩童耶穌在聖殿聽道			二41～52	
	18年沉寂期／預備及傳道初期				
26	耶穌受洗	三13～17	一9～11	三21～22	一29～34
26	耶穌受試探	四1～11	一12～13	四1～13	
27	迦拿婚筵				二1～11
27	耶穌潔淨聖殿	二十一12～13	十一15～17	十九45～46	二14～22
27	耶穌與尼哥德慕談道				三1～21
27	耶穌與撒馬利亞婦人談道				四4～42
27	迦百農的百夫長	八5～13		七1～10	四46下～54
27	耶穌在拿撒勒傳道	十三53～58	六1～6上	四16～30	
	聲名遠播時期				
28	耶穌呼召眾門徒	四18～22	一16～20		
28	耶穌醫治彼得的岳母	八14～15	一29～31	四38～39	
28	耶穌第一次到加利利各城各鄉傳道	四23	一39	四44	
28	利未（馬太）被召	九9～13	二13～17	五27～32	
28	耶穌揀選12個門徒	十1～4	三13～19	六12～16	
28	登山寶訓／平原講道	四24～七27		六17～49	
28	婦人與香膏	二十六6～13	十四3～9	七36～50	十二1～8

28	耶穌第二次到加利利			八1～3	
28	耶穌講論天國的比喻	十三1～52	四1～34	八4～18，十三18～21	
28	耶穌平靜風和海	八23～27	四35～41	八22～25	
28	睚魯【葉魯《現修》】的女兒和患血漏病的女人	九18～26	五21～43	八40～56	
28	耶穌差遣12個使徒	九35～十14	六6下～13	九1～6	
	被敵對時期				
29	施洗約翰之死	十四3～12	六17～29	三19～20	
29	5,000人得飽	十四13～21	六32～44	九10下～17	六1～15
29	耶穌履海	十四22～33	六45～52		六16～21
29	4,000人得飽	十五32～39	八1～10		
29	彼得承認耶穌為基督	十六13～20	八27～30	九18～21	六67～71
29	耶穌醫好生來瞎眼的人				九1～41
29	耶穌改變形像	十七1～9	九2～10	九28～36	
29	耶穌在住棚節上耶路撒冷				七11～52（～十21）
29	拉撒路復活				十一1～44
30	耶穌為小孩祝福	十九13～15	十13～16	十八15～17	
30	瞎子（巴底買）得醫治	二十29～34	十46～52	十八35～43	
30	稅吏撒該			十九1～10	
30	耶穌探望馬大和馬利亞				十一55～十二1
30	耶穌的最後一週	二十一1～二十七66	十一1～十六8	二十二39～二十三56	十二12～十九42
30	耶穌復活的形像	二十八1～20		二十四1～53	二十1～二十一25

初代教會的發展

黃錫木

在短短60多年間，初代教會的人數由只有120人發展成數以萬計，遍布的範圍超越當時羅馬帝國的邊界。

新約聖經沒有在初代教會發展史方面提供完整的資料；路加的使徒行傳*（和保羅書信）所提供的資料主要都是以保羅*為主。對於研究初代教會的發展史，這的確是一個限制，但這卻是聖經作者要我們細察的角度。

耶穌升天之前，他指示使徒要先等候聖靈*降臨，才遍傳復活*的喜訊。他們又選擇了另一個門徒馬提亞，代替出賣耶穌後自殺的猶大，完整保存「12」這個數目，為要標誌一個新的以色列民族。在這時候，這個羣體只有120個信徒。耶穌的預言在五旬節*當天應驗了，按路加的理解，教會*就在這天成立。在當天的宣講*中，有3,000人回應了彼得*的信息，認罪*悔改。這些信徒奉耶穌的名施洗，聚集祈禱*，聽使徒的教訓，守主的聖餐*。

雖然教會的人數不斷增加，但從猶太人來的壓迫亦不斷增加。彼得和約翰*被監禁，之後司提反執事在猶太人引發的騷動中被石頭打死（徒七章），又有以逼迫基督信徒為榮的掃羅（即保羅）；這種種危機反而成為把福音外傳的契機。路加特別記載腓利的傳道工作，他把福音傳到撒馬利亞人*當中，然後又向一名衣索匹亞（或稱埃塞俄比亞）的太監傳福音*（徒八章）——從猶太人的角度而言，他是一名被雙重詛咒的人。路加要指出，主耶穌的大使命在腓利身上已被落實。

保羅信主（徒九1～19）是初代教會發展的一大轉捩點，因此，從使徒行傳九章開始，他亦成為全書的中心人物。保羅雖然曾經到耶城教會作短暫停留，但之後一直以安提阿為根據地，在基利家省及敍利亞積極投入宣教*工作。公元46至48年，巴拿巴和保羅更遠赴旁非利亞省；這幾年的工作非常成功，亦使初代教會開始思想基督信仰與猶太教的關係。結果，在耶路撒冷*的會議中，耶城教會認同保羅的見解，認為外邦人不需要守割禮*和猶太人的律例，但卻要遠離拜偶像和淫亂等事情（徒十五章）。

這是初代教會發展的新里程。自此，雖然保羅依然受到猶太人的迫害，但他已經和當時耶城教會的領袖取得共識，把福音傳到更遠的地方。於公元49/50至58年，保羅把福音傳至馬其頓和希臘，並在哥林多*和以弗所兩城逗留較長時間。他又藉著上訴羅馬*的機會，把福音帶到西班牙去。

直至公元1世紀末，福音遍傳的範圍已超越羅馬帝國的邊境，東至印度（馬太和巴多羅買），西至羅馬（彼得和馬可），甚至西班牙（保羅曾到那裏），南至埃及的亞歷山太城和亞拉伯半島地區。

第一次猶太人叛亂

黃錫木

於公元66至74年發生的第一次猶太人叛亂，是古代猶太人最慘烈的歷史事件，最後以耶城聖殿被毀告終。

羅馬*政府統治巴勒斯坦*初期（自公元前63年起），與猶太人保持頗良好的關係，這多少是大希律*的功勞。然而，隨著大希律去世，他兒子的暴政，後來羅馬直接指派的巡撫極為腐敗的管治（公元44～66年），以及整體上各地的反閃族情緒，直到公元1世紀中期，很多猶太人聚居的地方已經醞釀了不少騷亂情緒。

根據猶太歷史家約瑟夫*所記，第一次猶太人叛亂是由猶太地巡撫弗洛厄斯的劣行所致的：他搶掠聖殿*的庫房，又大肆屠殺抗議的羣眾。發生這些事後，亞基帕二世和他的妹妹百妮基（兩者都是大希律的孫兒）、大祭司*和法利賽人*企圖說服猶太人不要以武力反抗，但猶太人的憤怒情緒已一發不可收拾。

聖殿的守殿官以利亞撒聯同奮銳黨*的極端派系刺客黨，一起安排殺戮行動。他們先將亞基帕二世和百妮基趕出耶城，然後佔據城中的羅馬人城堡，殺盡所有羅馬軍隊，甚至連那些溫和派的猶太人也殺害（包括大祭司）。不但如此，刺客黨亦佔據原為羅馬部隊駐守的瑪撒大*（Masada）；至此，原本只屬猶太地的叛亂，已擴展至整個巴勒斯坦地。在這個時候，耶路撒冷*的猶太人變得士氣激昂，他們以為上帝會帶領他們脫離異族的管治。他們組織游擊隊，又在加利利*設防壘。當時本來是祭司的約瑟夫，就是在此時從耶路撒冷被調派到加利利駐守。

雖然在叛亂的初期，猶太人可算是節節勝利，但猶太人的人數與羅馬軍隊的人數，實在不可相比。在羅馬大將軍維斯帕先(Vespasian)的統領之下，叛黨逐步被剷平，而猶太人的內訌亦愈來愈嚴重。公元69年，維斯帕先回羅馬當皇帝，他的兒子提多繼續率領大軍；翌年9月，在惡劣的天氣和缺糧的情況之下，耶城終被攻破，聖殿被摧毀，只剩下瑪撒大的叛黨仍不屈服。

由於地理形勢險要，羅馬軍隊花了很多精力和時間，才成功攻上瑪撒大的城寨。據約瑟夫的記載，猶太叛黨為免被羅馬人凌辱，決定全體自殺。但按近代考古學發現，可能只是一部分叛黨自殺，還有一些人是與攻上來的羅馬人交戰而死的，甚至也有想躲藏或逃走的人。

聖殿被毀以後，猶太的獻祭和祭司制度便徹底廢止了，而領導層轉為法利賽人(後來稱為拉比)執掌。猶太基督徒沒有參與戰爭，並且於叛亂的早期已逃離耶路撒冷，到約旦河外的比拉城(Pella)；由於他們將此次毀滅解釋為上帝的審判*，所以第一次猶太人叛亂無疑加深了猶太教和基督教之間的鴻溝。

• 位於死海以西的瑪撒大，為第一次猶太人叛亂的最後據點。

• 公元71年，為了慶祝提多平定第一次猶太人叛亂，羅馬議會宣布在羅馬道上舉行盛大的遊行，特建了一座用木頭和灰泥製的拱門，這位得勝的將軍和猶太俘虜則從其下經過。到公元81年，又用大理石和銅重建這座拱門。

• 拱門雕刻有羅馬士兵搶劫耶路撒冷城聖殿的情景。

新約大事年表

年份(公元)	新約歷史事迹	參考新約經卷	羅馬王朝歷史
公元前4～公元30	**耶穌生平**	**馬太福音、馬可福音、路加福音、約翰福音**	
公元前4	耶穌出生		奧古斯都(公元前27～公元14年)
8	耶穌12歲在聖殿聽道		
26	施洗約翰開始傳道工作；耶穌開始傳道工作		提庇留(公元14～37年)
26～36			猶太總督本丟·彼拉多上任
27～28	施洗約翰被囚		
29	施洗約翰被斬；耶穌過住棚節		
30	耶穌被釘十字架、復活、升天；聖靈在五旬節降臨		
30～100	**早期教會時期**	**使徒行傳**	
35	大數的掃羅信主		
44	約翰的兄弟雅各殉道	雅各書	克勞第(公元41～54年)
46～48	保羅第一次傳道旅程		
49/50	耶路撒冷會議	加拉太書	
49/50～52	保羅第二次傳道旅程	帖撒羅尼迦前、後書	
53～57	保羅第三次傳道旅程	羅馬書，哥林多前、後書	尼祿(公元54～68年)
57	保羅在耶路撒冷被捕		
59	保羅在凱撒面前申訴		
60～62	保羅在羅馬被軟禁兩年	以弗所書、歌羅西書	
62	耶穌的兄弟雅各殉道	腓利門書、腓立比書	
64			尼祿焚燒羅馬
65～67	保羅在羅馬第二次被囚	彼得前、後書，提摩太前、後書，提多書，猶大書	

65～67/68	彼得與保羅在羅馬殉道		迦勒巴、鄂圖、威特留(公元69年),維斯帕先(公元69～79年),提多(公元79～81年)
70	耶路撒冷被毀;聖殿被毀	希伯來書	
81～96	多米田逼迫基督徒		
90～95	使徒約翰被逐至拔摩海島	約翰一、二、三書,啟示錄	納華(公元96～98年)

羅馬帝國王帝和任期(至公元2世紀初)

公元前27～公元14年	奧古斯都(Augustus)
公元14～37年	提庇留(Tiberius)
公元37～41年	該猶/加里古拉(Gaius/Caligula)
公元41～54年	克勞第(Claudius)
公元54～68年	尼祿(Nero)
公元68～69年	迦勒巴(Galba)、鄂圖(Otho)和威特留(Vitellius)
公元69～79年	維斯帕先(Vespasian)
公元79～81年	提多(Titus)
公元81～96年	多米田(Domitian)
公元96～98年	納華(Nerva)
公元98～117年	他雅努(Trajan)
公元117～138年	哈德良(Hadrian)

古代民族和帝國

非利士人

羅慶才

非利士人屬「海民」(Sea Peoples)的一族，其發源地乃愛琴海一帶的島嶼；雖然非利士人其後從歷史中消失，巴勒斯坦(Palestine)地卻因而得名。

包括非利士人在內的「海民」沿陸(經小亞細亞)海(經克里特及塞浦路斯)兩路遷移到埃及*時，曾摧毀赫人帝國及腓尼基境內各國。到公元前12世紀初，這羣「海民」曾大舉入侵埃及，最後被擊退，自此粉碎其侵佔埃及的野心。當時在位的法老蘭塞三世把被征服的「海民」安置在迦南地沿海平原上。此後，「海民」在那裏建立城邦聯盟，包括5大城市：沿海的迦薩、亞實基倫、亞實突，並內陸的以革倫和迦特(書十三3)。

按舊約聖經記載，雖然早在列祖時代，亞伯拉罕*與以撒曾接觸非利士人的王亞比米勒(創二十，二十六章)，然而考古研究發現，非利士人要到較後期才大規模在迦南出現。他們與以色列人其實是差不多同時期到達巴勒斯坦*(公元前13世紀末～12世紀初)，但以色列人初期多聚居於中央山脈之上，故少與非利士人接觸。其後，因兩族人口不斷增長，對土地需求增加，遂無可避免地發生衝突。舊約中士師記*所記載的參孫的故事(十三～十六章)及撒母耳記*中所載的示羅*一役(撒上四～六章)，正是以此為背景。從中可見非利士人的軍事優勢。

當以色列人膏立掃羅為王時，非利士人對以色列人的威脅最大。當時，在便雅憫地的示羅已被非利士人攻破(撒上四章)，約櫃被搶走，表示非利士人的勢力已深入以色列的心臟地帶。掃羅統治時，並未能有效阻止非利士人的擴張（撒上三十一章）。到大衛*作王時，才能瓦解非利士人的力量（撒下五17～25，八1，二十一15～22，二十三9～17），並取代非利士，成為區內的霸權。即使如此，兩族的關係仍然相當緊張（王上十五27，十六15～17）。

正當新亞述帝國*在提革拉．毗列色統治下進入高峯時，非利士於公元前734年被亞述征服。直至亞述帝國滅亡為止（公元前612年），非利士雖然在政治上受制於異族，但其經濟卻有重大發展。其後，非利士經歷了巴比倫*及波斯*時期，就逐漸湮沒在歷史裏。

非利士人的文化較接近歐洲愛琴海一帶的邁錫尼（Mycenean）文化。舊約指出以色列人在科技上遠遜於非利士，這與現代考古學的發現大致相符。近期的考古研究顯示非利士人其實有相當發達的文化，經濟則以農業為主，考古研究顯示他們把迦南地的橄欖油經海路出口到其他地區，進行貿易。當非利士人在迦南定居後，逐漸融入當地文化。在宗教上，他們主要信奉大袞（士十六23～25）、女神亞斯她錄（撒上三十一10）和巴力．西卜（王下一2～3），這些皆為古代近東*普遍的神祇。

迦南人

羅慶才

迦南人乃迦南地的原居民，其中包括多個民族，其信仰與文化對以色列有頗為深遠的影響。

「迦南」一詞的起源及意思至今仍未有定論，但自公元前3000年起，就一直作地理名稱用。不過，古代典籍對迦南地的範圍卻沒有明確的界定。約於公元前1500年，「迦南」乃埃及*統治的區域之一，其範圍約北至敘利亞，東面則包括大馬士革及約旦河東高原，南面止於埃及河。舊約聖經大致採納這說法。

「迦南人」並非一個民族，而是一個多元化的族羣。舊約多處經文列舉了組成「迦南人」的各部族名稱（創十五18～21；申七1等）。在以色列民進入迦南*前，當地的政治組織以城邦為主（書九1～2，十1～5，十二7～24），各自為政，且多有紛爭衝突。迦南人的重要城市多建於迦南區內的平原上，以農業為主。此外，迦南人亦以善於進行買賣交易而聞名（亞十四21）。從現時的資料可知，迦南人的社會結構是金字塔式，階級分明，貧富懸殊，以少數貴族操控大部分經濟資源。

因迦南地以農業為主，其宗教信仰亦與此有關。迦南神祇中主要是巴力，根據當地的神話*傳統，巴力把邪惡之神「大魚」殺死後，就創造*了宇宙萬物。此外，巴力也執掌氣候及萬物的生殖能力，務農者敬拜它就是為了確保有豐盛的收穫。巴力的妻子亞舍拉亦是迦南人所尊崇的神祇之一。

舊約記載迦南人的事迹，往往給讀者這個印象：以色列人對

迦南人深惡痛絕。律法書中三番四次強調以色列人不能與迦南人通婚，不要被他們的宗教敬拜吸引，更要徹底剷除迦南人的敬拜，不然就會成為以色列的網羅，難以自拔。自以色列建立王國*後，所羅門雇用了大量迦南人來建設城市及建造國家設施(如聖殿*)。到大衛*王國分裂*後，有大批迦南人居於北國以色列境內，成為一股強大的政治力量，以致北國的統治者不得不用政治手段，滿足他們的訴求，如為他們建立神廟等(王上十六32～33)，以討好他們。此舉在聖經作者眼中，無異是出賣了以色列的一神信仰。

話說回來，以色列人居於迦南區內，少不免受其文化影響。從近代考古學研究得知，以色列的建築風格與迦南人的無異，這包括城市、房屋、敬拜場所等，甚至農業技術、生活方式等亦多有相同之處。然而，另一方面，以色列因信仰的緣故，與迦南本土居民亦有顯著的差異。例如以色列的先知秉承律法的精神，強烈譴責國內貧富懸殊的情況，多番提醒同胞要以公平公義的原則彼此相待。而在律法中，亦以建立一個公平的、沒有貧窮的社會為目標(利二十五章；申十五1～18)。這就是以色列信仰對社會帶來的影響。

埃及

羅慶才

埃及乃古代文明大國，歷史悠久，對古代近東歷史影響頗深；在舊約時代，更常常企圖染指區內的局勢發展。

埃及位處非洲東北角，東西兩面被茫茫沙漠包圍，南面為高原，尼羅河從上而下流，水流急速，不易逾越，地理環境頗為孤立。不過，地理上的阻隔亦同時成為埃及防守的優勢，使埃及在政治及軍事方面均享有高度穩定的形勢，有利其經濟及文化發展。可稽考的埃及歷史可追溯至公元前3100年，直至公元前322年，始為希臘*多利買(Ptolemy)王朝取代。至其女王克麗佩脫拉(Cleopatra)在公元前31年與羅馬將軍安東尼(Mark Anthony)雙雙自殺後，埃及就被羅馬帝國*吞併，其歷史長達差不多4,000年。在距今約4,000年前，埃及人已建成金字塔——今天被稱為世界七大奇景之一。

埃及的命脈就是尼羅河，其三角洲的土地肥沃，加上氣候穩定，出產豐富(民十一5)，有古代近東的糧倉之稱，是鄰近地區人民饑荒時的避難所(創四十一53～57)。埃及墓室中的壁畫描繪了一些來自巴勒斯坦*的人進出埃及的情況，栩栩如生，讓我們一窺當時的生活面貌。

在法老的統治下，埃及奉行神權政治，統治者被視為神的兒子，地位超然，同時亦扮演大祭司的角色。埃及的社會結構就像金字塔一樣，法老及其親屬於頂端，其下是各階層的知識分子及技術人員，最下層就是普羅大眾。

在舊約時代，埃及與以色列的關係可謂千絲萬縷。埃及本身

的物產雖然豐富，但仍需從以色列人的聚居地迦南進口大量金屬及木材，所以在經濟上，迦南對埃及是非常重要的。另一方面，埃及亦可說是以色列的發源地，因為以色列在當地從一個只有70人的家族，發展成壯大的民族（出一1～7）。至大衛*建立王國時，其政府架構亦是仿效埃及的（撒下八15～18，二十23～26）。當以色列定居迦南後，埃及很多時都想借機影響迦南區內的政治，從中得利。在所羅門作王時，就曾與埃及結盟，娶了法老的女兒為妻，法老把本屬迦南人*的城市基色城相贈作嫁妝（王上九16）。其後，所羅門的臣僕耶羅波安密謀作反，被識破後潛逃至埃及，得埃及法老示撒收留（王上十一40）。到所羅門死後，耶羅波安返國，領導北面10支派脫離大衛家的統治，建立以色列國（王上十二章）。之後法老示撒率領軍隊入侵南北兩國，但觀其行軍路線，其主要對象實在是以色列國（王上十四25～26）。

從公元前8世紀起，隨著亞述帝國*的興起，埃及為要在本身和亞述間設下緩衝區，常常插手迦南區內的事務，扶助備受壓力的以色列及猶大政府（王下十七4，二十三29），但卻不能成事，最終以色列及猶大均先後敗亡於亞述及巴比倫*之手。

亞述

羅慶才

亞述乃古代近東的文明大國，亦為古代近東首個帝國，以好戰及強悍見稱，在以色列歷史中有舉足輕重的地位。

亞述的發源地乃亞施戶城(Assur)，位於底格里斯河東岸，因該地氣候適合畜牧，所以成為遊牧者的聚居處。其最早發現的考古文物為公元前2800至2200年左右，顯示其文化與居於亞述以南的蘇美爾人(Sumerians)相似。亞述人作為一個政治實體，最早可追溯至公元前2000年左右。除本土居民外，還混合了亞摩利人及亞蘭人的血統。

亞述人早期聚居於幼發拉底河和底格里斯河流域的北部，以尼尼微、亞比拉、亞施戶城等地為核心，以農業和畜牧為生，自公元前1900年(古帝國期)始有政治制度及組織。公元前1750至1000年間為亞述發展的高峯期(中帝國期)，曾征服南部的巴比倫*及西面的亞蘭，建立了一個強大的國家。其後經歷了一段低沉時期，但由公元前9世紀初起，亞述又再興盛，至公元前8世紀末至7世紀初達至頂峯，成為歷史上的「新亞述帝國」。然而，亞述的國力自公元前625年起迅速滑落，其國都尼尼微於公元前612年被巴比倫及瑪代聯軍所破，亞述帝國最後於公元前609年滅亡。

和眾多古代近東國家一樣，亞述的社會結構亦是金字塔式的。最上層的是君王貴族，依次為各級官員、平民百姓，最下層的就是奴隸。亞述社會崇尚武力，有軍國主義的傾向，人民從小習武。君王同時是軍隊中的最高統帥，有絕對的權力，他的說話

就是律法；君王權力的惟一掣肘就是社會傳統及宗教習慣。記載在舊約中的官員包括：「他珥探」(總督或總管)、「拉伯撒利」(太監長)和「拉伯沙基」(酒政)(王下十八17)。

經濟方面，亞述土地肥沃，農業及畜牧業均相當發達。此外，亞述政府向對外貿易徵稅，是為亞述經濟來源的第三大支柱。當亞述成為超級大國時，還有外國的貢銀作為第四大收入來源(王下十五19，十六8等)。

除軍事及政治外，亞述在文化方面亦有重大成就。亞述人承襲了亞甲人(Akkadian)的文化傳統，保存了很多重要的亞甲文獻。亞述巴尼帕王(Ashurbanipal，公元前669～627年)在位時，曾在皇宮中建造圖書館，搜集古巴比倫文獻，並將之存放於此；此圖書館在19世紀中期被發掘出土。在藝術及雕刻方面，亞述亦有卓越的成就，亞述的雕刻家甚有創意，生動地捕捉了古代生活各方面的形態，尤其值得注意的是印鑒，常刻有與亞述宗教有關的主題，為舊約研究提供了重要的參考資料。此外，亞述皇宮中的浮雕亦甚有價值，常刻有古代生活的面貌，如搜獵和皇室花園景色等。另外，浮雕上亦常見古代戰爭的場面，可見古代進行戰事的方式等，實具歷史價值。

• 亞述的人頭獅身像(公元前9世紀)

巴比倫

羅慶才

巴比倫文化最早可追溯至公元前4000年，屬重要文化發源地之一。

「巴比倫人」所指的是居於美索不達米亞南部，今巴格達至波斯灣海岸一帶的居民。他們自公元前3000年已建立城邦，其後逐漸發展成古代近東的軍事強國。

當以色列人於公元前13世紀末進入迦南*時，巴比倫正受亞述*控制，到8世紀更被亞述統治。不過，至公元前7世紀末，隨著亞述的衰落，巴比倫在尼布甲尼撒二世的領導下，不只擺脫了亞述的掣肘，更建立了新巴比倫帝國，取代亞述成為古代近東霸主，其統治範圍包括迦南地，猶大在內的各國。不過，這段輝煌時期只維持了數十年，至公元前539年，波斯*不費吹灰之力，就推翻了巴比倫帝國。

巴比倫一帶的雨量較少，而幼發拉底和底格里斯兩大河流域地勢平坦，廣泛地區都是沼澤，故此自古以來，巴比倫統治者的天職就是開發及維修灌溉用的輸水道，以利農耕。不過，因土質鹽分較高，故農產以大麥為主。此外，巴比倫是區內棗子產量最多的國家。

巴比倫最早期的政治結構基本是以城邦為主，君主制度成立後，源自城邦時期的一些傳統，如長老的參與，雖仍得以維持，卻已演變成扶助君主執政的工具。其次，廟宇及其祭司在經濟上本來有舉足輕重的地位，但到君主執政時期，其影響力已被大大

希臘化時代的埃及與敘利亞（公元前2世紀末）

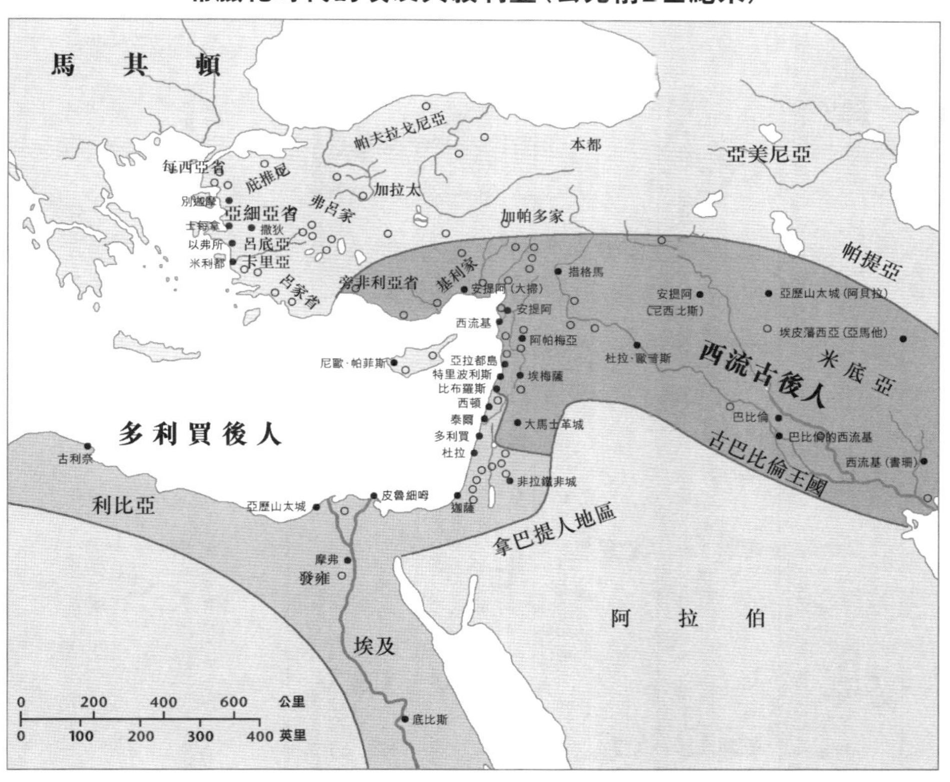

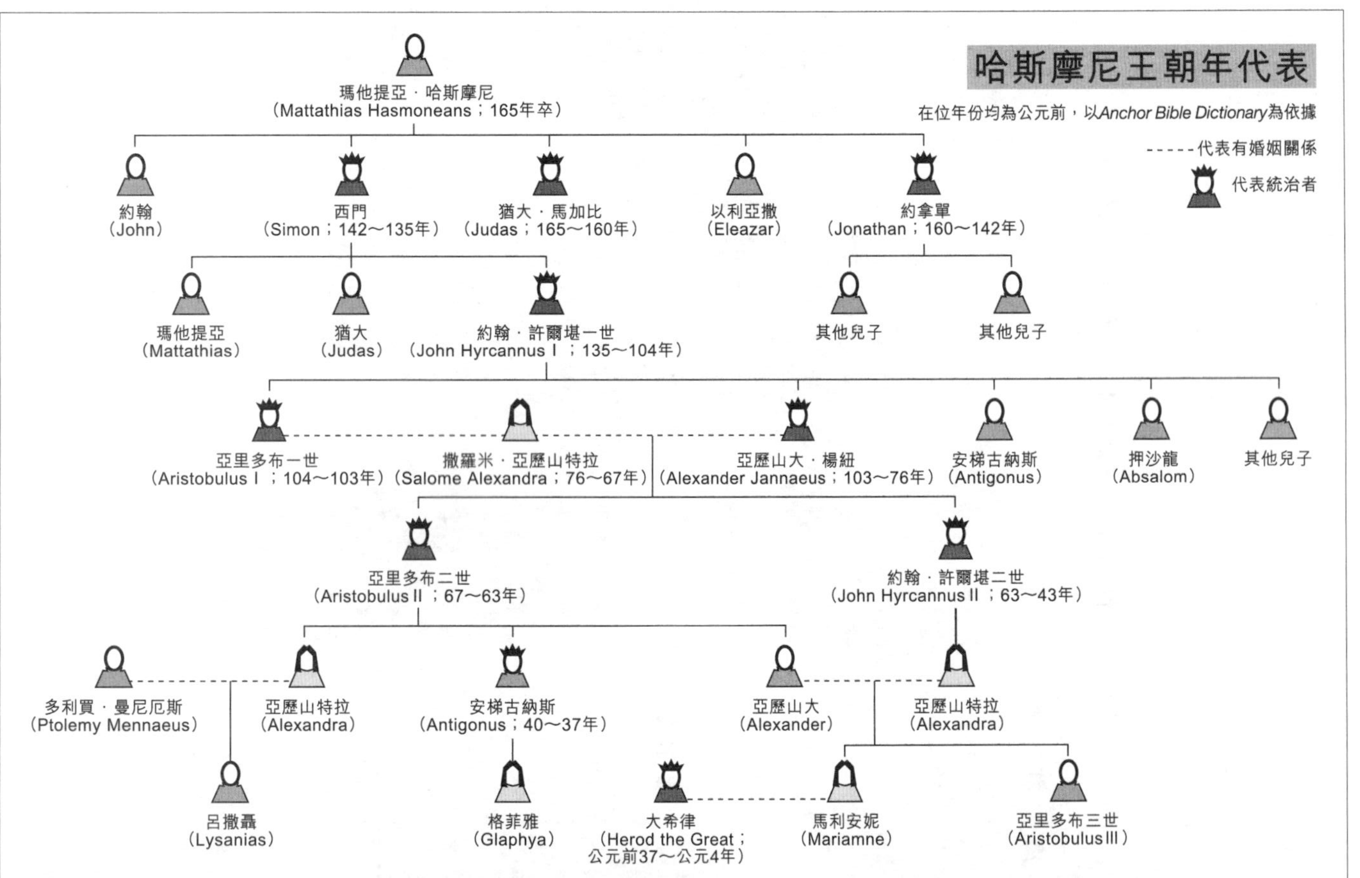
哈斯摩尼王朝年代表
在位年份均為公元前，以Anchor Bible Dictionary為依據
-----代表有婚姻關係
代表統治者
瑪他提亞．哈斯摩尼
（Mattathias Hasmoneans；165年卒）
約翰
（John）
西門
（Simon；142～135年）
猶大．馬加比
（Judas；165～160年）
以利亞撒
（Eleazar）
約拿單
（Jonathan；160～142年）
瑪他提亞
（Mattathias）
猶大
（Judas）
約翰．許爾堪一世
（John Hyrcannus I；135～104年）
其他兒子
其他兒子
亞里多布一世
（Aristobulus I；104～103年）
撒羅米．亞歷山特拉
（Salome Alexandra；76～67年）
亞歷山大．楊紐
（Alexander Jannaeus；103～76年）
安梯古納斯
（Antigonus）
押沙龍
（Absalom）
其他兒子
亞里多布二世
（Aristobulus II；67～63年）
約翰．許爾堪二世
（John Hyrcannus II；63～43年）
多利買．曼尼厄斯
（Ptolemy Mennaeus）
亞歷山特拉
（Alexandra）
安梯古納斯
（Antigonus；40～37年）
亞歷山大
（Alexander）
亞歷山特拉
（Alexandra）
呂撒聶
（Lysanias）
格菲雅
（Glaphya）
大希律
（Herod the Great；
公元前37～公元4年）
馬利安妮
（Mariamne）
亞里多布三世
（Aristobulus III）

猶太散居地

黃錫木

在新約時代，猶太散居僑民的數目遠超過住在巴勒斯坦本土的猶太人；雖然有些猶太僑民較為開放，但大多數依然謹守猶太傳統。

猶太散居地(*disapora*)是指猶太地(或巴勒斯坦*)或以色列地以外的地方。

在古代社會，移民並非一件光彩的事。除了因經商或逃避饑荒(得一1)、戰亂、迫害(王下二十五25～26；耶四十一1～18)而自願遷徙外，一般猶太人都是被迫移居外地，例如因戰敗被俘擄到別國。自大衛*統一王朝，以色列人先後經歷兩次大規模遷移，分別是被亞述*(公元前722/721；王下十七1～6)和巴比倫*(公元前587/586；王下二十五8～21)強迫的。在兩約時期*，猶太人亦經歷多次遷徙。而在兩次猶太叛亂中，不少猶太人亦遷居到美索不達米亞以東地區。

新約時代，猶太僑民散布羅馬帝國*各地，主要有巴比倫、埃及、敍利亞、小亞細亞和羅馬*；我們甚至可以肯定，猶太散居僑民比住在巴勒斯坦的猶太人還要多。

埃及是最重要和歷史最悠久的猶太散居地。據考古和文獻記載，在埃及最南方的伊里芬丁(Elephantine)的猶太人，曾經於公元前6世紀末建造一座耶和華的殿(但後來被當地人拆毀)。據約瑟夫*所說，在新約時代的埃及就有100萬猶太人。在亞歷山太城，猶太人佔城市總人口的極大部分。他們在政治上自成一體，

居住在自己的地區和城市，延續傳統猶太文化和生活方式。除了埃及，巴比倫也是很重要的城鎮。雖然波斯*王（公元前538年）曾經宣布猶太人可以回歸自己的國土，但依然有很多人寧願留在巴比倫（按典外文獻的記載），暗示了人民已經在那裏落地生根。公元70年耶路撒冷*淪陷後，巴比倫就成為保留猶太傳統的中心。

住在異教文化當中的猶太人，固然較容易受希羅文化影響，他們雖然未至於放棄自己獨特的信仰與文化，但卻較願意學習希臘文化。不少後期的猶太作品，特別是那些寫於亞歷山太城的作品，均深受希臘哲學的影響，其用詞與寫於巴勒斯坦地的猶太作品，亦有差異。

很多猶太人依然謹守傳統猶太教的教導，男性出生8天便受割禮*。猶太人自小便接受律法的教導，獨尊上帝，拒絕跪拜別的神明及參與任何其他宗教儀式，又謹守一切潔淨*的禮儀、禁食、安息日*及節期*。散居地的猶太人常與其他民族發生衝突和磨擦，這與他們謹守這些習俗有密切關係。於是，在宗教、文化和社交上，會堂*往往成為維繫猶太散居僑民的一個非常重要的活動中心。

這些猶太僑民為保持自己獨特的文化和信仰，和非猶太人的關係常變得緊張；從希臘和羅馬作家常在作品中貶低那些生活在他們當中的猶太人可見一斑。

散居的猶太僑民（公元前1世紀末）

新約歷史簡述

羅馬帝國版圖（公元1世紀末）

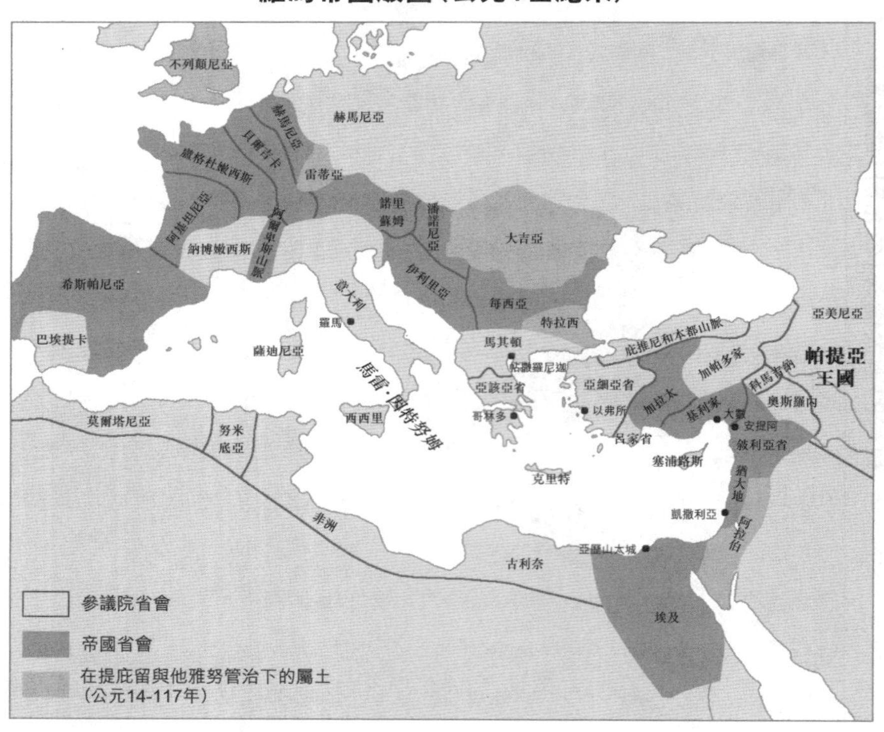

大希律的統治

黃錫木

大希律的統治揭開新約時代的歷史序幕。希律生性殘暴狡猾，不過，他對猶太人社會亦有很深遠的貢獻。

公元前63年，羅馬*將軍龐培(Pompey)進軍耶路撒冷*，結束了為期只有80年(公元前143/142～63年)的馬加比家族*獨立管治。自此，猶太地一帶成為羅馬中央政府管治的地區，屬敘利亞省。龐培將軍任命馬加比家族*的後人許爾堪二世(Hyrcanus II；他亦是當時的大祭司*)管理猶太人事務，他手下其中一位精明的輔臣就是希律的父親安提帕特(Antipater)。因為這種關係，希律家族*取得羅馬公民的資格。

希律自年幼時已處處表現領導者的風範。他管治加利利*省時只有25歲，當時的加利利省，已經是一個高度自治的省分。希律雖然多次在政治決策上錯下注碼，但他至終仍能得到羅馬王帝的信任。公元前37年，希律正式被羅馬政府封為猶太人的王，使當時的巴勒斯坦地*享有全面的自主權，直接向羅馬負責，歷時35年之久。

希律自知自己不是純猶太血統(原是以東人)，不能像馬加比家族的成員一樣當大祭司，因此，他極其量只能擔任猶太人的王。為使猶太人視他為哈斯摩尼王朝的合法繼承人，希律娶了許爾堪二世的孫女馬利安妮(Mariamne)為妻；又為要使人對其家族忠心，他特別設立擁護自己的猶太派別，就是「希律黨人」。除此以外，他仿效埃及多利買(Ptolemy)政府，以組雇傭軍、建立政制

和建築防衛體系(其中之一就是瑪撒大*堡壘)鞏固自己的權力。

希律性情殘暴，曾處死自己的兩個妻子、3個兒子，又在耶穌出生時，下令殺害全國兩歲以下的嬰孩(太二16～18)。他的私生活一團糟，曾結婚10次，家庭中數之不盡的問題，都是他的妻子和她們的母親為使自己的子女得到某些優待或特權而產生的。歷史上對希律的為人作出最貼切的評價的，要算是奧古斯都了。當他聽見希律殺了自己的骨肉時，他幽默地說：「當希律的豬，勝過當他的兒子。」

希律是猶太人歷史上最偉大的建築家。他在任期間，大興土木，經營了十多個大城邑，其中最有名的是地中海沿岸的凱撒利亞*。耶路撒冷的建築物，例如歌劇院、浴場和學校等都是他自費興建的，而最重要的，亦因而得到猶太人歡心的，莫過於擴建聖殿*。計劃始於公元前19年，聖殿本身的建築過了不久便落成，但附近的建築和裝飾則花了很多人力和時間；整個工程到公元64年才完成。然而，希律並不是一個虔誠的猶太教信徒，既沒有敬畏的心，也不在乎甚麼是正統；反之，他卻是希羅文化和宗教的熱愛者。

希律在位33年，卒於公元前4年。

耶穌時期的巴勒斯坦地

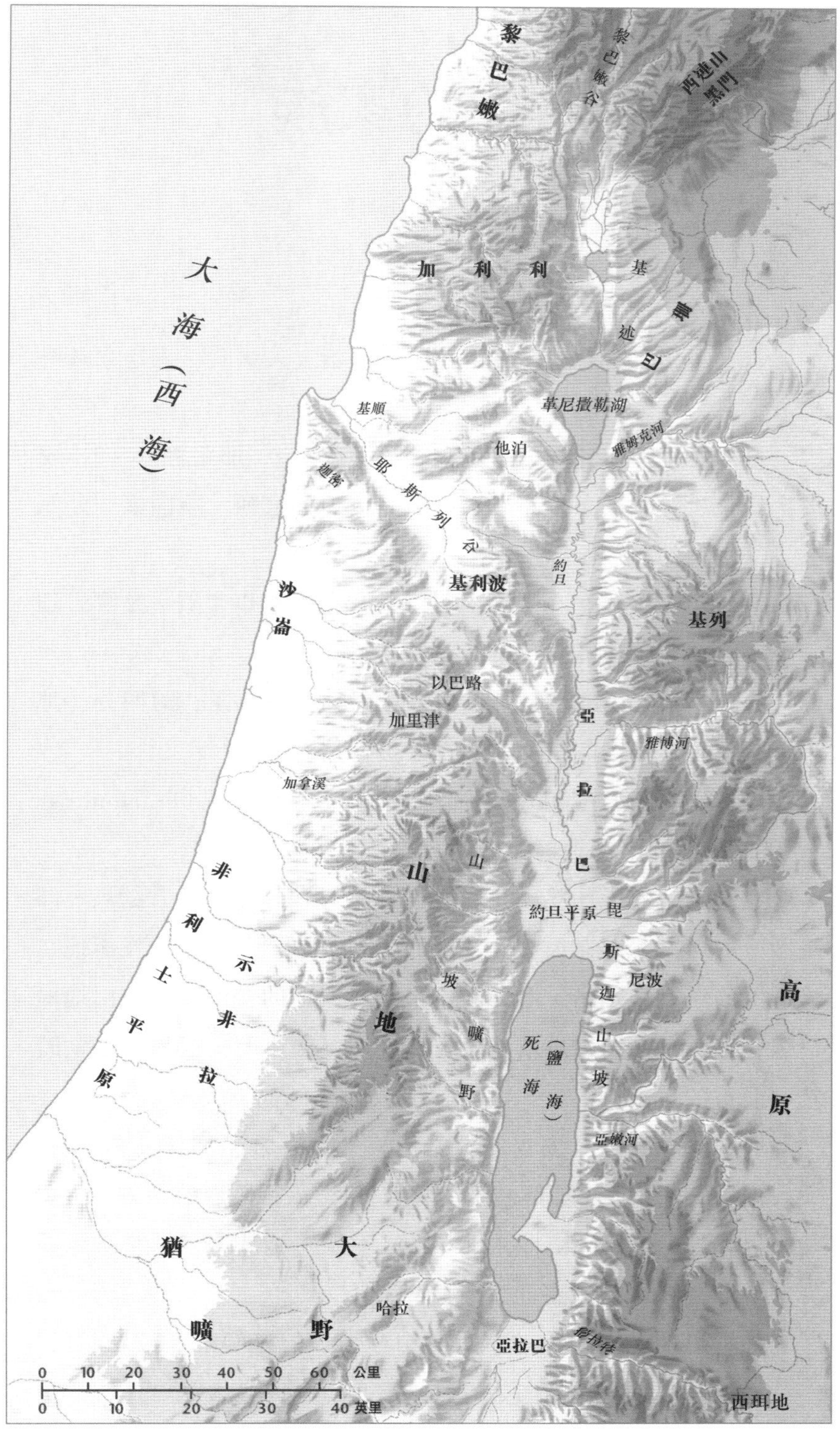

希律的家族

黃錫木

希律的家族是新約時代中最重要的猶太人家族，在這家族的統治下，猶太地的猶太人能享有某程度的自治。

希律在位33年，卒於公元前4年。他死後，耶路撒冷*即出現多次暴亂。騷亂平息後，羅馬政府完成他的遺願，將國家一分為三，交由他的3個兒子治理：

1. 亞基老（參太二22）管治猶太地、撒馬利亞和以土買，是專管理猶太人事務的提督（ethnarch）；
2. 安提帕（Antipas）管理加利利*和比利亞省（Perea）的四分一地區，職銜是分封王（tetrarch）；
3. 腓力（參路三1）承受以土利亞（Iturea）、特拉可尼（Trachonitis）和東北部的附屬地區，作為分封王。

亞基老統治了10年，承襲父親的暴行（參太二22）。結果，耶路撒冷的居民聯同撒馬利亞人*派遣一隊專員到羅馬*，投訴他在治理上的無能和殘酷。羅馬政府最後奪回他的統治權，交由地區巡撫管理，直接向羅馬政府負責；在耶穌誕生時，居里扭是當時敍利亞省的巡撫（路二2）。

與亞基老相反，安提帕的管治與父親大希律*一樣，能與猶太人維持良好關係；耶穌和施洗約翰*傳道旅程經過的地方，主要是安提帕的所屬地（太十四1～12）。不過，施洗約翰卻是被他殺害的，耶穌亦曾被他審訊。

腓力可能是大希律的繼承者中，惟一的好領袖。按約瑟夫*

所記，他愛護人民，尊重猶太人，又沒有耗費人力物力於奢華的建築工程上。他重建了加利利湖一帶多個城市，包括伯賽大，又開拓了凱撒利亞．腓立比這個城市，以自己和羅馬王的名字作為這城的名稱。

大希律另有兩名孫兒也見於新約聖經中，就是亞基帕一世和二世。亞基帕一世的父親被大希律處死，他在羅馬長大，認識了兩位日後成為羅馬王帝的朋友——該猶和克勞第（又稱革老丟）。在他們的幫助之下，他把大希律原本統治的國界重新合併起來。雖然新約聖經記載他把雅各處死，又監禁彼得*（參徒十二1～4），但在猶太人心目中，亞基帕因遵守傳統猶太教的教訓和規條，得到猶太人的敬重。按約瑟夫記載，他是得到怪病而死的（徒十二20～23）。

亞基帕二世在任期間，曾應非斯都之邀請，一起聽保羅*的分訴，而他的妹妹百妮基亦在場（徒二十五13～二十六32）。亞基帕二世完成其祖父大希律修葺聖殿*的計劃，並在耶路撒冷多處街道上，鋪上大理石塊。他雖然敬重猶太教，但仍然忠於羅馬。公元66年，當第一次猶太人叛亂*剛剛開始，亞基帕二世和他的妹妹百妮基竭力勸阻猶太人對抗羅馬政府，但不成功。亞基帕二世不單擴張自己管轄的領土，更與後來成為王帝的提多將軍成為好友。亞基帕二世於公元96年去世，此後，希律家再沒機會直接管理猶太人的事務。

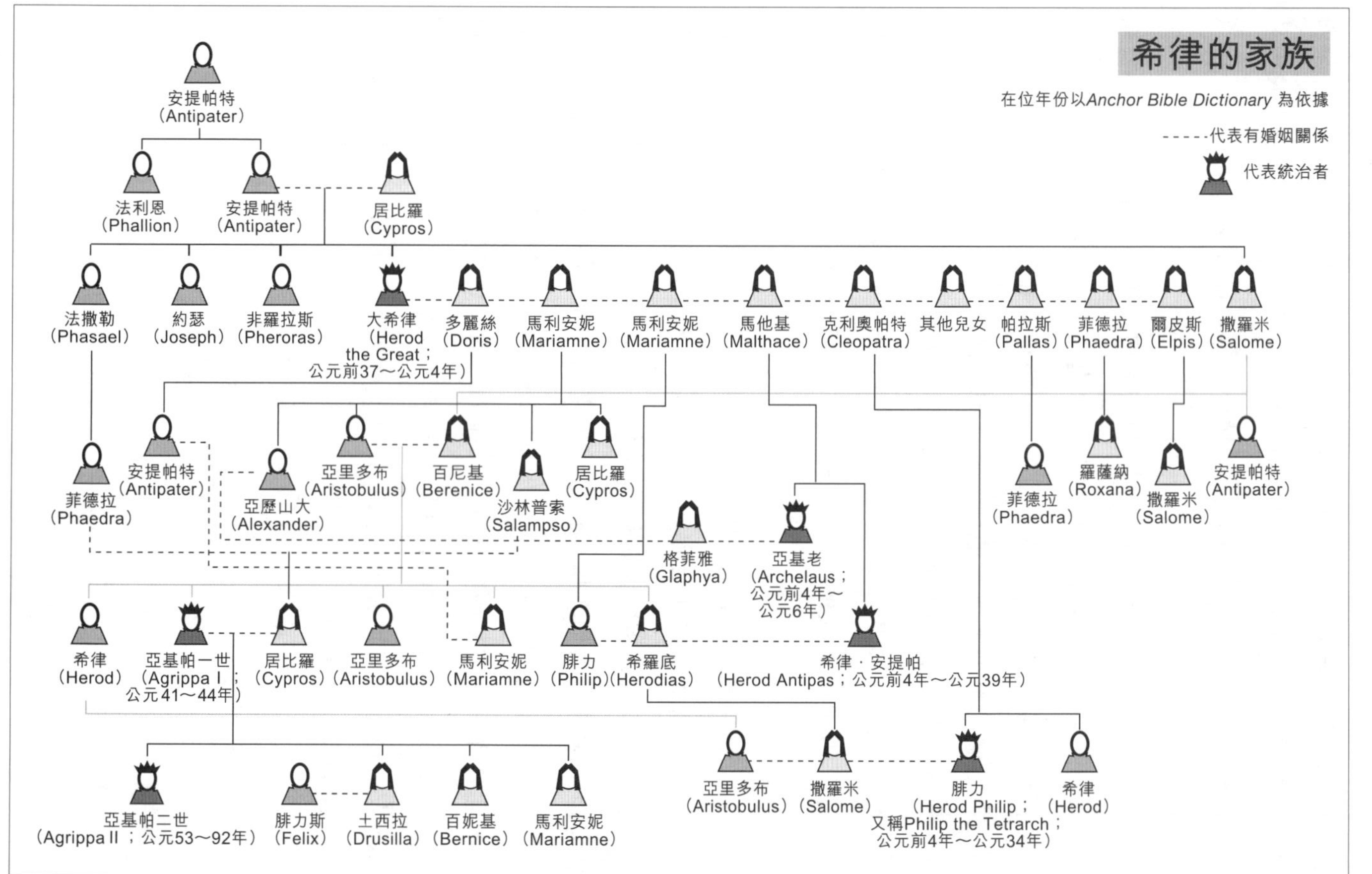
希律的家族
在位年份以*Anchor Bible Dictionary* 為依據
-----代表有婚姻關係
代表統治者
安提帕特（Antipater）
法利恩（Phallion）
安提帕特（Antipater）
居比羅（Cypros）
法撒勒（Phasael）
約瑟（Joseph）
非羅拉斯（Pheroras）
大希律（Herod the Great；公元前37～公元4年）
多麗絲（Doris）
馬利安妮（Mariamne）
馬利安妮（Mariamne）
馬他基（Malthace）
克利奧帕特（Cleopatra）
其他兒女
帕拉斯（Pallas）
菲德拉（Phaedra）
爾皮斯（Elpis）
撒羅米（Salome）
菲德拉（Phaedra）
安提帕特（Antipater）
亞歷山大（Alexander）
亞里多布（Aristobulus）
百尼基（Berenice）
沙林普索（Salampso）
居比羅（Cypros）
格菲雅（Glaphya）
亞基老（Archelaus；公元前4年～公元6年）
菲德拉（Phaedra）
羅薩納（Roxana）
撒羅米（Salome）
安提帕特（Antipater）
希律（Herod）
亞基帕一世（Agrippa I；公元41～44年）
居比羅（Cypros）
亞里多布（Aristobulus）
馬利安妮（Mariamne）
腓力（Philip）
希羅底（Herodias）
希律．安提帕（Herod Antipas；公元前4年～公元39年）
亞基帕二世（Agrippa II；公元53～92年）
腓力斯（Felix）
土西拉（Drusilla）
百妮基（Bernice）
馬利安妮（Mariamne）
亞里多布（Aristobulus）
撒羅米（Salome）
腓力（Herod Philip；又稱Philip the Tetrarch；公元前4年～公元34年）
希律（Herod）

耶穌生平

黃錫木

雖然我們未能仔細和具體地重構耶穌的一生，但分階段理解耶穌的一生能讓我們更清晰地認識他。

4卷福音書對耶穌一生的言行提供了不少資料，但由於要完全協調這些資料是極其困難，我們不能詳細地重構耶穌一生所做的事，而只能分階段描述他的一生。

耶穌公開傳道前的日子：耶穌的出生、童年、少年和成長經過，直至30歲為止，福音書有關這方面的記載只有100多節。在這段日子，有兩件事是福音書作者很看重的：耶穌領受施洗約翰*的水禮*——顯示耶穌與約翰是一脈相承的；耶穌接受並勝過魔鬼*的試探——象徵他要以得勝者的姿態出現。有關耶穌傳道的年日，雖然馬太福音*、馬可福音*和路加福音*記載耶穌只有一次(亦是最後的一次)上耶路撒冷*，但約翰福音*則清楚記述耶穌曾經3次上耶路撒冷過每年一度的節期*(約二23，五1，六4，十二1)；後者的記載似乎較清晰表達耶穌傳道的時間。

傳道的初期：耶穌在猶太地開始傳道(約三22)，在施洗約翰的推舉下，耶穌已有幾位核心的跟隨者(如彼得*、約翰*等)。在這一年半裏，耶穌可能穿梭於猶太與加利利*之間，他突出的言論(如在會堂*講論；路四16～32)和所行的神蹟*已使他薄有名聲(約二23～25，三1～21)；而他「出位」的行為，例如與撒馬利亞人*和外邦人(甚至是婦女)接觸(太十五21～23；約四1～12)，亦使他成為猶太領袖針對的對象(約二13～22)。

在加利利傳道：雖然耶穌傳道的活動範圍遍及巴勒斯坦*，但加利利省明顯是福音書作者記載的焦點。耶穌的言論和行徑為他贏得思想較開放的加利利人歡迎。他在眾多的跟隨者中，揀選了12位門徒，成為他的門生和同工，既為他的日常生活和傳道工作打點，亦學習宣講天國*的道理(路九1～2)。除了個別言論的記載，馬太和路加分別把耶穌在不同場合的講論整合成為著名的登山寶訓(太五～七章)和平原講道(路六17～49)。按福音書的記載，耶穌的講論主要以比喻*為主，並且常在被人詢問和挑戰的情況下才闡述某些課題。福音書共記載了35件耶穌所行的神蹟，很多都是在這段日子施行的，其中有一半以上是與醫治*和驅鬼有關，其餘的主要是突顯他超乎自然定律的大能。

上十字架的道路：耶穌知道自己受難的日子近了，便多次向門徒披露此事，然而，門徒既不明白，亦不能接受(可八31～33)。耶穌沿途經過很多地方，在伯大尼，馬利亞用極貴的香膏膏抹耶穌(約十二1～8)；福音書作者認為這是為他的安葬準備的。耶穌花了一整週在耶路撒冷，當中他不忘繼續講道，包括末世*的事情(可十三章)。最後，他在假公濟私的審判之下被處死，死在十字架上。

耶穌生平年表

年份	耶穌生平的重要事件	馬太	馬可	路加	約翰
公元前	**耶穌的出生**				
5	天使傳報耶穌誕生的喜信			一26～38	
5	約瑟的夢	一18～25			
	耶穌的童年				
	耶穌的家譜	一2～17		三23～38	
4	耶穌的降生	一18～25		二1～7	
4	天使與牧人			二8～20	
4	耶穌受割禮並在聖殿奉獻			二21～38	
4	朝拜聖嬰耶穌	二1～12		二8～20	
4/2	逃往埃及、歸來	二13～21			
2	童年的耶穌在拿撒勒	二22～23		二39～40	
公元	**沉寂期**				
8	孩童耶穌在聖殿聽道			二41～52	
	18年沉寂期／預備及傳道初期				
26	耶穌受洗	三13～17	一9～11	三21～22	一29～34
26	耶穌受試探	四1～11	一12～13	四1～13	
27	迦拿婚筵				二1～11
27	耶穌潔淨聖殿	二十一12～13	十一15～17	十九45～46	二14～22
27	耶穌與尼哥德慕談道				三1～21
27	耶穌與撒馬利亞婦人談道				四4～42
27	迦百農的百夫長	八5～13		七1～10	四46下～54
27	耶穌在拿撒勒傳道	十三53～58	六1～6上	四16～30	
	聲名遠播時期				
28	耶穌呼召眾門徒	四18～22	一16～20		
28	耶穌醫治彼得的岳母	八14～15	一29～31	四38～39	
28	耶穌第一次到加利利各城各鄉傳道	四23	一39	四44	
28	利未(馬太)被召	九9～13	二13～17	五27～32	
28	耶穌揀選12個門徒	十1～4	三13～19	六12～16	
28	登山寶訓／平原講道	四24～七27		六17～49	
28	婦人與香膏	二十六6～13	十四3～9	七36～50	十二1～8

28	耶穌第二次到加利利			八1～3	
28	耶穌講論天國的比喻	十三1～52	四1～34	八4～18，十三18～21	
28	耶穌平靜風和海	八23～27	四35～41	八22～25	
28	睚魯【葉魯《現修》】的女兒和患血漏病的女人	九18～26	五21～43	八40～56	
28	耶穌差遣12個使徒	九35～十14	六6下～13	九1～6	
	被敵對時期				
29	施洗約翰之死	十四3～12	六17～29	三19～20	
29	5,000人得飽	十四13～21	六32～44	九10下～17	六1～15
29	耶穌履海	十四22～33	六45～52		六16～21
29	4,000人得飽	十五32～39	八1～10		
29	彼得承認耶穌為基督	十六13～20	八27～30	九18～21	六67～71
29	耶穌醫好生來瞎眼的人				九1～41
29	耶穌改變形像	十七1～9	九2～10	九28～36	
29	耶穌在住棚節上耶路撒冷				七11～52（～十21）
29	拉撒路復活				十一1～44
30	耶穌為小孩祝福	十九13～15	十13～16	十八15～17	
30	瞎子(巴底買)得醫治	二十29～34	十46～52	十八35～43	
30	稅吏撒該			十九1～10	
30	耶穌探望馬大和馬利亞				十一55～十二1
30	耶穌的最後一週	二十一1～二十七66	十一1～十六8	二十二39～二十三56	十二12～十九42
30	耶穌復活的形像	二十八1～20		二十四1～53	二十1～二十一25

初代教會的發展

黃錫木

在短短60多年間，初代教會的人數由只有120人發展成數以萬計，遍布的範圍超越當時羅馬帝國的邊界。

新約聖經沒有在初代教會發展史方面提供完整的資料；路加的使徒行傳*（和保羅書信）所提供的資料主要都是以保羅*為主。對於研究初代教會的發展史，這的確是一個限制，但這卻是聖經作者要我們細察的角度。

耶穌升天之前，他指示使徒要先等候聖靈*降臨，才遍傳復活*的喜訊。他們又選擇了另一個門徒馬提亞 代替出賣耶穌後自殺的猶大，完整保存「12」這個數目，為要標誌一個新的以色列民族。在這時候，這個羣體只有120個信徒。耶穌的預言在五旬節*當天應驗了，按路加的理解，教會*就在這天成立。在當天的宣講*中，有3,000人回應了彼得*的信息，認罪*悔改。這些信徒奉耶穌的名施洗，聚集祈禱*，聽使徒的教訓，守主的聖餐*。

雖然教會的人數不斷增加，但從猶太人來的壓迫亦不斷增加。彼得和約翰*被監禁，之後司提反執事在猶太人引發的騷動中被石頭打死（徒七章），又有以逼迫基督信徒為榮的掃羅（即保羅）；這種種危機反而成為把福音外傳的契機。路加特別記載腓利的傳道工作，他把福音傳到撒馬利亞人*當中，然後又向一名衣索匹亞（或稱埃塞俄比亞）的太監傳福音*（徒八章）——從猶太人的角度而言，他是一名被雙重詛咒的人。路加要指出，主耶穌的大使命在腓利身上已被落實。

保羅信主（徒九1～19）是初代教會發展的一大轉捩點，因此，從使徒行傳九章開始，他亦成為全書的中心人物。保羅雖然曾經到耶城教會作短暫停留，但之後一直以安提阿為根據地，在基利家省及敍利亞積極投入宣教*工作。公元46至48年，巴拿巴和保羅更遠赴旁非利亞省；這幾年的工作非常成功，亦使初代教會開始思想基督信仰與猶太教的關係。結果，在耶路撒冷*的會議中，耶城教會認同保羅的見解，認為外邦人不需要守割禮*和猶太人的律例，但卻要遠離拜偶像和淫亂等事情（徒十五章）。

這是初代教會發展的新里程。自此，雖然保羅依然受到猶太人的迫害，但他已經和當時耶城教會的領袖取得共識，把福音傳到更遠的地方。於公元49/50至58年，保羅把福音傳至馬其頓和希臘，並在哥林多*和以弗所兩城逗留較長時間。他又藉著上訴羅馬*的機會，把福音帶到西班牙去。

直至公元1世紀末，福音遍傳的範圍已超越羅馬帝國的邊境，東至印度（馬太和巴多羅買），西至羅馬（彼得和馬可），甚至西班牙（保羅曾到那裏），南至埃及的亞歷山太城和亞拉伯半島地區。

第一次猶太人叛亂

黃錫木

於公元66至74年發生的第一次猶太人叛亂，是古代猶太人最慘烈的歷史事件，最後以耶城聖殿被毀告終。

羅馬*政府統治巴勒斯坦*初期（自公元前63年起），與猶太人保持頗良好的關係，這多少是大希律*的功勞。然而，隨著大希律去世，他兒子的暴政，後來羅馬直接指派的巡撫極為腐敗的管治（公元44～66年），以及整體上各地的反閃族情緒，直到公元1世紀中期，很多猶太人聚居的地方已經醞釀了不少騷亂情緒。

根據猶太歷史家約瑟夫*所記，第一次猶太人叛亂是由猶太地巡撫弗洛厄斯的劣行所致的：他搶掠聖殿*的庫房，又大肆屠殺抗議的羣眾。發生這些事後，亞基帕二世和他的妹妹百妮基（兩者都是大希律的孫兒）、大祭司*和法利賽人*企圖說服猶太人不要以武力反抗，但猶太人的憤怒情緒已一發不可收拾。

聖殿的守殿官以利亞撒聯同奮鋭黨*的極端派系刺客黨，一起安排殺戮行動。他們先將亞基帕二世和百妮基趕出耶城，然後佔據城中的羅馬人城堡，殺盡所有羅馬軍隊，甚至連那些溫和派的猶太人也殺害（包括大祭司）。不但如此，剌客黨亦佔據原為羅馬部隊駐守的瑪撒大*（Masada）；至此，原本只屬猶太地的叛亂，已擴展至整個巴勒斯坦地。在這個時候，耶路撒冷*的猶太人變得士氣激昂，他們以為上帝會帶領他們脫離異族的管治。他們組織游擊隊，又在加利利*設防壘。當時本來是祭司的約瑟夫，就是在此時從耶路撒冷被調派到加利利駐守。

雖然在叛亂的初期，猶太人可算是節節勝利，但猶太人的人數與羅馬軍隊的人數，實在不可相比。在羅馬大將軍維斯帕先(Vespasian)的統領之下，叛黨逐步被剷平，而猶太人的內訌亦愈來愈嚴重。公元69年，維斯帕先回羅馬當皇帝，他的兒子提多繼續率領大軍；翌年9月，在惡劣的天氣和缺糧的情況之下，耶城終被攻破，聖殿被摧毀，只剩下瑪撒大的叛黨仍不屈服。

由於地理形勢險要，羅馬軍隊花了很多精力和時間，才成功攻上瑪撒大的城寨。據約瑟夫的記載，猶太叛黨為免被羅馬人淩辱，決定全體自殺。但按近代考古學發現，可能只是一部分叛黨自殺，還有一些人是與攻上來的羅馬人交戰而死的，甚至也有想躲藏或逃走的人。

聖殿被毀以後，猶太的獻祭和祭司制度便徹底廢止了，而領導層轉為法利賽人(後來稱為拉比)執掌。猶太基督徒沒有參與戰爭，並且於叛亂的早期已逃離耶路撒冷，到約旦河外的比拉城(Pella)；由於他們將此次毀滅解釋為上帝的審判*，所以第一次猶太人叛亂無疑加深了猶太教和基督教之間的鴻溝。

• 位於死海以西的瑪撒大，為第一次猶太人叛亂的最後據點。

• 公元71年，為了慶祝提多平定第一次猶太人叛亂，羅馬議會宣布在羅馬道上舉行盛大的遊行，特建了一座用木頭和灰泥製的拱門，這位得勝的將軍和猶太俘虜則從其下經過。到公元81年，又用大理石和銅重建這座拱門。

• 拱門雕刻有羅馬士兵搶劫耶路撒冷城聖殿的情景。

新約大事年表

年份（公元）	新約歷史事迹	參考新約經卷	羅馬王朝歷史
公元前4～公元30	**耶穌生平**	**馬太福音、馬可福音、路加福音、約翰福音**	
公元前4	耶穌出生		奧古斯都（公元前27～公元14年）
8	耶穌12歲在聖殿聽道		
26	施洗約翰開始傳道工作；耶穌開始傳道工作		提庇留（公元14～37年）
26～36			猶太總督本丟・彼拉多上任
27～28	施洗約翰被囚		
29	施洗約翰被斬；耶穌過住棚節		
30	耶穌被釘十字架、復活、升天；聖靈在五旬節降臨		
30～100	**早期教會時期**	**使徒行傳**	
35	大數的掃羅信主		
44	約翰的兄弟雅各殉道	雅各書	克勞第（公元41～54年）
46～48	保羅第一次傳道旅程		
49/50	耶路撒冷會議	加拉太書	
49/50～52	保羅第二次傳道旅程	帖撒羅尼迦前、後書	
53～57	保羅第三次傳道旅程	羅馬書，哥林多前、後書	尼祿（公元54～68年）
57	保羅在耶路撒冷被捕		
59	保羅在凱撒面前申訴		
60～62	保羅在羅馬被軟禁兩年	以弗所書、歌羅西書	
62	耶穌的兄弟雅各殉道	腓利門書、腓立比書	
64			尼祿焚燒羅馬
65～67	保羅在羅馬第二次被囚	彼得前、後書，提摩太前、後書，提多書，猶大書	

65～67/68	彼得與保羅在羅馬殉道		迦勒巴、鄂圖、威特留(公元69年)，維斯帕先(公元69～79年)，提多(公元79～81年)
70	耶路撒冷被毀；聖殿被毀	希伯來書	
81～96	多米田逼迫基督徒		
90～95	使徒約翰被逐至拔摩海島	約翰一、二、三書，啟示錄	納華(公元96～98年)

羅馬帝國王帝和任期(至公元2世紀初)

公元前27～公元14年	奧古斯都(Augustus)
公元14～37年	提庇留(Tiberius)
公元37～41年	該猶／加里古拉(Gaius/Caligula)
公元41～54年	克勞第(Claudius)
公元54～68年	尼祿(Nero)
公元68～69年	迦勒巴(Galba)、鄂圖(Otho)和威特留(Vitellius)
公元69～79年	維斯帕先(Vespasian)
公元79～81年	提多(Titus)
公元81～96年	多米田(Domitian)
公元96～98年	納華(Nerva)
公元98～117年	他雅努(Trajan)
公元117～138年	哈德良(Hadrian)

古代民族和帝國
非利士人

羅慶才

非利士人屬「海民」(Sea Peoples) 的一族，其發源地乃愛琴海一帶的島嶼；雖然非利士人其後從歷史中消失，巴勒斯坦 (Palestine) 地卻因而得名。

包括非利士人在內的「海民」沿陸（經小亞細亞）海（經克里特及塞浦路斯）兩路遷移到埃及*時，曾摧毀赫人帝國及腓尼基境內各國。到公元前12世紀初，這羣「海民」曾大舉入侵埃及，最後被擊退，自此粉碎其侵佔埃及的野心。當時在位的法老蘭塞三世把被征服的「海民」安置在迦南地沿海平原上。此後，「海民」在那裏建立城邦聯盟，包括5大城市：沿海的迦薩、亞實基倫、亞實突，並內陸的以革倫和迦特（書十三3）。

按舊約聖經記載，雖然早在列祖時代，亞伯拉罕*與以撒曾接觸非利士人的王亞比米勒（創二十，二十六章），然而考古研究發現，非利士人要到較後期才大規模在迦南出現。他們與以色列人其實是差不多同時期到達巴勒斯坦*（公元前13世紀末～12世紀初），但以色列人初期多聚居於中央山脈之上，故少與非利士人接觸。其後，因兩族人口不斷增長，對土地需求增加，遂無可避免地發生衝突。舊約中士師記*所記載的參孫的故事（十三～十六章）及撒母耳記*中所載的示羅*一役（撒上四～六章），正是以此為背景。從中可見非利士人的軍事優勢。

當以色列人膏立掃羅為王時，非利士人對以色列人的威脅最大。當時，在便雅憫地的示羅已被非利士人攻破（撒上四章），約櫃被搶走，表示非利士人的勢力已深入以色列的心臟地帶。掃羅統治時，並未能有效阻止非利士人的擴張（撒上三十一章）。到大衛*作王時，才能瓦解非利士人的力量（撒下五17～25，八1，二十一15～22，二十三9～17），並取代非利士，成為區內的霸權。即使如此，兩族的關係仍然相當緊張（王上十五27，十六15～17）。

正當新亞述帝國*在提革拉．毗列色統治下進入高峯時，非利士於公元前734年被亞述征服。直至亞述帝國滅亡為止（公元前612年），非利士雖然在政治上受制於異族，但其經濟卻有重大發展。其後，非利士經歷了巴比倫*及波斯*時期，就逐漸湮沒在歷史裏。

非利士人的文化較接近歐洲愛琴海一帶的邁錫尼（Mycenean）文化。舊約指出以色列人在科技上遠遜於非利士，這與現代考古學的發現大致相符。近期的考古研究顯示非利士人其實有相當發達的文化，經濟則以農業為主，考古研究顯示他們把迦南地的橄欖油經海路出口到其他地區，進行貿易。當非利士人在迦南定居後，逐漸融入當地文化。在宗教上，他們主要信奉大袞（士十六23～25）、女神亞斯她錄（撒上三十一10）和巴力．西卜（王下一2～3），這些皆為古代近東*普遍的神祇。

迦南人

羅慶才

迦南人乃迦南地的原居民，其中包括多個民族，其信仰與文化對以色列有頗為深遠的影響。

「迦南」一詞的起源及意思至今仍未有定論，但自公元前3000年起，就一直作地理名稱用。不過，古代典籍對迦南地的範圍卻沒有明確的界定。約於公元前1500年，「迦南」乃埃及*統治的區域之一，其範圍約北至敍利亞，東面則包括大馬士革及約旦河東高原，南面止於埃及河。舊約聖經大致採納這說法。

「迦南人」並非一個民族，而是一個多元化的族羣。舊約多處經文列舉了組成「迦南人」的各部族名稱（創十五18～21；申七1等）。在以色列民進入迦南*前，當地的政治組織以城邦為主（書九1～2，十1～5，十二7～24），各自為政，且多有紛爭衝突。迦南人的重要城市多建於迦南區內的平原上，以農業為主。此外，迦南人亦以善於進行買賣交易而聞名（亞十四21）。從現時的資料可知，迦南人的社會結構是金字塔式，階級分明，貧富懸殊，以少數貴族操控大部分經濟資源。

因迦南地以農業為主，其宗教信仰亦與此有關。迦南神祇中主要是巴力，根據當地的神話*傳統，巴力把邪惡之神「大魚」殺死後，就創造*了宇宙萬物。此外，巴力也執掌氣候及萬物的生殖能力，務農者敬拜它就是為了確保有豐盛的收穫。巴力的妻子亞舍拉亦是迦南人所尊崇的神祇之一。

舊約記載迦南人的事迹，往往給讀者這個印象：以色列人對

迦南人深惡痛絕。律法書中三番四次強調以色列人不能與迦南人通婚，不要被他們的宗教敬拜吸引，更要徹底剷除迦南人的敬拜，不然就會成為以色列的網羅，難以自拔。自以色列建立王國*後，所羅門雇用了大量迦南人來建設城市及建造國家設施（如聖殿*）。到大衛*王國分裂*後，有大批迦南人居於北國以色列境內，成為一股強大的政治力量，以致北國的統治者不得不用政治手段，滿足他們的訴求，如為他們建立神廟等（王上十六32～33），以討好他們。此舉在聖經作者眼中，無異是出賣了以色列的一神信仰。

話說回來，以色列人居於迦南區內，少不免受其文化影響。從近代考古學研究得知，以色列的建築風格與迦南人的無異，這包括城市、房屋、敬拜場所等，甚至農業技術、生活方式等亦多有相同之處。然而，另一方面，以色列因信仰的緣故，與迦南本土居民亦有顯著的差異。例如以色列的先知秉承律法的精神，強烈譴責國內貧富懸殊的情況，多番提醒同胞要以公平公義的原則彼此相待。而在律法中，亦以建立一個公平的、沒有貧窮的社會為目標（利二十五章；申十五1～18）。這就是以色列信仰對社會帶來的影響。

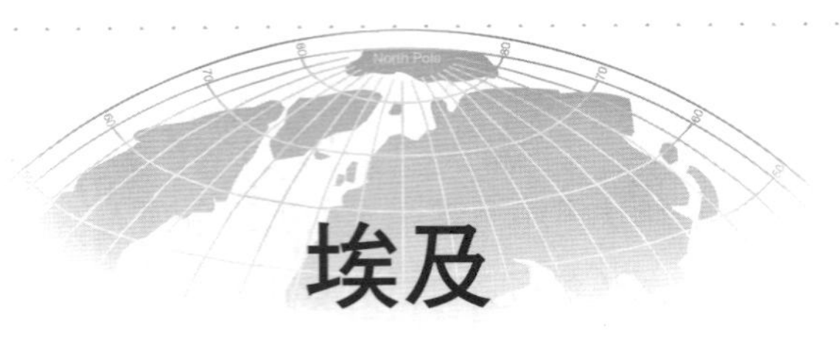

埃及

羅慶才

埃及乃古代文明大國，歷史悠久，對古代近東歷史影響頗深；在舊約時代，更常常企圖染指區內的局勢發展。

埃及位處非洲東北角，東西兩面被茫茫沙漠包圍，南面為高原，尼羅河從上而下流，水流急速，不易逾越，地理環境頗為孤立。不過，地理上的阻隔亦同時成為埃及防守的優勢，使埃及在政治及軍事方面均享有高度穩定的形勢，有利其經濟及文化發展。可稽考的埃及歷史可追溯至公元前3100年，直至公元前322年，始為希臘*多利買(Ptolemy)王朝取代。至其女王克麗佩脱拉(Cleopatra)在公元前31年與羅馬將軍安東尼(Mark Anthony)雙雙自殺後，埃及就被羅馬帝國*吞併，其歷史長達差不多4,000年。在距今約4,000年前，埃及人已建成金字塔——今天被稱為世界七大奇景之一。

埃及的命脈就是尼羅河，其三角洲的土地肥沃，加上氣候穩定，出產豐富(民十一5)，有古代近東的糧倉之稱，是鄰近地區人民饑荒時的避難所(創四十一53～57)。埃及墓室中的壁畫描繪了一些來自巴勒斯坦*的人進出埃及的情況，栩栩如生，讓我們一窺當時的生活面貌。

在法老的統治下，埃及奉行神權政治，統治者被視為神的兒子，地位超然，同時亦扮演大祭司的角色。埃及的社會結構就像金字塔一樣，法老及其親屬於頂端，其下是各階層的知識分子及技術人員，最下層就是普羅大眾。

在舊約時代，埃及與以色列的關係可謂千絲萬縷。埃及本身

的物產雖然豐富，但仍需從以色列人的聚居地迦南進口大量金屬及木材，所以在經濟上，迦南對埃及是非常重要的。另一方面，埃及亦可說是以色列的發源地，因為以色列在當地從一個只有70人的家族，發展成壯大的民族（出一1～7）。至大衛*建立王國時，其政府架構亦是仿效埃及的（撒下八15～18，二十23～26）。當以色列定居迦南後，埃及很多時都想借機影響迦南區內的政治，從中得利。在所羅門作王時，就曾與埃及結盟，娶了法老的女兒為妻，法老把本屬迦南人*的城市基色城相贈作嫁妝（王上九16）。其後，所羅門的臣僕耶羅波安密謀作反，被識破後潛逃至埃及，得埃及法老示撒收留（王上十一40）。到所羅門死後，耶羅波安返國，領導北面10支派脫離大衛家的統治，建立以色列國（王上十二章）。之後法老示撒率領軍隊入侵南北兩國，但觀其行軍路線，其主要對象實在是以色列國（王上十四25～26）。

從公元前8世紀起，隨著亞述帝國*的興起，埃及為要在本身和亞述間設下緩衝區，常常插手迦南區內的事務，扶助備受壓力的以色列及猶大政府（王下十七4，二十三29），但卻不能成事，最終以色列及猶大均先後敗亡於亞述及巴比倫*之手。

亞述

羅慶才

亞述乃古代近東的文明大國，亦為古代近東首個帝國，以好戰及強悍見稱，在以色列歷史中有舉足輕重的地位。

亞述的發源地乃亞施戶城(Assur)，位於底格里斯河東岸，因該地氣候適合畜牧，所以成為遊牧者的聚居處。其最早發現的考古文物為公元前2800至2200年左右，顯示其文化與居於亞述以南的蘇美爾人(Sumerians)相似。亞述人作為一個政治實體，最早可追溯至公元前2000年左右。除本土居民外，還混合了亞摩利人及亞蘭人的血統。

亞述人早期聚居於幼發拉底河和底格里斯河流域的北部，以尼尼微、亞比拉、亞施戶城等地為核心，以農業和畜牧為生，自公元前1900年(古帝國期)始有政治制度及組織。公元前1750至1000年間為亞述發展的高峯期(中帝國期)，曾征服南部的巴比倫*及西面的亞蘭，建立了一個強大的國家。其後經歷了一段低沉時期，但由公元前9世紀初起，亞述又再興盛，至公元前8世紀末至7世紀初達至頂峯，成為歷史上的「新亞述帝國」。然而，亞述的國力自公元前625年起迅速滑落，其國都尼尼微於公元前612年被巴比倫及瑪代聯軍所破，亞述帝國最後於公元前609年滅亡。

和眾多古代近東國家一樣，亞述的社會結構亦是金字塔式的。最上層的是君王貴族，依次為各級官員、平民百姓，最下層的就是奴隸。亞述社會崇尚武力，有軍國主義的傾向，人民從小習武。君王同時是軍隊中的最高統帥，有絕對的權力，他的說話

就是律法；君王權力的惟一掣肘就是社會傳統及宗教習慣。記載在舊約中的官員包括：「他珥探」(總督或總管)、「拉伯撒利」(太監長)和「拉伯沙基」(酒政)(王下十八17)。

經濟方面，亞述土地肥沃，農業及畜牧業均相當發達。此外，亞述政府向對外貿易徵稅，是為亞述經濟來源的第三大支柱。當亞述成為超級大國時，還有外國的貢錐作為第四大收入來源(王下十五19，十六8等)。

除軍事及政治外，亞述在文化方面亦有重大成就。亞述人承襲了亞甲人(Akkadian)的文化傳統，保存了很多重要的亞甲文獻。亞述巴尼帕王(Ashurbanipal，公元前669～627年)在位時，曾在皇宮中建造圖書館，搜集古巴比倫文獻，並將之存放於此；此圖書館在19世紀中期被發掘出土。在藝術及雕刻方面，亞述亦有卓越的成就，亞述的雕刻家甚有創意，生動地捕捉了古代生活各方面的形態，尤其值得注意的是印鑒，常刻有與亞述宗教有關的主題，為舊約研究提供了重要的參考資料。此外，亞述皇宮中的浮雕亦甚有價值，常刻有古代生活的面貌，如搜獵和皇室花園景色等。另外，浮雕上亦常見古代戰爭的場面，可見古代進行戰事的方式等，實具歷史價值。

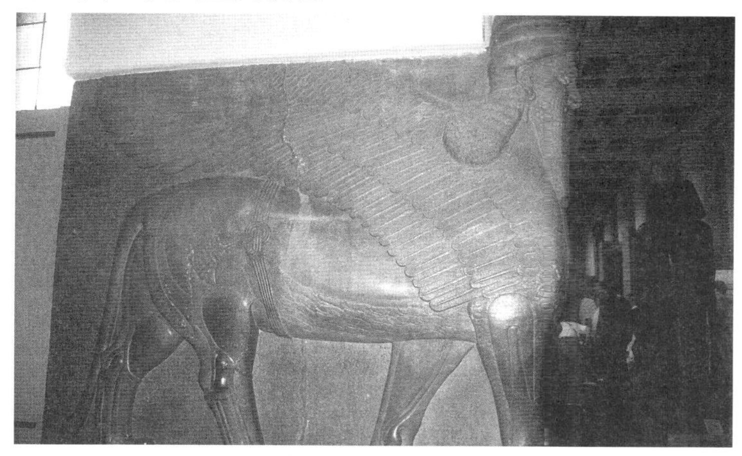

• 亞述的人頭獅身像(公元前9世紀)

巴比倫

羅慶才

巴比倫文化最早可追溯至公元前4000年，屬重要文化發源地之一。

「巴比倫人」所指的是居於美索不達米亞南部，今巴格達至波斯灣海岸一帶的居民。他們自公元前3000年已建立城邦，其後逐漸發展成古代近東的軍事強國。

當以色列人於公元前13世紀末進入迦南*時，巴比倫正受亞述*控制，到8世紀更被亞述統治。不過，至公元前7世紀末，隨著亞述的衰落，巴比倫在尼布甲尼撒二世的領導下，不只擺脫了亞述的掣肘，更建立了新巴比倫帝國，取代亞述成為古代近東霸主，其統治範圍包括迦南地，猶大在內的各國。不過，這段輝煌時期只維持了數十年，至公元前539年，波斯*不費吹灰之力，就推翻了巴比倫帝國。

巴比倫一帶的雨量較少，而幼發拉底和底格里斯兩大河流域地勢平坦，廣泛地區都是沼澤，故此自古以來，巴比倫統治者的天職就是開發及維修灌溉用的輸水道，以利農耕。不過，因土質鹽分較高，故農產以大麥為主。此外，巴比倫是區內棗子產量最多的國家。

巴比倫最早期的政治結構基本是以城邦為主，君主制度成立後，源自城邦時期的一些傳統，如長老的參與，雖仍得以維持，卻已演變成扶助君主執政的工具。其次，廟宇及其祭司在經濟上本來有舉足輕重的地位，但到君主執政時期，其影響力已被大大

希臘化時代的埃及與敍利亞（公元前2世紀末）

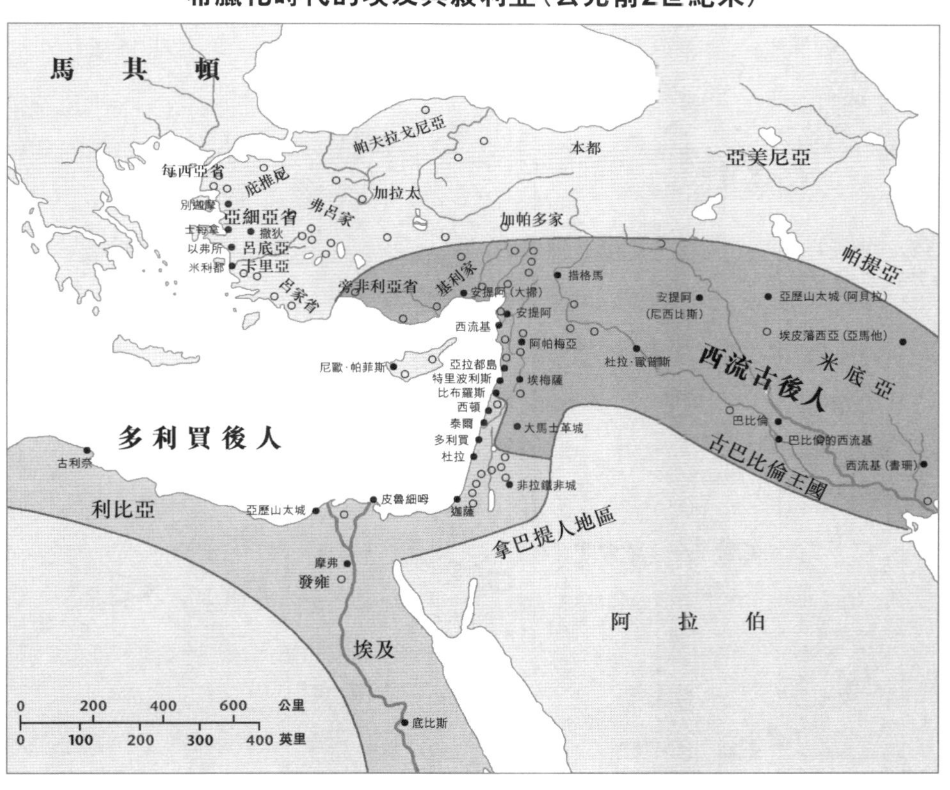

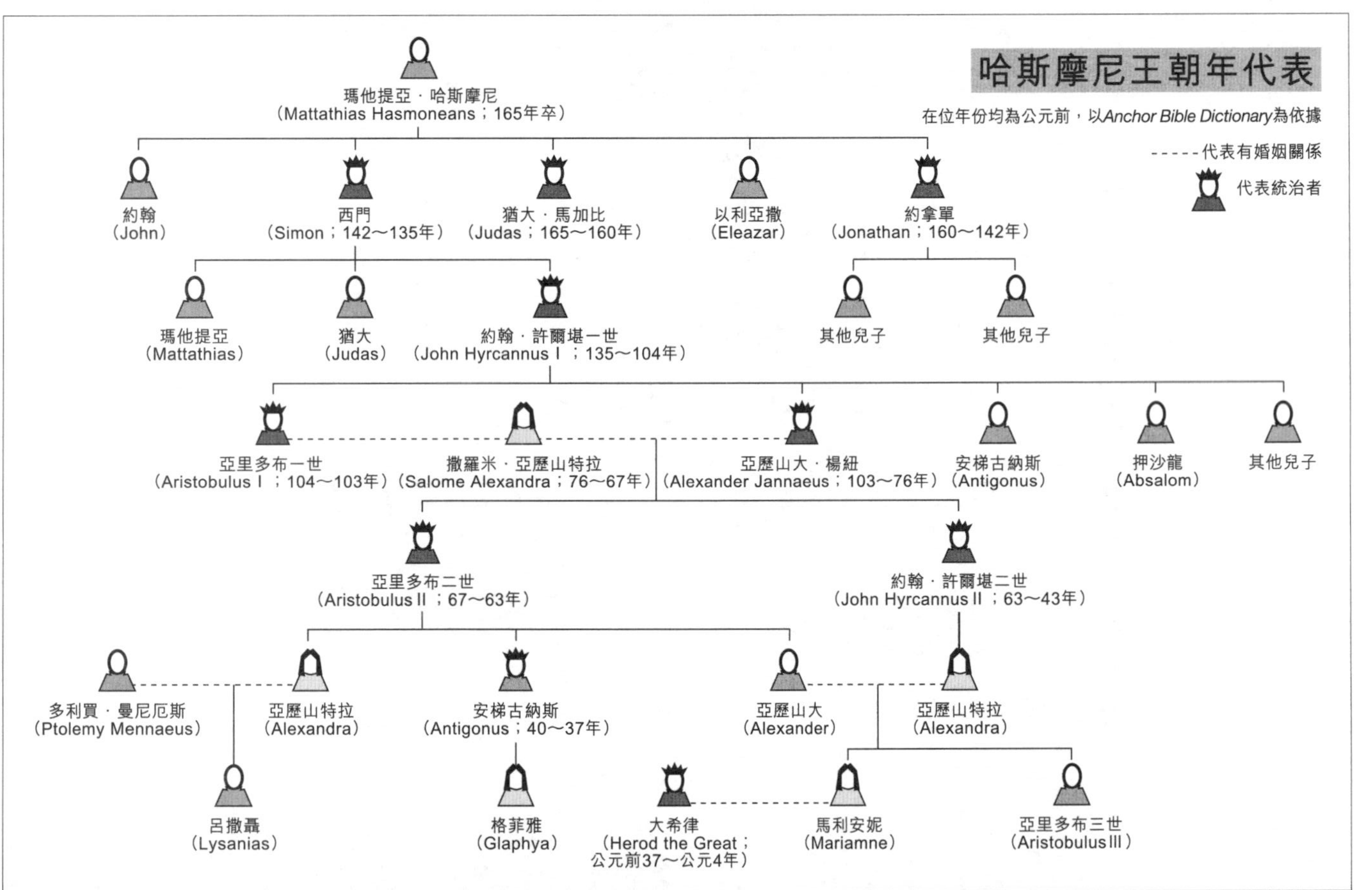
哈斯摩尼王朝年代表
在位年份均為公元前，以Anchor Bible Dictionary為依據
-----代表有婚姻關係
代表統治者
瑪他提亞．哈斯摩尼
（Mattathias Hasmoneans；165年卒）
約翰
（John）
西門
（Simon；142～135年）
猶大．馬加比
（Judas；165～160年）
以利亞撒
（Eleazar）
約拿單
（Jonathan；160～142年）
瑪他提亞
（Mattathias）
猶大
（Judas）
約翰．許爾堪一世
（John Hyrcannus I；135～104年）
其他兒子
其他兒子
亞里多布一世
（Aristobulus I；104～103年）
撒羅米．亞歷山特拉
（Salome Alexandra；76～67年）
亞歷山大．楊紐
（Alexander Jannaeus；103～76年）
安梯古納斯
（Antigonus）
押沙龍
（Absalom）
其他兒子
亞里多布二世
（Aristobulus II；67～63年）
約翰．許爾堪二世
（John Hyrcannus II；63～43年）
多利買．曼尼厄斯
（Ptolemy Mennaeus）
亞歷山特拉
（Alexandra）
安梯古納斯
（Antigonus；40～37年）
亞歷山大
（Alexander）
亞歷山特拉
（Alexandra）
呂撒聶
（Lysanias）
格菲雅
（Glaphya）
大希律
（Herod the Great；
公元前37～公元4年）
馬利安妮
（Mariamne）
亞里多布三世
（Aristobulus III）

猶太散居地

黃錫木

在新約時代，猶太散居僑民的數目遠超過住在巴勒斯坦本土的猶太人；雖然有些猶太僑民較為開放，但大多數依然謹守猶太傳統。

猶太散居地（*disapora*）是指猶太地（或巴勒斯坦*）或以色列地以外的地方。

在古代社會，移民並非一件光彩的事。除了因經商或逃避饑荒（得一1）、戰亂、迫害（王下二十五25～26；耶四十一1～18）而自願遷徙外，一般猶太人都是被迫移居外地；例如因戰敗被俘擄到別國。自大衛*統一王朝，以色列人先後經歷兩次大規模遷移，分別是被亞述*（公元前722/721；王下十七1～6）和巴比倫*（公元前587/586；王下二十五8～21）強迫的。在兩約時期*，猶太人亦經歷多次遷徙。而在兩次猶太叛亂中，不少猶太人亦遷居到美索不達米亞以東地區。

新約時代，猶太僑民散布羅馬帝國*各地，主要有巴比倫、埃及、敍利亞、小亞細亞和羅馬*；我們甚至可以肯定，猶太散居僑民比住在巴勒斯坦的猶太人還要多。

埃及是最重要和歷史最悠久的猶太散居地。據考古和文獻記載，在埃及最南方的伊里芬丁（Elephantine）的猶太人，曾經於公元前6世紀末建造一座耶和華的殿（但後來被當地人拆毀）。據約瑟夫*所說，在新約時代的埃及就有100萬猶太人。在亞歷山太城，猶太人佔城市總人口的極大部分。他們在政治上自成一體，

居住在自己的地區和城市，延續傳統猶太文化和生活方式。除了埃及，巴比倫也是很重要的城鎮。雖然波斯*王（公元前538年）曾經宣布猶太人可以回歸自己的國土，但依然有很多人寧願留在巴比倫（按典外文獻的記載），暗示了人民已經在那裏落地生根。公元70年耶路撒冷*淪陷後，巴比倫就成為保留猶太傳統的中心。

住在異教文化當中的猶太人，固然較容易受希羅文化影響，他們雖然未至於放棄自己獨特的信仰與文化，但卻較願意學習希臘文化。不少後期的猶太作品，特別是那些寫於亞歷山太城的作品，均深受希臘哲學的影響，其用詞與寫於巴勒斯坦地的猶太作品，亦有差異。

很多猶太人依然謹守傳統猶太教的教導，男性出生8天便受割禮*。猶太人自小便接受律法的教導，獨尊上帝，拒絕跪拜別的神明及參與任何其他宗教儀式，又謹守一切潔淨*的禮儀、禁食、安息日*及節期*。散居地的猶太人常與其他民族發生衝突和磨擦，這與他們謹守這些習俗有密切關係。於是，在宗教、文化和社交上，會堂*往往成為維繫猶太散居僑民的一個非常重要的活動中心。

這些猶太僑民為保持自己獨特的文化和信仰，和非猶太人的關係常變得緊張；從希臘和羅馬作家常在作品中貶低那些生活在他們當中的猶太人可見一斑。

散居的猶太僑民（公元前1世紀末）

新約歷史簡述

羅馬帝國版圖（公元1世紀末）

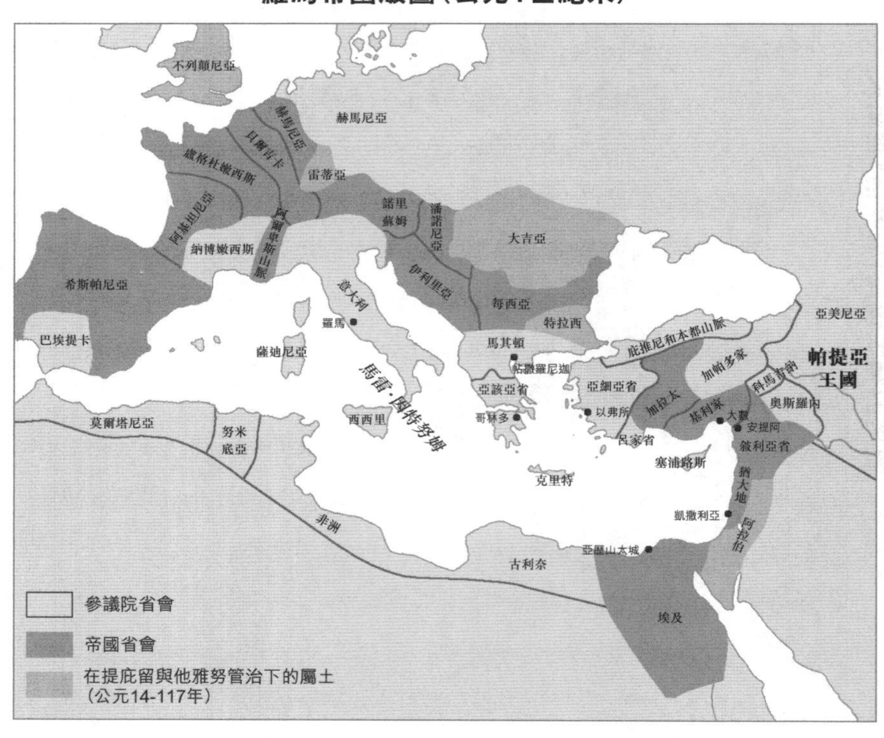

大希律的統治

黃錫木

大希律的統治揭開新約時代的歷史序幕。希律生性殘暴狡猾，不過，他對猶太人社會亦有很深遠的貢獻。

公元前63年，羅馬*將軍龐培(Pompey)進軍耶路撒冷*，結束了為期只有80年(公元前143/142～63年)的馬加比家族*獨立管治。自此，猶太地一帶成為羅馬中央政府管治的地區，屬敘利亞省。龐培將軍任命馬加比家族*的後人許爾堪二世(Hyrcanus II；他亦是當時的大祭司*)管理猶太人事務，他手下其中一位精明的輔臣就是希律的父親安提帕特(Antipater)。因為這種關係，希律家族*取得羅馬公民的資格。

希律自年幼時已處處表現領導者的風範。他管治加利利*省時只有25歲，當時的加利利省，已經是一個高度自治的省分。希律雖然多次在政治決策上錯下注碼，但他至終仍能得到羅馬王帝的信任。公元前37年，希律正式被羅馬政府封為猶太人的王，使當時的巴勒斯坦地*享有全面的自主權，直接向羅馬負責，歷時35年之久。

希律自知自己不是純猶太血統(原是以東人)，不能像馬加比家族的成員一樣當大祭司，因此，他極其量只能擔任猶太人的王。為使猶太人視他為哈斯摩尼王朝的合法繼承人，希律娶了許爾堪二世的孫女馬利安妮(Mariamne)為妻；又為要使人對其家族忠心，他特別設立擁護自己的猶太派別，就是「希律黨人」。除此以外，他仿效埃及多利買(Ptolemy)政府，以組雇傭軍、建立政制

和建築防衛體系(其中之一就是瑪撒大*堡壘)鞏固自己的權力。

希律性情殘暴，曾處死自己的兩個妻子、3個兒子，又在耶穌出生時，下令殺害全國兩歲以下的嬰孩(太二16～18)。他的私生活一團糟，曾結婚10次，家庭中數之不盡的問題，都是他的妻子和她們的母親為使自己的子女得到某些優待或特權而產生的。歷史上對希律的為人作出最貼切的評價的，要算是奧古斯都了。當他聽見希律殺了自己的骨肉時，他幽默地說：「當希律的豬，勝過當他的兒子。」

希律是猶太人歷史上最偉大的建築家。他在任期間，大興土木，經營了十多個大城邑，其中最有名的是地中海沿岸的凱撒利亞*。耶路撒冷的建築物，例如歌劇院、浴場和學校等都是他自費興建的，而最重要的，亦因而得到猶太人歡心的，莫過於擴建聖殿*。計劃始於公元前19年，聖殿本身的建築過了不久便落成，但附近的建築和裝飾則花了很多人力和時間；整個工程到公元64年才完成。然而，希律並不是一個虔誠的猶太教信徒，既沒有敬畏的心，也不在乎甚麼是正統；反之，他卻是希羅文化和宗教的熱愛者。

希律在位33年，卒於公元前4年。

耶穌時期的巴勒斯坦地

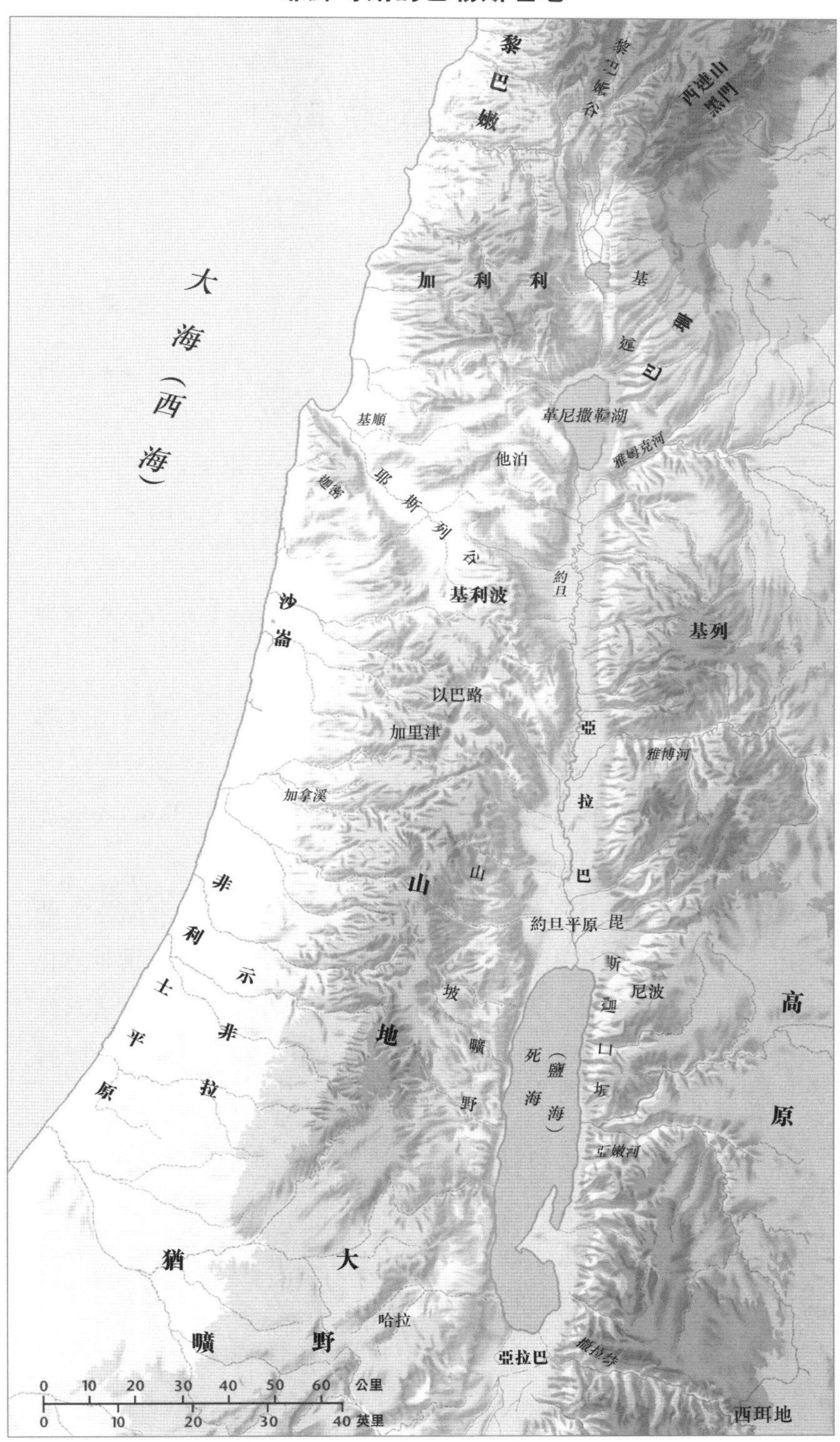

希律的家族

黃錫木

希律的家族是新約時代中最重要的猶太人家族，在這家族的統治下，猶太地的猶太人能享有某程度的自治。

希律在位33年，卒於公元前4年。他死後，耶路撒冷*即出現多次暴亂。騷亂平息後，羅馬政府完成他的遺願，將國家一分為三，交由他的3個兒子治理：

1. 亞基老（參太二22）管治猶太地、撒馬利亞和以土買，是專管理猶太人事務的提督（ethnarch）；
2. 安提帕（Antipas）管理加利利*和比利亞省（Perea）的四分一地區，職銜是分封王（tetrarch）；
3. 腓力（參路三1）承受以土利亞（Iturea）、特拉可尼（Trachonitis）和東北部的附屬地區，作為分封王。

亞基老統治了10年，承襲父親的暴行（參太二22）。結果，耶路撒冷的居民聯同撒馬利亞人*派遣一隊專員到羅馬*，投訴他在治理上的無能和殘酷。羅馬政府最後奪回他的統治權，交由地區巡撫管理，直接向羅馬政府負責；在耶穌誕生時，居里扭是當時敍利亞省的巡撫（路二2）。

與亞基老相反，安提帕的管治與父親大希律*一樣，能與猶太人維持良好關係；耶穌和施洗約翰*傳道旅程經過的地方，主要是安提帕的所屬地（太十四1～12）。不過，施洗約翰卻是被他殺害的，耶穌亦曾被他審訊。

腓力可能是大希律的繼承者中，惟一的好領袖。按約瑟夫*

所記，他愛護人民，尊重猶太人，又沒有耗費人力物力於奢華的建築工程上。他重建了加利利湖一帶多個城市，包括伯賽大，又開拓了凱撒利亞．腓立比這個城市，以自己和羅馬王的名字作為這城的名稱。

大希律另有兩名孫兒也見於新約聖經中，就是亞基帕一世和二世。亞基帕一世的父親被大希律處死，他在羅馬長大，認識了兩位日後成為羅馬王帝的朋友——該猶和克勞第（又稱革老丟）。在他們的幫助之下，他把大希律原本統治的國界重新合併起來。雖然新約聖經記載他把雅各處死，又監禁彼得*（參徒十二1～4），但在猶太人心目中，亞基帕因遵守傳統猶太教的教訓和規條，得到猶太人的敬重。按約瑟夫記載，他是得到怪病而死的（徒十二20～23）。

亞基帕二世在任期間，曾應非斯都之邀請，一起聽保羅*的分訴，而他的妹妹百妮基亦在場（徒二十五13～二十六32）。亞基帕二世完成其祖父大希律修葺聖殿*的計劃，並在耶路撒冷多處街道上，鋪上大理石塊。他雖然敬重猶太教，但仍然忠於羅馬。公元66年，當第一次猶太人叛亂*剛剛開始，亞基帕二世和他的妹妹百妮基竭力勸阻猶太人對抗羅馬政府，但不成功。亞基帕二世不單擴張自己管轄的領土，更與後來成為王帝的提多將軍成為好友。亞基帕二世於公元96年去世，此後，希律家再沒機會直接管理猶太人的事務。

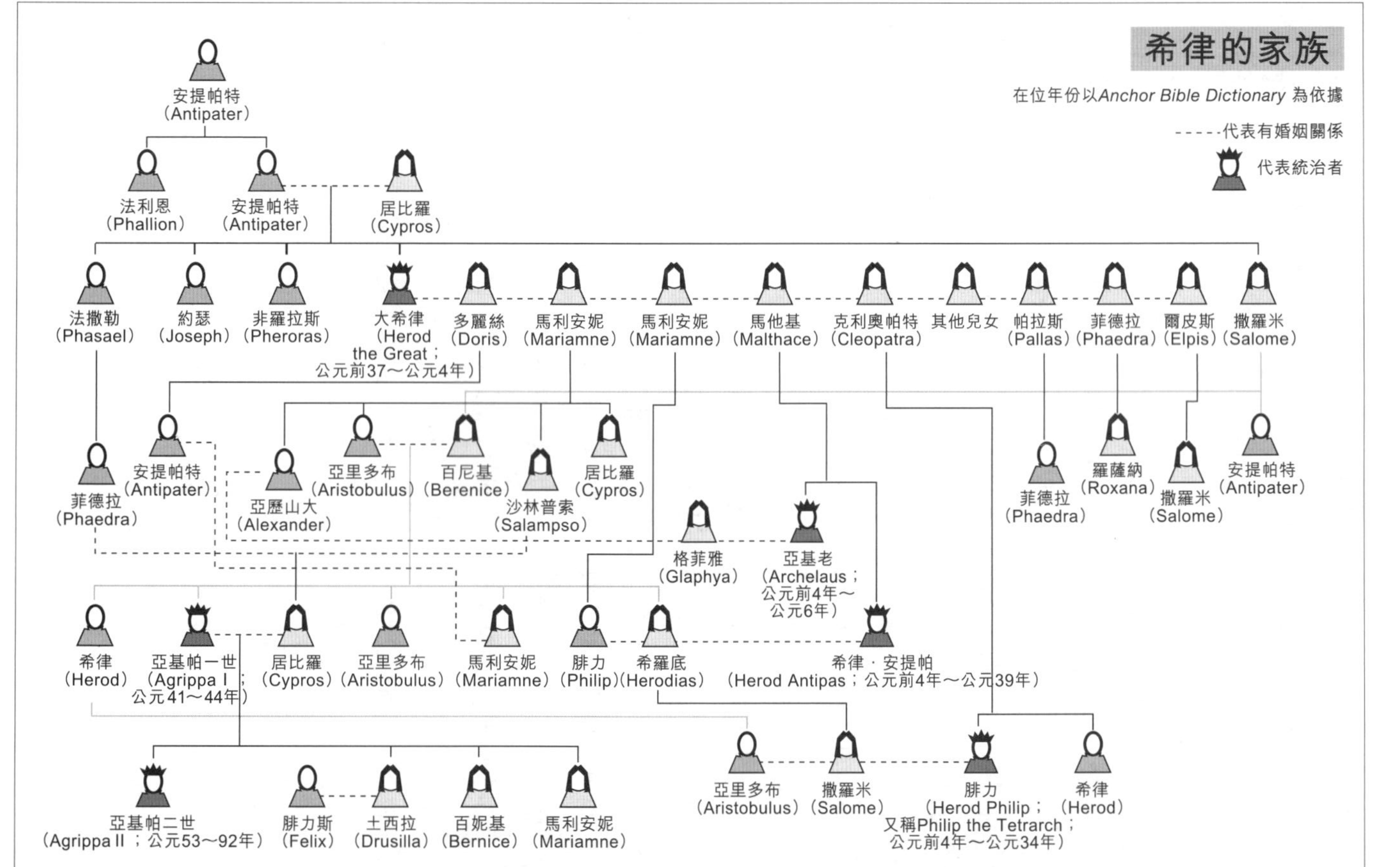
希律的家族
在位年份以*Anchor Bible Dictionary* 為依據
-----代表有婚姻關係
代表統治者
安提帕特（Antipater）
法利恩（Phallion）
安提帕特（Antipater）
居比羅（Cypros）
法撒勒（Phasael）
約瑟（Joseph）
非羅拉斯（Pheroras）
大希律（Herod the Great；公元前37～公元4年）
多麗絲（Doris）
馬利安妮（Mariamne）
馬利安妮（Mariamne）
馬他基（Malthace）
克利奧帕特（Cleopatra）
其他兒女
帕拉斯（Pallas）
菲德拉（Phaedra）
爾皮斯（Elpis）
撒羅米（Salome）
菲德拉（Phaedra）
安提帕特（Antipater）
亞歷山大（Alexander）
亞里多布（Aristobulus）
百尼基（Berenice）
沙林普索（Salampso）
居比羅（Cypros）
格菲雅（Glaphya）
亞基老（Archelaus；公元前4年～公元6年）
菲德拉（Phaedra）
羅薩納（Roxana）
撒羅米（Salome）
安提帕特（Antipater）
希律（Herod）
亞基帕一世（Agrippa I；公元41～44年）
居比羅（Cypros）
亞里多布（Aristobulus）
馬利安妮（Mariamne）
腓力（Philip）
希羅底（Herodias）
希律．安提帕（Herod Antipas；公元前4年～公元39年）
亞基帕二世（Agrippa II；公元53～92年）
腓力斯（Felix）
土西拉（Drusilla）
百妮基（Bernice）
馬利安妮（Mariamne）
亞里多布（Aristobulus）
撒羅米（Salome）
腓力（Herod Philip；又稱Philip the Tetrarch；公元前4年～公元34年）
希律（Herod）

耶穌生平

黃錫木

雖然我們未能仔細和具體地重構耶穌的一生，但分階段理解耶穌的一生能讓我們更清晰地認識他。

4卷福音書對耶穌一生的言行提供了不少資料，但由於要完全協調這些資料是極其困難，我們不能詳細地重構耶穌一生所做的事，而只能分階段描述他的一生。

耶穌公開傳道前的日子：耶穌的出生、童年、少年和成長經過，直至30歲為止，福音書有關這方面的記載只有100多節。在這段日子，有兩件事是福音書作者很看重的：耶穌領受施洗約翰*的水禮*——顯示耶穌與約翰是一脈相承的；耶穌接受並勝過魔鬼*的試探——象徵他要以得勝者的姿態出現。有關耶穌傳道的年日，雖然馬太福音*、馬可福音*和路加福音*記載耶穌只有一次(亦是最後的一次)上耶路撒冷*，但約翰福音*則清楚記述耶穌曾經3次上耶路撒冷過每年一度的節期*(約二23，五1，六4，十二1)；後者的記載似乎較清晰表達耶穌傳道的時間。

傳道的初期：耶穌在猶太地開始傳道(約三22)，在施洗約翰的推舉下，耶穌已有幾位核心的跟隨者(如彼得*、約翰*等)。在這一年半裏，耶穌可能穿梭於猶太與加利利*之間，他突出的言論(如在會堂*講論；路四16～32)和所行的神蹟*已使他薄有名聲(約二23～25，三1～21)；而他「出位」的行為，例如與撒馬利亞人*和外邦人(甚至是婦女)接觸(太十五21～23；約四1～12)，亦使他成為猶太領袖針對的對象(約二13～22)。

在加利利傳道：雖然耶穌傳道的活動範圍遍及巴勒斯坦*，但加利利省明顯是福音書作者記載的焦點。耶穌的言論和行徑為他贏得思想較開放的加利利人歡迎。他在眾多的跟隨者中，揀選了12位門徒，成為他的門生和同工，既為他的日常生活和傳道工作打點，亦學習宣講天國*的道理（路九1～2）。除了個別言論的記載，馬太和路加分別把耶穌在不同場合的講論整合成為著名的登山寶訓（太五～七章）和平原講道（路六17～49）。按福音書的記載，耶穌的講論主要以比喻*為主，並且常在被人詢問和挑戰的情況下才闡述某些課題。福音書共記載了35件耶穌所行的神蹟，很多都是在這段日子施行的，其中有一半以上是與醫治*和驅鬼有關，其餘的主要是突顯他超乎自然定律的大能。

上十字架的道路：耶穌知道自己受難的日子近了，便多次向門徒披露此事，然而，門徒既不明白，亦不能接受（可八31～33）。耶穌沿途經過很多地方，在伯大尼，馬利亞用極貴的香膏膏抹耶穌（約十二1～8）；福音書作者認為這是為他的安葬準備的。耶穌花了一整週在耶路撒冷，當中他不忘繼續講道，包括末世*的事情（可十三章）。最後，他在假公濟私的審判之下被處死，死在十字架上。

耶穌生平年表

年份	耶穌生平的重要事件	馬太	馬可	路加	約翰
公元前	**耶穌的出生**				
5	天使傳報耶穌誕生的喜信			一26～38	
5	約瑟的夢	一18～25			
	耶穌的童年				
	耶穌的家譜	一2～17		三23～38	
4	耶穌的降生	一18～25		二1～7	
4	天使與牧人			二3～20	
4	耶穌受割禮並在聖殿奉獻			二21～38	
4	朝拜聖嬰耶穌	二1～12		二8～20	
4/2	逃往埃及、歸來	二13～21			
2	童年的耶穌在拿撒勒	二22～23		二39～40	
公元	**沉寂期**				
8	孩童耶穌在聖殿聽道			二41～52	
	18年沉寂期／預備及傳道初期				
26	耶穌受洗	三13～17	一9～11	三21～22	一29～34
26	耶穌受試探	四1～11	一12～13	四1～13	
27	迦拿婚筵				二1～11
27	耶穌潔淨聖殿	二十一12～13	十一15～17	十九45～46	二14～22
27	耶穌與尼哥德慕談道				三1～21
27	耶穌與撒馬利亞婦人談道				四4～42
27	迦百農的百夫長	八5～13		七1～10	四46下～54
27	耶穌在拿撒勒傳道	十三53～58	六1～6上	四16～30	
	聲名遠播時期				
28	耶穌呼召眾門徒	四18～22	一16～20		
28	耶穌醫治彼得的岳母	八14～15	一29～31	四38～39	
28	耶穌第一次到加利利各城各鄉傳道	四23	一39	四44	
28	利未(馬太)被召	九9～13	二13～17	五27～32	
28	耶穌揀選12個門徒	十1～4	三13～19	六12～16	
28	登山寶訓／平原講道	四24～七27		六17～49	
28	婦人與香膏	二十六6～13	十四3～9	七36～50	十二1～8

28	耶穌第二次到加利利			八1～3	
28	耶穌講論天國的比喻	十三1～52	四1～34	八4～18，十三18～21	
28	耶穌平靜風和海	八23～27	四35～41	八22～25	
28	睚魯【葉魯《現修》】的女兒和患血漏病的女人	九18～26	五21～43	八40～56	
28	耶穌差遣12個使徒	九35～十14	六6下～13	九1～6	
	被敵對時期				
29	施洗約翰之死	十四3～12	六17～29	三19～20	
29	5,000人得飽	十四13～21	六32～44	九10下～17	六1～15
29	耶穌履海	十四22～33	六45～52		六16～21
29	4,000人得飽	十五32～39	八1～10		
29	彼得承認耶穌為基督	十六13～20	八27～30	九18～21	六67～71
29	耶穌醫好生來瞎眼的人				九1～41
29	耶穌改變形像	十七1～9	九2～10	九28～36	
29	耶穌在住棚節上耶路撒冷				七11～52（～十21）
29	拉撒路復活				十一1～44
30	耶穌為小孩祝福	十九13～15	十13～16	十八15～17	
30	瞎子（巴底買）得醫治	二十29～34	十46～52	十八35～43	
30	稅吏撒該			十九1～10	
30	耶穌探望馬大和馬利亞				十一55～十二1
30	耶穌的最後一週	二十一1～二十七66	十一1～十六8	二十二39～二十三56	十二12～十九42
30	耶穌復活的形像	二十八1～20		二十四1～53	二十1～二十一25

初代教會的發展

黃錫木

在短短60多年間，初代教會的人數由只有120人發展成數以萬計，遍布的範圍超越當時羅馬帝國的邊界。

新約聖經沒有在初代教會發展史方面提供完整的資料；路加的使徒行傳*（和保羅書信）所提供的資料主要都是以保羅*為主。對於研究初代教會的發展史，這的確是一個限制，但這卻是聖經作者要我們細察的角度。

耶穌升天之前，他指示使徒要先等候聖靈*降臨，才遍傳復活*的喜訊。他們又選擇了另一個門徒馬提亞，代替出賣耶穌後自殺的猶大，完整保存「12」這個數目，為要標誌一個新的以色列民族。在這時候，這個羣體只有120個信徒。耶穌的預言在五旬節*當天應驗了，按路加的理解，教會*就在這天成立。在當天的宣講*中，有3,000人回應了彼得*的信息，認罪*悔改。這些信徒奉耶穌的名施洗，聚集祈禱*，聽使徒的教訓，守主的聖餐*。

雖然教會的人數不斷增加，但從猶太人來的壓迫亦不斷增加。彼得和約翰*被監禁，之後司提反執事在猶太人引發的騷動中被石頭打死（徒七章），又有以逼迫基督信徒為榮的掃羅（即保羅）；這種種危機反而成為把福音外傳的契機。路加特別記載腓利的傳道工作，他把福音傳到撒馬利亞人*當中，然後又向一名衣索匹亞（或稱埃塞俄比亞）的太監傳福音*（徒八章）——從猶太人的角度而言，他是一名被雙重詛咒的人。路加要指出，主耶穌的大使命在腓利身上已被落實。

保羅信主（徒九1～19）是初代教會發展的一大轉捩點，因此，從使徒行傳九章開始，他亦成為全書的中心人物。保羅雖然曾經到耶城教會作短暫停留，但之後一直以安提阿為根據地，在基利家省及敍利亞積極投入宣教*工作。公元46至48年，巴拿巴和保羅更遠赴旁非利亞省；這幾年的工作非常成功，亦使初代教會開始思想基督信仰與猶太教的關係。結果，在耶路撒冷*的會議中，耶城教會認同保羅的見解，認為外邦人不需要守割禮*和猶太人的律例，但卻要遠離拜偶像和淫亂等事情（徒十五章）。

這是初代教會發展的新里程。自此，雖然保羅依然受到猶太人的迫害，但他已經和當時耶城教會的領袖取得共識，把福音傳到更遠的地方。於公元49/50至58年，保羅把福音傳至馬其頓和希臘，並在哥林多*和以弗所兩城逗留較長時間。他又藉著上訴羅馬*的機會，把福音帶到西班牙去。

直至公元1世紀末，福音遍傳的範圍已超越羅馬帝國的邊境，東至印度（馬太和巴多羅買），西至羅馬（彼得和馬可），甚至西班牙（保羅曾到那裏），南至埃及的亞歷山太城和亞拉伯半島地區。

第一次猶太人叛亂

黃錫木

於公元66至74年發生的第一次猶太人叛亂，是古代猶太人最慘烈的歷史事件，最後以耶城聖殿被毀告終。

羅馬*政府統治巴勒斯坦*初期（自公元前63年起），與猶太人保持頗良好的關係，這多少是大希律*的功勞。然而，隨著大希律去世，他兒子的暴政，後來羅馬直接指派的巡撫極為腐敗的管治（公元44～66年），以及整體上各地的反閃族情緒，直到公元1世紀中期，很多猶太人聚居的地方已經醞釀了不少騷亂情緒。

根據猶太歷史家約瑟夫*所記，第一次猶太人叛亂是由猶太地巡撫弗洛厄斯的劣行所致的：他搶掠聖殿*的庫房，又大肆屠殺抗議的羣眾。發生這些事後，亞基帕二世和他的妹妹百妮基（兩者都是大希律的孫兒）、大祭司*和法利賽人*企圖說服猶太人不要以武力反抗，但猶太人的憤怒情緒已一發不可收拾。

聖殿的守殿官以利亞撒聯同奮鋭黨*的極端派系刺客黨，一起安排殺戮行動。他們先將亞基帕二世和百妮基趕出耶城，然後佔據城中的羅馬人城堡，殺盡所有羅馬軍隊，甚至連那些溫和派的猶太人也殺害（包括大祭司）。不但如此，刺客黨亦佔據原為羅馬部隊駐守的瑪撒大*（Masada）；至此，原本只屬猶太地的叛亂，已擴展至整個巴勒斯坦地。在這個時候，耶路撒冷*的猶太人變得士氣激昂，他們以為上帝會帶領他們脫離異族的管治。他們組織游擊隊，又在加利利*設防壘。當時本來是祭司的約瑟夫，就是在此時從耶路撒冷被調派到加利利駐守。

雖然在叛亂的初期，猶太人可算是節節勝利，但猶太人的人數與羅馬軍隊的人數，實在不可相比。在羅馬大將軍維斯帕先(Vespasian)的統領之下，叛黨逐步被剿平，而猶太人的內訌亦愈來愈嚴重。公元69年，維斯帕先回羅馬當皇帝，他的兒子提多繼續率領大軍；翌年9月，在惡劣的天氣和缺糧的情況之下，耶城終被攻破，聖殿被摧毀，只剩下瑪撒大的叛黨仍不屈服。

由於地理形勢險要，羅馬軍隊花了很多精力和時間，才成功攻上瑪撒大的城寨。據約瑟夫的記載，猶太叛黨為免被羅馬人凌辱，決定全體自殺。但按近代考古學發現，可能只是一部分叛黨自殺，還有一些人是與攻上來的羅馬人交戰而死的，甚至也有想躲藏或逃走的人。

聖殿被毀以後，猶太的獻祭和祭司制度便徹底廢止了，而領導層轉為法利賽人(後來稱為拉比)執掌。猶太基督徒沒有參與戰爭，並且於叛亂的早期已逃離耶路撒冷，到約旦河外的比拉城(Pella)；由於他們將此次毀滅解釋為上帝的審判*，所以第一次猶太人叛亂無疑加深了猶太教和基督教之間的鴻溝。

• 位於死海以西的瑪撒大，為第一次猶太人叛亂的最後據點。

• 公元71年，為了慶祝提多平定第一次猶太人叛亂，羅馬議會宣布在羅馬道上舉行盛大的遊行，特建了一座用木頭和灰泥製的拱門，這位得勝的將軍和猶太俘虜則從其下經過。到公元81年，又用大理石和銅重建這座拱門。

• 拱門雕刻有羅馬士兵搶劫耶路撒冷城聖殿的情景。

新約大事年表

年份（公元）	新約歷史事跡	參考新約經卷	羅馬王朝歷史
公元前4～公元30	**耶穌生平**	**馬太福音、馬可福音、路加福音、約翰福音**	
公元前4	耶穌出生		奧古斯都（公元前27～公元14年）
8	耶穌12歲在聖殿聽道		
26	施洗約翰開始傳道工作；耶穌開始傳道工作		提庇留（公元14～37年）
26～36			猶太總督本丟．彼拉多上任
27～28	施洗約翰被囚		
29	施洗約翰被斬；耶穌過住棚節		
30	耶穌被釘十字架、復活、升天；聖靈在五旬節降臨		
30～100	**早期教會時期**	**使徒行傳**	
35	大數的掃羅信主		
44	約翰的兄弟雅各殉道	雅各書	克勞第（公元41～54年）
46～48	保羅第一次傳道旅程		
49/50	耶路撒冷會議	加拉太書	
49/50～52	保羅第二次傳道旅程	帖撒羅尼迦前、後書	
53～57	保羅第三次傳道旅程	羅馬書，哥林多前、後書	尼祿（公元54～68年）
57	保羅在耶路撒冷被捕		
59	保羅在凱撒面前申訴		
60～62	保羅在羅馬被軟禁兩年	以弗所書、歌羅西書	
62	耶穌的兄弟雅各殉道	腓利門書、腓立比書	
64			尼祿焚燒羅馬
65～67	保羅在羅馬第二次被囚	彼得前、後書，提摩太前、後書，提多書，猶大書	

65～67/68	彼得與保羅在羅馬殉道		迦勒巴、鄂圖、威特留(公元69年)，維斯帕先(公元69～79年)，提多(公元79～81年)
70	耶路撒冷被毀；聖殿被毀	希伯來書	
81～96	多米田逼迫基督徒		
90～95	使徒約翰被逐至拔摩海島	約翰一、二、三書，啟示錄	納華(公元96～98年)

羅馬帝國王帝和任期(至公元2世紀初)

公元前27～公元14年	奧古斯都(Augustus)
公元14～37年	提庇留(Tiberius)
公元37～41年	該猶／加里古拉(Gaius/Caligula)
公元41～54年	克勞第(Claudius)
公元54～68年	尼祿(Nero)
公元68～69年	迦勒巴(Galba)、鄂圖(Otho)和威特留(Vitellius)
公元69～79年	維斯帕先(Vespasian)
公元79～81年	提多(Titus)
公元81～96年	多米田(Domitian)
公元96～98年	納華(Nerva)
公元98～117年	他雅努(Trajan)
公元117～138年	哈德良(Hadrian)

古代民族和帝國
非利士人

羅慶才

非利士人屬「海民」(Sea Peoples) 的一族，其發源地乃愛琴海一帶的島嶼；雖然非利士人其後從歷史中消失，巴勒斯坦 (Palestine) 地卻因而得名。

包括非利士人在內的「海民」沿陸 (經小亞細亞) 海 (經克里特及塞浦路斯) 兩路遷移到埃及*時，曾摧毀赫人帝國及腓尼基境內各國。到公元前12世紀初，這羣「海民」曾大舉入侵埃及，最後被擊退，自此粉碎其侵佔埃及的野心。當時在位的法老蘭塞三世把被征服的「海民」安置在迦南地沿海平原上。此後，「海民」在那裏建立城邦聯盟，包括5大城市：沿海的迦薩、亞實基倫、亞實突，並內陸的以革倫和迦特 (書十三3)。

按舊約聖經記載，雖然早在列祖時代，亞伯拉罕*與以撒曾接觸非利士人的王亞比米勒 (創二十，二十六章)，然而考古研究發現，非利士人要到較後期才大規模在迦南出現。他們與以色列人其實是差不多同時期到達巴勒斯坦* (公元前13世紀末～12世紀初)，但以色列人初期多聚居於中央山脈之上，故少與非利士人接觸。其後，因兩族人口不斷增長，對土地需求增加，遂無可避免地發生衝突。舊約中士師記*所記載的參孫的故事 (十三～十六章) 及撒母耳記*中所載的示羅*一役 (撒上四～六章)，正是以此為背景。從中可見非利士人的軍事優勢。

當以色列人膏立掃羅為王時，非利士人對以色列人的威脅最大。當時，在便雅憫地的示羅已被非利士人攻破 (撒上四章)，約

櫃被搶走，表示非利士人的勢力已深入以色列的心臟地帶。掃羅統治時，並未能有效阻止非利士人的擴張（撒上三十一章）。到大衛*作王時，才能瓦解非利士人的力量（撒下五17～25，八1，二十一15～22，二十三9～17），並取代非利士，成為區內的霸權。即使如此，兩族的關係仍然相當緊張（王上十五27，十六15～17）。

正當新亞述帝國*在提革拉．毗列色統治下進入高峯時，非利士於公元前734年被亞述征服。直至亞述帝國滅亡為止（公元前612年），非利士雖然在政治上受制於異族，但其經濟卻有重大發展。其後，非利士經歷了巴比倫*及波斯*時期，就逐漸湮沒在歷史裏。

非利士人的文化較接近歐洲愛琴海一帶的邁錫尼（Mycenean）文化。舊約指出以色列人在科技上遠遜於非利士，這與現代考古學的發現大致相符。近期的考古研究顯示非利士人其實有相當發達的文化，經濟則以農業為主，考古研究顯示他們把迦南地的橄欖油經海路出口到其他地區，進行貿易。當非利士人在迦南定居後，逐漸融入當地文化。在宗教上，他們主要信奉大袞（士十六23～25）、女神亞斯她錄（撒上三十一10）和巴力．西卜（王下一2～3），這些皆為古代近東*普遍的神祇。

迦南人

羅慶才

迦南人乃迦南地的原居民，其中包括多個民族，其信仰與文化對以色列有頗為深遠的影響。

「迦南」一詞的起源及意思至今仍未有定論，但自公元前3000年起，就一直作地理名稱用。不過，古代典籍對迦南地的範圍卻沒有明確的界定。約於公元前1500年，「迦南」乃埃及*統治的區域之一，其範圍約北至敍利亞，東面則包括大馬士革及約旦河東高原，南面止於埃及河。舊約聖經大致採納這說法。

「迦南人」並非一個民族，而是一個多元化的族羣。舊約多處經文列舉了組成「迦南人」的各部族名稱（創十五18～21；申七1等）。在以色列民進入迦南*前，當地的政治組織以城邦為主（書九1～2，十1～5，十二7～24），各自為政，且多有紛爭衝突。迦南人的重要城市多建於迦南區內的平原上，以農業為主。此外，迦南人亦以善於進行買賣交易而聞名（亞十四21）。從現時的資料可知，迦南人的社會結構是金字塔式，階級分明，貧富懸殊，以少數貴族操控大部分經濟資源。

因迦南地以農業為主，其宗教信仰亦與此有關。迦南神祇中主要是巴力，根據當地的神話*傳統，巴力把邪惡之神「大魚」殺死後，就創造*了宇宙萬物。此外，巴力也執掌氣候及萬物的生殖能力，務農者敬拜它就是為了確保有豐盛的收穫。巴力的妻子亞舍拉亦是迦南人所尊崇的神祇之一。

舊約記載迦南人的事迹，往往給讀者這個印象：以色列人對

迦南人深惡痛絕。律法書中三番四次強調以色列人不能與迦南人通婚，不要被他們的宗教敬拜吸引，更要徹底剷除迦南人的敬拜，不然就會成為以色列的網羅，難以自拔。自以色列建立王國*後，所羅門雇用了大量迦南人來建設城市及建造國家設施(如聖殿*)。到大衛*王國分裂*後，有大批迦南人居於北國以色列境內，成為一股強大的政治力量，以致北國的統治者不得不用政治手段，滿足他們的訴求，如為他們建立神廟等(王上十六32～33)，以討好他們。此舉在聖經作者眼中，無異是出賣了以色列的一神信仰。

話說回來，以色列人居於迦南區內，少不免受其文化影響。從近代考古學研究得知，以色列的建築風格與迦南人的無異，這包括城市、房屋、敬拜場所等，甚至農業技術、生活方式等亦多有相同之處。然而，另一方面，以色列因信仰的緣故，與迦南本土居民亦有顯著的差異。例如以色列的先知秉承律法的精神，強烈譴責國內貧富懸殊的情況，多番提醒同胞要以公平公義的原則彼此相待。而在律法中，亦以建立一個公平的、沒有貧窮的社會為目標(利二十五章；申十五1～18)。這就是以色列信仰對社會帶來的影響。

埃及

羅慶才

埃及乃古代文明大國，歷史悠久，對古代近東歷史影響頗深；在舊約時代，更常常企圖染指區內的局勢發展。

埃及位處非洲東北角，東西兩面被茫茫沙漠包圍，南面為高原，尼羅河從上而下流，水流急速，不易逾越，地理環境頗為孤立。不過，地理上的阻隔亦同時成為埃及防守的優勢，使埃及在政治及軍事方面均享有高度穩定的形勢，有利其經濟及文化發展。可稽考的埃及歷史可追溯至公元前3100年，直至公元前322年，始為希臘*多利買 (Ptolemy) 王朝取代。至其女王克麗佩脱拉 (Cleopatra) 在公元前31年與羅馬將軍安東尼 (Mark Anthony) 雙雙自殺後，埃及就被羅馬帝國*吞併，其歷史長達差不多4,000年。在距今約4,000年前，埃及人已建成金字塔——今天被稱為世界七大奇景之一。

埃及的命脈就是尼羅河，其三角洲的土地肥沃，加上氣候穩定，出產豐富 (民十一5)，有古代近東的糧倉之稱，是鄰近地區人民饑荒時的避難所 (創四十一53～57)。埃及墓室中的壁畫描繪了一些來自巴勒斯坦*的人進出埃及的情況，栩栩如生，讓我們一窺當時的生活面貌。

在法老的統治下，埃及奉行神權政治，統治者被視為神的兒子，地位超然，同時亦扮演大祭司的角色。埃及的社會結構就像金字塔一樣，法老及其親屬於頂端，其下是各階層的知識分子及技術人員，最下層就是普羅大眾。

在舊約時代，埃及與以色列的關係可謂千絲萬縷。埃及本身

的物產雖然豐富，但仍需從以色列人的聚居地迦南進口大量金屬及木材，所以在經濟上，迦南對埃及是非常重要的。另一方面，埃及亦可說是以色列的發源地，因為以色列在當地從一個只有70人的家族，發展成壯大的民族（出一1～7）。至大衛*建立王國時，其政府架構亦是仿效埃及的（撒下八15～18，二十23～26）。當以色列定居迦南後，埃及很多時都想借機影響迦南區內的政治，從中得利。在所羅門作王時，就曾與埃及結盟，娶了法老的女兒為妻，法老把本屬迦南人*的城市基色城相贈作嫁妝（王上九16）。其後，所羅門的臣僕耶羅波安密謀作反，被識破後潛逃至埃及，得埃及法老示撒收留（王上十一40）。到所羅門死後，耶羅波安返國，領導北面10支派脫離大衛家的統治，建立以色列國（王上十二章）。之後法老示撒率領軍隊入侵南北兩國，但觀其行軍路線，其主要對象實在是以色列國（王上十四25～26）。

從公元前8世紀起，隨著亞述帝國*的興起，埃及為要在本身和亞述間設下緩衝區，常常插手迦南區內的事務，扶助備受壓力的以色列及猶大政府（王下十七4，二十三29），但卻不能成事，最終以色列及猶大均先後敗亡於亞述及巴比倫*之手。

亞述

羅慶才

亞述乃古代近東的文明大國，亦為古代近東首個帝國，以好戰及強悍見稱，在以色列歷史中有舉足輕重的地位。

亞述的發源地乃亞施戶城（Assur），位於底格里斯河東岸，因該地氣候適合畜牧，所以成為遊牧者的聚居處。其最早發現的考古文物為公元前2800至2200年左右，顯示其文化與居於亞述以南的蘇美爾人（Sumerians）相似。亞述人作為一個政治實體，最早可追溯至公元前2000年左右。除本土居民外，還混合了亞摩利人及亞蘭人的血統。

亞述人早期聚居於幼發拉底河和底格里斯河流域的北部，以尼尼微、亞比拉、亞施戶城等地為核心，以農業和畜牧為生，自公元前1900年（古帝國期）始有政治制度及組織。公元前1750至1000年間為亞述發展的高峯期（中帝國期），曾征服南部的巴比倫*及西面的亞蘭，建立了一個強大的國家。其後經歷了一段低沉時期，但由公元前9世紀初起，亞述又再興盛，至公元前8世紀末至7世紀初達至頂峯，成為歷史上的「新亞述帝國」。然而，亞述的國力自公元前625年起迅速滑落，其國都尼尼微於公元前612年被巴比倫及瑪代聯軍所破，亞述帝國最後於公元前609年滅亡。

和眾多古代近東國家一樣，亞述的社會結構亦是金字塔式的。最上層的是君王貴族，依次為各級官員、平民百姓，最下層的就是奴隸。亞述社會崇尚武力，有軍國主義的傾向，人民從小習武。君王同時是軍隊中的最高統帥，有絕對的權力，他的說話

就是律法；君王權力的惟一掣肘就是社會傳統及宗教習慣。記載在舊約中的官員包括：「他珥探」(總督或總管)、「拉伯撒利」(太監長)和「拉伯沙基」(酒政)(王下十八17)。

經濟方面，亞述土地肥沃，農業及畜牧業均相當發達。此外，亞述政府向對外貿易徵稅，是為亞述經濟來源的第三大支柱。當亞述成為超級大國時，還有外國的貢銀作為第四大收入來源(王下十五19，十六8等)。

除軍事及政治外，亞述在文化方面亦有重大成就。亞述人承襲了亞甲人(Akkadian)的文化傳統，保存了很多重要的亞甲文獻。亞述巴尼帕王(Ashurbanipal，公元前669～627年)在位時，曾在皇宮中建造圖書館，搜集古巴比倫文獻，並將之存放於此；此圖書館在19世紀中期被發掘出土。在藝術及雕刻方面，亞述亦有卓越的成就，亞述的雕刻家甚有創意，生動地捕捉了古代生活各方面的形態，尤其值得注意的是印鑒，常刻有與亞述宗教有關的主題，為舊約研究提供了重要的參考資料。此外，亞述皇宮中的浮雕亦甚有價值，常刻有古代生活的面貌，如搜獵和皇室花園景色等。另外，浮雕上亦常見古代戰爭的場面，可見古代進行戰事的方式等，實具歷史價值。

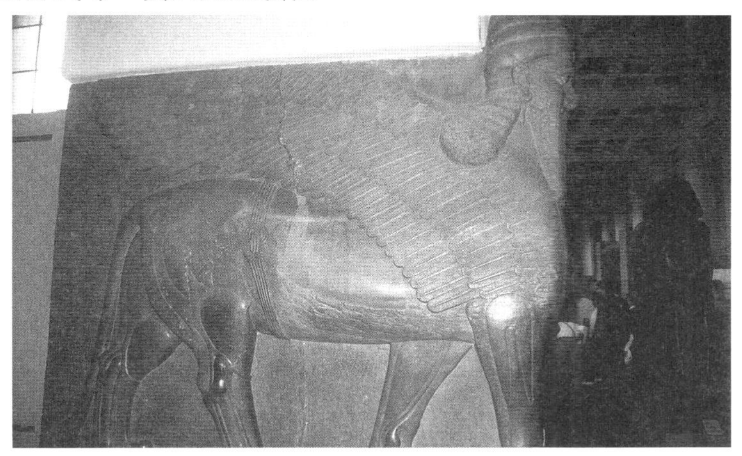

• 亞述的人頭獅身像(公元前9世紀)

巴比倫

羅慶才

巴比倫文化最早可追溯至公元前4000年，屬重要文化發源地之一。

「巴比倫人」所指的是居於美索不達米亞南部，今巴格達至波斯灣海岸一帶的居民。他們自公元前3000年已建立城邦，其後逐漸發展成古代近東的軍事強國。

當以色列人於公元前13世紀末進入迦南*時，巴比倫正受亞述*控制，到8世紀更被亞述統治。不過，至公元前7世紀末，隨著亞述的衰落，巴比倫在尼布甲尼撒二世的領導下，不只擺脫了亞述的掣肘，更建立了新巴比倫帝國，取代亞述成為古代近東霸主，其統治範圍包括迦南地，猶大在內的各國。不過，這段輝煌時期只維持了數十年，至公元前539年，波斯*不費吹灰之力，就推翻了巴比倫帝國。

巴比倫一帶的雨量較少，而幼發拉底和底格里斯兩大河流域地勢平坦，廣泛地區都是沼澤，故此自古以來，巴比倫統治者的天職就是開發及維修灌溉用的輸水道，以利農耕。不過，因土質鹽分較高，故農產以大麥為主。此外，巴比倫是區內棗子產量最多的國家。

巴比倫最早期的政治結構基本是以城邦為主，君主制度成立後，源自城邦時期的一些傳統，如長老的參與，雖仍得以維持，卻已演變成扶助君主執政的工具。其次，廟宇及其祭司在經濟上本來有舉足輕重的地位，但到君主執政時期，其影響力已被大大

希臘化時代的埃及與敍利亞（公元前2世紀末）

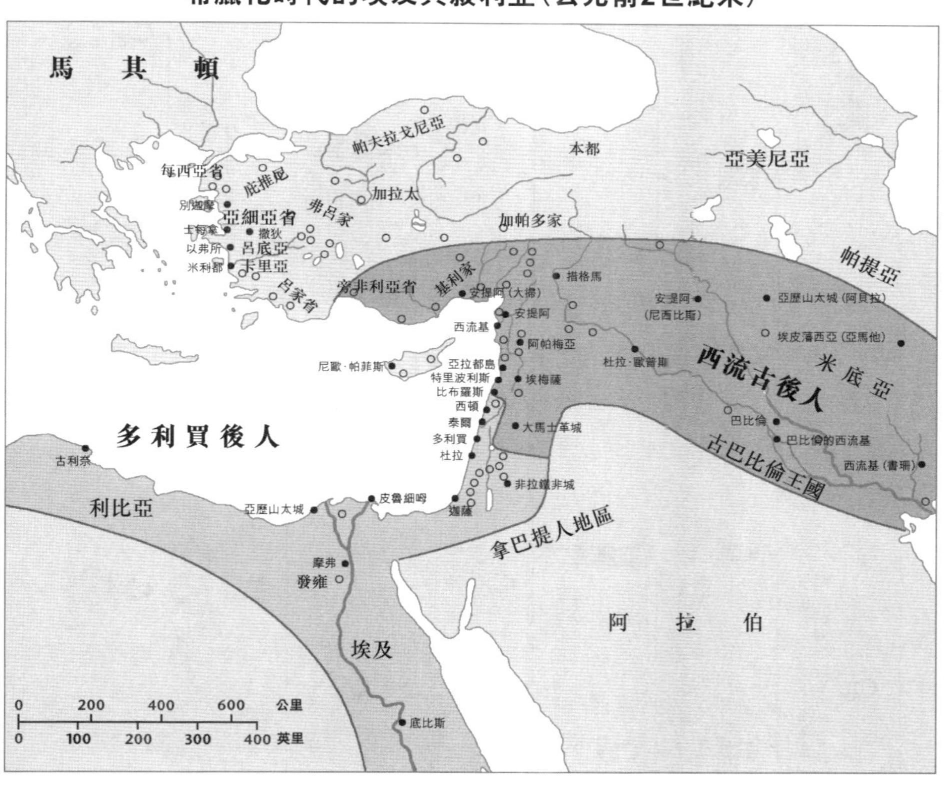

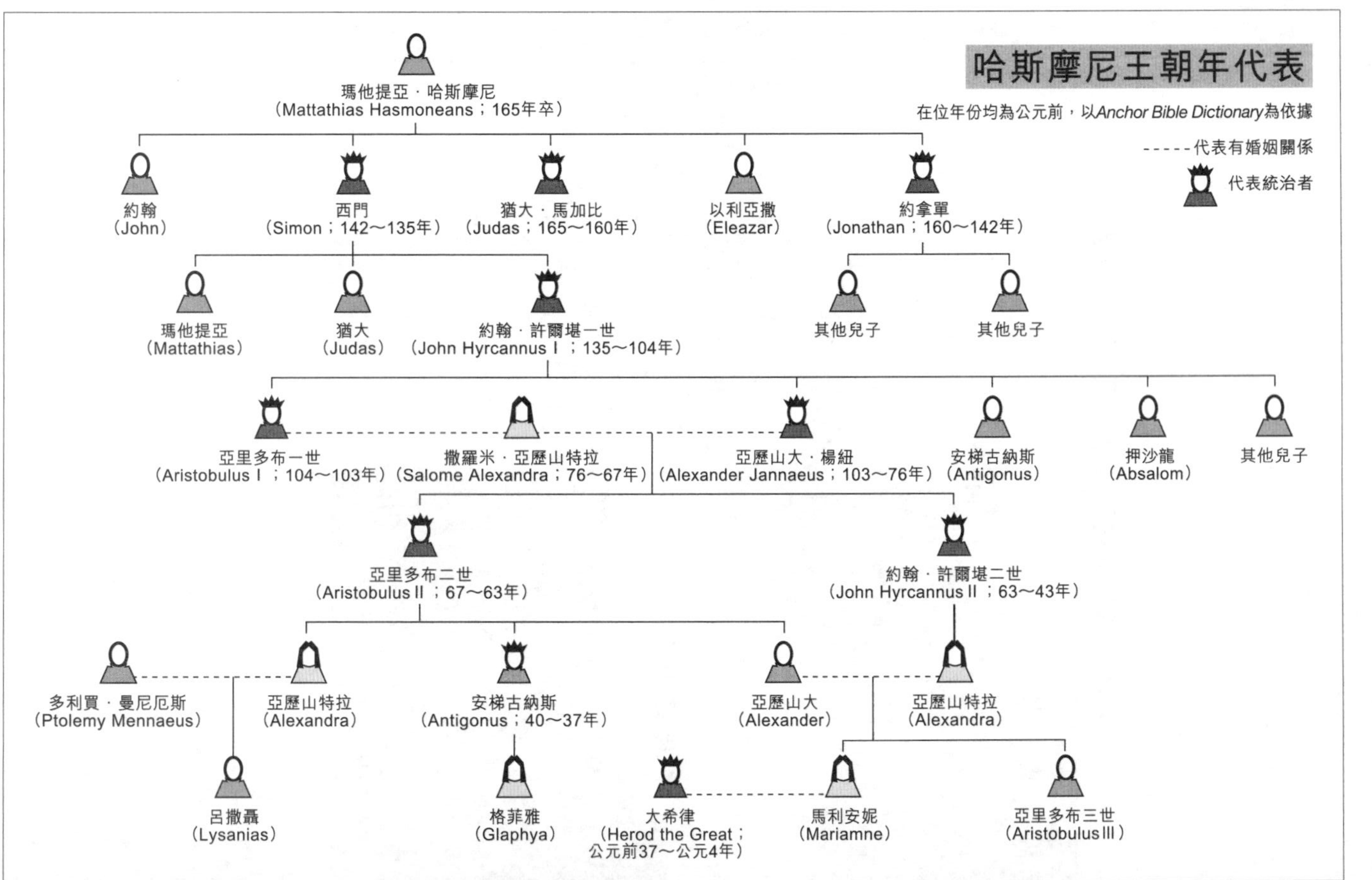
哈斯摩尼王朝年代表
在位年份均為公元前，以*Anchor Bible Dictionary*為依據
代表有婚姻關係
代表統治者
瑪他提亞．哈斯摩尼
（Mattathias Hasmoneans；165年卒）
約翰
（John）
西門
（Simon；142～135年）
猶大．馬加比
（Judas；165～160年）
以利亞撒
（Eleazar）
約拿單
（Jonathan；160～142年）
瑪他提亞
（Mattathias）
猶大
（Judas）
約翰．許爾堪一世
（John Hyrcannus I；135～104年）
其他兒子
其他兒子
亞里多布一世
（Aristobulus I；104～103年）
撒羅米．亞歷山特拉
（Salome Alexandra；76～67年）
亞歷山大．楊紐
（Alexander Jannaeus；103～76年）
安梯古納斯
（Antigonus）
押沙龍
（Absalom）
其他兒子
亞里多布二世
（Aristobulus II；67～63年）
約翰．許爾堪二世
（John Hyrcannus II；63～43年）
多利買．曼尼厄斯
（Ptolemy Mennaeus）
亞歷山特拉
（Alexandra）
安梯古納斯
（Antigonus；40～37年）
亞歷山大
（Alexander）
亞歷山特拉
（Alexandra）
呂撒聶
（Lysanias）
格菲雅
（Glaphya）
大希律
（Herod the Great；
公元前37～公元4年）
馬利安妮
（Mariamne）
亞里多布三世
（Aristobulus III）

猶太散居地

黃錫木

在新約時代，猶太散居僑民的數目遠超過住在巴勒斯坦本土的猶太人；雖然有些猶太僑民較為開放，但大多數依然謹守猶太傳統。

猶太散居地（*disapora*）是指猶太地（或巴勒斯坦*）或以色列地以外的地方。

在古代社會，移民並非一件光彩的事。除了因經商或逃避饑荒（得一1）、戰亂、迫害（王下二十五25～26；耶四十一1～18）而自願遷徙外，一般猶太人都是被迫移居外地，例如因戰敗被俘擄到別國。自大衛*統一王朝，以色列人先後經歷兩次大規模遷移，分別是被亞述*（公元前722/721；王下十七1～6）和巴比倫*（公元前587/586；王下二十五8～21）強迫的。在兩約時期*，猶太人亦經歷多次遷徙。而在兩次猶太叛亂中，不少猶太人亦遷居到美索不達米亞以東地區。

新約時代，猶太僑民散布羅馬帝國*各地，主要有巴比倫、埃及、敍利亞、小亞細亞和羅馬*；我們甚至可以肯定，猶太散居僑民比住在巴勒斯坦的猶太人還要多。

埃及是最重要和歷史最悠久的猶太散居地。據考古和文獻記載，在埃及最南方的伊里芬丁（Elephantine）的猶太人，曾經於公元前6世紀末建造一座耶和華的殿（但後來被當地人拆毀）。據約瑟夫*所說，在新約時代的埃及就有100萬猶太人。在亞歷山太城，猶太人佔城市總人口的極大部分。他們在政治上自成一體，

居住在自己的地區和城市，延續傳統猶太文化和生活方式。除了埃及，巴比倫也是很重要的城鎮。雖然波斯*王 (公元前538年) 曾經宣布猶太人可以回歸自己的國土，但依然有很多人寧願留在巴比倫 (按典外文獻的記載)，暗示了人民已經在那裏落地生根。公元70年耶路撒冷*淪陷後，巴比倫就成為保留猶太傳統的中心。

住在異教文化當中的猶太人，固然較容易受希羅文化影響，他們雖然未至於放棄自己獨特的信仰與文化，但卻較願意學習希臘文化。不少後期的猶太作品，特別是那些寫於亞歷山太城的作品，均深受希臘哲學的影響，其用詞與寫於巴勒斯坦地的猶太作品，亦有差異。

很多猶太人依然謹守傳統猶太教的教導，男性出生8天便受割禮*。猶太人自小便接受律法的教導，獨尊上帝，拒絕跪拜別的神明及參與任何其他宗教儀式，又謹守一切潔淨*的禮儀、禁食、安息日*及節期*。散居地的猶太人常與其他民族發生衝突和磨擦，這與他們謹守這些習俗有密切關係。於是，在宗教、文化和社交上，會堂*往往成為維繫猶太散居僑民的一個非常重要的活動中心。

這些猶太僑民為保持自己獨特的文化和信仰，和非猶太人的關係常變得緊張；從希臘和羅馬作家常在作品中貶低那些生活在他們當中的猶太人可見一斑。

散居的猶太僑民（公元前1世紀末）

新約歷史簡述

羅馬帝國版圖（公元1世紀末）

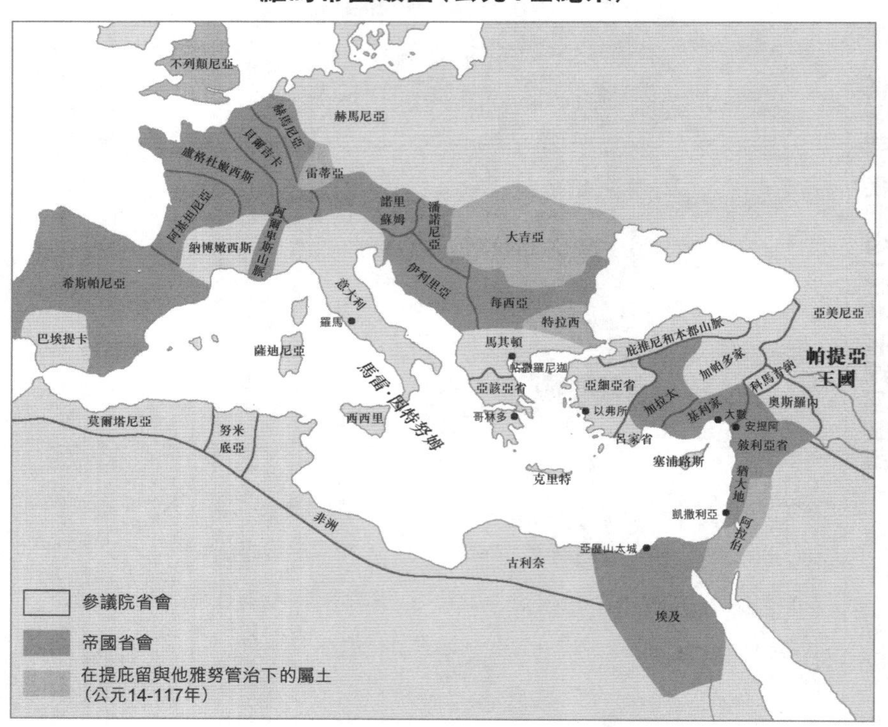

大希律的統治

黃錫木

大希律的統治揭開新約時代的歷史序幕。希律生性殘暴狡猾，不過，他對猶太人社會亦有很深遠的貢獻。

公元前63年，羅馬*將軍龐培(Pompey)進軍耶路撒冷*，結束了為期只有80年(公元前143/142～63年)的馬加比家族*獨立管治。自此，猶太地一帶成為羅馬中央政府管治的地區，屬敍利亞省。龐培將軍任命馬加比家族*的後人許爾堪二世(Hyrcanus II；他亦是當時的大祭司*)管理猶太人事務，他手下其中一位精明的輔臣就是希律的父親安提帕特(Antipater)。因為這種關係，希律家族*取得羅馬公民的資格。

希律自年幼時已處處表現領導者的風範。他管治加利利*省時只有25歲，當時的加利利省，已經是一個高度自治的省分。希律雖然多次在政治決策上錯下注碼，但他至終仍能得到羅馬王帝的信任。公元前37年，希律正式被羅馬政府封為猶太人的王，使當時的巴勒斯坦地*享有全面的自主權，直接向羅馬負責，歷時35年之久。

希律自知自己不是純猶太血統(原是以東人)，不能像馬加比家族的成員一樣當大祭司，因此，他極其量只能擔任猶太人的王。為使猶太人視他為哈斯摩尼王朝的合法繼承人，希律娶了許爾堪二世的孫女馬利安妮(Mariamne)為妻；又為要使人對其家族忠心，他特別設立擁護自己的猶太派別，就是「希律黨人」。除此以外，他仿效埃及多利買(Ptolemy)政府，以組雇傭軍、建立政制

和建築防衛體系（其中之一就是瑪撒大*堡壘）鞏固自己的權力。

希律性情殘暴，曾處死自己的兩個妻子、3個兒子，又在耶穌出生時，下令殺害全國兩歲以下的嬰孩（太二16～18）。他的私生活一團糟，曾結婚10次，家庭中數之不盡的問題，都是他的妻子和她們的母親為使自己的子女得到某些優待或特權而產生的。歷史上對希律的為人作出最貼切的評價的，要算是奧古斯都了。當他聽見希律殺了自己的骨肉時，他幽默地說：「當希律的豬，勝過當他的兒子。」

希律是猶太人歷史上最偉大的建築家。他在任期間，大興土木，經營了十多個大城邑，其中最有名的是地中海沿岸的凱撒利亞*。耶路撒冷的建築物，例如歌劇院、浴場和學校等都是他自費興建的，而最重要的，亦因而得到猶太人歡心的，莫過於擴建聖殿*。計劃始於公元前19年，聖殿本身的建築過了不久便落成，但附近的建築和裝飾則花了很多人力和時間；整個工程到公元64年才完成。然而，希律並不是一個虔誠的猶太教信徒，既沒有敬畏的心，也不在乎甚麼是正統；反之，他卻是希羅文化和宗教的熱愛者。

希律在位33年，卒於公元前4年。

耶穌時期的巴勒斯坦地

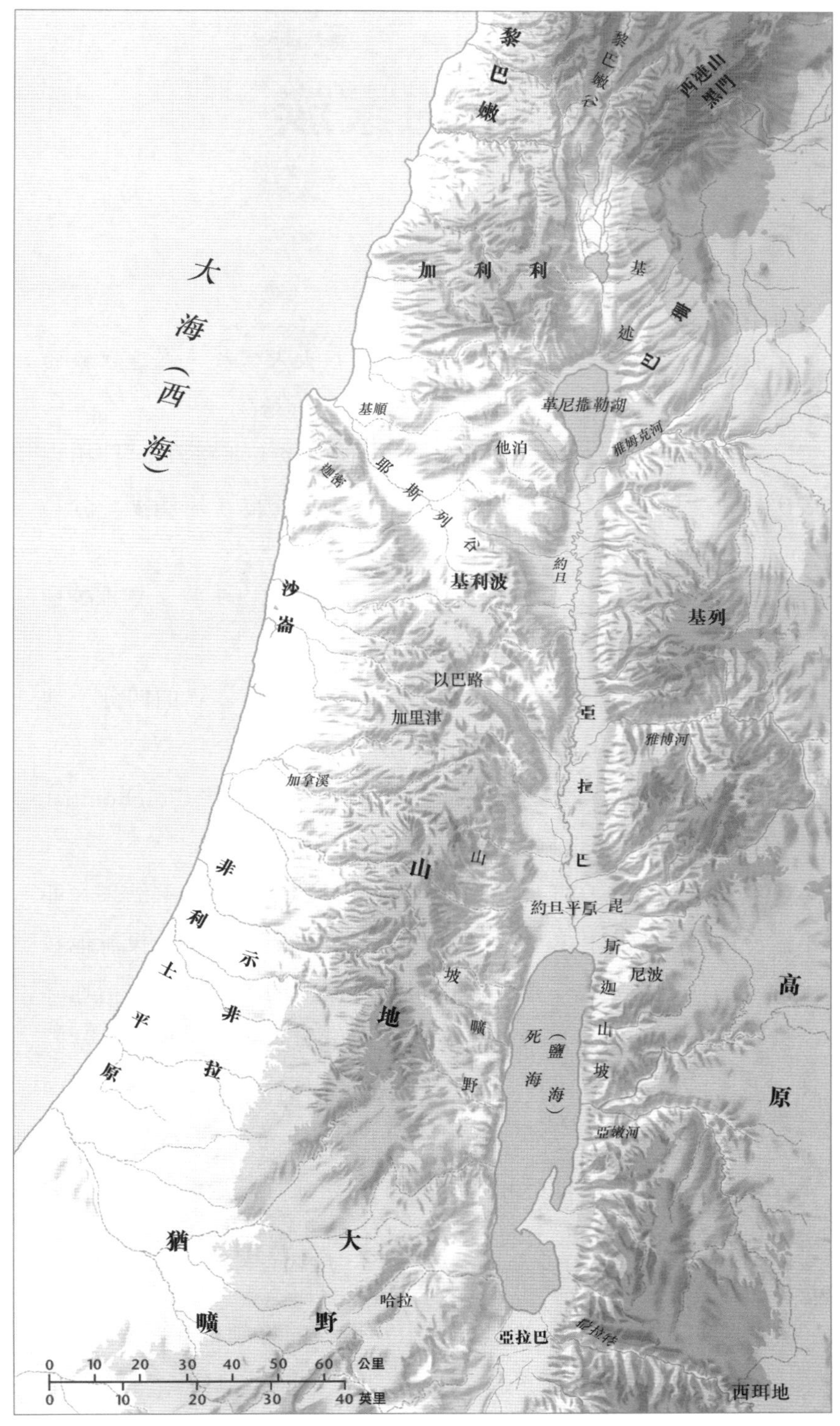

希律的家族

黃錫木

希律的家族是新約時代中最重要的猶太人家族，在這家族的統治下，猶太地的猶太人能享有某程度的自治。

希律在位33年，卒於公元前4年。他死後，耶路撒冷*即出現多次暴亂。騷亂平息後，羅馬政府完成他的遺願，將國家一分為三，交由他的3個兒子治理：

1. 亞基老（參太二22）管治猶太地、撒馬利亞和以土買，是專管理猶太人事務的提督（ethnarch）；
2. 安提帕（Antipas）管理加利利*和比利亞省（Perea）的四分一地區，職銜是分封王（tetrarch）；
3. 腓力（參路三1）承受以土利亞（Iturea）、特拉可尼（Trachonitis）和東北部的附屬地區，作為分封王。

亞基老統治了10年，承襲父親的暴行（參太二22）。結果，耶路撒冷的居民聯同撒馬利亞人*派遣一隊專員到羅馬*，投訴他在治理上的無能和殘酷。羅馬政府最後奪回他的統治權，交由地區巡撫管理，直接向羅馬政府負責；在耶穌誕生時，居里扭是當時敍利亞省的巡撫（路二2）。

與亞基老相反，安提帕的管治與父親大希律*一樣，能與猶太人維持良好關係；耶穌和施洗約翰*傳道旅程經過的地方，主要是安提帕的所屬地（太十四1～12）。不過，施洗約翰卻是被他殺害的，耶穌亦曾被他審訊。

腓力可能是大希律的繼承者中，惟一的好領袖。按約瑟夫*

所記，他愛護人民，尊重猶太人，又沒有耗費人力物力於奢華的建築工程上。他重建了加利利湖一帶多個城市，包括伯賽大，又開拓了凱撒利亞・腓立比這個城市，以自己和羅馬王的名字作為這城的名稱。

大希律另有兩名孫兒也見於新約聖經中，就是亞基帕一世和二世。亞基帕一世的父親被大希律處死，他在羅馬長大，認識了兩位日後成為羅馬王帝的朋友——該猶和克勞第（又稱革老丟）。在他們的幫助之下，他把大希律原本統治的國界重新合併起來。雖然新約聖經記載他把雅各處死，又監禁彼得*（參徒十二1～4），但在猶太人心目中，亞基帕因遵守傳統猶太教的教訓和規條，得到猶太人的敬重。按約瑟夫記載，他是得到怪病而死的（徒十二20～23）。

亞基帕二世在任期間，曾應非斯都之邀請，一起聽保羅*的分訴，而他的妹妹百妮基亦在場（徒二十五13～二十六32）。亞基帕二世完成其祖父大希律修葺聖殿*的計劃，並在耶路撒冷多處街道上，鋪上大理石塊。他雖然敬重猶太教，但仍然忠於羅馬。公元66年，當第一次猶太人叛亂*剛剛開始，亞基帕二世和他的妹妹百妮基竭力勸阻猶太人對抗羅馬政府，但不成功。亞基帕二世不單擴張自己管轄的領土，更與後來成為王帝的提多將軍成為好友。亞基帕二世於公元96年去世，此後，希律家再沒機會直接管理猶太人的事務。

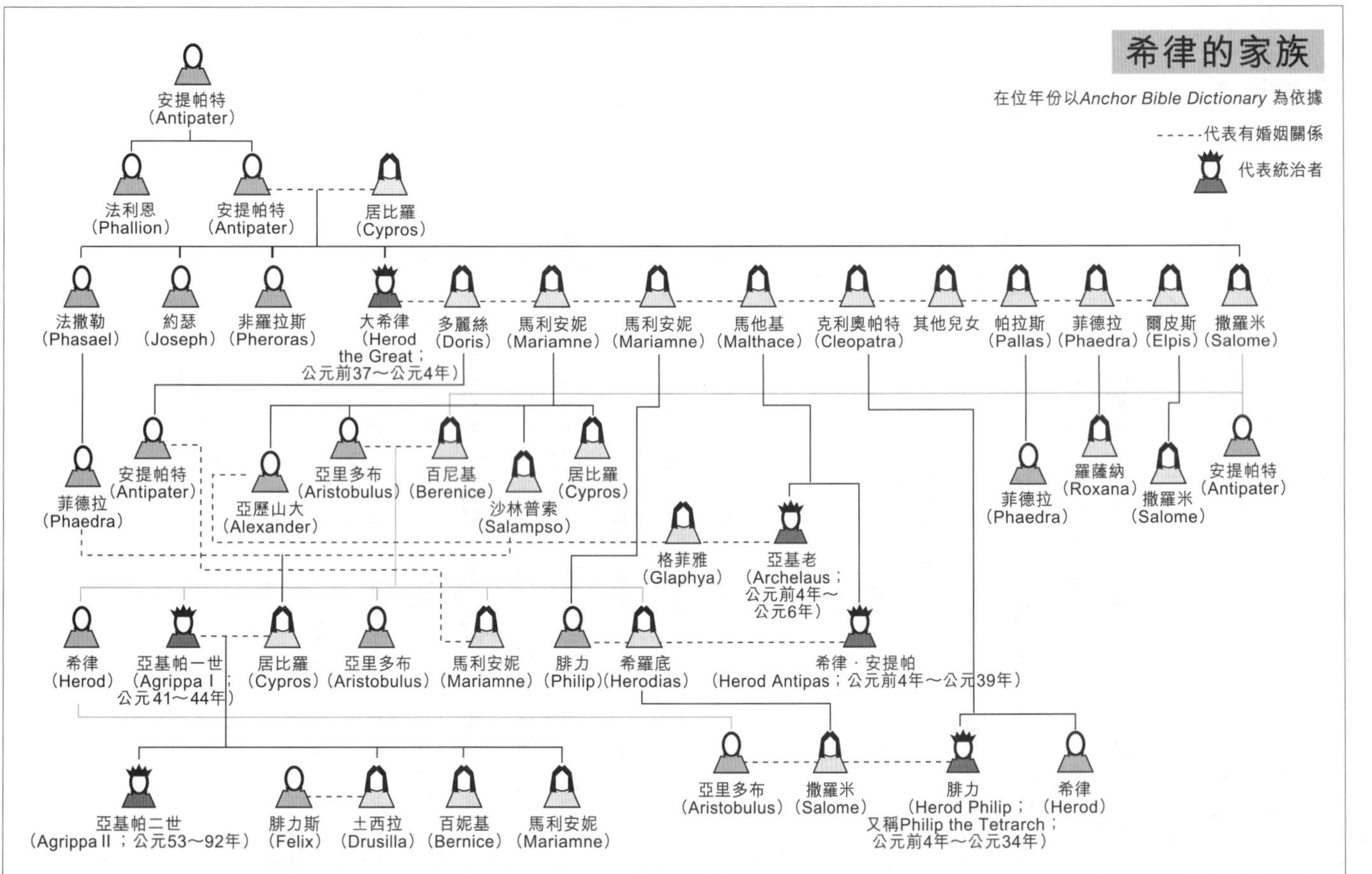
希律的家族
在位年份以*Anchor Bible Dictionary*為依據
-----代表有婚姻關係
代表統治者
安提帕特（Antipater）
法利恩（Phallion）
安提帕特（Antipater）
居比羅（Cypros）
法撒勒（Phasael）
約瑟（Joseph）
非羅拉斯（Pheroras）
大希律（Herod the Great；公元前37～公元4年）
多麗絲（Doris）
馬利安妮（Mariamne）
馬利安妮（Mariamne）
馬他基（Malthace）
克利奧帕特（Cleopatra）
其他兒女
帕拉斯（Pallas）
菲德拉（Phaedra）
爾皮斯（Elpis）
撒羅米（Salome）
菲德拉（Phaedra）
安提帕特（Antipater）
亞歷山大（Alexander）
亞里多布（Aristobulus）
百尼基（Berenice）
沙林普索（Salampso）
居比羅（Cypros）
格菲雅（Glaphya）
亞基老（Archelaus；公元前4年～公元6年）
菲德拉（Phaedra）
羅薩納（Roxana）
撒羅米（Salome）
安提帕特（Antipater）
希律（Herod）
亞基帕一世（Agrippa I；公元41～44年）
居比羅（Cypros）
亞里多布（Aristobulus）
馬利安妮（Mariamne）
腓力（Philip）
希羅底（Herodias）
希律．安提帕（Herod Antipas；公元前4年～公元39年）
亞基帕二世（Agrippa II；公元53～92年）
腓力斯（Felix）
土西拉（Drusilla）
百妮基（Bernice）
馬利安妮（Mariamne）
亞里多布（Aristobulus）
撒羅米（Salome）
腓力（Herod Philip；又稱Philip the Tetrarch；公元前4年～公元34年）
希律（Herod）

耶穌生平

黃錫木

雖然我們未能仔細和具體地重構耶穌的一生，但分階段理解耶穌的一生能讓我們更清晰地認識他。

4卷福音書對耶穌一生的言行提供了不少資料，但由於要完全協調這些資料是極其困難，我們不能詳細地重構耶穌一生所做的事，而只能分階段描述他的一生。

耶穌公開傳道前的日子：耶穌的出生、童年、少年和成長經過，直至30歲為止，福音書有關這方面的記載只有100多節。在這段日子，有兩件事是福音書作者很看重的：耶穌領受施洗約翰*的水禮*——顯示耶穌與約翰是一脈相承的；耶穌接受並勝過魔鬼*的試探——象徵他要以得勝者的姿態出現。有關耶穌傳道的年日，雖然馬太福音*、馬可福音*和路加福音*記載耶穌只有一次(亦是最後的一次)上耶路撒冷*，但約翰福音*則清楚記述耶穌曾經3次上耶路撒冷過每年一度的節期*(約二23，五1，六4，十二1)；後者的記載似乎較清晰表達耶穌傳道的時間。

傳道的初期：耶穌在猶太地開始傳道(約三22)，在施洗約翰的推舉下，耶穌已有幾位核心的跟隨者(如彼得*、約翰*等)。在這一年半裏，耶穌可能穿梭於猶太與加利利*之間，他突出的言論(如在會堂*講論；路四16～32)和所行的神蹟*已使他薄有名聲(約二23～25，三1～21)；而他「出位」的行為，例如與撒馬利亞人*和外邦人(甚至是婦女)接觸(太十五21～28；約四1～12)，亦使他成為猶太領袖針對的對象(約二13～22)。

在加利利傳道：雖然耶穌傳道的活動範圍遍及巴勒斯坦*，但加利利省明顯是福音書作者記載的焦點。耶穌的言論和行徑為他贏得思想較開放的加利利人歡迎。他在眾多的跟隨者中，揀選了12位門徒，成為他的門生和同工，既為他的日常生活和傳道工作打點，亦學習宣講天國*的道理（路九1～2）。除了個別言論的記載，馬太和路加分別把耶穌在不同場合的講論整合成為著名的登山寶訓（太五～七章）和平原講道（路六17～49）。按福音書的記載，耶穌的講論主要以比喻*為主，並且常在被人詢問和挑戰的情況下才闡述某些課題。福音書共記載了35件耶穌所行的神蹟，很多都是在這段日子施行的，其中有一半以上是與醫治*和驅鬼有關，其餘的主要是突顯他超乎自然定律的大能。

上十字架的道路：耶穌知道自己受難的日子近了，便多次向門徒披露此事，然而，門徒既不明白，亦不能接受（可八31～33）。耶穌沿途經過很多地方，在伯大尼，馬利亞用極貴的香膏膏抹耶穌（約十二1～8）；福音書作者認為這是為他的安葬準備的。耶穌花了一整週在耶路撒冷，當中他不忘繼續講道，包括末世*的事情（可十三章）。最後，他在假公濟私的審判之下被處死，死在十字架上。

耶穌生平年表

年份	耶穌生平的重要事件	馬太	馬可	路加	約翰
公元前	**耶穌的出生**				
5	天使傳報耶穌誕生的喜信			一26～38	
5	約瑟的夢	一18～25			
	耶穌的童年				
	耶穌的家譜	一2～17		三23～38	
4	耶穌的降生	一18～25		二1～7	
4	天使與牧人			二8～20	
4	耶穌受割禮並在聖殿奉獻			二21～38	
4	朝拜聖嬰耶穌	二1～12		二8～20	
4/2	逃往埃及、歸來	二13～21			
2	童年的耶穌在拿撒勒	二22～23		二39～40	
公元	**沉寂期**				
8	孩童耶穌在聖殿聽道			二41～52	
	18年沉寂期／預備及傳道初期				
26	耶穌受洗	三13～17	一9～11	三21～22	一29～34
26	耶穌受試探	四1～11	一12～13	四1～13	
27	迦拿婚筵				二1～11
27	耶穌潔淨聖殿	二十一12～13	十一15～17	十九45～46	二14～22
27	耶穌與尼哥德慕談道				三1～21
27	耶穌與撒馬利亞婦人談道				四4～42
27	迦百農的百夫長	八5～13		七1～10	四46下～54
27	耶穌在拿撒勒傳道	十三53～58	六1～6上	四16～30	
	聲名遠播時期				
28	耶穌呼召眾門徒	四18～22	一16～20		
28	耶穌醫治彼得的岳母	八14～15	一29～31	四38～39	
28	耶穌第一次到加利利各城各鄉傳道	四23	一39	四44	
28	利未（馬太）被召	九9～13	二13～17	五27～32	
28	耶穌揀選12個門徒	十1～4	三13～19	六12～16	
28	登山寶訓／平原講道	四24～七27		六17～49	
28	婦人與香膏	二十六6～13	十四3～9	七36～50	十二1～8

28	耶穌第二次到加利利			八1～3	
28	耶穌講論天國的比喻	十三1～52	四1～34	八4～18，十三18～21	
28	耶穌平靜風和海	八23～27	四35～41	八22～25	
28	睚魯【葉魯《現修》】的女兒和患血漏病的女人	九18～26	五21～43	八40～56	
28	耶穌差遣12個使徒	九35～十14	六6下～13	九1～6	
	被敵對時期				
29	施洗約翰之死	十四3～12	六17～29	三19～20	
29	5,000人得飽	十四13～21	六32～44	九10下～17	六1～15
29	耶穌履海	十四22～33	六45～52		六16～21
29	4,000人得飽	十五32～39	八1～10		
29	彼得承認耶穌為基督	十六13～20	八27～30	九18～21	六67～71
29	耶穌醫好生來瞎眼的人				九1～41
29	耶穌改變形像	十七1～9	九2～10	九28～36	
29	耶穌在住棚節上耶路撒冷				七11～52（～十21)
29	拉撒路復活				十一1～44
30	耶穌為小孩祝福	十九13～15	十13～16	十八15～17	
30	瞎子（巴底買）得醫治	二十29～34	十46～52	十八35～43	
30	稅吏撒該			十九1～10	
30	耶穌探望馬大和馬利亞				十一55～十二1
30	耶穌的最後一週	二十一1～二十七66	十一1～十六8	二十二39～二十三56	十二12～十九42
30	耶穌復活的形像	二十八1～20		二十四1～53	二十1～二十一25

初代教會的發展

黃錫木

在短短60多年間，初代教會的人數由只有120人發展成數以萬計，遍布的範圍超越當時羅馬帝國的邊界。

新約聖經沒有在初代教會發展史方面提供完整的資料；路加的使徒行傳*（和保羅書信）所提供的資料主要都是以保羅*為主。對於研究初代教會的發展史，這的確是一個限制，但這卻是聖經作者要我們細察的角度。

耶穌升天之前，他指示使徒要先等候聖靈*降臨，才遍傳復活*的喜訊。他們又選擇了另一個門徒馬提亞，代替出賣耶穌後自殺的猶大，完整保存「12」這個數目，為要標誌一個新的以色列民族。在這時候，這個羣體只有120個信徒。耶穌的預言在五旬節*當天應驗了，按路加的理解，教會*就在這天成立。在當天的宣講*中，有3,000人回應了彼得*的信息，認罪*悔改。這些信徒奉耶穌的名施洗，聚集祈禱*，聽使徒的教訓，守主的聖餐*。

雖然教會的人數不斷增加，但從猶太人來的壓迫亦不斷增加。彼得和約翰*被監禁，之後司提反執事在猶太人引發的騷動中被石頭打死（徒七章），又有以逼迫基督信徒為榮的掃羅（即保羅）；這種種危機反而成為把福音外傳的契機。路加特別記載腓利的傳道工作，他把福音傳到撒馬利亞人*當中，然後又向一名衣索匹亞（或稱埃塞俄比亞）的太監傳福音*（徒八章）——從猶太人的角度而言，他是一名被雙重詛咒的人。路加要指出，主耶穌的大使命在腓利身上已被落實。

保羅信主（徒九1～19）是初代教會發展的一大轉捩點，因此，從使徒行傳九章開始，他亦成為全書的中心人物。保羅雖然曾經到耶城教會作短暫停留，但之後一直以安提阿為根據地，在基利家省及敍利亞積極投入宣教*工作。公元46至48年，巴拿巴和保羅更遠赴旁非利亞省；這幾年的工作非常成功，亦使初代教會開始思想基督信仰與猶太教的關係。結果，在耶路撒冷*的會議中，耶城教會認同保羅的見解，認為外邦人不需要守割禮*和猶太人的律例，但卻要遠離拜偶像和淫亂等事情（徒十五章）。

這是初代教會發展的新里程。自此，雖然保羅依然受到猶太人的迫害，但他已經和當時耶城教會的領袖取得共識，把福音傳到更遠的地方。於公元49/50至58年，保羅把福音傳至馬其頓和希臘，並在哥林多*和以弗所兩城逗留較長時間。他又藉著上訴羅馬*的機會，把福音帶到西班牙去。

直至公元1世紀末，福音遍傳的範圍已超越羅馬帝國的邊境，東至印度（馬太和巴多羅買），西至羅馬（彼得和馬可），甚至西班牙（保羅曾到那裏），南至埃及的亞歷山太城和亞拉伯半島地區。

第一次猶太人叛亂

黃錫木

於公元66至74年發生的第一次猶太人叛亂，是古代猶太人最慘烈的歷史事件，最後以耶城聖殿被毀告終。

羅馬*政府統治巴勒斯坦*初期（自公元前63年起），與猶太人保持頗良好的關係，這多少是大希律*的功勞。然而，隨著大希律去世，他兒子的暴政，後來羅馬直接指派的巡撫極為腐敗的管治（公元44～66年），以及整體上各地的反閃族情緒，直到公元1世紀中期，很多猶太人聚居的地方已經醞釀了不少騷亂情緒。

根據猶太歷史家約瑟夫*所記，第一次猶太人叛亂是由猶太地巡撫弗洛厄斯的劣行所致的：他搶掠聖殿*的庫房，又大肆屠殺抗議的羣眾。發生這些事後，亞基帕二世和他的妹妹百妮基（兩者都是大希律的孫兒）、大祭司*和法利賽人*企圖説服猶太人不要以武力反抗，但猶太人的憤怒情緒已一發不可收拾。

聖殿的守殿官以利亞撒聯同奮鋭黨*的極端派系刺客黨，一起安排殺戮行動。他們先將亞基帕二世和百妮基趕出耶城，然後佔據城中的羅馬人城堡，殺盡所有羅馬軍隊，甚至連那些溫和派的猶太人也殺害（包括大祭司）。不但如此，刺客黨亦佔據原為羅馬部隊駐守的瑪撒大*（Masada）；至此，原本只屬猶太地的叛亂，已擴展至整個巴勒斯坦地。在這個時候，耶路撒冷*的猶太人變得士氣激昂，他們以為上帝會帶領他們脱離異族的管治。他們組織游擊隊，又在加利利*設防壘。當時本來是祭司的約瑟夫，就是在此時從耶路撒冷被調派到加利利駐守。

雖然在叛亂的初期，猶太人可算是節節勝利，但猶太人的人數與羅馬軍隊的人數，實在不可相比。在羅馬大將軍維斯帕先(Vespasian)的統領之下，叛黨逐步被剷平，而猶太人的內訌亦愈來愈嚴重。公元69年，維斯帕先回羅馬當皇帝，他的兒子提多繼續率領大軍；翌年9月，在惡劣的天氣和缺糧的情況之下，耶城終被攻破，聖殿被摧毀，只剩下瑪撒大的叛黨仍不屈服。

由於地理形勢險要，羅馬軍隊花了很多精力和時間，才成功攻上瑪撒大的城寨。據約瑟夫的記載，猶太叛黨為免被羅馬人淩辱，決定全體自殺。但按近代考古學發現，可能只是一部分叛黨自殺，還有一些人是與攻上來的羅馬人交戰而死的，甚至也有想躲藏或逃走的人。

聖殿被毀以後，猶太的獻祭和祭司制度便徹底廢止了，而領導層轉為法利賽人(後來稱為拉比)執掌。猶太基督徒沒有參與戰爭，並且於叛亂的早期已逃離耶路撒冷，到約旦河外的比拉城(Pella)；由於他們將此次毀滅解釋為上帝的審判*，所以第一次猶太人叛亂無疑加深了猶太教和基督教之間的鴻溝。

• 位於死海以西的瑪撒大，為第一次猶太人叛亂的最後據點。

• 公元71年，為了慶祝提多平定第一次猶太人叛亂，羅馬議會宣布在羅馬道上舉行盛大的遊行，特建了一座用木頭和灰泥製的拱門，這位得勝的將軍和猶太俘虜則從其下經過。到公元81年，又用大理石和銅重建這座拱門。

• 拱門雕刻有羅馬士兵搶劫耶路撒冷城聖殿的情景。

新約大事年表

年份(公元)	新約歷史事迹	參考新約經卷	羅馬王朝歷史
公元前4 ～公元30	**耶穌生平**	**馬太福音、馬可福音、路加福音、約翰福音**	
公元前4	耶穌出生		奧古斯都(公元前27～公元14年)
8	耶穌12歲在聖殿聽道		
26	施洗約翰開始傳道工作;耶穌開始傳道工作		提庇留(公元14～37年)
26～36			猶太總督本丟·彼拉多上任
27～28	施洗約翰被囚		
29	施洗約翰被斬;耶穌過住棚節		
30	耶穌被釘十字架、復活、升天;聖靈在五旬節降臨		
30～100	**早期教會時期**	**使徒行傳**	
35	大數的掃羅信主		
44	約翰的兄弟雅各殉道	雅各書	克勞第(公元41～54年)
46～48	保羅第一次傳道旅程		
49/50	耶路撒冷會議	加拉太書	
49/50～52	保羅第二次傳道旅程	帖撒羅尼迦前、後書	
53～57	保羅第三次傳道旅程	羅馬書,哥林多前、後書	尼祿(公元54～68年)
57	保羅在耶路撒冷被捕		
59	保羅在凱撒面前申訴		
60～62	保羅在羅馬被軟禁兩年	以弗所書、歌羅西書	
62	耶穌的兄弟雅各殉道	腓利門書、腓立比書	
64			尼祿焚燒羅馬
65～67	保羅在羅馬第二次被囚	彼得前、後書,提摩太前、後書,提多書,猶大書	

65～67/68	彼得與保羅在羅馬殉道		迦勒巴、鄂圖、威特留(公元69年)，維斯帕先(公元69～79年)，提多(公元79～81年)
70	耶路撒冷被毀；聖殿被毀	希伯來書	
81～96	多米田逼迫基督徒		
90～95	使徒約翰被逐至拔摩海島	約翰一、二、三書，啟示錄	納華(公元96～98年)

羅馬帝國王帝和任期(至公元2世紀初)

公元前27～公元14年	奧古斯都(Augustus)
公元14～37年	提庇留(Tiberius)
公元37～41年	該猶／加里古拉(Gaius/Caligula)
公元41～54年	克勞第(Claudius)
公元54～68年	尼祿(Nero)
公元68～69年	迦勒巴(Galba)、鄂圖(Othc)和威特留(Vitellius)
公元69～79年	維斯帕先(Vespasian)
公元79～81年	提多(Titus)
公元81～96年	多米田(Domitian)
公元96～98年	納華(Nerva)
公元98～117年	他雅努(Trajan)
公元117～138年	哈德良(Hadrian)

古代民族和帝國
非利士人

羅慶才

非利士人屬「海民」(Sea Peoples) 的一族，其發源地乃愛琴海一帶的島嶼；雖然非利士人其後從歷史中消失，巴勒斯坦 (Palestine) 地卻因而得名。

包括非利士人在內的「海民」沿陸 (經小亞細亞) 海 (經克里特及塞浦路斯) 兩路遷移到埃及*時，曾摧毀赫人帝國及腓尼基境內各國。到公元前12世紀初，這羣「海民」曾大舉入侵埃及，最後被擊退，自此粉碎其侵佔埃及的野心。當時在位的法老蘭塞三世把被征服的「海民」安置在迦南地沿海平原上。此後，「海民」在那裏建立城邦聯盟，包括5大城市：沿海的迦薩、亞實基倫、亞實突，並內陸的以革倫和迦特 (書十三3)。

按舊約聖經記載，雖然早在列祖時代，亞伯拉罕*與以撒曾接觸非利士人的王亞比米勒 (創二十，二十六章)，然而考古研究發現，非利士人要到較後期才大規模在迦南出現。他們與以色列人其實是差不多同時期到達巴勒斯坦* (公元前13世紀末～12世紀初)，但以色列人初期多聚居於中央山脈之上，故少與非利士人接觸。其後，因兩族人口不斷增長，對土地需求增加，遂無可避免地發生衝突。舊約中士師記*所記載的參孫的故事 (十三～十六章) 及撒母耳記*中所載的示羅*一役 (撒上四～六章)，正是以此為背景。從中可見非利士人的軍事優勢。

當以色列人膏立掃羅為王時，非利士人對以色列人的威脅最大。當時，在便雅憫地的示羅已被非利士人攻破 (撒上四章)，約

櫃被搶走，表示非利士人的勢力已深入以色列的心臟地帶。掃羅統治時，並未能有效阻止非利士人的擴張（撒上三十一章）。到大衛*作王時，才能瓦解非利士人的力量（撒下五17～25，八1，二十一15～22，二十三9～17），並取代非利士，成為區內的霸權。即使如此，兩族的關係仍然相當緊張（王上十五27，十六15～17）。

正當新亞述帝國*在提革拉．毗列色統治下進入高峯時，非利士於公元前734年被亞述征服。直至亞述帝國滅亡為止（公元前612年），非利士雖然在政治上受制於異族，但其經濟卻有重大發展。其後，非利士經歷了巴比倫*及波斯*時期，就逐漸湮沒在歷史裏。

非利士人的文化較接近歐洲愛琴海一帶的邁錫尼（Mycenean）文化。舊約指出以色列人在科技上遠遜於非利士，這與現代考古學的發現大致相符。近期的考古研究顯示非利士人其實有相當發達的文化，經濟則以農業為主，考古研究顯示他們把迦南地的橄欖油經海路出口到其他地區，進行貿易。當非利士人在迦南定居後，逐漸融入當地文化。在宗教上，他們主要信奉大袞（士十六23～25）、女神亞斯她錄（撒上三十一10）和巴力．西卜（王下一2～3），這些皆為古代近東*普遍的神祇。

迦南人

羅慶才

迦南人乃迦南地的原居民，其中包括多個民族，其信仰與文化對以色列有頗為深遠的影響。

「迦南」一詞的起源及意思至今仍未有定論，但自公元前3000年起，就一直作地理名稱用。不過，古代典籍對迦南地的範圍卻沒有明確的界定。約於公元前1500年，「迦南」乃埃及*統治的區域之一，其範圍約北至敍利亞，東面則包括大馬士革及約旦河東高原，南面止於埃及河。舊約聖經大致採納這說法。

「迦南人」並非一個民族，而是一個多元化的族羣。舊約多處經文列舉了組成「迦南人」的各部族名稱（創十五18～21；申七1等）。在以色列民進入迦南*前，當地的政治組織以城邦為主（書九1～2，十1～5，十二7～24），各自為政，且多有紛爭衝突。迦南人的重要城市多建於迦南區內的平原上，以農業為主。此外，迦南人亦以善於進行買賣交易而聞名（亞十四21）。從現時的資料可知，迦南人的社會結構是金字塔式，階級分明，貧富懸殊，以少數貴族操控大部分經濟資源。

因迦南地以農業為主，其宗教信仰亦與此有關。迦南神祇中主要是巴力，根據當地的神話*傳統，巴力把邪惡之神「大魚」殺死後，就創造*了宇宙萬物。此外，巴力也執掌氣候及萬物的生殖能力，務農者敬拜它就是為了確保有豐盛的收穫。巴力的妻子亞舍拉亦是迦南人所尊崇的神祇之一。

舊約記載迦南人的事迹，往往給讀者這個印象：以色列人對

迦南人深惡痛絕。律法書中三番四次強調以色列人不能與迦南人通婚，不要被他們的宗教敬拜吸引，更要徹底剷除迦南人的敬拜，不然就會成為以色列的網羅，難以自拔。自以色列建立王國*後，所羅門雇用了大量迦南人來建設城市及建造國家設施(如聖殿*)。到大衛*王國分裂*後，有大批迦南人居於北國以色列境內，成為一股強大的政治力量，以致北國的統治者不得不用政治手段，滿足他們的訴求，如為他們建立神廟等(王上十六32～33)，以討好他們。此舉在聖經作者眼中，無異是出賣了以色列的一神信仰。

話說回來，以色列人居於迦南區內，少不免受其文化影響。從近代考古學研究得知，以色列的建築風格與迦南人的無異，這包括城市、房屋、敬拜場所等，甚至農業技術、生活方式等亦多有相同之處。然而，另一方面，以色列因信仰的緣故，與迦南本土居民亦有顯著的差異。例如以色列的先知秉承律法的精神，強烈譴責國內貧富懸殊的情況，多番提醒同胞要以公平公義的原則彼此相待。而在律法中，亦以建立一個公平的、沒有貧窮的社會為目標(利二十五章；申十五1～18)。這就是以色列信仰對社會帶來的影響。

埃及

羅慶才

埃及乃古代文明大國，歷史悠久，對古代近東歷史影響頗深；在舊約時代，更常常企圖染指區內的局勢發展。

埃及位處非洲東北角，東西兩面被茫茫沙漠包圍，南面為高原，尼羅河從上而下流，水流急速，不易逾越，地理環境頗為孤立。不過，地理上的阻隔亦同時成為埃及防守的優勢，使埃及在政治及軍事方面均享有高度穩定的形勢，有利其經濟及文化發展。可稽考的埃及歷史可追溯至公元前3100年，直至公元前322年，始為希臘*多利買(Ptolemy)王朝取代。至其女王克麗佩脱拉(Cleopatra)在公元前31年與羅馬將軍安東尼(Mark Anthony)雙雙自殺後，埃及就被羅馬帝國*吞併，其歷史長達差不多4,000年。在距今約4,000年前，埃及人已建成金字塔——今天被稱為世界七大奇景之一。

埃及的命脈就是尼羅河，其三角洲的土地肥沃，加上氣候穩定，出產豐富(民十一5)，有古代近東的糧倉之稱，是鄰近地區人民饑荒時的避難所(創四十一53～57)。埃及墓室中的壁畫描繪了一些來自巴勒斯坦*的人進出埃及的情況，栩栩如生，讓我們一窺當時的生活面貌。

在法老的統治下，埃及奉行神權政治，統治者被視為神的兒子，地位超然，同時亦扮演大祭司的角色。埃及的社會結構就像金字塔一樣，法老及其親屬於頂端，其下是各階層的知識分子及技術人員，最下層就是普羅大眾。

在舊約時代，埃及與以色列的關係可謂千絲萬縷。埃及本身

的物產雖然豐富，但仍需從以色列人的聚居地迦南進口大量金屬及木材，所以在經濟上，迦南對埃及是非常重要的。另一方面，埃及亦可說是以色列的發源地，因為以色列在當地從一個只有70人的家族，發展成壯大的民族（出一1～7）。至大衛*建立王國時，其政府架構亦是仿效埃及的（撒下八15～18，二十23～26）。當以色列定居迦南後，埃及很多時都想借機影響迦南區內的政治，從中得利。在所羅門作王時，就曾與埃及結盟，娶了法老的女兒為妻，法老把本屬迦南人*的城市基色城相贈作嫁妝（王上九16）。其後，所羅門的臣僕耶羅波安密謀作反，被識破後潛逃至埃及，得埃及法老示撒收留（王上十一40）。到所羅門死後，耶羅波安返國，領導北面10支派脫離大衛家的統治，建立以色列國（王上十二章）。之後法老示撒率領軍隊入侵南北兩國，但觀其行軍路線，其主要對象實在是以色列國（王上十四25～26）。

從公元前8世紀起，隨著亞述帝國*的興起，埃及為要在本身和亞述間設下緩衝區，常常插手迦南區內的事務，扶助備受壓力的以色列及猶大政府（王下十七4，二十三29），但卻不能成事，最終以色列及猶大均先後敗亡於亞述及巴比倫*之手。

亞述

羅慶才

亞述乃古代近東的文明大國，亦為古代近東首個帝國，以好戰及強悍見稱，在以色列歷史中有舉足輕重的地位。

亞述的發源地乃亞施戶城(Assur)，位於底格里斯河東岸，因該地氣候適合畜牧，所以成為遊牧者的聚居處。其最早發現的考古文物為公元前2800至2200年左右，顯示其文化與居於亞述以南的蘇美爾人(Sumerians)相似。亞述人作為一個政治實體，最早可追溯至公元前2000年左右。除本土居民外，還混合了亞摩利人及亞蘭人的血統。

亞述人早期聚居於幼發拉底河和底格里斯河流域的北部，以尼尼微、亞比拉、亞施戶城等地為核心，以農業和畜牧為生，自公元前1900年(古帝國期)始有政治制度及組織。公元前1750至1000年間為亞述發展的高峯期(中帝國期)，曾征服南部的巴比倫*及西面的亞蘭，建立了一個強大的國家。其後經歷了一段低沉時期，但由公元前9世紀初起，亞述又再興盛，至公元前8世紀末至7世紀初達至頂峯，成為歷史上的「新亞述帝國」。然而，亞述的國力自公元前625年起迅速滑落，其國都尼尼微於公元前612年被巴比倫及瑪代聯軍所破，亞述帝國最後於公元前609年滅亡。

和眾多古代近東國家一樣，亞述的社會結構亦是金字塔式的。最上層的是君王貴族，依次為各級官員、平民百姓，最下層的就是奴隸。亞述社會崇尚武力，有軍國主義的傾向，人民從小習武。君王同時是軍隊中的最高統帥，有絕對的權力，他的說話

就是律法；君王權力的惟一掣肘就是社會傳統及宗教習慣。記載在舊約中的官員包括：「他珥探」(總督或總管)、「拉伯撒利」(太監長)和「拉伯沙基」(酒政)(王下十八17)。

經濟方面，亞述土地肥沃，農業及畜牧業均相當發達。此外，亞述政府向對外貿易徵稅，是為亞述經濟來源的第三大支柱。當亞述成為超級大國時，還有外國的貢銀作為第四大收入來源(王下十五19，十六8等)。

除軍事及政治外，亞述在文化方面亦有重大成就。亞述人承襲了亞甲人(Akkadian)的文化傳統，保存了很多重要的亞甲文獻。亞述巴尼帕王(Ashurbanipal，公元前669～627年)在位時，曾在皇宮中建造圖書館，搜集古巴比倫文獻，並將之存放於此；此圖書館在19世紀中期被發掘出土。在藝術及雕刻方面，亞述亦有卓越的成就，亞述的雕刻家甚有創意，生動地捕捉了古代生活各方面的形態，尤其值得注意的是印鑒，常刻有與亞述宗教有關的主題，為舊約研究提供了重要的參考資料。此外，亞述皇宮中的浮雕亦甚有價值，常刻有古代生活的面貌，如搜獵和皇室花園景色等。另外，浮雕上亦常見古代戰爭的場面，可見古代進行戰事的方式等，實具歷史價值。

• 亞述的人頭獅身像(公元前9世紀)

巴比倫

羅慶才

巴比倫文化最早可追溯至公元前4000年，屬重要文化發源地之一。

「巴比倫人」所指的是居於美索不達米亞南部，今巴格達至波斯灣海岸一帶的居民。他們自公元前3000年已建立城邦，其後逐漸發展成古代近東的軍事強國。

當以色列人於公元前13世紀末進入迦南*時，巴比倫正受亞述*控制，到8世紀更被亞述統治。不過，至公元前7世紀末，隨著亞述的衰落，巴比倫在尼布甲尼撒二世的領導下，不只擺脱了亞述的掣肘，更建立了新巴比倫帝國，取代亞述成為古代近東霸主，其統治範圍包括迦南地，猶大在內的各國。不過，這段輝煌時期只維持了數十年，至公元前539年，波斯*不費吹灰之力，就推翻了巴比倫帝國。

巴比倫一帶的雨量較少，而幼發拉底和底格里斯兩大河流域地勢平坦，廣泛地區都是沼澤，故此自古以來，巴比倫統治者的天職就是開發及維修灌溉用的輸水道，以利農耕。不過，因土質鹽分較高，故農產以大麥為主。此外，巴比倫是區內棗子產量最多的國家。

巴比倫最早期的政治結構基本是以城邦為主，君主制度成立後，源自城邦時期的一些傳統，如長老的參與，雖仍得以維持，卻已演變成扶助君主執政的工具。其次，廟宇及其祭司在經濟上本來有舉足輕重的地位，但到君主執政時期，其影響力已被大大

希臘化時代的埃及與敍利亞（公元前2世紀末）

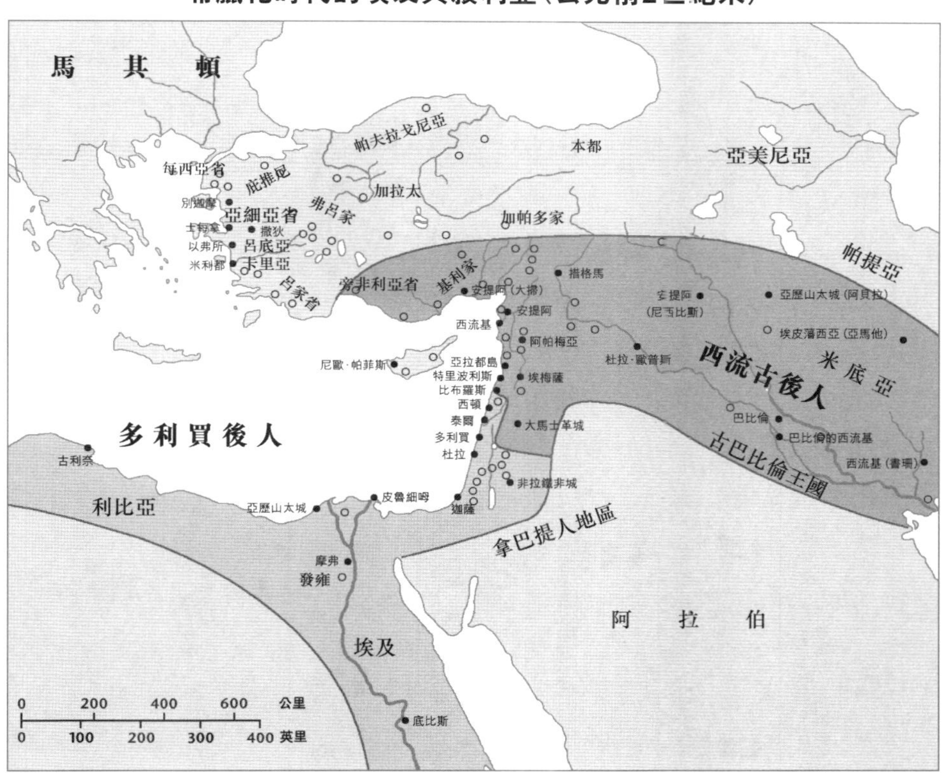

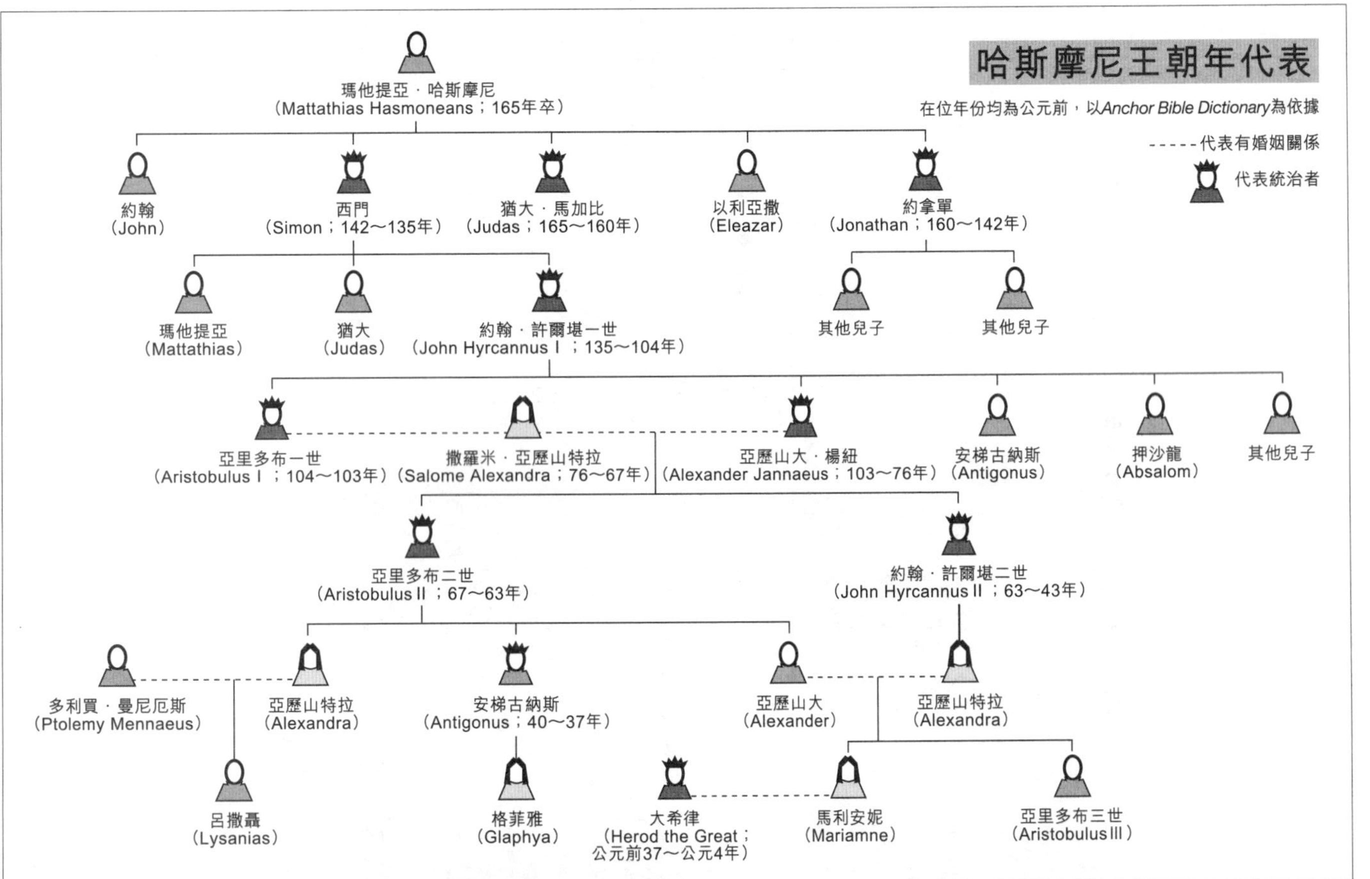
哈斯摩尼王朝年代表
在位年份均為公元前，以*Anchor Bible Dictionary*為依據
-----代表有婚姻關係
代表統治者
瑪他提亞．哈斯摩尼
（Mattathias Hasmoneans；165年卒）
約翰
（John）
西門
（Simon；142～135年）
猶大．馬加比
（Judas；165～160年）
以利亞撒
（Eleazar）
約拿單
（Jonathan；160～142年）
瑪他提亞
（Mattathias）
猶大
（Judas）
約翰．許爾堪一世
（John Hyrcannus I；135～104年）
其他兒子
其他兒子
亞里多布一世
（Aristobulus I；104～103年）
撒羅米．亞歷山特拉
（Salome Alexandra；76～67年）
亞歷山大．楊紐
（Alexander Jannaeus；103～76年）
安梯古納斯
（Antigonus）
押沙龍
（Absalom）
其他兒子
亞里多布二世
（Aristobulus II；67～63年）
約翰．許爾堪二世
（John Hyrcannus II；63～43年）
多利買．曼尼厄斯
（Ptolemy Mennaeus）
亞歷山特拉
（Alexandra）
安梯古納斯
（Antigonus；40～37年）
亞歷山大
（Alexander）
亞歷山特拉
（Alexandra）
呂撒聶
（Lysanias）
格菲雅
（Glaphya）
大希律
（Herod the Great；
公元前37～公元4年）
馬利安妮
（Mariamne）
亞里多布三世
（Aristobulus III）

猶太散居地

黃錫木

在新約時代，猶太散居僑民的數目遠超過住在巴勒斯坦本土的猶太人；雖然有些猶太僑民較為開放，但大多數依然謹守猶太傳統。

猶太散居地 (*disapora*) 是指猶太地 (或巴勒斯坦*) 或以色列地以外的地方。

在古代社會，移民並非一件光彩的事。除了因經商或逃避饑荒 (得一1)、戰亂、迫害 (王下二十五25～26；耶四十一1～18) 而自願遷徙外，一般猶太人都是被迫移居外地，例如因戰敗被俘擄到別國。自大衛*統一王朝，以色列人先後經歷兩次大規模遷移，分別是被亞述* (公元前722/721；王下十七1～6) 和巴比倫* (公元前587/586；王下二十五8～21) 強迫的。在兩約時期*，猶太人亦經歷多次遷徙。而在兩次猶太叛亂中，不少猶太人亦遷居到美索不達米亞以東地區。

新約時代，猶太僑民散布羅馬帝國*各地，主要有巴比倫、埃及、敍利亞、小亞細亞和羅馬*；我們甚至可以肯定，猶太散居僑民比住在巴勒斯坦的猶太人還要多。

埃及是最重要和歷史最悠久的猶太散居地。據考古和文獻記載，在埃及最南方的伊里芬丁 (Elephantine) 的猶太人，曾經於公元前6世紀末建造一座耶和華的殿 (但後來被當地人拆毀)。據約瑟夫*所說，在新約時代的埃及就有100萬猶太人。在亞歷山太城，猶太人佔城市總人口的極大部分。他們在政治上自成一體，居住在自己的地區和城市，延續傳統猶太文化和生活方式。除了埃及，巴比倫也是很重要的城鎮。雖然波斯*王（公元前538年）曾經宣布猶太人可以回歸自己的國土，但依然有很多人寧願留在巴比倫（按典外文獻的記載），暗示了人民已經在那裏落地生根。公元70年耶路撒冷*淪陷後，巴比倫就成為保留猶太傳統的中心。

住在異教文化當中的猶太人，固然較容易受希羅文化影響，他們雖然未至於放棄自己獨特的信仰與文化，但卻較願意學習希臘文化。不少後期的猶太作品，特別是那些寫於亞歷山太城的作品，均深受希臘哲學的影響，其用詞與寫於巴勒斯坦地的猶太作品，亦有差異。

很多猶太人依然謹守傳統猶太教的教導，男性出生8天便受割禮*。猶太人自小便接受律法的教導，獨尊上帝，拒絕跪拜別的神明及參與任何其他宗教儀式，又謹守一切潔淨*的禮儀、禁食、安息日*及節期*。散居地的猶太人常與其他民族發生衝突和磨擦，這與他們謹守這些習俗有密切關係。於是，在宗教、文化和社交上，會堂*往往成為維繫猶太散居僑民的一個非常重要的活動中心。

這些猶太僑民為保持自己獨特的文化和信仰，和非猶太人的關係常變得緊張；從希臘和羅馬作家常在作品中貶低那些生活在他們當中的猶太人可見一斑。

散居的猶太僑民(公元前1世紀末)
意大利
羅馬
部丟利
龐培
馬其頓
腓立比
帖撒羅尼迦
希臘
庇哩亞
雅典
哥林多
斯巴達
提洛
亞細亞省
亞大米田
以弗所
撒狄
非拉鐵非城
老底嘉
歌羅西
他拉勒
呂底亞
撒摩島
米利都
米杜斯
哈利加拿修
卡里亞
呂家省
哥士島
革尼土
法塞利斯
羅底島
別加
西特
旁非利亞省
克里特
戈特納
弗呂家
安提阿
加拉太
以哥念
特庇
庇推尼
本都
加帕多家
基利家
大數
安提阿
西流基
敍利亞省
阿帕梅亞
塞浦路斯
撒拉米
帕弗
亞拉都島
腓
尼
基
西頓
泰爾
大馬士革城
猶大地
古利奈
亞歷山太城
赫利奧波利斯
利比亞
發雍
埃及
俄西林古
底比斯
阿拉伯
美索不達米亞
尼西比斯
內哈爾德
巴比倫
阿迪亞貝那
帕提亞
米底亞
以攔
波斯
0
200
400
600
公里
0
100
200
300
400
英里

新約歷史簡述

羅馬帝國版圖(公元1世紀末)

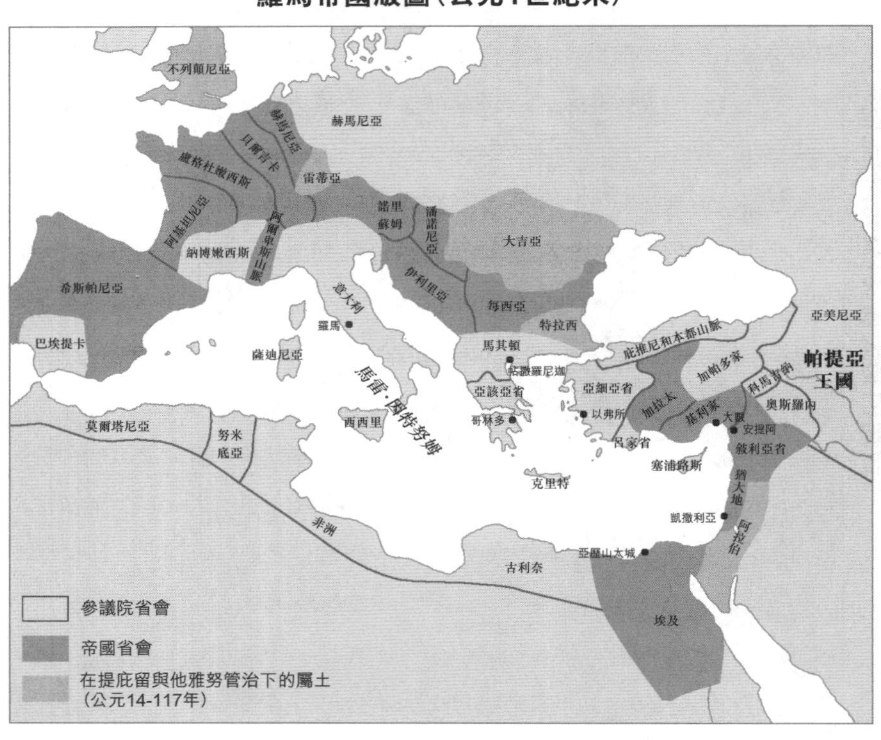

大希律的統治

黃錫木

大希律的統治揭開新約時代的歷史序幕。希律生性殘暴狡猾，不過，他對猶太人社會亦有很深遠的貢獻。

公元前63年，羅馬*將軍龐培(Pompey)進軍耶路撒冷*，結束了為期只有80年(公元前143/142～63年)的馬加比家族*獨立管治。自此，猶太地一帶成為羅馬中央政府管治的地區，屬敍利亞省。龐培將軍任命馬加比家族*的後人許爾堪二世(Hyrcanus II；他亦是當時的大祭司*)管理猶太人事務，他手下其中一位精明的輔臣就是希律的父親安提帕特(Antipater)。因為這種關係，希律家族*取得羅馬公民的資格。

希律自年幼時已處處表現領導者的風範。他管治加利利*省時只有25歲，當時的加利利省，已經是一個高度自治的省分。希律雖然多次在政治決策上錯下注碼，但他至終仍能得到羅馬王帝的信任。公元前37年，希律正式被羅馬政府封為猶太人的王，使當時的巴勒斯坦地*享有全面的自主權，直接向羅馬負責，歷時35年之久。

希律自知自己不是純猶太血統(原是以東人)，不能像馬加比家族的成員一樣當大祭司，因此，他極其量只能擔任猶太人的王。為使猶太人視他為哈斯摩尼王朝的合法繼承人，希律娶了許爾堪二世的孫女馬利安妮(Mariamne)為妻；又為要使人對其家族忠心，他特別設立擁護自己的猶太派別，就是「希律黨人」。除此以外，他仿效埃及多利買(Ptolemy)政府，以組雇傭軍、建立政制

和建築防衛體系（其中之一就是瑪撒大*堡壘）鞏固自己的權力。

希律性情殘暴，曾處死自己的兩個妻子、3個兒子，又在耶穌出生時，下令殺害全國兩歲以下的嬰孩（太二16～18）。他的私生活一團糟，曾結婚10次，家庭中數之不盡的問題，都是他的妻子和她們的母親為使自己的子女得到某些優待或特權而產生的。歷史上對希律的為人作出最貼切的評價的，要算是奧古斯都了。當他聽見希律殺了自己的骨肉時，他幽默地說：「當希律的豬，勝過當他的兒子。」

希律是猶太人歷史上最偉大的建築家。他在任期間，大興土木，經營了十多個大城邑，其中最有名的是地中海沿岸的凱撒利亞*。耶路撒冷的建築物，例如歌劇院、浴場和學校等都是他自費興建的，而最重要的，亦因而得到猶太人歡心的，莫過於擴建聖殿*。計劃始於公元前19年，聖殿本身的建築過了不久便落成，但附近的建築和裝飾則花了很多人力和時間；整個工程到公元64年才完成。然而，希律並不是一個虔誠的猶太教信徒，既沒有敬畏的心，也不在乎甚麼是正統；反之，他卻是希羅文化和宗教的熱愛者。

希律在位33年，卒於公元前4年。

耶穌時期的巴勒斯坦地

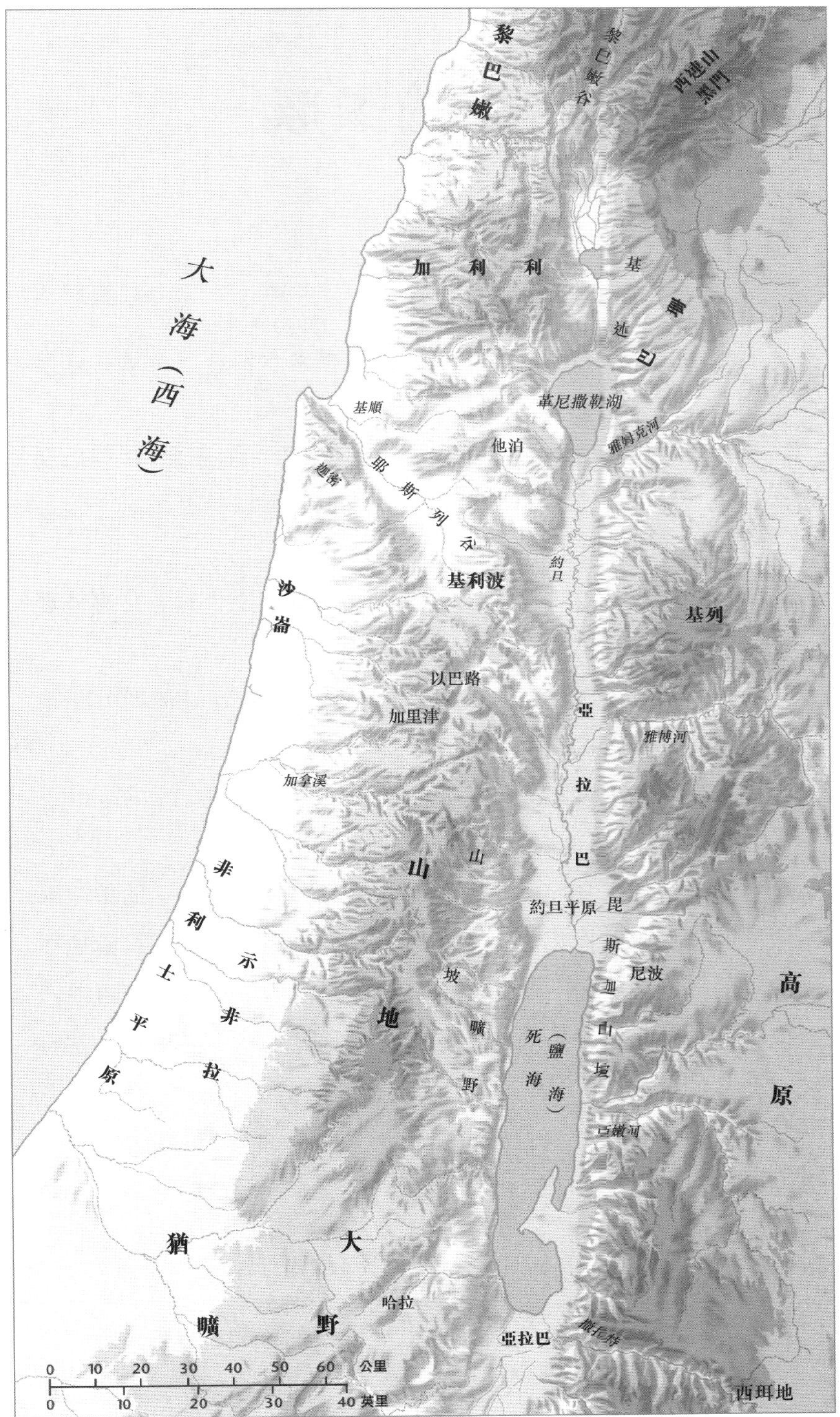

希律的家族

黃錫木

希律的家族是新約時代中最重要的猶太人家族，在這家族的統治下，猶太地的猶太人能享有某程度的自治。

希律在位33年，卒於公元前4年。他死後，耶路撒冷*即出現多次暴亂。騷亂平息後，羅馬政府完成他的遺願，將國家一分為三，交由他的3個兒子治理：

1. 亞基老(參太二22)管治猶太地、撒馬利亞和以土買，是專管理猶太人事務的提督(ethnarch)；
2. 安提帕(Antipas)管理加利利*和比利亞省(Perea)的四分一地區，職銜是分封王(tetrarch)；
3. 腓力(參路三1)承受以土利亞(Iturea)、特拉可尼(Trachonitis)和東北部的附屬地區，作為分封王。

亞基老統治了10年，承襲父親的暴行(參太二22)。結果，耶路撒冷的居民聯同撒馬利亞人*派遣一隊專員到羅馬*，投訴他在治理上的無能和殘酷。羅馬政府最後奪回他的統治權，交由地區巡撫管理，直接向羅馬政府負責；在耶穌誕生時，居里扭是當時敘利亞省的巡撫(路二2)。

與亞基老相反，安提帕的管治與父親大希律*一樣，能與猶太人維持良好關係；耶穌和施洗約翰*傳道旅程經過的地方，主要是安提帕的所屬地(太十四1～12)。不過，施洗約翰卻是被他殺害的，耶穌亦曾被他審訊。

腓力可能是大希律的繼承者中，惟一的好領袖。按約瑟夫*

所記，他愛護人民，尊重猶太人，又沒有耗費人力物力於奢華的建築工程上。他重建了加利利湖一帶多個城市，包括伯賽大，又開拓了凱撒利亞．腓立比這個城市，以自己和羅馬王的名字作為這城的名稱。

大希律另有兩名孫兒也見於新約聖經中，就是亞基帕一世和二世。亞基帕一世的父親被大希律處死，他在羅馬長大，認識了兩位日後成為羅馬王帝的朋友——該猶和克勞第（又稱革老丟）。在他們的幫助之下，他把大希律原本統治的國界重新合併起來。雖然新約聖經記載他把雅各處死，又監禁彼得*（參徒十二1～4），但在猶太人心目中，亞基帕因遵守傳統猶太教的教訓和規條，得到猶太人的敬重。按約瑟夫記載，他是得到怪病而死的（徒十二20～23）。

亞基帕二世在任期間，曾應非斯都之邀請，一起聽保羅*的分訴，而他的妹妹百妮基亦在場（徒二十五13～二十六32）。亞基帕二世完成其祖父大希律修葺聖殿*的計劃，並在耶路撒冷多處街道上，鋪上大理石塊。他雖然敬重猶太教，但仍然忠於羅馬。公元66年，當第一次猶太人叛亂*剛剛開始，亞基帕二世和他的妹妹百妮基竭力勸阻猶太人對抗羅馬政府，但不成功。亞基帕二世不單擴張自己管轄的領土，更與後來成為王帝的提多將軍成為好友。亞基帕二世於公元96年去世，此後，希律家再沒機會直接管理猶太人的事務。

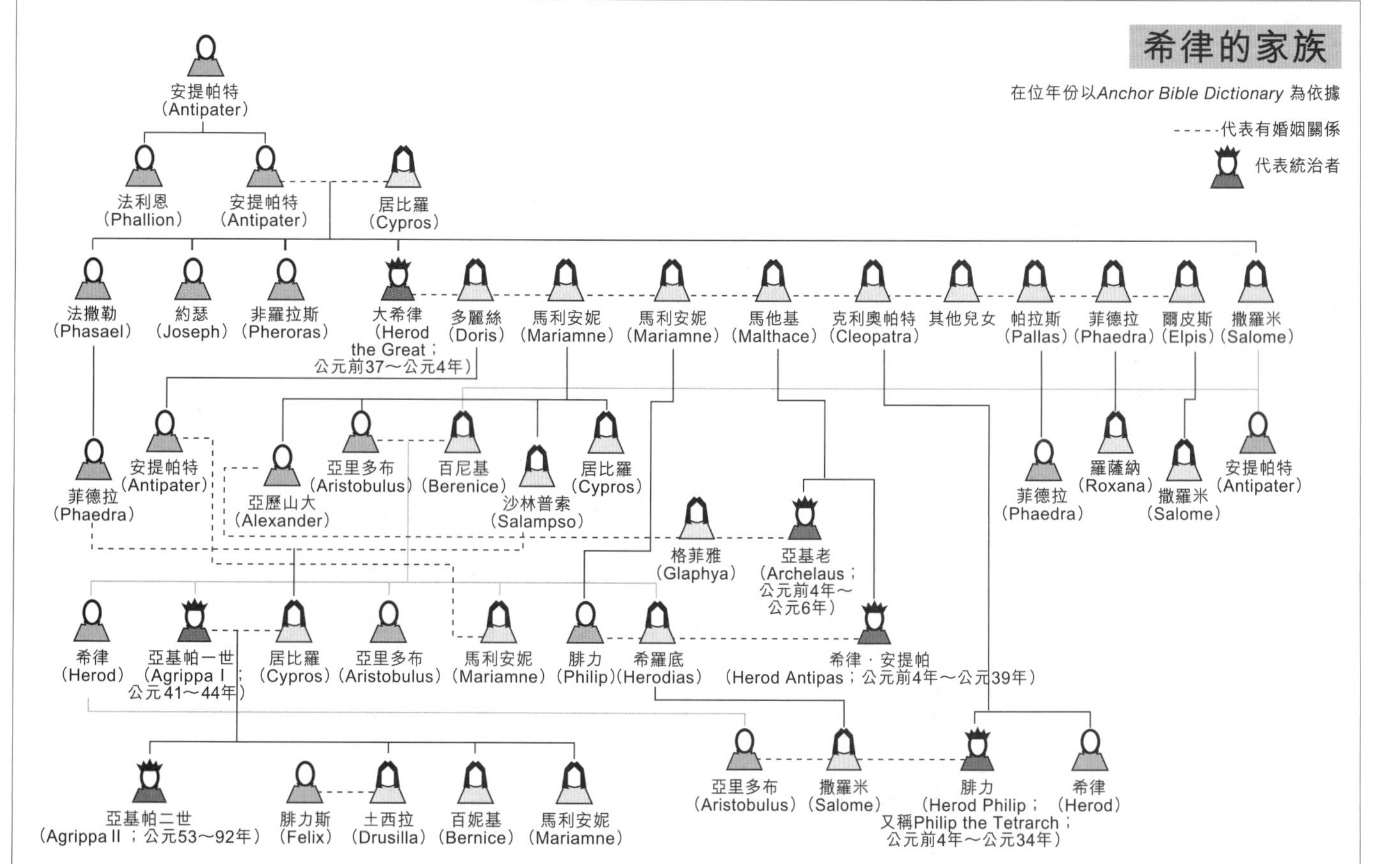
希律的家族
在位年份以*Anchor Bible Dictionary* 為依據
-----代表有婚姻關係
代表統治者
安提帕特（Antipater）
法利恩（Phallion）
安提帕特（Antipater）
居比羅（Cypros）
法撒勒（Phasael）
約瑟（Joseph）
非羅拉斯（Pheroras）
大希律（Herod the Great；公元前37～公元4年）
多麗絲（Doris）
馬利安妮（Mariamne）
馬利安妮（Mariamne）
馬他基（Malthace）
克利奧帕特（Cleopatra）
其他兒女
帕拉斯（Pallas）
菲德拉（Phaedra）
爾皮斯（Elpis）
撒羅米（Salome）
菲德拉（Phaedra）
安提帕特（Antipater）
亞歷山大（Alexander）
亞里多布（Aristobulus）
百尼基（Berenice）
沙林普索（Salampso）
居比羅（Cypros）
菲德拉（Phaedra）
羅薩納（Roxana）
撒羅米（Salome）
安提帕特（Antipater）
格菲雅（Glaphya）
亞基老（Archelaus；公元前4年～公元6年）
希律（Herod）
亞基帕一世（Agrippa I；公元41～44年）
居比羅（Cypros）
亞里多布（Aristobulus）
馬利安妮（Mariamne）
腓力（Philip）
希羅底（Herodias）
希律．安提帕（Herod Antipas；公元前4年～公元39年）
亞基帕二世（Agrippa II；公元53～92年）
腓力斯（Felix）
土西拉（Drusilla）
百妮基（Bernice）
馬利安妮（Mariamne）
亞里多布（Aristobulus）
撒羅米（Salome）
腓力（Herod Philip；又稱Philip the Tetrarch；公元前4年～公元34年）
希律（Herod）

耶穌生平

黃錫木

雖然我們未能仔細和具體地重構耶穌的一生，但分階段理解耶穌的一生能讓我們更清晰地認識他。

4卷福音書對耶穌一生的言行提供了不少資料，但由於要完全協調這些資料是極其困難，我們不能詳細地重構耶穌一生所做的事，而只能分階段描述他的一生。

耶穌公開傳道前的日子：耶穌的出生、童年、少年和成長經過，直至30歲為止，福音書有關這方面的記載只有100多節。在這段日子，有兩件事是福音書作者很看重的：耶穌領受施洗約翰*的水禮*——顯示耶穌與約翰是一脈相承的；耶穌接受並勝過魔鬼*的試探——象徵他要以得勝者的姿態出現。有關耶穌傳道的年日，雖然馬太福音*、馬可福音*和路加福音*記載耶穌只有一次(亦是最後的一次)上耶路撒冷*，但約翰福音*則清楚記述耶穌曾經3次上耶路撒冷過每年一度的節期*(約二23，五1，六4，十二1)；後者的記載似乎較清晰表達耶穌傳道的時間。

傳道的初期：耶穌在猶太地開始傳道(約三22)，在施洗約翰的推舉下，耶穌已有幾位核心的跟隨者(如彼得*、約翰*等)。在這一年半裏，耶穌可能穿梭於猶太與加利利*之間，他突出的言論(如在會堂*講論；路四16～32)和所行的神蹟*已使他薄有名聲(約二23～25，三1～21)；而他「出位」的行為，例如與撒馬利亞人*和外邦人(甚至是婦女)接觸(太十五21～28；約四1～12)，亦使他成為猶太領袖針對的對象(約二13～22)。

在加利利傳道：雖然耶穌傳道的活動範圍遍及巴勒斯坦*，但加利利省明顯是福音書作者記載的焦點。耶穌的言論和行徑為他贏得思想較開放的加利利人歡迎。他在眾多的跟隨者中，揀選了12位門徒，成為他的門生和同工，既為他的日常生活和傳道工作打點，亦學習宣講天國*的道理(路九1～2)。除了個別言論的記載，馬太和路加分別把耶穌在不同場合的講論整合成為著名的登山寶訓(太五～七章)和平原講道(路六17～49)。按福音書的記載，耶穌的講論主要以比喻*為主，並且常在被人詢問和挑戰的情況下才闡述某些課題。福音書共記載了35件耶穌所行的神蹟，很多都是在這段日子施行的，其中有一半以上是與醫治*和驅鬼有關，其餘的主要是突顯他超乎自然定律的大能。

上十字架的道路：耶穌知道自己受難的日子近了，便多次向門徒披露此事，然而，門徒既不明白，亦不能接受(可八31～33)。耶穌沿途經過很多地方，在伯大尼，馬利亞用極貴的香膏膏抹耶穌(約十二1～8)；福音書作者認為這是為他的安葬準備的。耶穌花了一整週在耶路撒冷，當中他不忘繼續講道，包括末世*的事情(可十三章)。最後，他在假公濟私的審判之下被處死，死在十字架上。

耶穌生平年表

年份	耶穌生平的重要事件	馬太	馬可	路加	約翰
公元前	**耶穌的出生**				
5	天使傳報耶穌誕生的喜信			一26～38	
5	約瑟的夢	一18～25			
	耶穌的童年				
	耶穌的家譜	一2～17		三23～38	
4	耶穌的降生	一18～25		二1～7	
4	天使與牧人			二8～20	
4	耶穌受割禮並在聖殿奉獻			二21～38	
4	朝拜聖嬰耶穌	二1～12		二8～20	
4/2	逃往埃及、歸來	二13～21			
2	童年的耶穌在拿撒勒	二22～23		二39～40	
公元	**沉寂期**				
8	孩童耶穌在聖殿聽道			二41～52	
	18年沉寂期／預備及傳道初期				
26	耶穌受洗	三13～17	一9～11	三21～22	一29～34
26	耶穌受試探	四1～11	一12～13	四1～13	
27	迦拿婚筵				二1～11
27	耶穌潔淨聖殿	二十一12～13	十一15～17	十九45～46	二14～22
27	耶穌與尼哥德慕談道				三1～21
27	耶穌與撒馬利亞婦人談道				四4～42
27	迦百農的百夫長	八5～13		七1～10	四46下～54
27	耶穌在拿撒勒傳道	十三53～58	六1～6上	四16～30	
	聲名遠播時期				
28	耶穌呼召眾門徒	四18～22	一16～20		
28	耶穌醫治彼得的岳母	八14～15	一29～31	四38～39	
28	耶穌第一次到加利利各城各鄉傳道	四23	一39	四44	
28	利未(馬太)被召	九9～13	二13～17	五27～32	
28	耶穌揀選12個門徒	十1～4	三13～19	六12～16	
28	登山寶訓／平原講道	四24～七27		六17～49	
28	婦人與香膏	二十六6～13	十四3～9	七36～50	十二1～8

28	耶穌第二次到加利利			八1～3	
28	耶穌講論天國的比喻	十三1～52	四1～34	八4～18，十三18～21	
28	耶穌平靜風和海	八23～27	四35～41	八22～25	
28	睚魯【葉魯《現修》】的女兒和患血漏病的女人	九18～26	五21～43	八40～56	
28	耶穌差遣12個使徒	九35～十14	六6下～13	九1～6	
	被敵對時期				
29	施洗約翰之死	十四3～12	六17～29	三19～20	
29	5,000人得飽	十四13～21	六32～44	九10下～17	六1～15
29	耶穌履海	十四22～33	六45～52		六16～21
29	4,000人得飽	十五32～39	八1～10		
29	彼得承認耶穌為基督	十六13～20	八27～30	九18～21	六67～71
29	耶穌醫好生來瞎眼的人				九1～41
29	耶穌改變形像	十七1～9	九2～10	九28～36	
29	耶穌在住棚節上耶路撒冷				七11～52（～十21）
29	拉撒路復活				十一1～44
30	耶穌為小孩祝福	十九13～15	十13～16	十八15～17	
30	瞎子（巴底買）得醫治	二十29～34	十46～52	十八35～43	
30	稅吏撒該			十九1～10	
30	耶穌探望馬大和馬利亞				十一55～十二1
30	耶穌的最後一週	二十一1～二十七66	十一1～十六8	二十二39～二十三56	十二12～十九42
30	耶穌復活的形像	二十八1～20		二十四1～53	二十1～二十一25

初代教會的發展

黃錫木

在短短60多年間，初代教會的人數由只有120人發展成數以萬計，遍布的範圍超越當時羅馬帝國的邊界。

新約聖經沒有在初代教會發展史方面提供完整的資料；路加的使徒行傳*(和保羅書信)所提供的資料主要都是以保羅*為主。對於研究初代教會的發展史，這的確是一個限制，但這卻是聖經作者要我們細察的角度。

耶穌升天之前，他指示使徒要先等候聖靈*降臨，才遍傳復活*的喜訊。他們又選擇了另一個門徒馬提亞，代替出賣耶穌後自殺的猶大，完整保存「12」這個數目，為要標誌一個新的以色列民族。在這時候，這個羣體只有120個信徒。耶穌的預言在五旬節*當天應驗了，按路加的理解，教會*就在這天成立。在當天的宣講*中，有3,000人回應了彼得*的信息，認罪*悔改。這些信徒奉耶穌的名施洗，聚集祈禱*，聽使徒的教訓，守主的聖餐*。

雖然教會的人數不斷增加，但從猶太人來的壓迫亦不斷增加。彼得和約翰*被監禁，之後司提反執事在猶太人引發的騷動中被石頭打死(徒七章)，又有以逼迫基督信徒為榮的掃羅(即保羅)；這種種危機反而成為把福音外傳的契機。路加特別記載腓利的傳道工作，他把福音傳到撒馬利亞人*當中，然後又向一名衣索匹亞(或稱埃塞俄比亞)的太監傳福音*(徒八章)——從猶太人的角度而言，他是一名被雙重詛咒的人。路加要指出，主耶穌的大使命在腓利身上已被落實。

保羅信主(徒九1～19)是初代教會發展的一大轉捩點，因此，從使徒行傳九章開始，他亦成為全書的中心人物。保羅雖然曾經到耶城教會作短暫停留，但之後一直以安提阿為根據地，在基利家省及敍利亞積極投入宣教*工作。公元46至48年，巴拿巴和保羅更遠赴旁非利亞省；這幾年的工作非常成功，亦使初代教會開始思想基督信仰與猶太教的關係。結果，在耶路撒冷*的會議中，耶城教會認同保羅的見解，認為外邦人不需要守割禮*和猶太人的律例，但卻要遠離拜偶像和淫亂等事情(徒十五章)。

這是初代教會發展的新里程。自此，雖然保羅依然受到猶太人的迫害，但他已經和當時耶城教會的領袖取得共識，把福音傳到更遠的地方。於公元49/50至58年，保羅把福音傳至馬其頓和希臘，並在哥林多*和以弗所兩城逗留較長時間。他又藉著上訴羅馬*的機會，把福音帶到西班牙去。

直至公元1世紀末，福音遍傳的範圍已超越羅馬帝國的邊境，東至印度(馬太和巴多羅買)，西至羅馬(彼得和馬可)，甚至西班牙(保羅曾到那裏)，南至埃及的亞歷山太城和亞拉伯半島地區。

第一次猶太人叛亂

黃錫木

於公元66至74年發生的第一次猶太人叛亂，是古代猶太人最慘烈的歷史事件，最後以耶城聖殿被毀告終。

羅馬*政府統治巴勒斯坦*初期(自公元前63年起)，與猶太人保持頗良好的關係，這多少是大希律*的功勞。然而，隨著大希律去世，他兒子的暴政，後來羅馬直接指派的巡撫極為腐敗的管治(公元44～66年)，以及整體上各地的反閃族情緒，直到公元1世紀中期，很多猶太人聚居的地方已經醞釀了不少騷亂情緒。

根據猶太歷史家約瑟夫*所記，第一次猶太人叛亂是由猶太地巡撫弗洛厄斯的劣行所致的：他搶掠聖殿*的庫房，又大肆屠殺抗議的羣眾。發生這些事後，亞基帕二世和他的妹妹百妮基(兩者都是大希律的孫兒)、大祭司*和法利賽人*企圖說服猶太人不要以武力反抗，但猶太人的憤怒情緒已一發不可收拾。

聖殿的守殿官以利亞撒聯同奮銳黨*的極端派系刺客黨，一起安排殺戮行動。他們先將亞基帕二世和百妮基趕出耶城，然後佔據城中的羅馬人城堡，殺盡所有羅馬軍隊，甚至連那些溫和派的猶太人也殺害(包括大祭司)。不但如此，刺客黨亦佔據原為羅馬部隊駐守的瑪撒大*(Masada)；至此，原本只屬猶太地的叛亂，已擴展至整個巴勒斯坦地。在這個時候，耶路撒冷*的猶太人變得士氣激昂，他們以為上帝會帶領他們脫離異族的管治。他們組織游擊隊，又在加利利*設防壘。當時本來是祭司的約瑟夫，就是在此時從耶路撒冷被調派到加利利駐守。

雖然在叛亂的初期，猶太人可算是節節勝利，但猶太人的人數與羅馬軍隊的人數，實在不可相比。在羅馬大將軍維斯帕先(Vespasian)的統領之下，叛黨逐步被剷平，而猶太人的內訌亦愈來愈嚴重。公元69年，維斯帕先回羅馬當皇帝，他的兒子提多繼續率領大軍；翌年9月，在惡劣的天氣和缺糧的情況之下，耶城終被攻破，聖殿被摧毀，只剩下瑪撒大的叛黨仍不屈服。

由於地理形勢險要，羅馬軍隊花了很多精力和時間，才成功攻上瑪撒大的城寨。據約瑟夫的記載，猶太叛黨為免被羅馬人淩辱，決定全體自殺。但按近代考古學發現，可能只是一部分叛黨自殺，還有一些人是與攻上來的羅馬人交戰而死的，甚至也有想躲藏或逃走的人。

聖殿被毀以後，猶太的獻祭和祭司制度便徹底廢止了，而領導層轉為法利賽人(後來稱為拉比)執掌。猶太基督徒沒有參與戰爭，並且於叛亂的早期已逃離耶路撒冷，到約旦河外的比拉城(Pella)；由於他們將此次毀滅解釋為上帝的審判*，所以第一次猶太人叛亂無疑加深了猶太教和基督教之間的鴻溝。

• 位於死海以西的瑪撒大，為第一次猶太人叛亂的最後據點。

• 公元71年，為了慶祝提多平定第一次猶太人叛亂，羅馬議會宣布在羅馬道上舉行盛大的遊行，特建了一座用木頭和灰泥製的拱門，這位得勝的將軍和猶太俘虜則從其下經過。到公元81年，又用大理石和銅重建這座拱門。

• 拱門雕刻有羅馬士兵搶劫耶路撒冷城聖殿的情景。

新約大事年表

年份（公元）	新約歷史事迹	參考新約經卷	羅馬王朝歷史
公元前4～公元30	**耶穌生平**	**馬太福音、馬可福音、路加福音、約翰福音**	
公元前4	耶穌出生		奧古斯都（公元前27～公元14年）
8	耶穌12歲在聖殿聽道		
26	施洗約翰開始傳道工作；耶穌開始傳道工作		提庇留（公元14～37年）
26～36			猶太總督本丟・彼拉多上任
27～28	施洗約翰被囚		
29	施洗約翰被斬；耶穌過住棚節		
30	耶穌被釘十字架、復活、升天；聖靈在五旬節降臨		
30～100	**早期教會時期**	**使徒行傳**	
35	大數的掃羅信主		
44	約翰的兄弟雅各殉道	雅各書	克勞第（公元41～54年）
46～48	保羅第一次傳道旅程		
49/50	耶路撒冷會議	加拉太書	
49/50～52	保羅第二次傳道旅程	帖撒羅尼迦前、後書	
53～57	保羅第三次傳道旅程	羅馬書，哥林多前、後書	尼祿（公元54～68年）
57	保羅在耶路撒冷被捕		
59	保羅在凱撒面前申訴		
60～62	保羅在羅馬被軟禁兩年	以弗所書、歌羅西書	
62	耶穌的兄弟雅各殉道	腓利門書、腓立比書	
64			尼祿焚燒羅馬
65～67	保羅在羅馬第二次被囚	彼得前、後書，提摩太前、後書，提多書，猶大書	

65～67/68	彼得與保羅在羅馬殉道		迦勒巴、鄂圖、威特留（公元69年），維斯帕先（公元69～79年），提多（公元79～81年）
70	耶路撒冷被毀；聖殿被毀	希伯來書	
81～96	多米田逼迫基督徒		
90～95	使徒約翰被逐至拔摩海島	約翰一、二、三書，啟示錄	納華（公元96～98年）

羅馬帝國王帝和任期（至公元2世紀初）

公元前27～公元14年	奧古斯都（Augustus）
公元14～37年	提庇留（Tiberius）
公元37～41年	該猶／加里古拉（Gaius/Caligula）
公元41～54年	克勞第（Claudius）
公元54～68年	尼祿（Nero）
公元68～69年	迦勒巴（Galba）、鄂圖（O-ho）和威特留（Vitellius）
公元69～79年	維斯帕先（Vespasian）
公元79～81年	提多（Titus）
公元81～96年	多米田（Domitian）
公元96～98年	納華（Nerva）
公元98～117年	他雅努（Trajan）
公元117～138年	哈德良（Hadrian）

古代民族和帝國
非利士人

羅慶才

非利士人屬「海民」(Sea Peoples) 的一族，其發源地乃愛琴海一帶的島嶼；雖然非利士人其後從歷史中消失，巴勒斯坦 (Palestine) 地卻因而得名。

包括非利士人在內的「海民」沿陸 (經小亞細亞) 海 (經克里特及塞浦路斯) 兩路遷移到埃及*時，曾摧毀赫人帝國及腓尼基境內各國。到公元前12世紀初，這羣「海民」曾大舉入侵埃及，最後被擊退，自此粉碎其侵佔埃及的野心。當時在位的法老蘭塞三世把被征服的「海民」安置在迦南地沿海平原上。此後，「海民」在那裏建立城邦聯盟，包括5大城市：沿海的迦薩、亞實基倫、亞實突，並內陸的以革倫和迦特 (書十三3)。

按舊約聖經記載，雖然早在列祖時代，亞伯拉罕*與以撒曾接觸非利士人的王亞比米勒 (創二十，二十六章)，然而考古研究發現，非利士人要到較後期才大規模在迦南出現。他們與以色列人其實是差不多同時期到達巴勒斯坦* (公元前13世紀末～12世紀初)，但以色列人初期多聚居於中央山脈之上，故少與非利士人接觸。其後，因兩族人口不斷增長，對土地需求增加，遂無可避免地發生衝突。舊約中士師記*所記載的參孫的故事 (十三～十六章) 及撒母耳記*中所載的示羅*一役 (撒上四～六章)，正是以此為背景。從中可見非利士人的軍事優勢。

當以色列人膏立掃羅為王時，非利士人對以色列人的威脅最大。當時，在便雅憫地的示羅已被非利士人攻破 (撒上四章)，約

櫃被搶走，表示非利士人的勢力已深入以色列的心臟地帶。掃羅統治時，並未能有效阻止非利士人的擴張(撒上三十一章)。到大衛*作王時，才能瓦解非利士人的力量(撒下五17～25，八1，二十一15～22，二十三9～17)，並取代非利士，成為區內的霸權。即使如此，兩族的關係仍然相當緊張(王上十五27，十六15～17)。

正當新亞述帝國*在提革拉．毗列色統治下進入高峯時，非利士於公元前734年被亞述征服。直至亞述帝國滅亡為止(公元前612年)，非利士雖然在政治上受制於異族，但其經濟卻有重大發展。其後，非利士經歷了巴比倫*及波斯*時期，就逐漸湮沒在歷史裏。

非利士人的文化較接近歐洲愛琴海一帶的邁錫尼(Mycenean)文化。舊約指出以色列人在科技上遠遜於非利士，這與現代考古學的發現大致相符。近期的考古研究顯示非利士人其實有相當發達的文化，經濟則以農業為主，考古研究顯示他們把迦南地的橄欖油經海路出口到其他地區，進行貿易。當非利士人在迦南定居後，逐漸融入當地文化。在宗教上，他們主要信奉大袞(士十六23～25)、女神亞斯她錄(撒上三十一10)和巴力．西卜(王下一2～3)，這些皆為古代近東*普遍的神祇。

迦南人

羅慶才

迦南人乃迦南地的原居民，其中包括多個民族，其信仰與文化對以色列有頗為深遠的影響。

「迦南」一詞的起源及意思至今仍未有定論，但自公元前3000年起，就一直作地理名稱用。不過，古代典籍對迦南地的範圍卻沒有明確的界定。約於公元前1500年，「迦南」乃埃及*統治的區域之一，其範圍約北至敍利亞，東面則包括大馬士革及約旦河東高原，南面止於埃及河。舊約聖經大致採納這說法。

「迦南人」並非一個民族，而是一個多元化的族羣。舊約多處經文列舉了組成「迦南人」的各部族名稱(創十五18～21；申七1等)。在以色列民進入迦南*前，當地的政治組織以城邦為主(書九1～2，十1～5，十二7～24)，各自為政，且多有紛爭衝突。迦南人的重要城市多建於迦南區內的平原上，以農業為主。此外，迦南人亦以善於進行買賣交易而聞名(亞十四21)。從現時的資料可知，迦南人的社會結構是金字塔式，階級分明，貧富懸殊，以少數貴族操控大部分經濟資源。

因迦南地以農業為主，其宗教信仰亦與此有關。迦南神祇中主要是巴力，根據當地的神話*傳統，巴力把邪惡之神「大魚」殺死後，就創造*了宇宙萬物。此外，巴力也執掌氣候及萬物的生殖能力，務農者敬拜它就是為了確保有豐盛的收穫。巴力的妻子亞舍拉亦是迦南人所尊崇的神祇之一。

舊約記載迦南人的事迹，往往給讀者這個印象：以色列人對

迦南人深惡痛絕。律法書中三番四次強調以色列人不能與迦南人通婚，不要被他們的宗教敬拜吸引，更要徹底剷除迦南人的敬拜，不然就會成為以色列的網羅，難以自拔。自以色列建立王國*後，所羅門雇用了大量迦南人來建設城市及建造國家設施(如聖殿*)。到大衛*王國分裂*後，有大批迦南人居於北國以色列境內，成為一股強大的政治力量，以致北國的統治者不得不用政治手段，滿足他們的訴求，如為他們建立神廟等(王上十六32～33)，以討好他們。此舉在聖經作者眼中，無異是出賣了以色列的一神信仰。

話說回來，以色列人居於迦南區內，少不免受其文化影響。從近代考古學研究得知，以色列的建築風格與迦南人的無異，這包括城市、房屋、敬拜場所等，甚至農業技術、生活方式等亦多有相同之處。然而，另一方面，以色列因信仰的緣故，與迦南本土居民亦有顯著的差異。例如以色列的先知秉承律法的精神，強烈譴責國內貧富懸殊的情況，多番提醒同胞要以公平公義的原則彼此相待。而在律法中，亦以建立一個公平的、沒有貧窮的社會為目標(利二十五章；申十五1～18)。這就是以色列信仰對社會帶來的影響。

埃及

羅慶才

埃及乃古代文明大國，歷史悠久，對古代近東歷史影響頗深；在舊約時代，更常常企圖染指區內的局勢發展。

埃及位處非洲東北角，東西兩面被茫茫沙漠包圍，南面為高原，尼羅河從上而下流，水流急速，不易逾越，地理環境頗為孤立。不過，地理上的阻隔亦同時成為埃及防守的優勢，使埃及在政治及軍事方面均享有高度穩定的形勢，有利其經濟及文化發展。可稽考的埃及歷史可追溯至公元前3100年，直至公元前322年，始為希臘*多利買(Ptolemy)王朝取代。至其女王克麗佩脱拉(Cleopatra)在公元前31年與羅馬將軍安東尼(Mark Anthony)雙雙自殺後，埃及就被羅馬帝國*吞併，其歷史長達差不多4,000年。在距今約4,000年前，埃及人已建成金字塔——今天被稱為世界七大奇景之一。

埃及的命脈就是尼羅河，其三角洲的土地肥沃，加上氣候穩定，出產豐富(民十一5)，有古代近東的糧倉之稱，是鄰近地區人民饑荒時的避難所(創四十一53～57)。埃及墓室中的壁畫描繪了一些來自巴勒斯坦*的人進出埃及的情況，栩栩如生，讓我們一窺當時的生活面貌。

在法老的統治下，埃及奉行神權政治，統治者被視為神的兒子，地位超然，同時亦扮演大祭司的角色。埃及的社會結構就像金字塔一樣，法老及其親屬於頂端，其下是各階層的知識分子及技術人員，最下層就是普羅大眾。

在舊約時代，埃及與以色列的關係可謂千絲萬縷。埃及本身

的物產雖然豐富，但仍需從以色列人的聚居地迦南進口大量金屬及木材，所以在經濟上，迦南對埃及是非常重要的。另一方面，埃及亦可說是以色列的發源地，因為以色列在當地從一個只有70人的家族，發展成壯大的民族（出一1～7）。至大衛*建立王國時，其政府架構亦是仿效埃及的（撒下八15～18；二十23～26）。當以色列定居迦南後，埃及很多時都想借機影響迦南區內的政治，從中得利。在所羅門作王時，就曾與埃及結盟，娶了法老的女兒為妻，法老把本屬迦南人*的城市基色城相贈作嫁妝（王上九16）。其後，所羅門的臣僕耶羅波安密謀作反，被識破後潛逃至埃及，得埃及法老示撒收留（王上十一40）。到所羅門死後，耶羅波安返國，領導北面10支派脫離大衛家的統治，建立以色列國（王上十二章）。之後法老示撒率領軍隊入侵南北兩國，但觀其行軍路線，其主要對象實在是以色列國（王上十四25～26）。

從公元前8世紀起，隨著亞述帝國*的興起，埃及為要在本身和亞述間設下緩衝區，常常插手迦南區內的事務，扶助備受壓力的以色列及猶大政府（王下十七4，二十三29），但卻不能成事，最終以色列及猶大均先後敗亡於亞述及巴比倫*之手。

亞述

羅慶才

亞述乃古代近東的文明大國，亦為古代近東首個帝國，以好戰及強悍見稱，在以色列歷史中有舉足輕重的地位。

亞述的發源地乃亞施戶城(Assur)，位於底格里斯河東岸，因該地氣候適合畜牧，所以成為遊牧者的聚居處。其最早發現的考古文物為公元前2800至2200年左右，顯示其文化與居於亞述以南的蘇美爾人(Sumerians)相似。亞述人作為一個政治實體，最早可追溯至公元前2000年左右。除本土居民外，還混合了亞摩利人及亞蘭人的血統。

亞述人早期聚居於幼發拉底河和底格里斯河流域的北部，以尼尼微、亞比拉、亞施戶城等地為核心，以農業和畜牧為生，自公元前1900年(古帝國期)始有政治制度及組織。公元前1750至1000年間為亞述發展的高峯期(中帝國期)，曾征服南部的巴比倫*及西面的亞蘭，建立了一個強大的國家。其後經歷了一段低沉時期，但由公元前9世紀初起，亞述又再興盛，至公元前8世紀末至7世紀初達至頂峯，成為歷史上的「新亞述帝國」。然而，亞述的國力自公元前625年起迅速滑落，其國都尼尼微於公元前612年被巴比倫及瑪代聯軍所破，亞述帝國最後於公元前609年滅亡。

和眾多古代近東國家一樣，亞述的社會結構亦是金字塔式的。最上層的是君王貴族，依次為各級官員、平民百姓，最下層的就是奴隸。亞述社會崇尚武力，有軍國主義的傾向，人民從小習武。君王同時是軍隊中的最高統帥，有絕對的權力，他的說話

就是律法；君王權力的惟一掣肘就是社會傳統及宗教習慣。記載在舊約中的官員包括：「他珥探」(總督或總管)、「拉伯撒利」(太監長)和「拉伯沙基」(酒政)(王下十八17)。

經濟方面，亞述土地肥沃，農業及畜牧業均相當發達。此外，亞述政府向對外貿易徵稅，是為亞述經濟來源的第三大支柱。當亞述成為超級大國時，還有外國的貢銀作為第四大收入來源(王下十五19，十六8等)。

除軍事及政治外，亞述在文化方面亦有重大成就。亞述人承襲了亞甲人(Akkadian)的文化傳統，保存了很多重要的亞甲文獻。亞述巴尼帕王(Ashurbanipal，公元前669～627年)在位時，曾在皇宮中建造圖書館，搜集古巴比倫文獻，並將之存放於此；此圖書館在19世紀中期被發掘出土。在藝術及雕刻方面，亞述亦有卓越的成就，亞述的雕刻家甚有創意，生動地捕捉了古代生活各方面的形態，尤其值得注意的是印鑒，常刻有與亞述宗教有關的主題，為舊約研究提供了重要的參考資料。此外，亞述皇宮中的浮雕亦甚有價值，常刻有古代生活的面貌，如搜獵和皇室花園景色等。另外，浮雕上亦常見古代戰爭的場面，可見古代進行戰事的方式等，實具歷史價值。

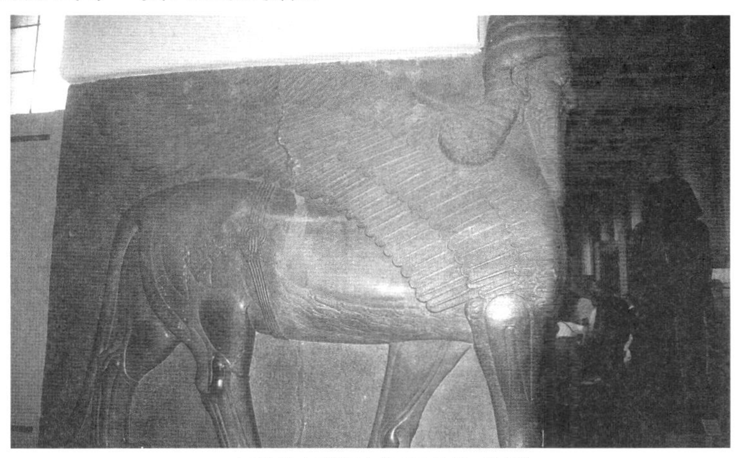

• 亞述的人頭獅身像(公元前9世紀)

巴比倫

羅慶才

巴比倫文化最早可追溯至公元前4000年，屬重要文化發源地之一。

「巴比倫人」所指的是居於美索不達米亞南部，今巴格達至波斯灣海岸一帶的居民。他們自公元前3000年已建立城邦，其後逐漸發展成古代近東的軍事強國。

當以色列人於公元前13世紀末進入迦南*時，巴比倫正受亞述*控制，到8世紀更被亞述統治。不過，至公元前7世紀末，隨著亞述的衰落，巴比倫在尼布甲尼撒二世的領導下，不只擺脫了亞述的掣肘，更建立了新巴比倫帝國，取代亞述成為古代近東霸主，其統治範圍包括迦南地，猶大在內的各國。不過，這段輝煌時期只維持了數十年，至公元前539年，波斯*不費吹灰之力，就推翻了巴比倫帝國。

巴比倫一帶的雨量較少，而幼發拉底和底格里斯兩大河流域地勢平坦，廣泛地區都是沼澤，故此自古以來，巴比倫統治者的天職就是開發及維修灌溉用的輸水道，以利農耕。不過，因土質鹽分較高，故農產以大麥為主。此外，巴比倫是區內棗子產量最多的國家。

巴比倫最早期的政治結構基本是以城邦為主，君主制度成立後，源自城邦時期的一些傳統，如長老的參與，雖仍得以維持，卻已演變成扶助君主執政的工具。其次，廟宇及其祭司在經濟上本來有舉足輕重的地位，但到君主執政時期，其影響力已被大大

希臘化時代的埃及與敍利亞（公元前2世紀末）

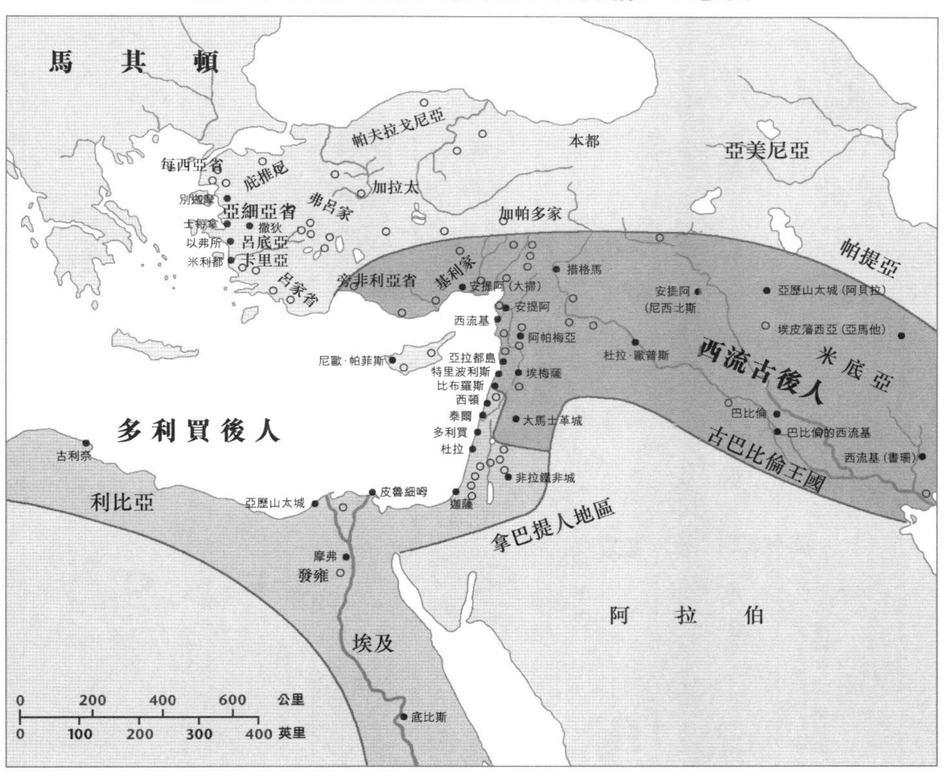

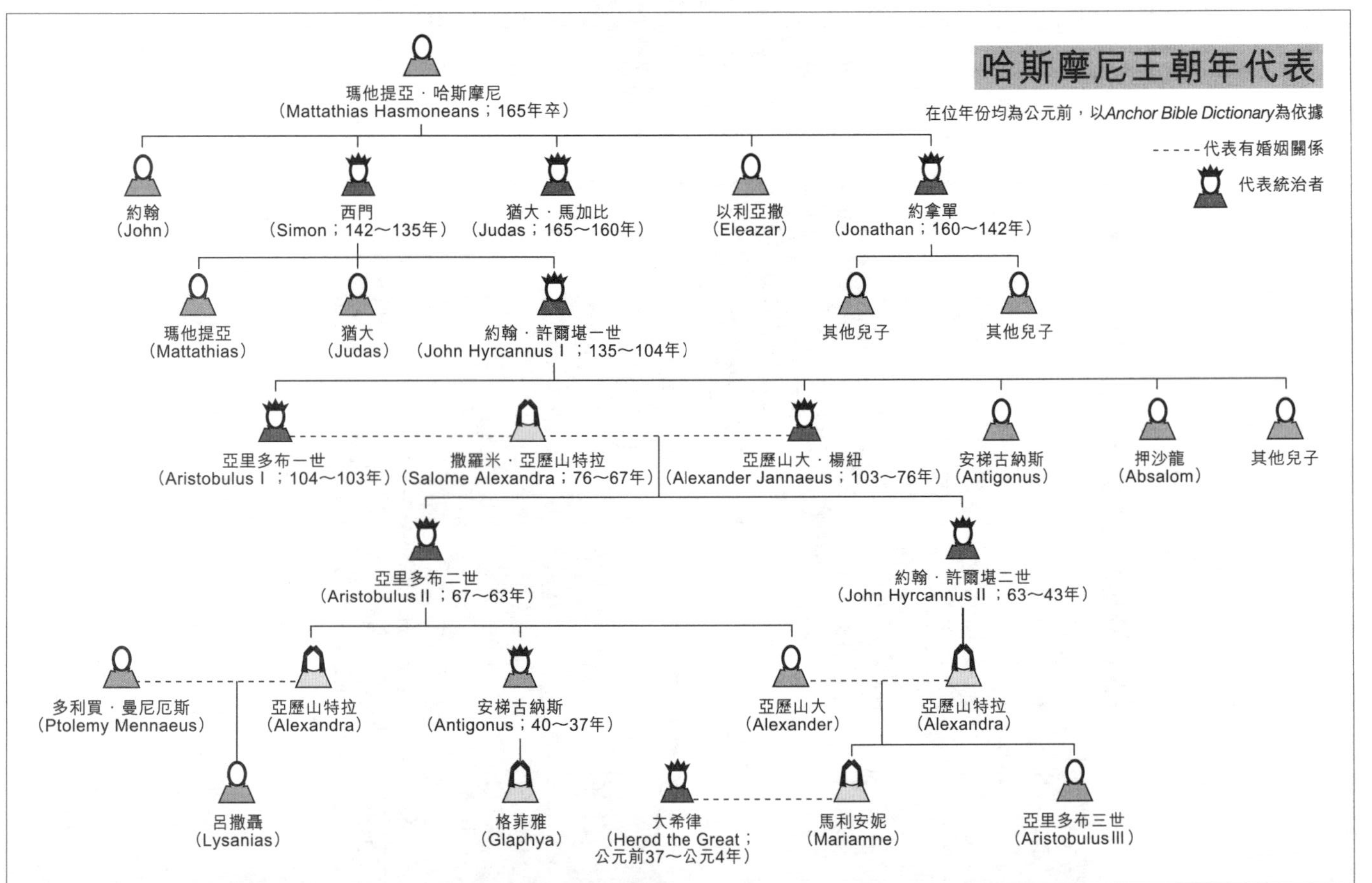
哈斯摩尼王朝年代表
在位年份均為公元前，以Anchor Bible Dictionary為依據
代表有婚姻關係
代表統治者
瑪他提亞．哈斯摩尼
（Mattathias Hasmoneans；165年卒）
約翰
（John）
西門
（Simon；142～135年）
猶大．馬加比
（Judas；165～160年）
以利亞撒
（Eleazar）
約拿單
（Jonathan；160～142年）
瑪他提亞
（Mattathias）
猶大
（Judas）
約翰．許爾堪一世
（John Hyrcannus I；135～104年）
其他兒子
其他兒子
亞里多布一世
（Aristobulus I；104～103年）
撒羅米．亞歷山特拉
（Salome Alexandra；76～67年）
亞歷山大．楊紐
（Alexander Jannaeus；103～76年）
安梯古納斯
（Antigonus）
押沙龍
（Absalom）
其他兒子
亞里多布二世
（Aristobulus II；67～63年）
約翰．許爾堪二世
（John Hyrcannus II；63～43年）
多利買．曼尼厄斯
（Ptolemy Mennaeus）
亞歷山特拉
（Alexandra）
安梯古納斯
（Antigonus；40～37年）
亞歷山大
（Alexander）
亞歷山特拉
（Alexandra）
呂撒聶
（Lysanias）
格菲雅
（Glaphya）
大希律
（Herod the Great；
公元前37～公元4年）
馬利安妮
（Mariamne）
亞里多布三世
（Aristobulus III）

猶太散居地

黃錫木

在新約時代，猶太散居僑民的數目遠超過住在巴勒斯坦本土的猶太人；雖然有些猶太僑民較為開放，但大多數依然謹守猶太傳統。

猶太散居地(*disapora*)是指猶太地(或巴勒斯坦*)或以色列地以外的地方。

在古代社會，移民並非一件光彩的事。除了因經商或逃避饑荒(得一1)、戰亂、迫害(王下二十五25～26；耶四十一1～18)而自願遷徙外，一般猶太人都是被迫移居外地，例如因戰敗被俘擄到別國。自大衛*統一王朝，以色列人先後經歷兩次大規模遷移，分別是被亞述*(公元前722/721；王下十七1～6)和巴比倫*(公元前587/586；王下二十五8～21)強迫的。在兩約時期*，猶太人亦經歷多次遷徙。而在兩次猶太叛亂中，不少猶太人亦遷居到美索不達米亞以東地區。

新約時代，猶太僑民散布羅馬帝國*各地：主要有巴比倫、埃及、敍利亞、小亞細亞和羅馬*；我們甚至可以肯定，猶太散居僑民比住在巴勒斯坦的猶太人還要多。

埃及是最重要和歷史最悠久的猶太散居地。據考古和文獻記載，在埃及最南方的伊里芬丁(Elephantine)的猶太人，曾經於公元前6世紀末建造一座耶和華的殿(但後來被當地人拆毀)。據約瑟夫*所說，在新約時代的埃及就有100萬猶太人。在亞歷山太城，猶太人佔城市總人口的極大部分。他們在政治上自成一體，

居住在自己的地區和城市，延續傳統猶太文化和生活方式。除了埃及，巴比倫也是很重要的城鎮。雖然波斯*王（公元前538年）曾經宣布猶太人可以回歸自己的國土，但依然有很多人寧願留在巴比倫（按典外文獻的記載），暗示了人民已經在那裏落地生根。公元70年耶路撒冷*淪陷後，巴比倫就成為保留猶太傳統的中心。

住在異教文化當中的猶太人，固然較容易受希羅文化影響，他們雖然未至於放棄自己獨特的信仰與文化，但卻較願意學習希臘文化。不少後期的猶太作品，特別是那些寫於亞歷山太城的作品，均深受希臘哲學的影響，其用詞與寫於巴勒斯坦地的猶太作品，亦有差異。

很多猶太人依然謹守傳統猶太教的教導，男性出生8天便受割禮*。猶太人自小便接受律法的教導，獨尊上帝，拒絕跪拜別的神明及參與任何其他宗教儀式，又謹守一切潔淨*的禮儀、禁食、安息日*及節期*。散居地的猶太人常與其他民族發生衝突和磨擦，這與他們謹守這些習俗有密切關係。於是，在宗教、文化和社交上，會堂*往往成為維繫猶太散居僑民的一個非常重要的活動中心。

這些猶太僑民為保持自己獨特的文化和信仰，和非猶太人的關係常變得緊張；從希臘和羅馬作家常在作品中貶低那些生活在他們當中的猶太人可見一斑。

散居的猶太僑民(公元前1世紀末)
意大利
羅馬
部丟利
龐培
馬其頓
腓立比
帖撒羅尼迦
希臘
庇哩亞
雅典
鎖西恩
哥林多
斯巴達
提洛
亞大米田
別迦摩
推雅推喇
士每拿
亞細亞省
呂底亞
以弗所
撒摩島
米利都
米杜斯
哈利加拿修
哥士島
撒狄
非拉鐵非城
老底嘉
歌羅西
他拉勒
卡里亞
呂家省
革尼土
法塞利斯
羅底島
別加
安提阿
弗呂家
加拉太
庇推尼
本都
加帕多家
以哥念
特庇
西特
旁非利亞省
大數
基利家
安提阿
敘利亞省
西流基
阿帕梅亞
塞浦路斯
撒拉米
帕弗
亞拉都島
腓
尼
基
西頓
泰爾
大馬士革城
猶大地
克里特
戈特納
古利奈
亞歷山太城
赫利奧波利斯
利比亞
發雍
埃及
俄西林古
底比斯
阿拉伯
美索不達米亞
尼西比斯
阿迪亞貝那
帕提亞
米底亞
內哈爾德
巴比倫
以攔
波斯
0 200 400 600 公里
0 100 200 300 400 英里

新約歷史簡述

羅馬帝國版圖（公元1世紀末）

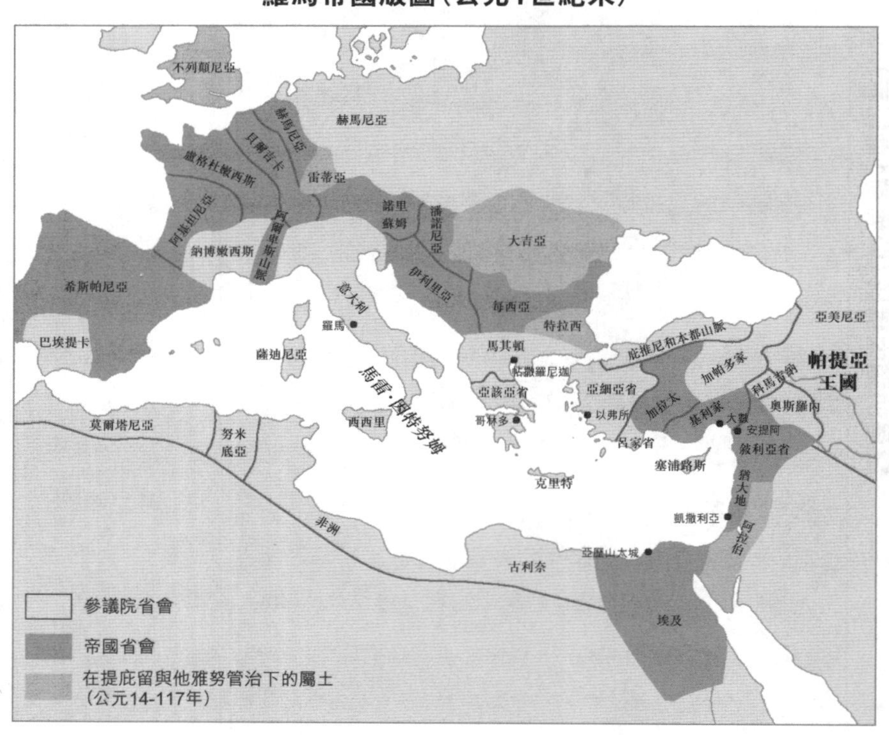

大希律的統治

黃錫木

大希律的統治揭開新約時代的歷史序幕。希律生性殘暴狡猾，不過，他對猶太人社會亦有很深遠的貢獻。

公元前63年，羅馬*將軍龐培(Pompey)進軍耶路撒冷*，結束了為期只有80年(公元前143/142～63年)的馬加比家族*獨立管治。自此，猶太地一帶成為羅馬中央政府管治的地區，屬敘利亞省。龐培將軍任命馬加比家族*的後人許爾堪二世(Hyrcanus II；他亦是當時的大祭司*)管理猶太人事務，他手下其中一位精明的輔臣就是希律的父親安提帕特(Antipater)。因為這種關係，希律家族*取得羅馬公民的資格。

希律自年幼時已處處表現領導者的風範。他管治加利利*省時只有25歲，當時的加利利省，已經是一個高度自治的省分。希律雖然多次在政治決策上錯下注碼，但他至終仍能得到羅馬王帝的信任。公元前37年，希律正式被羅馬政府封為猶太人的王，使當時的巴勒斯坦地*享有全面的自主權，直接向羅馬負責，歷時35年之久。

希律自知自己不是純猶太血統(原是以東人)，不能像馬加比家族的成員一樣當大祭司，因此，他極其量只能擔任猶太人的王。為使猶太人視他為哈斯摩尼王朝的合法繼承人，希律娶了許爾堪二世的孫女馬利安妮(Mariamne)為妻；又為要使人對其家族忠心，他特別設立擁護自己的猶太派別，就是「希律黨人」。除此以外，他仿效埃及多利買(Ptolemy)政府，以組屋傭軍、建立政制和建築防衛體系（其中之一就是瑪撒大*堡壘）鞏固自己的權力。

希律性情殘暴，曾處死自己的兩個妻子、3個兒子，又在耶穌出生時，下令殺害全國兩歲以下的嬰孩（太二16～18）。他的私生活一團糟，曾結婚10次，家庭中數之不盡的問題，都是他的妻子和她們的母親為使自己的子女得到某些優待或特權而產生的。歷史上對希律的為人作出最貼切的評價的，要算是奧古斯都了。當他聽見希律殺了自己的骨肉時，他幽默地說：「當希律的豬，勝過當他的兒子。」

希律是猶太人歷史上最偉大的建築家。他在任期間，大興土木，經營了十多個大城邑，其中最有名的是地中海沿岸的凱撒利亞*。耶路撒冷的建築物，例如歌劇院、浴場和學校等都是他自費興建的，而最重要的，亦因而得到猶太人歡心的，莫過於擴建聖殿*。計劃始於公元前19年，聖殿本身的建築過了不久便落成，但附近的建築和裝飾則花了很多人力和時間；整個工程到公元64年才完成。然而，希律並不是一個虔誠的猶太教信徒，既沒有敬畏的心，也不在乎甚麼是正統；反之，他卻是希羅文化和宗教的熱愛者。

希律在位33年，卒於公元前4年。

耶穌時期的巴勒斯坦地

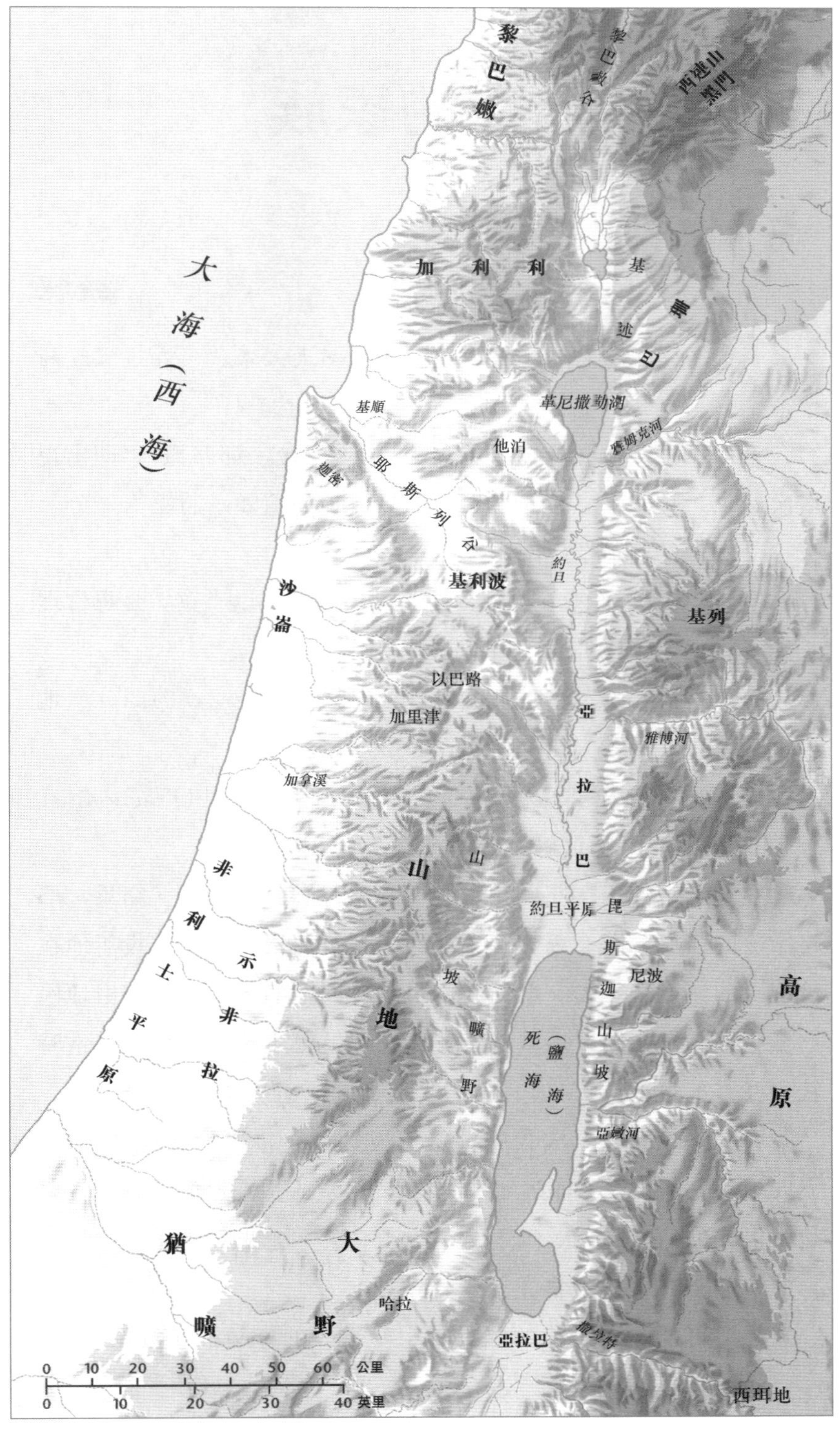

希律的家族

黃錫木

希律的家族是新約時代中最重要的猶太人家族，在這家族的統治下，猶太地的猶太人能享有某程度的自治。

希律在位33年，卒於公元前4年。他死後，耶路撒冷*即出現多次暴亂。騷亂平息後，羅馬政府完成他的遺願，將國家一分為三，交由他的3個兒子治理：

1. 亞基老（參太二22）管治猶太地、撒馬利亞和以土買，是專管理猶太人事務的提督（ethnarch）；
2. 安提帕（Antipas）管理加利利*和比利亞省（Perea）的四分一地區，職銜是分封王（tetrarch）；
3. 腓力（參路三1）承受以土利亞（Iturea）、特拉可尼（Trachonitis）和東北部的附屬地區，作為分封王。

亞基老統治了10年，承襲父親的暴行（參太二22）。結果，耶路撒冷的居民聯同撒馬利亞人*派遣一隊專員到羅馬*，投訴他在治理上的無能和殘酷。羅馬政府最後奪回他的統治權，交由地區巡撫管理，直接向羅馬政府負責；在耶穌誕生時，居里扭是當時敍利亞省的巡撫（路二2）。

與亞基老相反，安提帕的管治與父親大希律*一樣，能與猶太人維持良好關係；耶穌和施洗約翰*傳道旅程經過的地方，主要是安提帕的所屬地（太十四1～12）。不過，施洗約翰卻是被他殺害的，耶穌亦曾被他審訊。

腓力可能是大希律的繼承者中，惟一的好領袖。按約瑟夫*

所記，他愛護人民，尊重猶太人，又沒有耗費人力物力於奢華的建築工程上。他重建了加利利湖一帶多個城市，包括伯賽大，又開拓了凱撒利亞．腓立比這個城市，以自己和羅馬王的名字作為這城的名稱。

大希律另有兩名孫兒也見於新約聖經中，就是亞基帕一世和二世。亞基帕一世的父親被大希律處死，他在羅馬長大，認識了兩位日後成為羅馬王帝的朋友——該猶和克勞第（又稱革老丟）。在他們的幫助之下，他把大希律原本統治的國界重新合併起來。雖然新約聖經記載他把雅各處死，又監禁彼得*（參徒十二1～4），但在猶太人心目中，亞基帕因遵守傳統猶太教的教訓和規條，得到猶太人的敬重。按約瑟夫記載，他是得到怪病而死的（徒十二20～23）。

亞基帕二世在任期間，曾應非斯都之邀請，一起聽保羅*的分訴，而他的妹妹百妮基亦在場（徒二十五13～二十六32）。亞基帕二世完成其祖父大希律修葺聖殿*的計劃，並在耶路撒冷多處街道上，鋪上大理石塊。他雖然敬重猶太教，但仍然忠於羅馬。公元66年，當第一次猶太人叛亂*剛剛開始，亞基帕二世和他的妹妹百妮基竭力勸阻猶太人對抗羅馬政府，但不成功。亞基帕二世不單擴張自己管轄的領土，更與後來成為王帝的提多將軍成為好友。亞基帕二世於公元96年去世，此後，希律家再沒機會直接管理猶太人的事務。

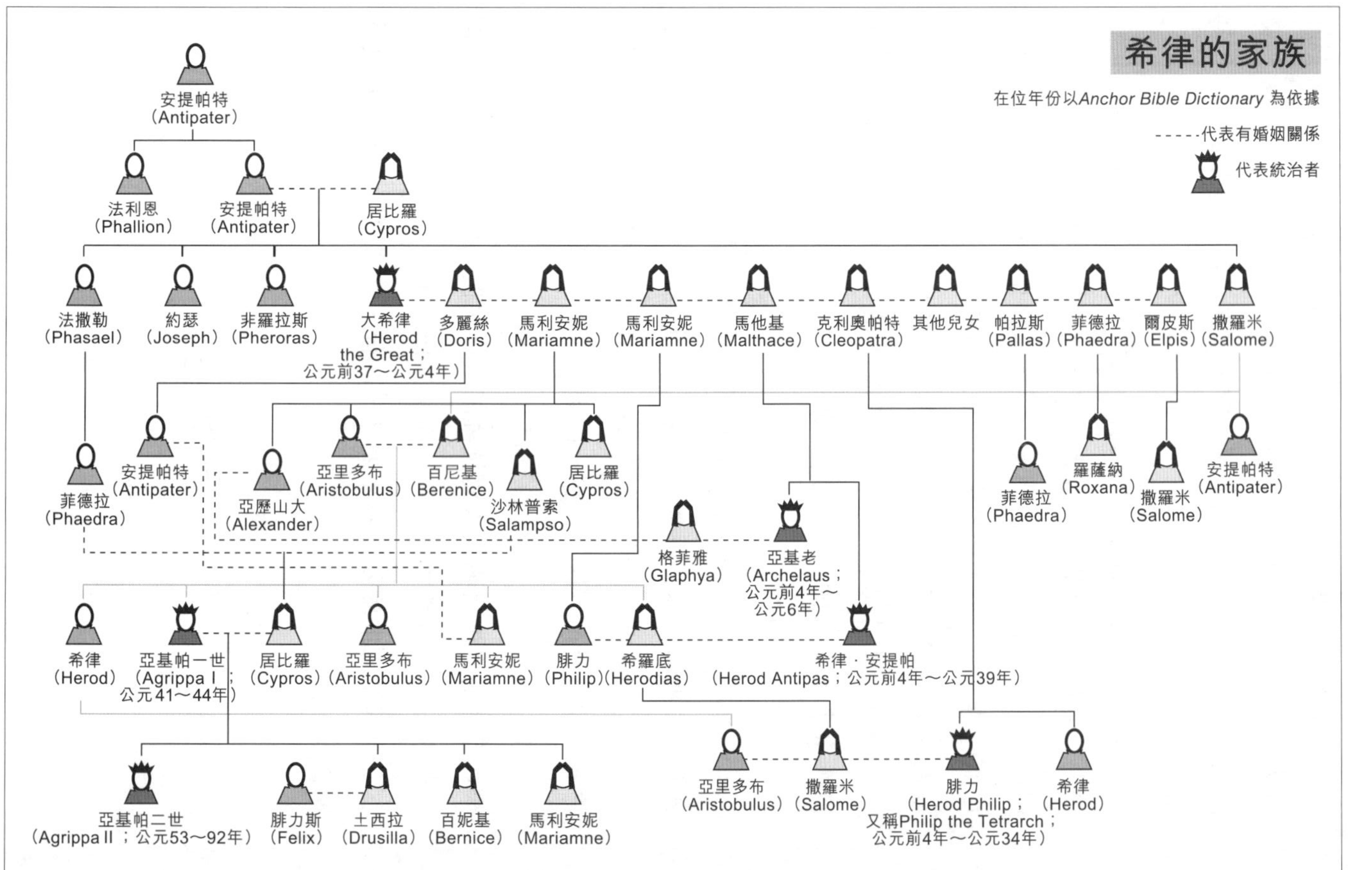
希律的家族
在位年份以Anchor Bible Dictionary 為依據
-----代表有婚姻關係
代表統治者
安提帕特（Antipater）
法利恩（Phallion）
安提帕特（Antipater）
居比羅（Cypros）
法撒勒（Phasael）
約瑟（Joseph）
非羅拉斯（Pheroras）
大希律（Herod the Great；公元前37～公元4年）
多麗絲（Doris）
馬利安妮（Mariamne）
馬利安妮（Mariamne）
馬他基（Malthace）
克利奧帕特（Cleopatra）
其他兒女
帕拉斯（Pallas）
菲德拉（Phaedra）
爾皮斯（Elpis）
撒羅米（Salome）
菲德拉（Phaedra）
安提帕特（Antipater）
亞歷山大（Alexander）
亞里多布（Aristobulus）
百尼基（Berenice）
沙林普索（Salampso）
居比羅（Cypros）
格菲雅（Glaphya）
亞基老（Archelaus；公元前4年～公元6年）
菲德拉（Phaedra）
羅薩納（Roxana）
撒羅米（Salome）
安提帕特（Antipater）
希律（Herod）
亞基帕一世（Agrippa I；公元41～44年）
居比羅（Cypros）
亞里多布（Aristobulus）
馬利安妮（Mariamne）
腓力（Philip）
希羅底（Herodias）
希律．安提帕（Herod Antipas；公元前4年～公元39年）
亞基帕二世（Agrippa II；公元53～92年）
腓力斯（Felix）
土西拉（Drusilla）
百妮基（Bernice）
馬利安妮（Mariamne）
亞里多布（Aristobulus）
撒羅米（Salome）
腓力（Herod Philip；又稱Philip the Tetrarch；公元前4年～公元34年）
希律（Herod）

耶穌生平

黃錫木

雖然我們未能仔細和具體地重構耶穌的一生，但分階段理解耶穌的一生能讓我們更清晰地認識他。

4卷福音書對耶穌一生的言行提供了不少資料，但由於要完全協調這些資料是極其困難，我們不能詳細地重構耶穌一生所做的事，而只能分階段描述他的一生。

耶穌公開傳道前的日子：耶穌的出生、童年、少年和成長經過，直至30歲為止，福音書有關這方面的記載只有100多節。在這段日子，有兩件事是福音書作者很看重的：耶穌領受施洗約翰*的水禮*——顯示耶穌與約翰是一脈相承的；耶穌接受並勝過魔鬼*的試探——象徵他要以得勝者的姿態出現。有關耶穌傳道的年日，雖然馬太福音*、馬可福音*和路加福音*記載耶穌只有一次（亦是最後的一次）上耶路撒冷*，但約翰福音*則清楚記述耶穌曾經3次上耶路撒冷過每年一度的節期*（約二23，五1，六4，十二1）；後者的記載似乎較清晰表達耶穌傳道的時間。

傳道的初期：耶穌在猶太地開始傳道（約三22），在施洗約翰的推舉下，耶穌已有幾位核心的跟隨者（如彼得*、約翰*等）。在這一年半裏，耶穌可能穿梭於猶太與加利利*之間，他突出的言論（如在會堂*講論；路四16～32）和所行的神蹟*已使他薄有名聲（約二23～25，三1～21）；而他「出位」的行為，例如與撒馬利亞人*和外邦人（甚至是婦女）接觸（太十五21～28；約四1～12），亦使他成為猶太領袖針對的對象（約二13～22）。

在加利利傳道：雖然耶穌傳道的活動範圍遍及巴勒斯坦*，但加利利省明顯是福音書作者記載的焦點。耶穌的言論和行徑為他贏得思想較開放的加利利人歡迎。他在眾多的跟隨者中，揀選了12位門徒，成為他的門生和同工，既為他的日常生活和傳道工作打點，亦學習宣講天國*的道理（路九1～2）。除了個別言論的記載，馬太和路加分別把耶穌在不同場合的講論整合成為著名的登山寶訓（太五～七章）和平原講道（路六17～49）。按福音書的記載，耶穌的講論主要以比喻*為主，並且常在被人詢問和挑戰的情況下才闡述某些課題。福音書共記載了35件耶穌所行的神蹟，很多都是在這段日子施行的，其中有一半以上是與醫治*和驅鬼有關，其餘的主要是突顯他超乎自然定律的大能。

上十字架的道路：耶穌知道自己受難的日子近了，便多次向門徒披露此事，然而，門徒既不明白，亦不能接受（可八31～33）。耶穌沿途經過很多地方，在伯大尼，馬利亞用極貴的香膏膏抹耶穌（約十二1～8）；福音書作者認為這是為他的安葬準備的。耶穌花了一整週在耶路撒冷，當中他不忘繼續講道，包括末世*的事情（可十三章）。最後，他在假公濟私的審判之下被處死，死在十字架上。

耶穌生平年表

年份	耶穌生平的重要事件	馬太	馬可	路加	約翰
公元前	**耶穌的出生**				
5	天使傳報耶穌誕生的喜信			一26～38	
5	約瑟的夢	一18～25			
	耶穌的童年				
	耶穌的家譜	一2～17		三23～38	
4	耶穌的降生	一18～25		二1～7	
4	天使與牧人			二8～20	
4	耶穌受割禮並在聖殿奉獻			二21～38	
4	朝拜聖嬰耶穌	二1～12		二8～20	
4/2	逃往埃及、歸來	二13～21			
2	童年的耶穌在拿撒勒	二22～23		二39～40	
公元	**沉寂期**				
8	孩童耶穌在聖殿聽道			二41～52	
	18年沉寂期／預備及傳道初期				
26	耶穌受洗	三13～17	一9～11	三21～22	一29～34
26	耶穌受試探	四1～11	一12～13	四1～13	
27	迦拿婚筵				二1～11
27	耶穌潔淨聖殿	二十一12～13	十一15～17	一九45～46	二14～22
27	耶穌與尼哥德慕談道				三1～21
27	耶穌與撒馬利亞婦人談道				四4～42
27	迦百農的百夫長	八5～13		七1～10	四46下～54
27	耶穌在拿撒勒傳道	十三53～58	六1～6上	四16～30	
	聲名遠播時期				
28	耶穌呼召眾門徒	四18～22	一16～20		
28	耶穌醫治彼得的岳母	八14～15	一29～31	四38～39	
28	耶穌第一次到加利利各城各鄉傳道	四23	一39	四44	
28	利未（馬太）被召	九9～13	二13～17	五27～32	
28	耶穌揀選12個門徒	十1～4	三13～19	六12～16	
28	登山寶訓／平原講道	四24～七27		六17～49	
28	婦人與香膏	二十六6～13	十四3～9	七36～50	十二1～8

28	耶穌第二次到加利利			八1～3	
28	耶穌講論天國的比喻	十三1～52	四1～34	八4～18，十三18～21	
28	耶穌平靜風和海	八23～27	四35～41	八22～25	
28	睚魯【葉魯《現修》】的女兒和患血漏病的女人	九18～26	五21～43	八40～56	
28	耶穌差遣12個使徒	九35～十14	六6下～13	九1～6	
	被敵對時期				
29	施洗約翰之死	十四3～12	六17～29	三19～20	
29	5,000人得飽	十四13～21	六32～44	九10下～17	六1～15
29	耶穌履海	十四22～33	六45～52		六16～21
29	4,000人得飽	十五32～39	八1～10		
29	彼得承認耶穌為基督	十六13～20	八27～30	九18～21	六67～71
29	耶穌醫好生來瞎眼的人				九1～41
29	耶穌改變形像	十七1～9	九2～10	九28～36	
29	耶穌在住棚節上耶路撒冷				七11～52（～十21）
29	拉撒路復活				十一1～44
30	耶穌為小孩祝福	十九13～15	十13～16	十八15～17	
30	瞎子（巴底買）得醫治	二十29～34	十46～52	十八35～43	
30	稅吏撒該			十九1～10	
30	耶穌探望馬大和馬利亞				十一55～十二1
30	耶穌的最後一週	二十一1～二十七66	十一1～十六8	二十二39～二十三56	十二12～十九42
30	耶穌復活的形像	二十八1～20		二十四1～53	二十1～二十一25

初代教會的發展

黃錫木

在短短60多年間，初代教會的人數由只有120人發展成數以萬計，遍布的範圍超越當時羅馬帝國的邊界。

新約聖經沒有在初代教會發展史方面提供完整的資料；路加的使徒行傳*(和保羅書信)所提供的資料主要都是以保羅*為主。對於研究初代教會的發展史，這的確是一個限制，但這卻是聖經作者要我們細察的角度。

耶穌升天之前，他指示使徒要先等候聖靈*降臨，才遍傳復活*的喜訊。他們又選擇了另一個門徒馬提亞，代替出賣耶穌後自殺的猶大，完整保存「12」這個數目，為要標誌一個新的以色列民族。在這時候，這個羣體只有120個信徒。耶穌的預言在五旬節*當天應驗了，按路加的理解，教會*就在這天成立。在當天的宣講*中，有3,000人回應了彼得*的信息，認罪*悔改。這些信徒奉耶穌的名施洗，聚集祈禱*，聽使徒的教訓，守主的聖餐*。

雖然教會的人數不斷增加，但從猶太人來的壓迫亦不斷增加。彼得和約翰*被監禁，之後司提反執事在猶太人引發的騷動中被石頭打死(徒七章)，又有以逼迫基督信徒為榮的掃羅(即保羅)；這種種危機反而成為把福音外傳的契機。路加特別記載腓利的傳道工作，他把福音傳到撒馬利亞人*當中，然後又向一名衣索匹亞(或稱埃塞俄比亞)的太監傳福音*(徒八章)——從猶太人的角度而言，他是一名被雙重詛咒的人。路加要指出，主耶穌的大使命在腓利身上已被落實。

保羅信主(徒九1～19)是初代教會發展的一大轉捩點，因此，從使徒行傳九章開始，他亦成為全書的中心人物。保羅雖然曾經到耶城教會作短暫停留，但之後一直以安提阿為根據地，在基利家省及敍利亞積極投入宣教*工作。公元46至48年，巴拿巴和保羅更遠赴旁非利亞省；這幾年的工作非常成功，亦使初代教會開始思想基督信仰與猶太教的關係。結果，在耶路撒冷*的會議中，耶城教會認同保羅的見解，認為外邦人不需要守割禮*和猶太人的律例，但卻要遠離拜偶像和淫亂等事情(徒十五章)。

這是初代教會發展的新里程。自此，雖然保羅依然受到猶太人的迫害，但他已經和當時耶城教會的領袖取得共識，把福音傳到更遠的地方。於公元49/50至58年，保羅把福音傳至馬其頓和希臘，並在哥林多*和以弗所兩城逗留較長時間。他又藉著上訴羅馬*的機會，把福音帶到西班牙去。

直至公元1世紀末，福音遍傳的範圍已超越羅馬帝國的邊境，東至印度(馬太和巴多羅買)，西至羅馬(彼得和馬可)，甚至西班牙(保羅曾到那裏)，南至埃及的亞歷山太城和亞拉伯半島地區。

第一次猶太人叛亂

黃錫木

於公元66至74年發生的第一次猶太人叛亂，是古代猶太人最慘烈的歷史事件，最後以耶城聖殿被毀告終。

羅馬*政府統治巴勒斯坦*初期（自公元前63年起），與猶太人保持頗良好的關係，這多少是大希律*的功勞。然而，隨著大希律去世，他兒子的暴政，後來羅馬直接指派的巡撫極為腐敗的管治（公元44～66年），以及整體上各地的反閃族情緒，直到公元1世紀中期，很多猶太人聚居的地方已經醞釀了不少騷亂情緒。

根據猶太歷史家約瑟夫*所記，第一次猶太人叛亂是由猶太地巡撫弗洛厄斯的劣行所致的：他搶掠聖殿*的庫房，又大肆屠殺抗議的羣眾。發生這些事後，亞基帕二世和他的妹妹百妮基（兩者都是大希律的孫兒）、大祭司*和法利賽人*企圖說服猶太人不要以武力反抗，但猶太人的憤怒情緒已一發不可收拾。

聖殿的守殿官以利亞撒聯同奮鋭黨*的極端派系刺客黨，一起安排殺戮行動。他們先將亞基帕二世和百妮基趕出耶城，然後佔據城中的羅馬人城堡，殺盡所有羅馬軍隊，甚至連那些溫和派的猶太人也殺害（包括大祭司）。不但如此，刺客黨亦佔據原為羅馬部隊駐守的瑪撒大*（Masada）；至此，原本只屬猶太地的叛亂，已擴展至整個巴勒斯坦地。在這個時候，耶路撒冷*的猶太人變得士氣激昂，他們以為上帝會帶領他們脫離異族的管治。他們組織游擊隊，又在加利利*設防壘。當時本來是祭司的約瑟夫，就是在此時從耶路撒冷被調派到加利利駐守。

雖然在叛亂的初期，猶太人可算是節節勝利，但猶太人的人數與羅馬軍隊的人數，實在不可相比。在羅馬大將軍維斯帕先(Vespasian)的統領之下，叛黨逐步被剷平，而猶太人的內訌亦愈來愈嚴重。公元69年，維斯帕先回羅馬當皇帝，他的兒子提多繼續率領大軍；翌年9月，在惡劣的天氣和缺糧的情況之下，耶城終被攻破，聖殿被摧毀，只剩下瑪撒大的叛黨仍不屈服。

由於地理形勢險要，羅馬軍隊花了很多精力和時間，才成功攻上瑪撒大的城寨。據約瑟夫的記載，猶太叛黨為免被羅馬人淩辱，決定全體自殺。但按近代考古學發現，可能只是一部分叛黨自殺，還有一些人是與攻上來的羅馬人交戰而死的，甚至也有想躲藏或逃走的人。

聖殿被毀以後，猶太的獻祭和祭司制度便徹底廢止了，而領導層轉為法利賽人(後來稱為拉比)執掌。猶太基督徒沒有參與戰爭，並且於叛亂的早期已逃離耶路撒冷，到約旦河外的比拉城(Pella)；由於他們將此次毀滅解釋為上帝的審判*，所以第一次猶太人叛亂無疑加深了猶太教和基督教之間的鴻溝。

• 位於死海以西的瑪撒大，為第一次猶太人叛亂的最後據點。

• 公元71年，為了慶祝提多平定第一次猶太人叛亂，羅馬議會宣布在羅馬道上舉行盛大的遊行，特建了一座用木頭和灰泥製的拱門，這位得勝的將軍和猶太俘虜則從其下經過。到公元81年，又用大理石和銅重建這座拱門。

• 拱門雕刻有羅馬士兵搶劫耶路撒冷城聖殿的情景。

新約大事年表

年份（公元）	新約歷史事迹	參考新約經卷	羅馬王朝歷史
公元前4～公元30	**耶穌生平**	**馬太福音、馬可福音、路加福音、約翰福音**	
公元前4	耶穌出生		奧古斯都（公元前27～公元14年）
8	耶穌12歲在聖殿聽道		
26	施洗約翰開始傳道工作；耶穌開始傳道工作		提庇留（公元14～37年）
26～36			猶太總督本丟·彼拉多上任
27～28	施洗約翰被囚		
29	施洗約翰被斬；耶穌過住棚節		
30	耶穌被釘十字架、復活、升天；聖靈在五旬節降臨		
30～100	**早期教會時期**	**使徒行傳**	
35	大數的掃羅信主		
44	約翰的兄弟雅各殉道	雅各書	克勞第（公元41～54年）
46～48	保羅第一次傳道旅程		
49/50	耶路撒冷會議	加拉太書	
49/50～52	保羅第二次傳道旅程	帖撒羅尼迦前、後書	
53～57	保羅第三次傳道旅程	羅馬書，哥林多前、後書	尼祿（公元54～68年）
57	保羅在耶路撒冷被捕		
59	保羅在凱撒面前申訴		
60～62	保羅在羅馬被軟禁兩年	以弗所書、歌羅西書	
62	耶穌的兄弟雅各殉道	腓利門書、腓立比書	
64			尼祿焚燒羅馬
65～67	保羅在羅馬第二次被囚	彼得前、後書，提摩太前、後書，提多書，猶大書	

65～67/68	彼得與保羅在羅馬殉道		迦勒巴、鄂圖、威特留(公元69年)，維斯帕先(公元69～79年)，提多(公元79～81年)
70	耶路撒冷被毀；聖殿被毀	希伯來書	
81～96	多米田逼迫基督徒		
90～95	使徒約翰被逐至拔摩海島	約翰一、二、三書，啟示錄	納華(公元96～98年)

羅馬帝國王帝和任期(至公元2世紀初)

公元前27～公元14年	奧古斯都(Augustus)
公元14～37年	提庇留(Tiberius)
公元37～41年	該猶／加里古拉(Gaius/Caligula)
公元41～54年	克勞第(Claudius)
公元54～68年	尼祿(Nero)
公元68～69年	迦勒巴(Galba)、鄂圖(Otho)和威特留(Vitellius)
公元69～79年	維斯帕先(Vespasian)
公元79～81年	提多(Titus)
公元81～96年	多米田(Domitian)
公元96～98年	納華(Nerva)
公元98～117年	他雅努(Trajan)
公元117～138年	哈德良(Hadrian)

古代民族和帝國
非利士人

羅慶才

非利士人屬「海民」(Sea Peoples) 的一族，其發源地乃愛琴海一帶的島嶼；雖然非利士人其後從歷史中消失，巴勒斯坦 (Palestine) 地卻因而得名。

包括非利士人在內的「海民」沿陸 (經小亞細亞) 海 (經克里特及塞浦路斯) 兩路遷移到埃及*時，曾摧毀赫人帝國及腓尼基境內各國。到公元前12世紀初，這羣「海民」曾大舉入侵埃及，最後被擊退，自此粉碎其侵佔埃及的野心。當時在位的法老蘭塞三世把被征服的「海民」安置在迦南地沿海平原上。此後，「海民」在那裏建立城邦聯盟，包括5大城市：沿海的迦薩、亞實基倫、亞實突，並內陸的以革倫和迦特 (書十三3)。

按舊約聖經記載，雖然早在列祖時代，亞伯拉罕*與以撒曾接觸非利士人的王亞比米勒 (創二十，二十六章)，然而考古研究發現，非利士人要到較後期才大規模在迦南出現。他們與以色列人其實是差不多同時期到達巴勒斯坦* (公元前13世紀末～12世紀初)，但以色列人初期多聚居於中央山脈之上，故少與非利士人接觸。其後，因兩族人口不斷增長，對土地需求增加，遂無可避免地發生衝突。舊約中士師記*所記載的參孫的故事 (十三～十六章) 及撒母耳記*中所載的示羅*一役 (撒上四～六章)，正是以此為背景。從中可見非利士人的軍事優勢。

當以色列人膏立掃羅為王時，非利士人對以色列人的威脅最大。當時，在便雅憫地的示羅已被非利士人攻破 (撒上四章)，約

櫃被擄走，表示非利士人的勢力已深入以色列的心臟地帶。掃羅統治時，並未能有效阻止非利士人的擴張（撒上三十一章）。到大衛*作王時，才能瓦解非利士人的力量（撒下五17～25，八1，二十一15～22，二十三9～17），並取代非利士，成為區內的霸權。即使如此，兩族的關係仍然相當緊張（王上十五27；十六15～17）。

正當新亞述帝國*在提革拉．毗列色統治下進入高峯時，非利士於公元前734年被亞述征服。直至亞述帝國滅亡為止（公元前612年），非利士雖然在政治上受制於異族，但其經濟卻有重大發展。其後，非利士經歷了巴比倫*及波斯*時期，就逐漸湮沒在歷史裏。

非利士人的文化較接近歐洲愛琴海一帶的邁錫尼（Mycenean）文化。舊約指出以色列人在科技上遠遜於非利士，這與現代考古學的發現大致相符。近期的考古研究顯示非利士人其實有相當發達的文化，經濟則以農業為主，考古研究顯示他們把迦南地的橄欖油經海路出口到其他地區，進行貿易。當非利士人在迦南定居後，逐漸融入當地文化。在宗教上，他們主要信奉大袞（二十六23～25）、女神亞斯她錄（撒上三十一10）和巴力．西卜（王下一2～3），這些皆為古代近東*普遍的神祇。

迦南人

羅慶才

迦南人乃迦南地的原居民，其中包括多個民族，其信仰與文化對以色列有頗為深遠的影響。

「迦南」一詞的起源及意思至今仍未有定論，但自公元前3000年起，就一直作地理名稱用。不過，古代典籍對迦南地的範圍卻沒有明確的界定。約於公元前1500年，「迦南」乃埃及*統治的區域之一，其範圍約北至敍利亞，東面則包括大馬士革及約旦河東高原，南面止於埃及河。舊約聖經大致採納這說法。

「迦南人」並非一個民族，而是一個多元化的族羣。舊約多處經文列舉了組成「迦南人」的各部族名稱(創十五18～21；申七1等)。在以色列民進入迦南*前，當地的政治組織以城邦為主(書九1～2，十1～5，十二7～24)，各自為政，且多有紛爭衝突。迦南人的重要城市多建於迦南區內的平原上，以農業為主。此外，迦南人亦以善於進行買賣交易而聞名(亞十四21)。從現時的資料可知，迦南人的社會結構是金字塔式，階級分明，貧富懸殊，以少數貴族操控大部分經濟資源。

因迦南地以農業為主，其宗教信仰亦與此有關。迦南神祇中主要是巴力，根據當地的神話*傳統，巴力把邪惡之神「大魚」殺死後，就創造*了宇宙萬物。此外，巴力也執掌氣候及萬物的生殖能力，務農者敬拜它就是為了確保有豐盛的收穫。巴力的妻子亞舍拉亦是迦南人所尊崇的神祇之一。

舊約記載迦南人的事迹，往往給讀者這個印象：以色列人對

迦南人深惡痛絕。律法書中三番四次強調以色列人不能與迦南人通婚，不要被他們的宗教敬拜吸引，更要徹底剷除迦南人的敬拜，不然就會成為以色列的網羅，難以自拔。自以色列建立王國*後，所羅門雇用了大量迦南人來建設城市及建造國家設施（如聖殿*）。到大衛*王國分裂*後，有大批迦南人居於北國以色列境內，成為一股強大的政治力量，以致北國的統治者不得不用政治手段，滿足他們的訴求，如為他們建立神廟等（王上十六32～33），以討好他們。此舉在聖經作者眼中，無異是出賣了以色列的一神信仰。

話說回來，以色列人居於迦南區內，少不免受其文化影響。從近代考古學研究得知，以色列的建築風格與迦南人的無異，這包括城市、房屋、敬拜場所等，甚至農業技術、生活方式等亦多有相同之處。然而，另一方面，以色列因信仰的緣故，與迦南本土居民亦有顯著的差異。例如以色列的先知秉承律法的精神，強烈譴責國內貧富懸殊的情況，多番提醒同胞要以公平公義的原則彼此相待。而在律法中，亦以建立一個公平的、沒有貧窮的社會為目標（利二十五章；申十五1～18）。這就是以色列信仰對社會帶來的影響。

埃及

羅慶才

埃及乃古代文明大國，歷史悠久，對古代近東歷史影響頗深；在舊約時代，更常常企圖染指區內的局勢發展。

埃及位處非洲東北角，東西兩面被茫茫沙漠包圍，南面為高原，尼羅河從上而下流，水流急速，不易逾越，地理環境頗為孤立。不過，地理上的阻隔亦同時成為埃及防守的優勢，使埃及在政治及軍事方面均享有高度穩定的形勢，有利其經濟及文化發展。可稽考的埃及歷史可追溯至公元前3100年，直至公元前322年，始為希臘*多利買 (Ptolemy) 王朝取代。至其女王克麗佩脱拉 (Cleopatra) 在公元前31年與羅馬將軍安東尼 (Mark Anthony) 雙雙自殺後，埃及就被羅馬帝國*吞併，其歷史長達差不多4,000年。在距今約4,000年前，埃及人已建成金字塔——今天被稱為世界七大奇景之一。

埃及的命脈就是尼羅河，其三角洲的土地肥沃，加上氣候穩定，出產豐富 (民十一5)，有古代近東的糧倉之稱，是鄰近地區人民饑荒時的避難所 (創四十一53～57)。埃及墓室中的壁畫描繪了一些來自巴勒斯坦*的人進出埃及的情況，栩栩如生，讓我們一窺當時的生活面貌。

在法老的統治下，埃及奉行神權政治，統治者被視為神的兒子，地位超然，同時亦扮演大祭司的角色。埃及的社會結構就像金字塔一樣，法老及其親屬於頂端，其下是各階層的知識分子及技術人員，最下層就是普羅大眾。

在舊約時代，埃及與以色列的關係可謂千絲萬縷。埃及本身

的物產雖然豐富，但仍需從以色列人的聚居地迦南進口大量金屬及木材，所以在經濟上，迦南對埃及是非常重要的。另一方面，埃及亦可說是以色列的發源地，因為以色列在當地從一個只有70人的家族，發展成壯大的民族（出一1～7）。至大衛*建立王國時，其政府架構亦是仿效埃及的（撒下八15～18，二十23～26）。當以色列定居迦南後，埃及很多時都想借機影響迦南區內的政治，從中得利。在所羅門作王時，就曾與埃及結盟，娶了法老的女兒為妻，法老把本屬迦南人*的城市基色城*相贈作嫁妝（王上九16）。其後，所羅門的臣僕耶羅波安密謀作反，被識破後潛逃至埃及，得埃及法老示撒收留（王上十一40）。到所羅門死後，耶羅波安返國，領導北面10支派脫離大衛家的統治，建立以色列國（王上十二章）。之後法老示撒率領軍隊入侵南北兩國，但觀其行軍路線，其主要對象實在是以色列國（王上十四25～26）。

從公元前8世紀起，隨著亞述帝國*的興起，埃及為要在本身和亞述間設下緩衝區，常常插手迦南區內的事務，扶助備受壓力的以色列及猶大政府（王下十七4，二十三29），但卻不能成事，最終以色列及猶大均先後敗亡於亞述及巴比倫*之手。

亞述

羅慶才

亞述乃古代近東的文明大國，亦為古代近東首個帝國，以好戰及強悍見稱，在以色列歷史中有舉足輕重的地位。

亞述的發源地乃亞施戶城(Assur)，位於底格里斯河東岸，因該地氣候適合畜牧，所以成為遊牧者的聚居處。其最早發現的考古文物為公元前2800至2200年左右，顯示其文化與居於亞述以南的蘇美爾人(Sumerians)相似。亞述人作為一個政治實體，最早可追溯至公元前2000年左右。除本土居民外，還混合了亞摩利人及亞蘭人的血統。

亞述人早期聚居於幼發拉底河和底格里斯河流域的北部，以尼尼微、亞比拉、亞施戶城等地為核心，以農業和畜牧為生，自公元前1900年(古帝國期)始有政治制度及組織。公元前1750至1000年間為亞述發展的高峯期(中帝國期)，曾征服南部的巴比倫*及西面的亞蘭，建立了一個強大的國家。其後經歷了一段低沉時期，但由公元前9世紀初起，亞述又再興盛，至公元前8世紀末至7世紀初達至頂峯，成為歷史上的「新亞述帝國」。然而，亞述的國力自公元前625年起迅速滑落，其國都尼尼微於公元前612年被巴比倫及瑪代聯軍所破，亞述帝國最後於公元前609年滅亡。

和眾多古代近東國家一樣，亞述的社會結構亦是金字塔式的。最上層的是君王貴族，依次為各級官員、平民百姓，最下層的就是奴隸。亞述社會崇尚武力，有軍國主義的傾向，人民從小習武。君王同時是軍隊中的最高統帥，有絕對的權力，他的說話

就是律法；君王權力的惟一掣肘就是社會傳統及宗教習慣。記載在舊約中的官員包括：「他珥探」(總督或總管)、「拉伯撒利」(太監長) 和「拉伯沙基」(酒政) (王下十八17)。

經濟方面，亞述土地肥沃，農業及畜牧業均相當發達。此外，亞述政府向對外貿易徵稅，是為亞述經濟來源的第三大支柱。當亞述成為超級大國時，還有外國的貢銀作為第四大收入來源 (王下十五19，十六8等)。

除軍事及政治外，亞述在文化方面亦有重大成就。亞述人承襲了亞甲人 (Akkadian) 的文化傳統，保存了很多重要的亞甲文獻。亞述巴尼帕王 (Ashurbanipal，公元前669～627年) 在位時，曾在皇宮中建造圖書館，搜集古巴比倫文獻，並將之存放於此；此圖書館在19世紀中期被發掘出土。在藝術及雕刻方面，亞述亦有卓越的成就，亞述的雕刻家甚有創意，生動地捕捉了古代生活各方面的形態，尤其值得注意的是印鑒，常刻有與亞述宗教有關的主題，為舊約研究提供了重要的參考資料。此外，亞述皇宮中的浮雕亦甚有價值，常刻有古代生活的面貌，如搜獵和皇室花園景色等。另外，浮雕上亦常見古代戰爭的場面，可見古代進行戰事的方式等，實具歷史價值。

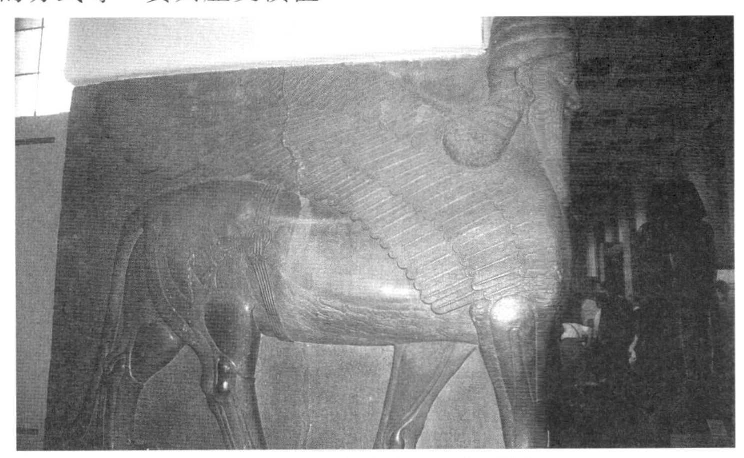

• 亞述的人頭獅身像 (公元前9世紀)

巴比倫

羅慶才

巴比倫文化最早可追溯至公元前4000年，屬重要文化發源地之一。

「巴比倫人」所指的是居於美索不達米亞南部，今巴格達至波斯灣海岸一帶的居民。他們自公元前3000年已建立城邦，其後逐漸發展成古代近東的軍事強國。

當以色列人於公元前13世紀末進入迦南*時，巴比倫正受亞述*控制，到8世紀更被亞述統治。不過，至公元前7世紀末，隨著亞述的衰落，巴比倫在尼布甲尼撒二世的領導下，不只擺脫了亞述的掣肘，更建立了新巴比倫帝國，取代亞述成為古代近東霸主，其統治範圍包括迦南地，猶大在內的各國。不過，這段輝煌時期只維持了數十年，至公元前539年，波斯*不費吹灰之力，就推翻了巴比倫帝國。

巴比倫一帶的雨量較少，而幼發拉底和底格里斯兩大河流域地勢平坦，廣泛地區都是沼澤，故此自古以來，巴比倫統治者的天職就是開發及維修灌溉用的輸水道，以利農耕。不過，因土質鹽分較高，故農產以大麥為主。此外，巴比倫是區內棗子產量最多的國家。

巴比倫最早期的政治結構基本是以城邦為主，君主制度成立後，源自城邦時期的一些傳統，如長老的參與，雖仍得以維持，卻已演變成扶助君主執政的工具。其次，廟宇及其祭司在經濟上本來有舉足輕重的地位，但到君主執政時期，其影響力已被大大

希臘化時代的埃及與敍利亞（公元前2世紀末）

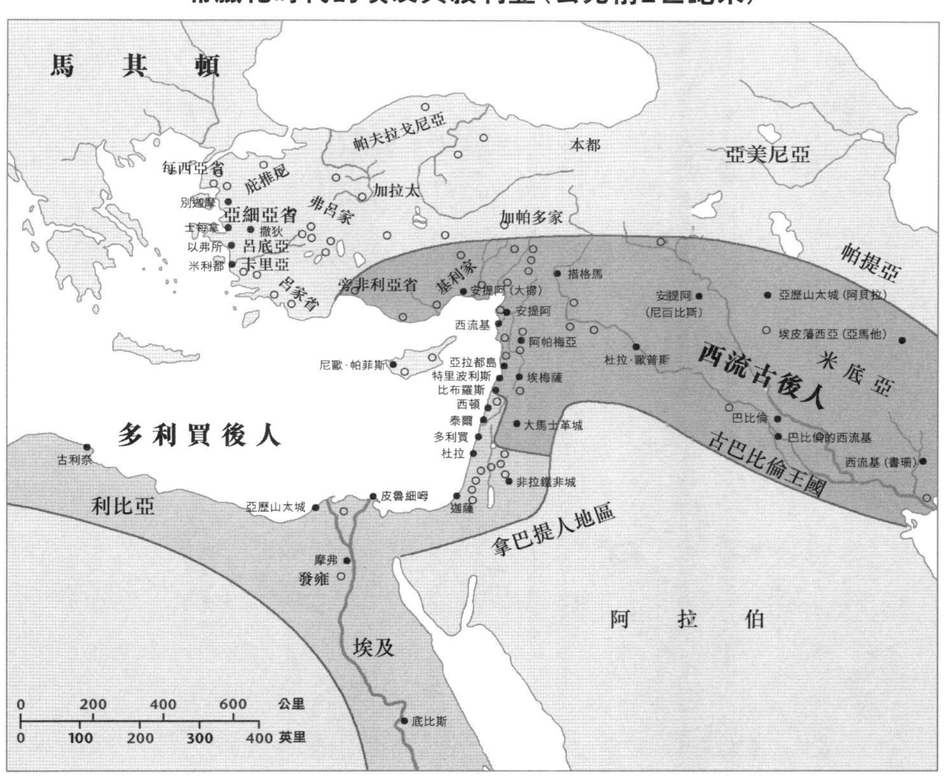

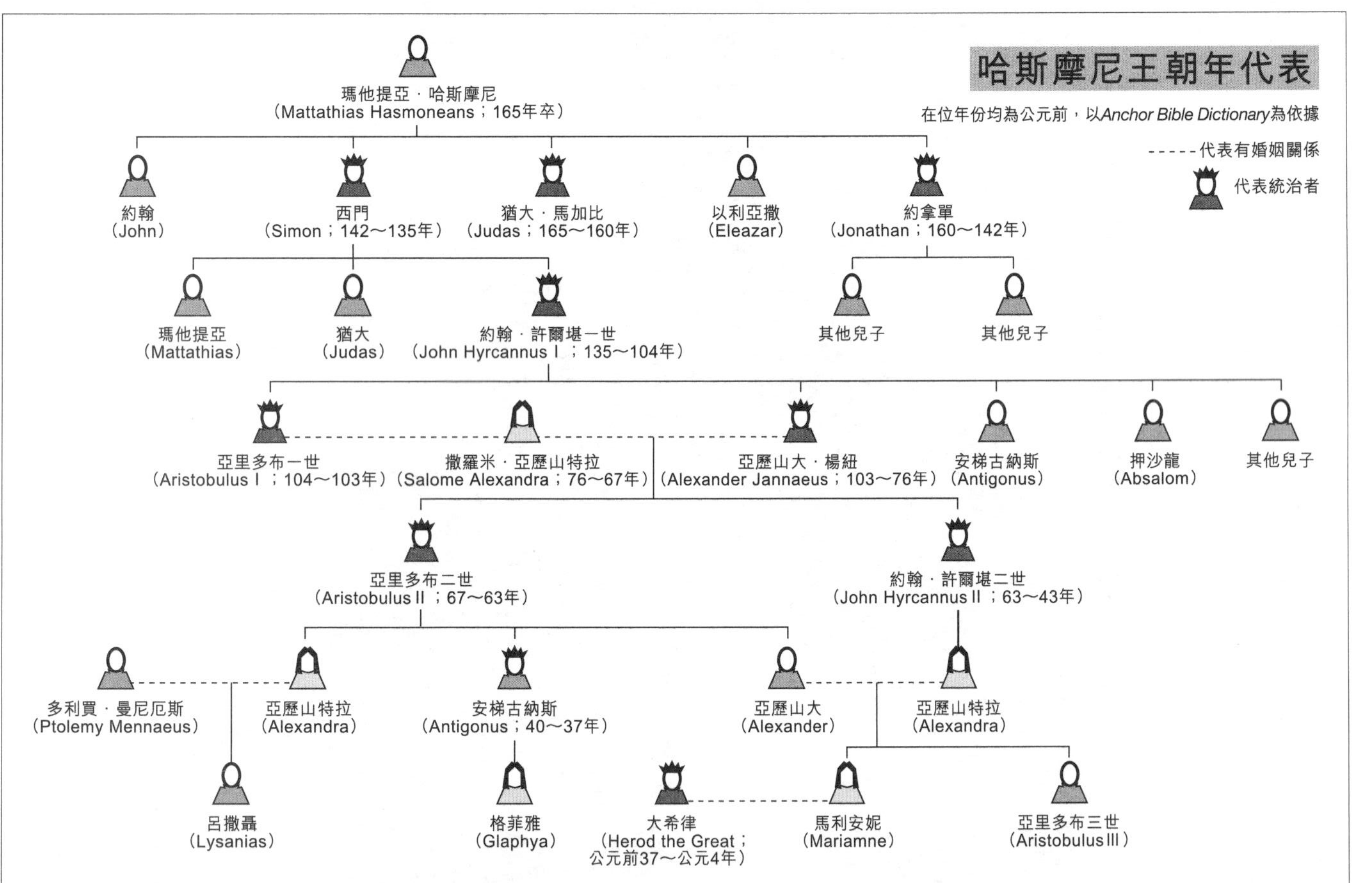
哈斯摩尼王朝年代表
在位年份均為公元前，以Anchor Bible Dictionary為依據
代表有婚姻關係
代表統治者
瑪他提亞．哈斯摩尼（Mattathias Hasmoneans；165年卒）
約翰（John）
西門（Simon；142～135年）
猶大．馬加比（Judas；165～160年）
以利亞撒（Eleazar）
約拿單（Jonathan；160～142年）
瑪他提亞（Mattathias）
猶大（Judas）
約翰．許爾堪一世（John Hyrcannus I；135～104年）
其他兒子
其他兒子
亞里多布一世（Aristobulus I；104～103年）
撒羅米．亞歷山特拉（Salome Alexandra；76～67年）
亞歷山大．楊紐（Alexander Jannaeus；103～76年）
安提古納斯（Antigonus）
押沙龍（Absalom）
其他兒子
亞里多布二世（Aristobulus II；67～63年）
約翰．許爾堪二世（John Hyrcannus II；63～43年）
多利買．曼尼厄斯（Ptolemy Mennaeus）
亞歷山特拉（Alexandra）
安提古納斯（Antigonus；40～37年）
亞歷山大（Alexander）
亞歷山特拉（Alexandra）
呂撒聶（Lysanias）
格菲雅（Glaphya）
大希律（Herod the Great；公元前37～公元4年）
馬利安妮（Mariamne）
亞里多布三世（Aristobulus III）

猶太散居地

黃錫木

在新約時代，猶太散居僑民的數目遠超過住在巴勒斯坦本土的猶太人；雖然有些猶太僑民較為開放，但大多數依然謹守猶太傳統。

猶太散居地（*disapora*）是指猶太地（或巴勒斯坦*）或以色列地以外的地方。

在古代社會，移民並非一件光彩的事。除了因經商或逃避饑荒（得一1）、戰亂、迫害（王下二十五25～26；耶四十一1～18）而自願遷徙外，一般猶太人都是被迫移居外地，例如因戰敗被俘擄到別國。自大衛*統一王朝，以色列人先後經歷兩次大規模遷移，分別是被亞述*（公元前722/721；王下十七1～6）和巴比倫*（公元前587/586；王下二十五8～21）強迫的。在兩約時期*，猶太人亦經歷多次遷徙。而在兩次猶太叛亂中，不少猶太人亦遷居到美索不達米亞以東地區。

新約時代，猶太僑民散布羅馬帝國*各地，主要有巴比倫、埃及、敍利亞、小亞細亞和羅馬*；我們甚至可以肯定，猶太散居僑民比住在巴勒斯坦的猶太人還要多。

埃及是最重要和歷史最悠久的猶太散居地。據考古和文獻記載，在埃及最南方的伊里芬丁（Elephantine）的猶太人，曾經於公元前6世紀末建造一座耶和華的殿（但後來被當地人拆毀）。據約瑟夫*所說，在新約時代的埃及就有100萬猶太人。在亞歷山太城，猶太人佔城市總人口的極大部分。他們在政治上自成一體，

居住在自己的地區和城市，延續傳統猶太文化和生活方式。除了埃及，巴比倫也是很重要的城鎮。雖然波斯*王（公元前538年）曾經宣布猶太人可以回歸自己的國土，但依然有很多人寧願留在巴比倫（按典外文獻的記載），暗示了人民已經在那裏落地生根。公元70年耶路撒冷*淪陷後，巴比倫就成為保留猶太傳統的中心。

住在異教文化當中的猶太人，固然較容易受希羅文化影響，他們雖然未至於放棄自己獨特的信仰與文化，但卻較願意學習希臘文化。不少後期的猶太作品，特別是那些寫於亞歷山太城的作品，均深受希臘哲學的影響，其用詞與寫於巴勒斯坦地的猶太作品，亦有差異。

很多猶太人依然謹守傳統猶太教的教導，男性出生8天便受割禮*。猶太人自小便接受律法的教導，獨尊上帝，拒絕跪拜別的神明及參與任何其他宗教儀式，又謹守一切潔淨*的禮儀、禁食、安息日*及節期*。散居地的猶太人常與其他民族發生衝突和磨擦，這與他們謹守這些習俗有密切關係。於是，在宗教、文化和社交上，會堂*往往成為維繫猶太散居僑民的一個非常重要的活動中心。

這些猶太僑民為保持自己獨特的文化和信仰，和非猶太人的關係常變得緊張；從希臘和羅馬作家常在作品中貶低那些生活在他們當中的猶太人可見一斑。

散居的猶太僑民(公元前1世紀末)

新約歷史簡述

羅馬帝國版圖（公元1世紀末）

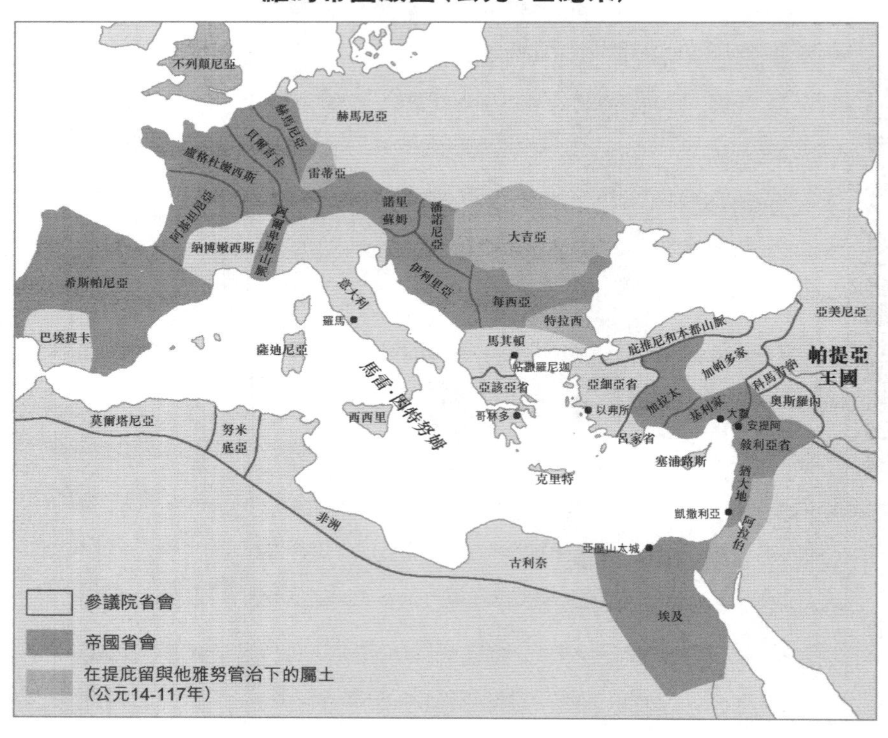

大希律的統治

黃錫木

大希律的統治揭開新約時代的歷史序幕。希律生性殘暴狡猾，不過，他對猶太人社會亦有很深遠的貢獻。

公元前63年，羅馬*將軍龐培(Pompey)進軍耶路撒冷*，結束了為期只有80年(公元前143/142～63年)的馬加比家族*獨立管治。自此，猶太地一帶成為羅馬中央政府管治的地區，屬敘利亞省。龐培將軍任命馬加比家族*的後人許爾堪二世(Hyrcanus II；他亦是當時的大祭司*)管理猶太人事務，他手下其中一位精明的輔臣就是希律的父親安提帕特(Antipater)。因為這種關係，希律家族*取得羅馬公民的資格。

希律自年幼時已處處表現領導者的風範。他管治加利利*省時只有25歲，當時的加利利省，已經是一個高度自治的省分。希律雖然多次在政治決策上錯下注碼，但他至終仍能得到羅馬王帝的信任。公元前37年，希律正式被羅馬政府封為猶太人的王，使當時的巴勒斯坦地*享有全面的自主權，直接向羅馬負責，歷時35年之久。

希律自知自己不是純猶太血統(原是以東人)，不能像馬加比家族的成員一樣當大祭司，因此，他極其量只能擔任猶太人的王。為使猶太人視他為哈斯摩尼王朝的合法繼承人，希律娶了許爾堪二世的孫女馬利安妮(Mariamne)為妻；又為要使人對其家族忠心，他特別設立擁護自己的猶太派別，就是「希律黨人」。除此以外，他仿效埃及多利買(Ptolemy)政府，以組雇傭軍、建立政制

和建築防衛體系(其中之一就是瑪撒大*堡壘)鞏固自己的權力。

希律性情殘暴，曾處死自己的兩個妻子、3個兒子，又在耶穌出生時，下令殺害全國兩歲以下的嬰孩(太二16～18)。他的私生活一團糟，曾結婚10次，家庭中數之不盡的問題，都是他的妻子和她們的母親為使自己的子女得到某些優待或特權而產生的。歷史上對希律的為人作出最貼切的評價的，要算是奧古斯都了。當他聽見希律殺了自己的骨肉時，他幽默地說：「當希律的豬，勝過當他的兒子。」

希律是猶太人歷史上最偉大的建築家。他在任期間，大興土木，經營了十多個大城邑，其中最有名的是地中海沿岸的凱撒利亞*。耶路撒冷的建築物，例如歌劇院、浴場和學校等都是他自費興建的，而最重要的，亦因而得到猶太人歡心的，莫過於擴建聖殿*。計劃始於公元前19年，聖殿本身的建築過了不久便落成，但附近的建築和裝飾則花了很多人力和時間；整個工程到公元64年才完成。然而，希律並不是一個虔誠的猶太教信徒，既沒有敬畏的心，也不在乎甚麼是正統；反之，他卻是希羅文化和宗教的熱愛者。

希律在位33年，卒於公元前4年。

耶穌時期的巴勒斯坦地

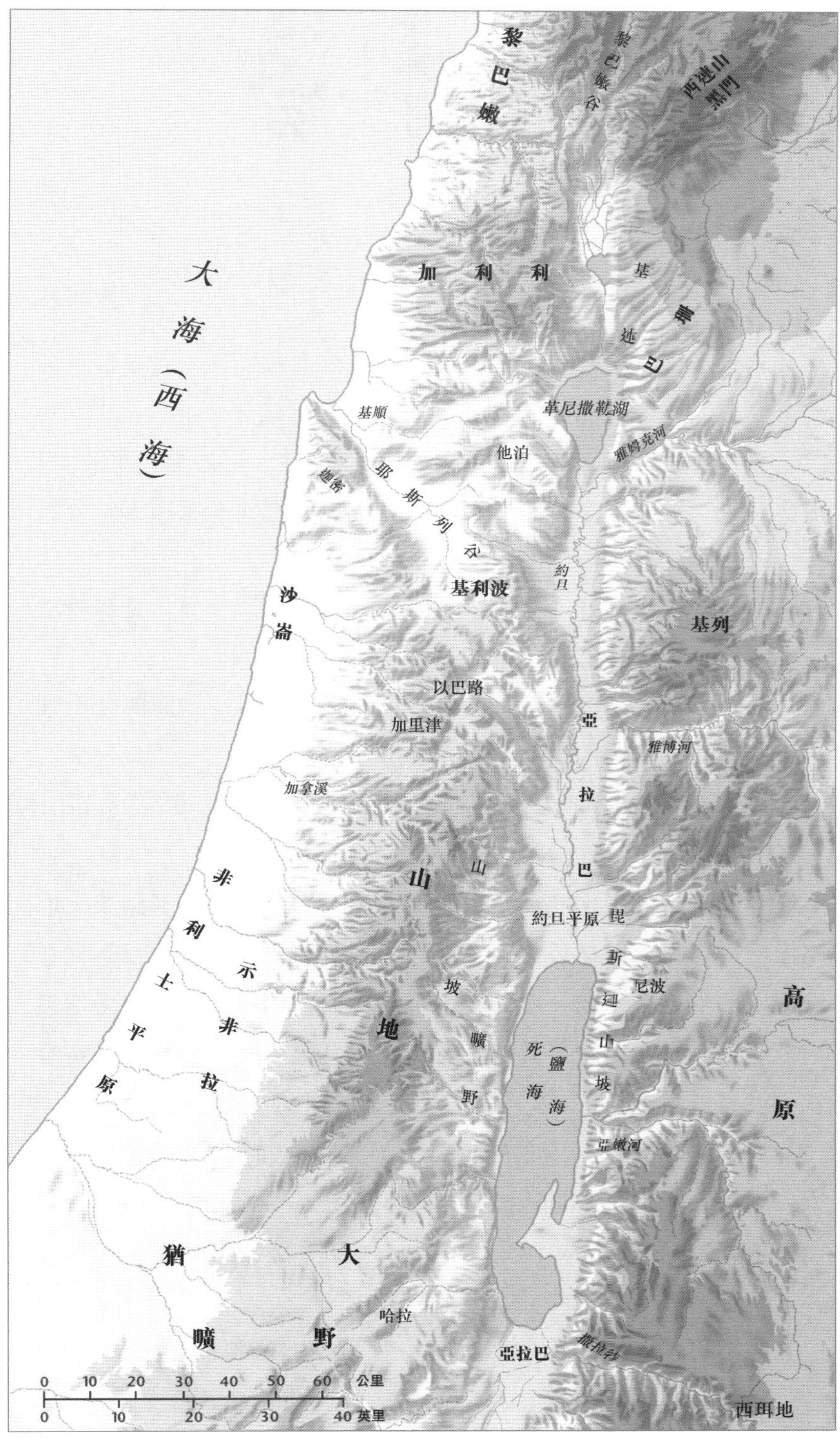

希律的家族

黃錫木

希律的家族是新約時代中最重要的猶太人家族，在這家族的統治下，猶太地的猶太人能享有某程度的自治。

希律在位33年，卒於公元前4年。他死後，耶路撒冷*即出現多次暴亂。騷亂平息後，羅馬政府完成他的遺願，將國家一分為三，交由他的3個兒子治理：

1. 亞基老（參太二22）管治猶太地、撒馬利亞和以土買，是專管理猶太人事務的提督（ethnarch）；
2. 安提帕（Antipas）管理加利利*和比利亞省（Perea）的四分一地區，職銜是分封王（tetrarch）；
3. 腓力（參路三1）承受以土利亞（Iturea）、特拉可尼（Trachonitis）和東北部的附屬地區，作為分封王。

亞基老統治了10年，承襲父親的暴行（參太二22）。結果，耶路撒冷的居民聯同撒馬利亞人*派遣一隊專員到羅馬*，投訴他在治理上的無能和殘酷。羅馬政府最後奪回他的統治權，交由地區巡撫管理，直接向羅馬政府負責；在耶穌誕生時，居里扭是當時敍利亞省的巡撫（路二2）。

與亞基老相反，安提帕的管治與父親大希律*一樣，能與猶太人維持良好關係；耶穌和施洗約翰*傳道旅程經過的地方，主要是安提帕的所屬地（太十四1～12）。不過，施洗約翰卻是被他殺害的，耶穌亦曾被他審訊。

腓力可能是大希律的繼承者中，惟一的好領袖。按約瑟夫*

所記，他愛護人民，尊重猶太人，又沒有耗費人力物力於奢華的建築工程上。他重建了加利利湖一帶多個城市，包括伯賽大，又開拓了凱撒利亞·腓立比這個城市，以自己和羅馬王的名字作為這城的名稱。

大希律另有兩名孫兒也見於新約聖經中，就是亞基帕一世和二世。亞基帕一世的父親被大希律處死，他在羅馬長大，認識了兩位日後成為羅馬王帝的朋友——該猶和克勞第(又稱革老丟)。在他們的幫助之下，他把大希律原本統治的國界重新合併起來。雖然新約聖經記載他把雅各處死，又監禁彼得*(參徒十二1～4)，但在猶太人心目中，亞基帕因遵守傳統猶太教的教訓和規條，得到猶太人的敬重。按約瑟夫記載，他是得到怪病而死的(徒十二20～23)。

亞基帕二世在任期間，曾應非斯都之邀請，一起聽保羅*的分訴，而他的妹妹百妮基亦在場(徒二十五13～二十六32)。亞基帕二世完成其祖父大希律修葺聖殿*的計劃，並在耶路撒冷多處街道上，鋪上大理石塊。他雖然敬重猶太教，但仍然忠於羅馬。公元66年，當第一次猶太人叛亂*剛剛開始，亞基帕二世和他的妹妹百妮基竭力勸阻猶太人對抗羅馬政府，但不成功。亞基帕二世不單擴張自己管轄的領土，更與後來成為王帝的提多將軍成為好友。亞基帕二世於公元96年去世，此後，希律家再沒機會直接管理猶太人的事務。

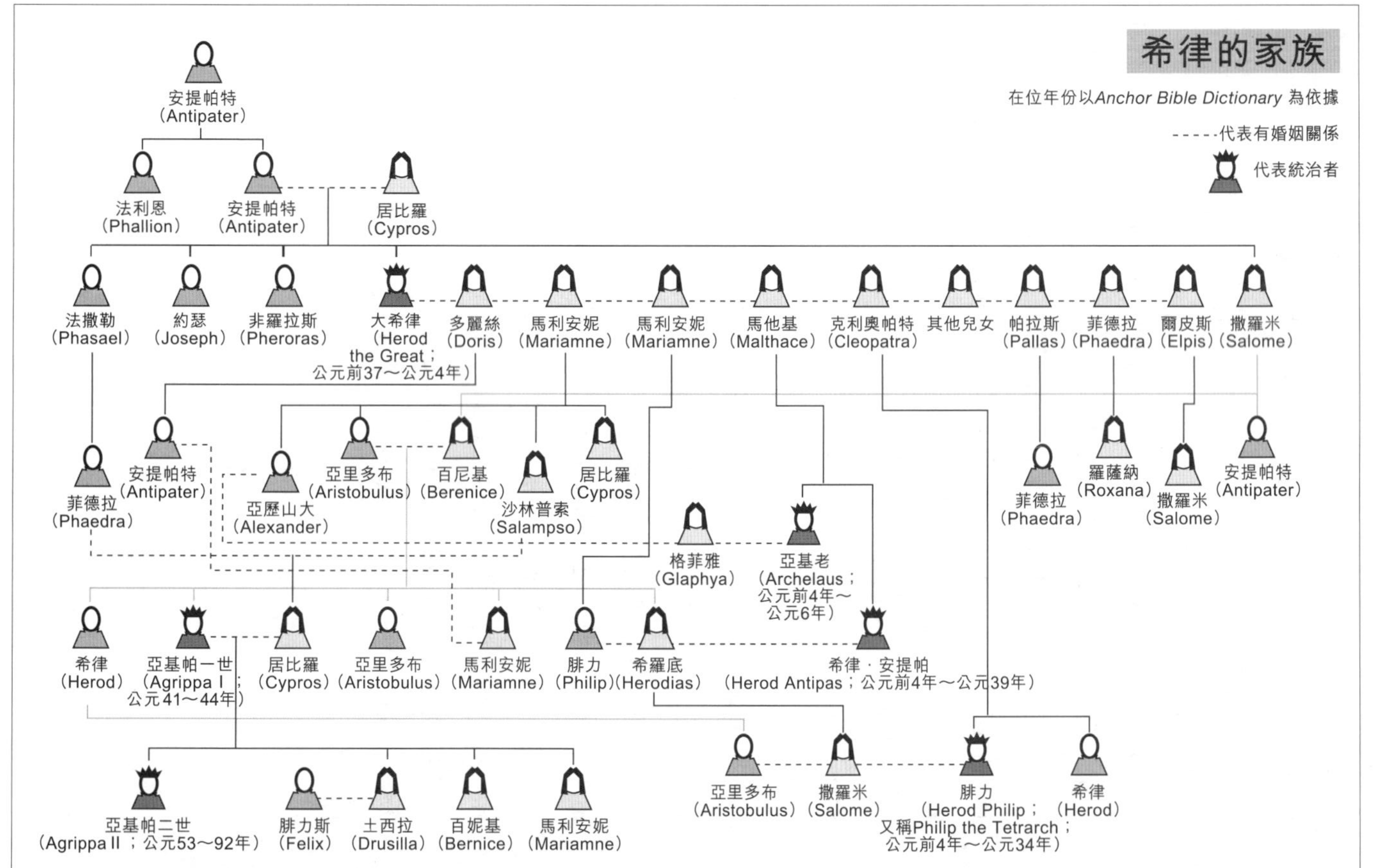
希律的家族
在位年份以*Anchor Bible Dictionary* 為依據
-----代表有婚姻關係
代表統治者
安提帕特（Antipater）
法利恩（Phallion）
安提帕特（Antipater）
居比羅（Cypros）
法撒勒（Phasael）
約瑟（Joseph）
非羅拉斯（Pheroras）
大希律（Herod the Great；公元前37～公元4年）
多麗絲（Doris）
馬利安妮（Mariamne）
馬利安妮（Mariamne）
馬他基（Malthace）
克利奧帕特（Cleopatra）
其他兒女
帕拉斯（Pallas）
菲德拉（Phaedra）
爾皮斯（Elpis）
撒羅米（Salome）
菲德拉（Phaedra）
安提帕特（Antipater）
亞歷山大（Alexander）
亞里多布（Aristobulus）
百尼基（Berenice）
沙林普索（Salampso）
居比羅（Cypros）
格菲雅（Glaphya）
亞基老（Archelaus；公元前4年～公元6年）
菲德拉（Phaedra）
羅薩納（Roxana）
撒羅米（Salome）
安提帕特（Antipater）
希律（Herod）
亞基帕一世（Agrippa I；公元41～44年）
居比羅（Cypros）
亞里多布（Aristobulus）
馬利安妮（Mariamne）
腓力（Philip）
希羅底（Herodias）
希律・安提帕（Herod Antipas；公元前4年～公元39年）
亞基帕二世（Agrippa II；公元53～92年）
腓力斯（Felix）
土西拉（Drusilla）
百妮基（Bernice）
馬利安妮（Mariamne）
亞里多布（Aristobulus）
撒羅米（Salome）
腓力（Herod Philip；又稱Philip the Tetrarch；公元前4年～公元34年）
希律（Herod）

耶穌生平

黃錫木

雖然我們未能仔細和具體地重構耶穌的一生，但分階段理解耶穌的一生能讓我們更清晰地認識他。

4卷福音書對耶穌一生的言行提供了不少資料，但由於要完全協調這些資料是極其困難，我們不能詳細地重構耶穌一生所做的事，而只能分階段描述他的一生。

耶穌公開傳道前的日子：耶穌的出生、童年、少年和成長經過，直至30歲為止，福音書有關這方面的記載只有100多節。在這段日子，有兩件事是福音書作者很看重的：耶穌領受施洗約翰*的水禮*——顯示耶穌與約翰是一脈相承的；耶穌接受並勝過魔鬼*的試探——象徵他要以得勝者的姿態出現。有關耶穌傳道的年日，雖然馬太福音*、馬可福音*和路加福音*記載耶穌只有一次(亦是最後的一次)上耶路撒冷*，但約翰福音*則清楚記述耶穌曾經3次上耶路撒冷過每年一度的節期*(約二23，五1，六4，十二1)；後者的記載似乎較清晰表達耶穌傳道的時間。

傳道的初期：耶穌在猶太地開始傳道(約三22)，在施洗約翰的推舉下，耶穌已有幾位核心的跟隨者(如彼得*、約翰*等)。在這一年半裏，耶穌可能穿梭於猶太與加利利*之間，他突出的言論(如在會堂*講論；路四16～32)和所行的神蹟*已使他薄有名聲(約二23～25，三1～21)；而他「出位」的行為，例如與撒馬利亞人*和外邦人(甚至是婦女)接觸(太十五21～28；約四1～12)，亦使他成為猶太領袖針對的對象(約二13～22)。

在加利利傳道：雖然耶穌傳道的活動範圍遍及巴勒斯坦*，但加利利省明顯是福音書作者記載的焦點。耶穌的言論和行徑為他贏得思想較開放的加利利人歡迎。他在眾多的跟隨者中，揀選了12位門徒，成為他的門生和同工，既為他的日常生活和傳道工作打點，亦學習宣講天國*的道理（路九1～2）。除了個別言論的記載，馬太和路加分別把耶穌在不同場合的講論整合成為著名的登山寶訓（太五～七章）和平原講道（路六17～49）。按福音書的記載，耶穌的講論主要以比喻*為主，並且常在被人詢問和挑戰的情況下才闡述某些課題。福音書共記載了35件耶穌所行的神蹟，很多都是在這段日子施行的，其中有一半以上是與醫治*和驅鬼有關，其餘的主要是突顯他超乎自然定律的大能。

上十字架的道路：耶穌知道自己受難的日子近了，便多次向門徒披露此事，然而，門徒既不明白，亦不能接受（可八31～33）。耶穌沿途經過很多地方，在伯大尼，馬利亞用極貴的香膏膏抹耶穌（約十二1～8）；福音書作者認為這是為他的安葬準備的。耶穌花了一整週在耶路撒冷，當中他不忘繼續講道，包括末世*的事情（可十三章）。最後，他在假公濟私的審判之下被處死，死在十字架上。

耶穌生平年表

年份	耶穌生平的重要事件	馬太	馬可	路加	約翰
公元前	**耶穌的出生**				
5	天使傳報耶穌誕生的喜信			一26～38	
5	約瑟的夢	一18～25			
	耶穌的童年				
	耶穌的家譜	一2～17		三23～38	
4	耶穌的降生	一18～25		二1～7	
4	天使與牧人			二8～20	
4	耶穌受割禮並在聖殿奉獻			二21～38	
4	朝拜聖嬰耶穌	二1～12		二8～20	
4/2	逃往埃及、歸來	二13～21			
2	童年的耶穌在拿撒勒	二22～23		二39～40	
公元	**沉寂期**				
8	孩童耶穌在聖殿聽道			二41～52	
	18年沉寂期／預備及傳道初期				
26	耶穌受洗	三13～17	一9～11	三21～22	一29～34
26	耶穌受試探	四1～11	一12～13	四1～13	
27	迦拿婚筵				二1～11
27	耶穌潔淨聖殿	二十一12～13	十一15～17	十九45～46	二14～22
27	耶穌與尼哥德慕談道				三1～21
27	耶穌與撒馬利亞婦人談道				四4～42
27	迦百農的百夫長	八5～13		七1～10	四46下～54
27	耶穌在拿撒勒傳道	十三53～58	六1～6上	四16～30	
	聲名遠播時期				
28	耶穌呼召眾門徒	四18～22	一16～20		
28	耶穌醫治彼得的岳母	八14～15	一29～31	四38～39	
28	耶穌第一次到加利利各城各鄉傳道	四23	一39	四44	
28	利未(馬太)被召	九9～13	二13～17	五27～32	
28	耶穌揀選12個門徒	十1～4	三13～19	六12～16	
28	登山寶訓／平原講道	四24～七27		六17～49	
28	婦人與香膏	二十六6～13	十四3～9	七36～50	十二1～8

28	耶穌第二次到加利利			八1～3	
28	耶穌講論天國的比喻	十三1～52	四1～34	八4～18，十三18～21	
28	耶穌平靜風和海	八23～27	四35～41	八22～25	
28	睚魯【葉魯《現修》】的女兒和患血漏病的女人	九18～26	五21～43	八40～56	
28	耶穌差遣12個使徒	九35～十14	六6下～13	九1～6	
	被敵對時期				
29	施洗約翰之死	十四3～12	六17～29	三19～20	
29	5,000人得飽	十四13～21	六32～44	九10下～17	六1～15
29	耶穌履海	十四22～33	六45～52		六16～21
29	4,000人得飽	十五32～39	八1～10		
29	彼得承認耶穌為基督	十六13～20	八27～30	九18～21	六67～71
29	耶穌醫好生來瞎眼的人				九1～41
29	耶穌改變形像	十七1～9	九2～10	九28～36	
29	耶穌在住棚節上耶路撒冷				七11～52（～十21）
29	拉撒路復活				十一1～44
30	耶穌為小孩祝福	十九13～15	十13～16	十八15～17	
30	瞎子（巴底買）得醫治	二十29～34	十46～52	十八35～43	
30	稅吏撒該			十九1～10	
30	耶穌探望馬大和馬利亞				十一55～十二1
30	耶穌的最後一週	二十一1～二十七66	十一1～十六8	二十二39～二十三56	十二12～十九42
30	耶穌復活的形像	二十八1～20		二十四1～53	二十1～二十一25

初代教會的發展

黃錫木

在短短60多年間，初代教會的人數由只有120人發展成數以萬計，遍布的範圍超越當時羅馬帝國的邊界。

新約聖經沒有在初代教會發展史方面提供完整的資料；路加的使徒行傳*(和保羅書信)所提供的資料主要都是以保羅*為主。對於研究初代教會的發展史，這的確是一個限制，但這卻是聖經作者要我們細察的角度。

耶穌升天之前，他指示使徒要先等候聖靈*降臨，才遍傳復活*的喜訊。他們又選擇了另一個門徒馬提亞，代替出賣耶穌後自殺的猶大，完整保存「12」這個數目，為要標誌一個新的以色列民族。在這時候，這個羣體只有120個信徒。耶穌的預言在五旬節*當天應驗了，按路加的理解，教會*就在這天成立。在當天的宣講*中，有3,000人回應了彼得*的信息，認罪*悔改。這些信徒奉耶穌的名施洗，聚集祈禱*，聽使徒的教訓，守主的聖餐*。

雖然教會的人數不斷增加，但從猶太人來的壓迫亦不斷增加。彼得和約翰*被監禁，之後司提反執事在猶太人引發的騷動中被石頭打死(徒七章)，又有以逼迫基督信徒為榮的掃羅(即保羅)；這種種危機反而成為把福音外傳的契機。路加特別記載腓利的傳道工作，他把福音傳到撒馬利亞人*當中，然後又向一名衣索匹亞(或稱埃塞俄比亞)的太監傳福音*(徒八章)——從猶太人的角度而言，他是一名被雙重詛咒的人。路加要指出，主耶穌的大使命在腓利身上已被落實。

保羅信主（徒九1～19）是初代教會發展的一大轉捩點，因此，從使徒行傳九章開始，他亦成為全書的中心人物。保羅雖然曾經到耶城教會作短暫停留，但之後一直以安提阿為根據地，在基利家省及敍利亞積極投入宣教*工作。公元46至48年，巴拿巴和保羅更遠赴旁非利亞省；這幾年的工作非常成功，亦使初代教會開始思想基督信仰與猶太教的關係。結果，在耶路撒冷*的會議中，耶城教會認同保羅的見解，認為外邦人不需要守割禮*和猶太人的律例，但卻要遠離拜偶像和淫亂等事情（徒十五章）。

這是初代教會發展的新里程。自此，雖然保羅依然受到猶太人的迫害，但他已經和當時耶城教會的領袖取得共識，把福音傳到更遠的地方。於公元49/50至58年，保羅把福音傳至馬其頓和希臘，並在哥林多*和以弗所兩城逗留較長時間。他又藉著上訴羅馬*的機會，把福音帶到西班牙去。

直至公元1世紀末，福音遍傳的範圍已超越羅馬帝國的邊境，東至印度（馬太和巴多羅買），西至羅馬（彼得和馬可），甚至西班牙（保羅曾到那裏），南至埃及的亞歷山太城和亞拉伯半島地區。

第一次猶太人叛亂

黃錫木

於公元66至74年發生的第一次猶太人叛亂，是古代猶太人最慘烈的歷史事件，最後以耶城聖殿被毀告終。

羅馬*政府統治巴勒斯坦*初期（自公元前63年起），與猶太人保持頗良好的關係，這多少是大希律*的功勞。然而，隨著大希律去世，他兒子的暴政，後來羅馬直接指派的巡撫極為腐敗的管治（公元44～66年），以及整體上各地的反閃族情緒，直到公元1世紀中期，很多猶太人聚居的地方已經醞釀了不少騷亂情緒。

根據猶太歷史家約瑟夫*所記，第一次猶太人叛亂是由猶太地巡撫弗洛厄斯的劣行所致的：他搶掠聖殿*的庫房，又大肆屠殺抗議的羣眾。發生這些事後，亞基帕二世和他的妹妹百妮基（兩者都是大希律的孫兒）、大祭司*和法利賽人*企圖説服猶太人不要以武力反抗，但猶太人的憤怒情緒已一發不可收拾。

聖殿的守殿官以利亞撒聯同奮鋭黨*的極端派系刺客黨，一起安排殺戮行動。他們先將亞基帕二世和百妮基趕出耶城，然後佔據城中的羅馬人城堡，殺盡所有羅馬軍隊，甚至連那些溫和派的猶太人也殺害（包括大祭司）。不但如此，刺客黨亦佔據原為羅馬部隊駐守的瑪撒大*（Masada）；至此，原本只屬猶太地的叛亂，已擴展至整個巴勒斯坦地。在這個時候，耶路撒冷*的猶太人變得士氣激昂，他們以為上帝會帶領他們脱離異族的管治。他們組織游擊隊，又在加利利*設防壘。當時本來是祭司的約瑟夫，就是在此時從耶路撒冷被調派到加利利駐守。

雖然在叛亂的初期，猶太人可算是節節勝利，但猶太人的人數與羅馬軍隊的人數，實在不可相比。在羅馬大將軍維斯帕先(Vespasian)的統領之下，叛黨逐步被剷平，而猶太人的內訌亦愈來愈嚴重。公元69年，維斯帕先回羅馬當皇帝，他的兒子提多繼續率領大軍；翌年9月，在惡劣的天氣和缺糧的情況之下，耶城終被攻破，聖殿被摧毀，只剩下瑪撒大的叛黨仍不屈服。

由於地理形勢險要，羅馬軍隊花了很多精力和時間，才成功攻上瑪撒大的城寨。據約瑟夫的記載，猶太叛黨為免被羅馬人凌辱，決定全體自殺。但按近代考古學發現，可能只是一部分叛黨自殺，還有一些人是與攻上來的羅馬人交戰而死的，甚至也有想躲藏或逃走的人。

聖殿被毀以後，猶太的獻祭和祭司制度便徹底廢止了，而領導層轉為法利賽人(後來稱為拉比)執掌。猶太基督徒沒有參與戰爭，並且於叛亂的早期已逃離耶路撒冷，到約旦河外的比拉城(Pella)；由於他們將此次毀滅解釋為上帝的審判[*]，所以第一次猶太人叛亂無疑加深了猶太教和基督教之間的鴻溝。

• 位於死海以西的瑪撒大，為第一次猶太人叛亂的最後據點。

• 公元71年，為了慶祝提多平定第一次猶太人叛亂，羅馬議會宣布在羅馬道上舉行盛大的遊行，特建了一座用木頭和灰泥製的拱門，這位得勝的將軍和猶太俘虜則從其下經過。到公元81年，又用大理石和銅重建這座拱門。

• 拱門雕刻有羅馬士兵搶劫耶路撒冷城聖殿的情景。

新約大事年表

年份（公元）	新約歷史事迹	參考新約經卷	羅馬王朝歷史
公元前4 ～ 公元30	**耶穌生平**	**馬太福音、馬可福音、路加福音、約翰福音**	
公元前4	耶穌出生		奧古斯都（公元前27～公元14年）
8	耶穌12歲在聖殿聽道		
26	施洗約翰開始傳道工作；耶穌開始傳道工作		提庇留（公元14～37年）
26～36			猶太總督本丟・彼拉多上任
27～28	施洗約翰被囚		
29	施洗約翰被斬；耶穌過住棚節		
30	耶穌被釘十字架、復活、升天；聖靈在五旬節降臨		
30～100	**早期教會時期**	**使徒行傳**	
35	大數的掃羅信主		
44	約翰的兄弟雅各殉道	雅各書	克勞第（公元41～54年）
46～48	保羅第一次傳道旅程		
49/50	耶路撒冷會議	加拉太書	
49/50～52	保羅第二次傳道旅程	帖撒羅尼迦前、後書	
53～57	保羅第三次傳道旅程	羅馬書，哥林多前、後書	尼祿（公元54～68年）
57	保羅在耶路撒冷被捕		
59	保羅在凱撒面前申訴		
60～62	保羅在羅馬被軟禁兩年	以弗所書、歌羅西書	
62	耶穌的兄弟雅各殉道	腓利門書、腓立比書	
64			尼祿焚燒羅馬
65～67	保羅在羅馬第二次被囚	彼得前、後書，提摩太前、後書，提多書，猶大書	

65～67/68	彼得與保羅在羅馬殉道		迦勒巴、鄂圖、威特留(公元69年)，維斯帕先(公元69～79年)，提多(公元79～81年)
70	耶路撒冷被毀；聖殿被毀	希伯來書	
81～96	多米田逼迫基督徒		
90～95	使徒約翰被逐至拔摩海島	約翰一、二、三書，啟示錄	納華(公元96～98年)

羅馬帝國王帝和任期(至公元2世紀初)

公元前27～公元14年	奧古斯都(Augustus)
公元14～37年	提庇留(Tiberius)
公元37～41年	該猶／加里古拉(Gaius/Caligula)
公元41～54年	克勞第(Claudius)
公元54～68年	尼祿(Nero)
公元68～69年	迦勒巴(Galba)、鄂圖(Ctho)和威特留(Vitellius)
公元69～79年	維斯帕先(Vespasian)
公元79～81年	提多(Titus)
公元81～96年	多米田(Domitian)
公元96～98年	納華(Nerva)
公元98～117年	他雅努(Trajan)
公元117～138年	哈德良(Hadrian)

古代民族和帝國
非利士人

羅慶才

非利士人屬「海民」(Sea Peoples)的一族，其發源地乃愛琴海一帶的島嶼；雖然非利士人其後從歷史中消失，巴勒斯坦(Palestine)地卻因而得名。

包括非利士人在內的「海民」沿陸(經小亞細亞)海(經克里特及塞浦路斯)兩路遷移到埃及*時，曾摧毀赫人帝國及腓尼基境內各國。到公元前12世紀初，這羣「海民」曾大舉入侵埃及，最後被擊退，自此粉碎其侵佔埃及的野心。當時在位的法老蘭塞三世把被征服的「海民」安置在迦南地沿海平原上。此後，「海民」在那裏建立城邦聯盟，包括5大城市：沿海的迦薩、亞實基倫、亞實突，並內陸的以革倫和迦特(書十三3)。

按舊約聖經記載，雖然早在列祖時代，亞伯拉罕*與以撒曾接觸非利士人的王亞比米勒(創二十，二十六章)，然而考古研究發現，非利士人要到較後期才大規模在迦南出現。他們與以色列人其實是差不多同時期到達巴勒斯坦*(公元前13世紀末～12世紀初)，但以色列人初期多聚居於中央山脈之上，故少與非利士人接觸。其後，因兩族人口不斷增長，對土地需求增加，遂無可避免地發生衝突。舊約中士師記*所記載的參孫的故事(十三～十六章)及撒母耳記*中所載的示羅*一役(撒上四～六章)，正是以此為背景。從中可見非利士人的軍事優勢。

當以色列人膏立掃羅為王時，非利士人對以色列人的威脅最大。當時，在便雅憫地的示羅已被非利士人攻破(撒上四章)，約櫃被搶走，表示非利士人的勢力已深入以色列的心臟地帶。掃羅統治時，並未能有效阻止非利士人的擴張（撒上三十一章）。到大衛*作王時，才能瓦解非利士人的力量（撒下五17～25，八1，二十一15～22，二十三9～17），並取代非利士，成為區內的霸權。即使如此，兩族的關係仍然相當緊張（王上十五27，十六15～17）。

正當新亞述帝國*在提革拉．毗列色統治下進入高峯時，非利士於公元前734年被亞述征服。直至亞述帝國滅亡為止（公元前612年），非利士雖然在政治上受制於異族，但其經濟卻有重大發展。其後，非利士經歷了巴比倫*及波斯*時期，就逐漸湮沒在歷史裏。

非利士人的文化較接近歐洲愛琴海一帶的邁錫尼（Mycenean）文化。舊約指出以色列人在科技上遠遜於非利士，這與現代考古學的發現大致相符。近期的考古研究顯示非利士人其實有相當發達的文化，經濟則以農業為主，考古研究顯示他們把迦南地的橄欖油經海路出口到其他地區，進行貿易。當非利士人在迦南定居後，逐漸融入當地文化。在宗教上，他們主要信奉大袞（士十六23～25）、女神亞斯她錄（撒上三十一10）和巴力．西卜（王下一2～3），這些皆為古代近東*普遍的神祇。

迦南人

羅慶才

迦南人乃迦南地的原居民，其中包括多個民族，其信仰與文化對以色列有頗為深遠的影響。

「迦南」一詞的起源及意思至今仍未有定論，但自公元前3000年起，就一直作地理名稱用。不過，古代典籍對迦南地的範圍卻沒有明確的界定。約於公元前1500年，「迦南」乃埃及*統治的區域之一，其範圍約北至敍利亞，東面則包括大馬士革及約旦河東高原，南面止於埃及河。舊約聖經大致採納這說法。

「迦南人」並非一個民族，而是一個多元化的族羣。舊約多處經文列舉了組成「迦南人」的各部族名稱(創十五18～21；申七1等)。在以色列民進入迦南*前，當地的政治組織以城邦為主(書九1～2，十1～5，十二7～24)，各自為政，且多有紛爭衝突。迦南人的重要城市多建於迦南區內的平原上，以農業為主。此外，迦南人亦以善於進行買賣交易而聞名(亞十四21)。從現時的資料可知，迦南人的社會結構是金字塔式，階級分明，貧富懸殊，以少數貴族操控大部分經濟資源。

因迦南地以農業為主，其宗教信仰亦與此有關。迦南神祇中主要是巴力，根據當地的神話*傳統，巴力把邪惡之神「大魚」殺死後，就創造*了宇宙萬物。此外，巴力也執掌氣候及萬物的生殖能力，務農者敬拜它就是為了確保有豐盛的收穫。巴力的妻子亞舍拉亦是迦南人所尊崇的神祇之一。

舊約記載迦南人的事迹，往往給讀者這個印象：以色列人對

迦南人深惡痛絕。律法書中三番四次強調以色列人不能與迦南人通婚，不要被他們的宗教敬拜吸引，更要徹底剷除迦南人的敬拜，不然就會成為以色列的網羅，難以自拔。自以色列建立王國*後，所羅門雇用了大量迦南人來建設城市及建造國家設施（如聖殿*）。到大衛*王國分裂*後，有大批迦南人居於北國以色列境內，成為一股強大的政治力量，以致北國的統治者不得不用政治手段，滿足他們的訴求，如為他們建立神廟等（王上十六32～33），以討好他們。此舉在聖經作者眼中，無異是出賣了以色列的一神信仰。

話說回來，以色列人居於迦南區內，少不免受其文化影響。從近代考古學研究得知，以色列的建築風格與迦南人的無異，這包括城市、房屋、敬拜場所等，甚至農業技術、生活方式等亦多有相同之處。然而，另一方面，以色列因信仰的緣故，與迦南本土居民亦有顯著的差異。例如以色列的先知秉承律法的精神，強烈譴責國內貧富懸殊的情況，多番提醒同胞要以公平公義的原則彼此相待。而在律法中，亦以建立一個公平的、沒有貧窮的社會為目標（利二十五章；申十五1～18）。這就是以色列信仰對社會帶來的影響。

埃及

羅慶才

埃及乃古代文明大國，歷史悠久，對古代近東歷史影響頗深；在舊約時代，更常常企圖染指區內的局勢發展。

埃及位處非洲東北角，東西兩面被茫茫沙漠包圍，南面為高原，尼羅河從上而下流，水流急速，不易逾越，地理環境頗為孤立。不過，地理上的阻隔亦同時成為埃及防守的優勢，使埃及在政治及軍事方面均享有高度穩定的形勢，有利其經濟及文化發展。可稽考的埃及歷史可追溯至公元前3100年，直至公元前322年，始為希臘*多利買(Ptolemy)王朝取代。至其女王克麗佩脱拉(Cleopatra)在公元前31年與羅馬將軍安東尼(Mark Anthony)雙雙自殺後，埃及就被羅馬帝國*吞併，其歷史長達差不多4,000年。在距今約4,000年前，埃及人已建成金字塔——今天被稱為世界七大奇景之一。

埃及的命脈就是尼羅河，其三角洲的土地肥沃，加上氣候穩定，出產豐富(民十一5)，有古代近東的糧倉之稱，是鄰近地區人民饑荒時的避難所(創四十一53～57)。埃及墓室中的壁畫描繪了一些來自巴勒斯坦*的人進出埃及的情況，栩栩如生，讓我們一窺當時的生活面貌。

在法老的統治下，埃及奉行神權政治，統治者被視為神的兒子，地位超然，同時亦扮演大祭司的角色。埃及的社會結構就像金字塔一樣，法老及其親屬於頂端，其下是各階層的知識分子及技術人員，最下層就是普羅大眾。

在舊約時代，埃及與以色列的關係可謂千絲萬縷。埃及本身

的物產雖然豐富，但仍需從以色列人的聚居地迦南進口大量金屬及木材，所以在經濟上，迦南對埃及是非常重要的。另一方面，埃及亦可說是以色列的發源地，因為以色列在當地從一個只有70人的家族，發展成壯大的民族（出一1～7）。至大衛*建立王國時，其政府架構亦是仿效埃及的（撒下八15～18，二十23～26）。當以色列定居迦南後，埃及很多時都想借機影響迦南區內的政治，從中得利。在所羅門作王時，就曾與埃及結盟，娶了法老的女兒為妻，法老把本屬迦南人*的城市基色城相贈作嫁妝（王上九16）。其後，所羅門的臣僕耶羅波安密謀作反，被識破後潛逃至埃及，得埃及法老示撒收留（王上十一40）。到所羅門死後，耶羅波安返國，領導北面10支派脫離大衛家的統治，建立以色列國（王上十二章）。之後法老示撒率領軍隊入侵南北兩國，但觀其行軍路線，其主要對象實在是以色列國（王上十四25～26）。

從公元前8世紀起，隨著亞述帝國*的興起，埃及為要在本身和亞述間設下緩衝區，常常插手迦南區內的事務，扶助備受壓力的以色列及猶大政府（王下十七4，二十三29），但卻不能成事，最終以色列及猶大均先後敗亡於亞述及巴比倫*之手。

亞述

羅慶才

亞述乃古代近東的文明大國，亦為古代近東首個帝國，以好戰及強悍見稱，在以色列歷史中有舉足輕重的地位。

亞述的發源地乃亞施戶城(Assur)，位於底格里斯河東岸，因該地氣候適合畜牧，所以成為遊牧者的聚居處。其最早發現的考古文物為公元前2800至2200年左右，顯示其文化與居於亞述以南的蘇美爾人(Sumerians)相似。亞述人作為一個政治實體，最早可追溯至公元前2000年左右。除本土居民外，還混合了亞摩利人及亞蘭人的血統。

亞述人早期聚居於幼發拉底河和底格里斯河流域的北部，以尼尼微、亞比拉、亞施戶城等地為核心，以農業和畜牧為生，自公元前1900年(古帝國期)始有政治制度及組織。公元前1750至1000年間為亞述發展的高峯期(中帝國期)，曾征服南部的巴比倫*及西面的亞蘭，建立了一個強大的國家。其後經歷了一段低沉時期，但由公元前9世紀初起，亞述又再興盛，至公元前8世紀末至7世紀初達至頂峯，成為歷史上的「新亞述帝國」。然而，亞述的國力自公元前625年起迅速滑落，其國都尼尼微於公元前612年被巴比倫及瑪代聯軍所破，亞述帝國最後於公元前609年滅亡。

和眾多古代近東國家一樣，亞述的社會結構亦是金字塔式的。最上層的是君王貴族，依次為各級官員、平民百姓，最下層的就是奴隸。亞述社會崇尚武力，有軍國主義的傾向，人民從小習武。君王同時是軍隊中的最高統帥，有絕對的權力，他的說話

就是律法；君王權力的惟一掣肘就是社會傳統及宗教習慣。記載在舊約中的官員包括：「他珥探」(總督或總管)、「拉伯撒利」(太監長)和「拉伯沙基」(酒政)(王下十八17)。

經濟方面，亞述土地肥沃，農業及畜牧業均相當發達。此外，亞述政府向對外貿易徵稅，是為亞述經濟來源的第三大支柱。當亞述成為超級大國時，還有外國的貢銀作為第四大收入來源(王下十五19，十六8等)。

除軍事及政治外，亞述在文化方面亦有重大成就。亞述人承襲了亞甲人(Akkadian)的文化傳統，保存了很多重要的亞甲文獻。亞述巴尼帕王(Ashurbanipal，公元前669～627年)在位時，曾在皇宮中建造圖書館，搜集古巴比倫文獻，並將之存放於此；此圖書館在19世紀中期被發掘出土。在藝術及雕刻方面，亞述亦有卓越的成就，亞述的雕刻家甚有創意，生動地捕捉了古代生活各方面的形態，尤其值得注意的是印鑒，常刻有與亞述宗教有關的主題，為舊約研究提供了重要的參考資料。此外，亞述皇宮中的浮雕亦甚有價值，常刻有古代生活的面貌，如搜獵和皇室花園景色等。另外，浮雕上亦常見古代戰爭的場面，可見古代進行戰事的方式等，實具歷史價值。

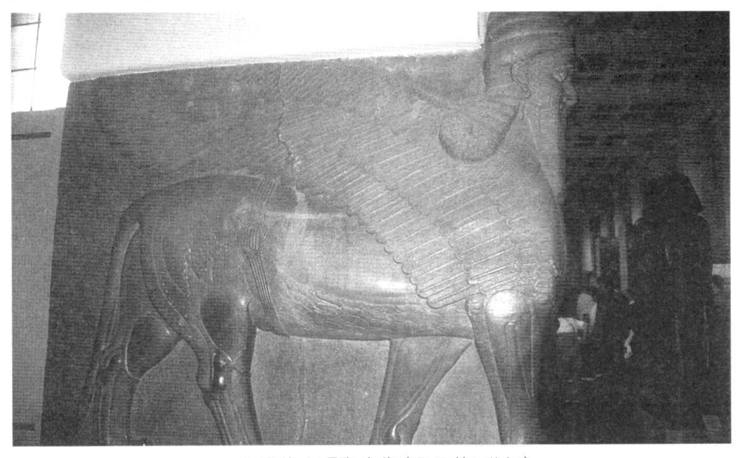

• 亞述的人頭獅身像(公元前9世紀)

巴比倫

羅慶才

巴比倫文化最早可追溯至公元前4000年，屬重要文化發源地之一。

「巴比倫人」所指的是居於美索不達米亞南部，今巴格達至波斯灣海岸一帶的居民。他們自公元前3000年已建立城邦，其後逐漸發展成古代近東的軍事強國。

當以色列人於公元前13世紀末進入迦南*時，巴比倫正受亞述*控制，到8世紀更被亞述統治。不過，至公元前7世紀末，隨著亞述的衰落，巴比倫在尼布甲尼撒二世的領導下，不只擺脫了亞述的掣肘，更建立了新巴比倫帝國，取代亞述成為古代近東霸主，其統治範圍包括迦南地，猶大在內的各國。不過，這段輝煌時期只維持了數十年，至公元前539年，波斯*不費吹灰之力，就推翻了巴比倫帝國。

巴比倫一帶的雨量較少，而幼發拉底和底格里斯兩大河流域地勢平坦，廣泛地區都是沼澤，故此自古以來，巴比倫統治者的天職就是開發及維修灌溉用的輸水道，以利農耕。不過，因土質鹽分較高，故農產以大麥為主。此外，巴比倫是區內棗子產量最多的國家。

巴比倫最早期的政治結構基本是以城邦為主，君主制度成立後，源自城邦時期的一些傳統，如長老的參與，雖仍得以維持，卻已演變成扶助君主執政的工具。其次，廟宇及其祭司在經濟上本來有舉足輕重的地位，但到君主執政時期，其影響力已被大大

希臘化時代的埃及與敍利亞（公元前2世紀末）

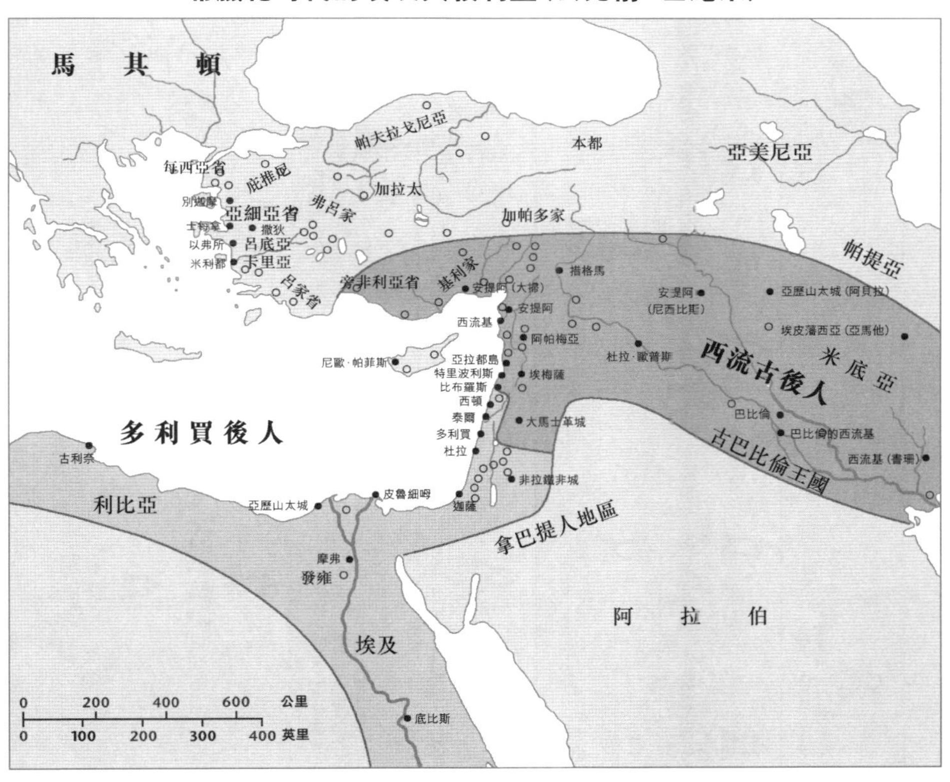

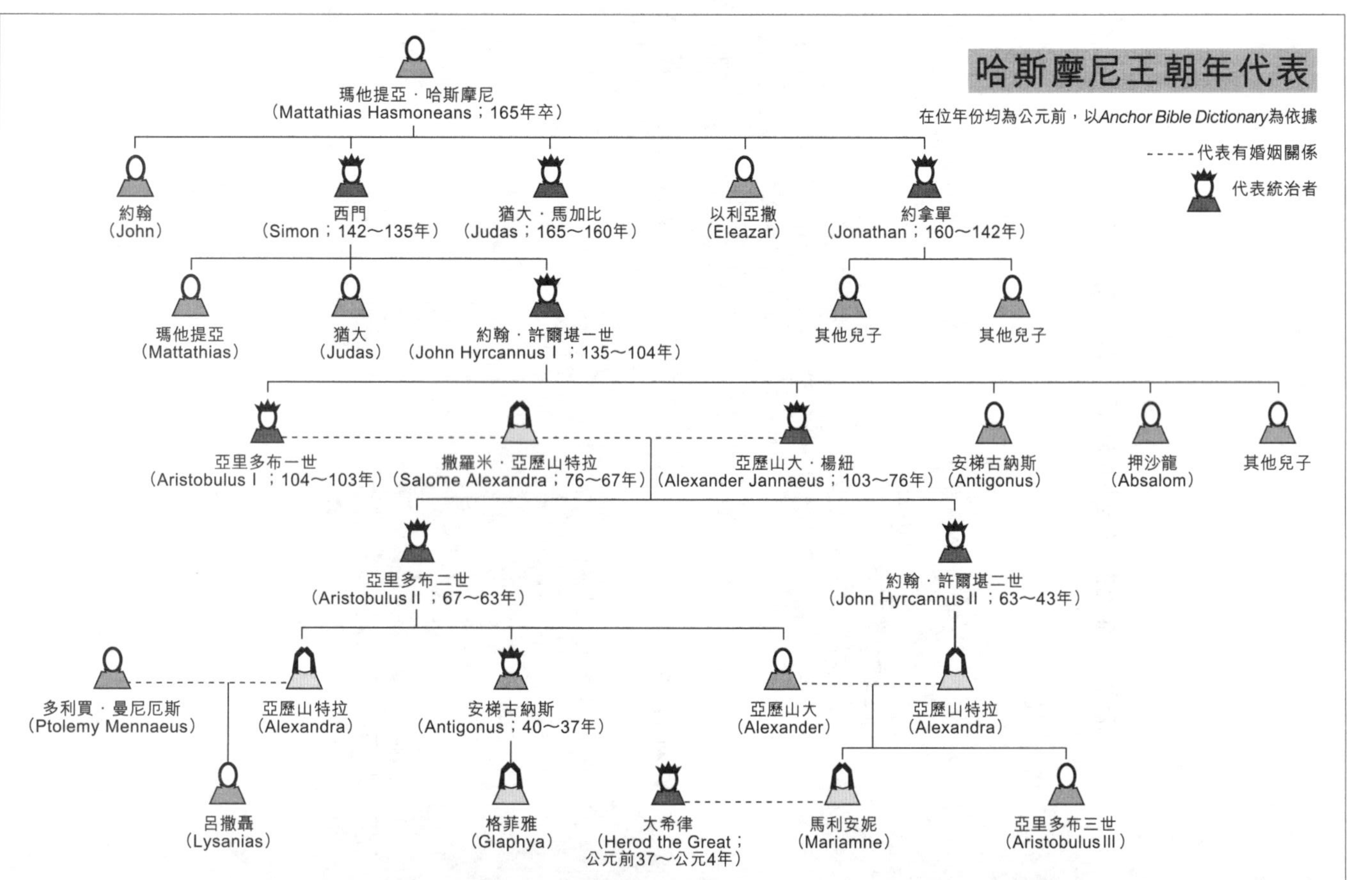
哈斯摩尼王朝年代表
在位年份均為公元前，以*Anchor Bible Dictionary*為依據
代表有婚姻關係
代表統治者
瑪他提亞・哈斯摩尼（Mattathias Hasmoneans；165年卒）
約翰（John）
西門（Simon；142～135年）
猶大・馬加比（Judas；165～160年）
以利亞撒（Eleazar）
約拿單（Jonathan；160～142年）
瑪他提亞（Mattathias）
猶大（Judas）
約翰・許爾堪一世（John Hyrcannus I；135～104年）
其他兒子
其他兒子
亞里多布一世（Aristobulus I；104～103年）
撒羅米・亞歷山特拉（Salome Alexandra；76～67年）
亞歷山大・楊紐（Alexander Jannaeus；103～76年）
安梯古納斯（Antigonus）
押沙龍（Absalom）
其他兒子
亞里多布二世（Aristobulus II；67～63年）
約翰・許爾堪二世（John Hyrcannus II；63～43年）
多利買・曼尼厄斯（Ptolemy Mennaeus）
亞歷山特拉（Alexandra）
安梯古納斯（Antigonus；40～37年）
亞歷山大（Alexander）
亞歷山特拉（Alexandra）
呂撒聶（Lysanias）
格菲雅（Glaphya）
大希律（Herod the Great；公元前37～公元4年）
馬利安妮（Mariamne）
亞里多布三世（Aristobulus III）

猶太散居地

黃錫木

在新約時代，猶太散居僑民的數目遠超過住在巴勒斯坦本土的猶太人；雖然有些猶太僑民較為開放，但大多數依然謹守猶太傳統。

猶太散居地（*disapora*）是指猶太地（或巴勒斯坦*）或以色列地以外的地方。

在古代社會，移民並非一件光彩的事。除了因經商或逃避饑荒（得一1）、戰亂、迫害（王下二十五25～26；耶四十一1～18）而自願遷徙外，一般猶太人都是被迫移居外地，例如因戰敗被俘擄到別國。自大衛*統一王朝，以色列人先後經歷兩次大規模遷移，分別是被亞述*（公元前722/721；王下十七1～6）和巴比倫*（公元前587/586；王下二十五8～21）強迫的。在兩約時期*，猶太人亦經歷多次遷徙。而在兩次猶太叛亂中，不少猶太人亦遷居到美索不達米亞以東地區。

新約時代，猶太僑民散布羅馬帝國*各地，主要有巴比倫、埃及、敍利亞、小亞細亞和羅馬*；我們甚至可以肯定，猶太散居僑民比住在巴勒斯坦的猶太人還要多。

埃及是最重要和歷史最悠久的猶太散居地。據考古和文獻記載，在埃及最南方的伊里芬丁（Elephantine）的猶太人，曾經於公元前6世紀末建造一座耶和華的殿（但後來被當地人拆毀）。據約瑟夫*所說，在新約時代的埃及就有100萬猶太人。在亞歷山太城，猶太人佔城市總人口的極大部分。他們在政治上自成一體，

居住在自己的地區和城市，延續傳統猶太文化和生活方式。除了埃及，巴比倫也是很重要的城鎮。雖然波斯*王（公元前538年）曾經宣布猶太人可以回歸自己的國土，但依然有很多人寧願留在巴比倫（按典外文獻的記載），暗示了人民已經在那裏落地生根。公元70年耶路撒冷*淪陷後，巴比倫就成為保留猶太傳統的中心。

住在異教文化當中的猶太人，固然較容易受希羅文化影響，他們雖然未至於放棄自己獨特的信仰與文化，但卻較願意學習希臘文化。不少後期的猶太作品，特別是那些寫於亞歷山太城的作品，均深受希臘哲學的影響，其用詞與寫於巴勒斯坦地的猶太作品，亦有差異。

很多猶太人依然謹守傳統猶太教的教導，男性出生8天便受割禮*。猶太人自小便接受律法的教導，獨尊上帝，拒絕跪拜別的神明及參與任何其他宗教儀式，又謹守一切潔淨*的禮儀、禁食、安息日*及節期*。散居地的猶太人常與其他民族發生衝突和磨擦，這與他們謹守這些習俗有密切關係。於是，在宗教、文化和社交上，會堂*往往成為維繫猶太散居僑民的一個非常重要的活動中心。

這些猶太僑民為保持自己獨特的文化和信仰，和非猶太人的關係常變得緊張；從希臘和羅馬作家常在作品中貶低那些生活在他們當中的猶太人可見一斑。

散居的猶太僑民（公元前1世紀末）

新約歷史簡述

羅馬帝國版圖（公元1世紀末）

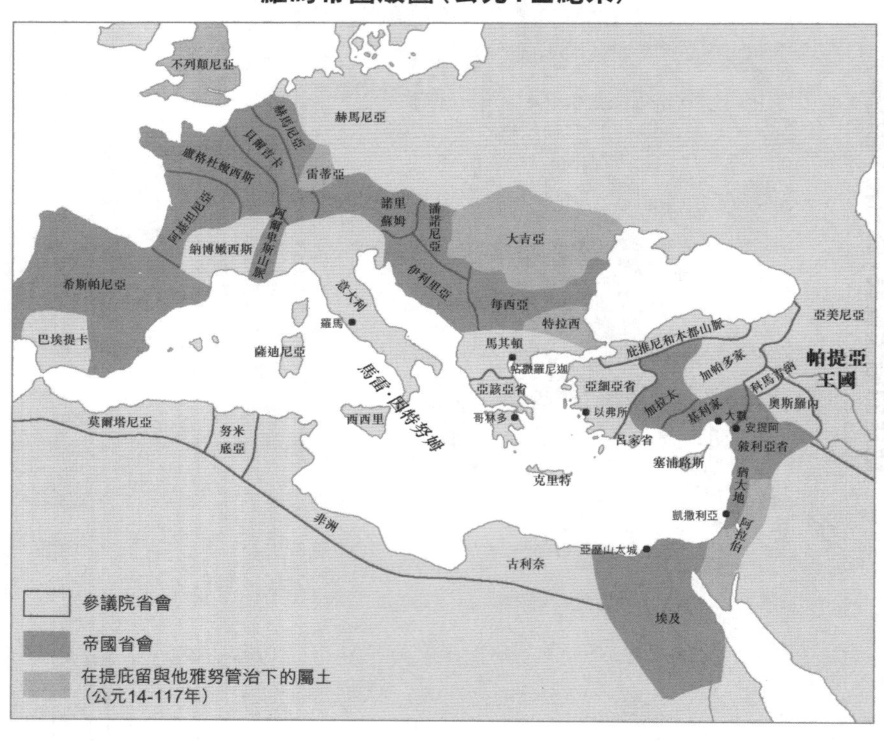

大希律的統治

黃錫木

大希律的統治揭開新約時代的歷史序幕。希律生性殘暴狡猾，不過，他對猶太人社會亦有很深遠的貢獻。

公元前63年，羅馬*將軍龐培(Pompey)進軍耶路撒冷*，結束了為期只有80年(公元前143/142～63年)的馬加比家族*獨立管治。自此，猶太地一帶成為羅馬中央政府管治的地區，屬敍利亞省。龐培將軍任命馬加比家族*的後人許爾堪二世(Hyrcanus II；他亦是當時的大祭司*)管理猶太人事務，他手下其中一位精明的輔臣就是希律的父親安提帕特(Antipater)。因為這種關係，希律家族*取得羅馬公民的資格。

希律自年幼時已處處表現領導者的風範。他管治加利利*省時只有25歲，當時的加利利省，已經是一個高度自治的省分。希律雖然多次在政治決策上錯下注碼，但他至終仍能得到羅馬王帝的信任。公元前37年，希律正式被羅馬政府封為猶太人的王，使當時的巴勒斯坦地*享有全面的自主權，直接向羅馬負責，歷時35年之久。

希律自知自己不是純猶太血統(原是以東人)，不能像馬加比家族的成員一樣當大祭司，因此，他極其量只能擔任猶太人的王。為使猶太人視他為哈斯摩尼王朝的合法繼承人，希律娶了許爾堪二世的孫女馬利安妮(Mariamne)為妻；又為要使人對其家族忠心，他特別設立擁護自己的猶太派別，就是「希律黨人」。除此以外，他仿效埃及多利買(Ptolemy)政府，以組雇傭軍、建立政制

和建築防衛體系(其中之一就是瑪撒大*堡壘)鞏固自己的權力。

希律性情殘暴，曾處死自己的兩個妻子、3個兒子，又在耶穌出生時，下令殺害全國兩歲以下的嬰孩(太二16～18)。他的私生活一團糟，曾結婚10次，家庭中數之不盡的問題，都是他的妻子和她們的母親為使自己的子女得到某些優待或特權而產生的。歷史上對希律的為人作出最貼切的評價的，要算是奧古斯都了。當他聽見希律殺了自己的骨肉時，他幽默地說：「當希律的豬，勝過當他的兒子。」

希律是猶太人歷史上最偉大的建築家。他在任期間，大興土木，經營了十多個大城邑，其中最有名的是地中海沿岸的凱撒利亞*。耶路撒冷的建築物，例如歌劇院、浴場和學校等都是他自費興建的，而最重要的，亦因而得到猶太人歡心的，莫過於擴建聖殿*。計劃始於公元前19年，聖殿本身的建築過了不久便落成，但附近的建築和裝飾則花了很多人力和時間；整個工程到公元64年才完成。然而，希律並不是一個虔誠的猶太教信徒，既沒有敬畏的心，也不在乎甚麼是正統；反之，他卻是希羅文化和宗教的熱愛者。

希律在位33年，卒於公元前4年。

耶穌時期的巴勒斯坦地

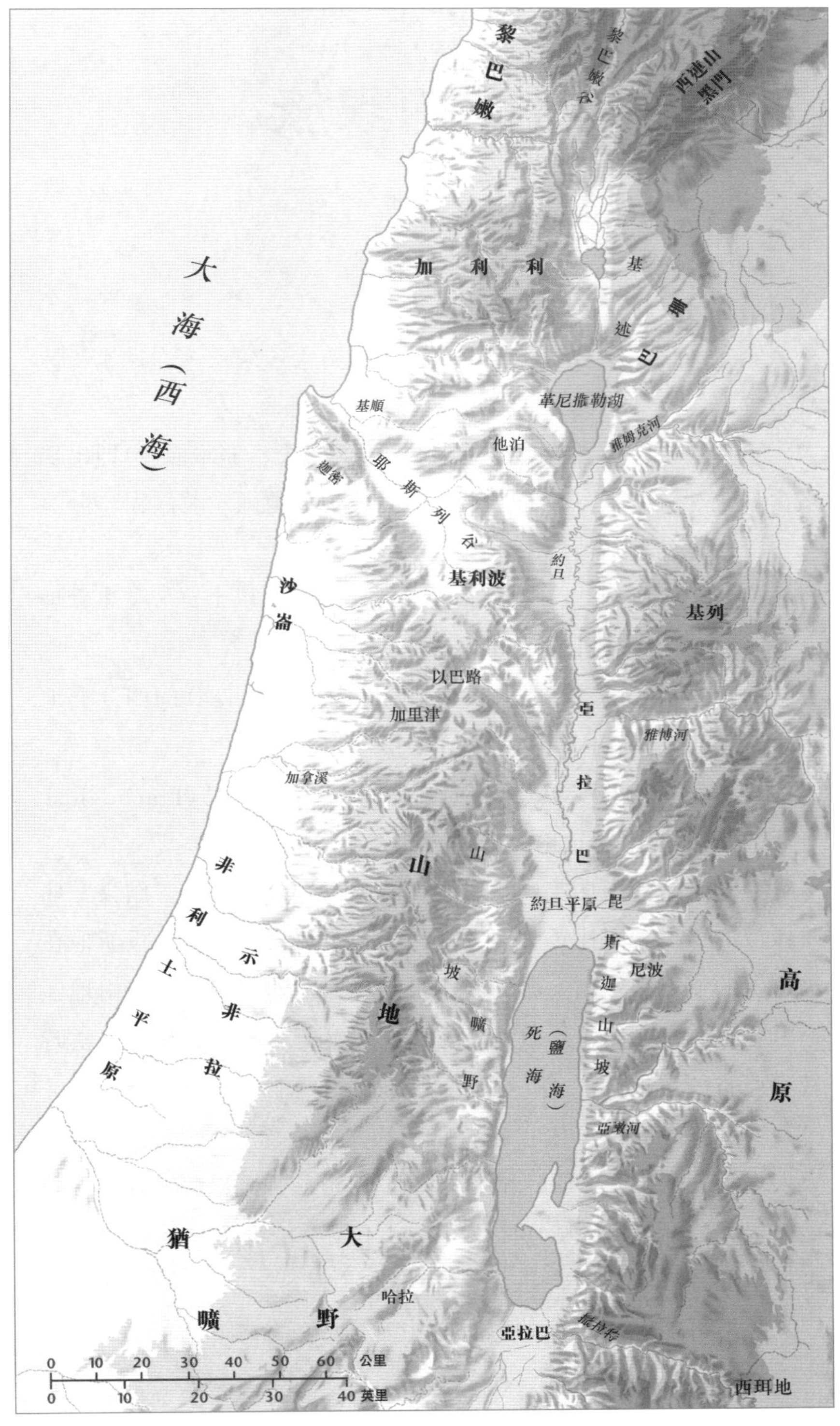

希律的家族

黃錫木

希律的家族是新約時代中最重要的猶太人家族，在這家族的統治下，猶太地的猶太人能享有某程度的自治。

希律在位33年，卒於公元前4年。他死後，耶路撒冷*即出現多次暴亂。騷亂平息後，羅馬政府完成他的遺願，將國家一分為三，交由他的3個兒子治理：

1. 亞基老（參太二22）管治猶太地、撒馬利亞和以土買，是專管理猶太人事務的提督（ethnarch）；
2. 安提帕（Antipas）管理加利利*和比利亞省（Perea）的四分一地區，職銜是分封王（tetrarch）；
3. 腓力（參路三1）承受以土利亞（Iturea）、特拉可尼（Trachonitis）和東北部的附屬地區，作為分封王。

亞基老統治了10年，承襲父親的暴行（參太二22）。結果，耶路撒冷的居民聯同撒馬利亞人*派遣一隊專員到羅馬*，投訴他在治理上的無能和殘酷。羅馬政府最後奪回他的統治權，交由地區巡撫管理，直接向羅馬政府負責；在耶穌誕生時，居里扭是當時敘利亞省的巡撫（路二2）。

與亞基老相反，安提帕的管治與父親大希律*一樣，能與猶太人維持良好關係；耶穌和施洗約翰*傳道旅程經過的地方，主要是安提帕的所屬地（太十四1～12）。不過，施洗約翰卻是被他殺害的，耶穌亦曾被他審訊。

腓力可能是大希律的繼承者中，惟一的好領袖。按約瑟夫*

所記，他愛護人民，尊重猶太人，又沒有耗費人力物力於奢華的建築工程上。他重建了加利利湖一帶多個城市，包括伯賽大，又開拓了凱撒利亞．腓立比這個城市，以自己和羅馬王的名字作為這城的名稱。

大希律另有兩名孫兒也見於新約聖經中，就是亞基帕一世和二世。亞基帕一世的父親被大希律處死，他在羅馬長大，認識了兩位日後成為羅馬王帝的朋友——該猶和克勞第(又稱革老丟)。在他們的幫助之下，他把大希律原本統治的國界重新合併起來。雖然新約聖經記載他把雅各處死，又監禁彼得*(參徒十二1～4)，但在猶太人心目中，亞基帕因遵守傳統猶太教的教訓和規條，得到猶太人的敬重。按約瑟夫記載，他是得到怪病而死的(徒十二20～23)。

亞基帕二世在任期間，曾應非斯都之邀請，一起聽保羅*的分訴，而他的妹妹百妮基亦在場(徒二十五13～二十六32)。亞基帕二世完成其祖父大希律修葺聖殿*的計劃，並在耶路撒冷多處街道上，鋪上大理石塊。他雖然敬重猶太教，但仍然忠於羅馬。公元66年，當第一次猶太人叛亂*剛剛開始，亞基帕二世和他的妹妹百妮基竭力勸阻猶太人對抗羅馬政府，但不成功。亞基帕二世不單擴張自己管轄的領土，更與後來成為王帝的提多將軍成為好友。亞基帕二世於公元96年去世，此後，希律家再沒機會直接管理猶太人的事務。

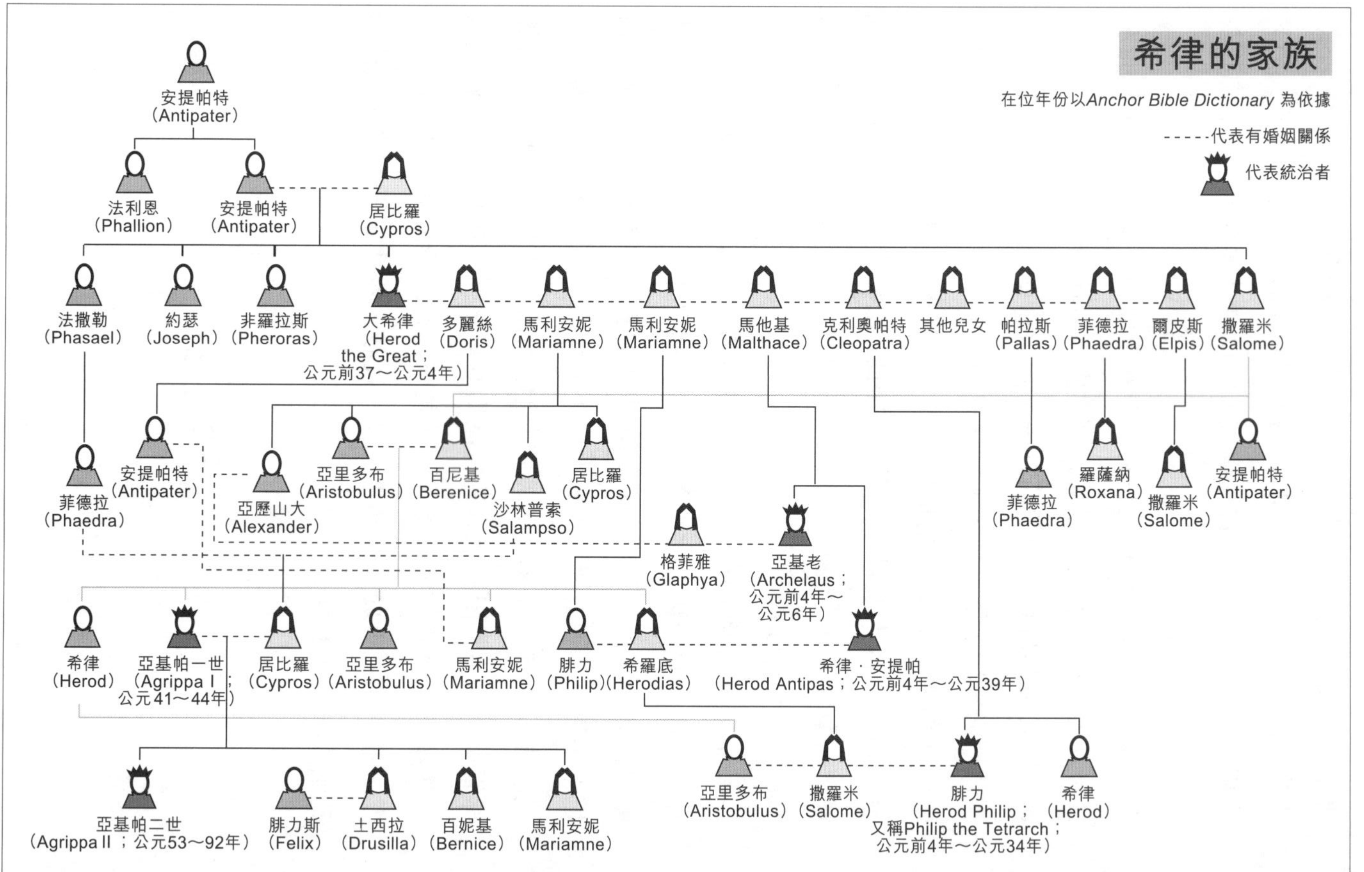
希律的家族
在位年份以*Anchor Bible Dictionary* 為依據
-----代表有婚姻關係
代表統治者
安提帕特（Antipater）
法利恩（Phallion）
安提帕特（Antipater）
居比羅（Cypros）
法撒勒（Phasael）
約瑟（Joseph）
非羅拉斯（Pheroras）
大希律（Herod the Great；公元前37～公元4年）
多麗絲（Doris）
馬利安妮（Mariamne）
馬利安妮（Mariamne）
馬他基（Malthace）
克利奧帕特（Cleopatra）
其他兒女
帕拉斯（Pallas）
菲德拉（Phaedra）
爾皮斯（Elpis）
撒羅米（Salome）
菲德拉（Phaedra）
安提帕特（Antipater）
亞歷山大（Alexander）
亞里多布（Aristobulus）
百尼基（Berenice）
沙林普索（Salampso）
居比羅（Cypros）
格菲雅（Glaphya）
亞基老（Archelaus；公元前4年～公元6年）
菲德拉（Phaedra）
羅薩納（Roxana）
撒羅米（Salome）
安提帕特（Antipater）
希律（Herod）
亞基帕一世（Agrippa I；公元41～44年）
居比羅（Cypros）
亞里多布（Aristobulus）
馬利安妮（Mariamne）
腓力（Philip）
希羅底（Herodias）
希律．安提帕（Herod Antipas；公元前4年～公元39年）
亞基帕二世（Agrippa II；公元53～92年）
腓力斯（Felix）
土西拉（Drusilla）
百妮基（Bernice）
馬利安妮（Mariamne）
亞里多布（Aristobulus）
撒羅米（Salome）
腓力（Herod Philip；又稱Philip the Tetrarch；公元前4年～公元34年）
希律（Herod）

耶穌生平

黃錫木

雖然我們未能仔細和具體地重構耶穌的一生，但分階段理解耶穌的一生能讓我們更清晰地認識他。

4卷福音書對耶穌一生的言行提供了不少資料，但由於要完全協調這些資料是極其困難，我們不能詳細地重構耶穌一生所做的事，而只能分階段描述他的一生。

耶穌公開傳道前的日子：耶穌的出生、童年、少年和成長經過，直至30歲為止，福音書有關這方面的記載只有100多節。在這段日子，有兩件事是福音書作者很看重的：耶穌領受施洗約翰*的水禮*——顯示耶穌與約翰是一脈相承的；耶穌接受並勝過魔鬼*的試探——象徵他要以得勝者的姿態出現。有關耶穌傳道的年日，雖然馬太福音*、馬可福音*和路加福音*記載耶穌只有一次(亦是最後的一次)上耶路撒冷*，但約翰福音*則清楚記述耶穌曾經3次上耶路撒冷過每年一度的節期*(約二23，五1，六4，十二1)；後者的記載似乎較清晰表達耶穌傳道的時間。

傳道的初期：耶穌在猶太地開始傳道(約三22)，在施洗約翰的推舉下，耶穌已有幾位核心的跟隨者(如彼得*、約翰*等)。在這一年半裏，耶穌可能穿梭於猶太與加利利*之間，他突出的言論(如在會堂*講論；路四16～32)和所行的神蹟*已使他薄有名聲(約二23～25，三1～21)；而他「出位」的行為，例如與撒馬利亞人*和外邦人(甚至是婦女)接觸(太十五21～23；約四1～12)，亦使他成為猶太領袖針對的對象(約二13～22)。

在加利利傳道：雖然耶穌傳道的活動範圍遍及巴勒斯坦*，但加利利省明顯是福音書作者記載的焦點。耶穌的言論和行徑為他贏得思想較開放的加利利人歡迎。他在眾多的跟隨者中，揀選了12位門徒，成為他的門生和同工，既為他的日常生活和傳道工作打點，亦學習宣講天國*的道理（路九1～2）。除了個別言論的記載，馬太和路加分別把耶穌在不同場合的講論整合成為著名的登山寶訓（太五～七章）和平原講道（路六17～49）。按福音書的記載，耶穌的講論主要以比喻*為主，並且常在被人詢問和挑戰的情況下才闡述某些課題。福音書共記載了35件耶穌所行的神蹟，很多都是在這段日子施行的，其中有一半以上是與醫治*和驅鬼有關，其餘的主要是突顯他超乎自然定律的大能。

上十字架的道路：耶穌知道自己受難的日子近了，便多次向門徒披露此事，然而，門徒既不明白，亦不能接受（可八31～33）。耶穌沿途經過很多地方，在伯大尼，馬利亞用極貴的香膏膏抹耶穌（約十二1～8）；福音書作者認為這是為他的安葬準備的。耶穌花了一整週在耶路撒冷，當中他不忘繼續講道，包括末世*的事情（可十三章）。最後，他在假公濟私的審判之下被處死，死在十字架上。

耶穌生平年表

年份	耶穌生平的重要事件	馬太	馬可	路加	約翰
公元前	**耶穌的出生**				
5	天使傳報耶穌誕生的喜信			一26～38	
5	約瑟的夢	一18～25			
	耶穌的童年				
	耶穌的家譜	一2～17		三23～38	
4	耶穌的降生	一18～25		二1～7	
4	天使與牧人			二8～20	
4	耶穌受割禮並在聖殿奉獻			二21～38	
4	朝拜聖嬰耶穌	二1～12		二8～20	
4/2	逃往埃及、歸來	二13～21			
2	童年的耶穌在拿撒勒	二22～23		二39～40	
公元	**沉寂期**				
8	孩童耶穌在聖殿聽道			二41～52	
	18年沉寂期／預備及傳道初期				
26	耶穌受洗	三13～17	一9～11	三21～22	一29～34
26	耶穌受試探	四1～11	一12～13	四1～13	
27	迦拿婚筵				二1～11
27	耶穌潔淨聖殿	二十一12～13	十一15～17	十九45～46	二14～22
27	耶穌與尼哥德慕談道				三1～21
27	耶穌與撒馬利亞婦人談道				四4～42
27	迦百農的百夫長	八5～13		七1～10	四46下～54
27	耶穌在拿撒勒傳道	十三53～58	六1～6上	四16～30	
	聲名遠播時期				
28	耶穌呼召眾門徒	四18～22	一16～20		
28	耶穌醫治彼得的岳母	八14～15	一29～31	四38～39	
28	耶穌第一次到加利利各城各鄉傳道	四23	一39	四44	
28	利未(馬太)被召	九9～13	二13～17	五27～32	
28	耶穌揀選12個門徒	十1～4	三13～19	六12～16	
28	登山寶訓／平原講道	四24～七27		六17～49	
28	婦人與香膏	二十六6～13	十四3～9	七36～50	十二1～8

28	耶穌第二次到加利利			八1～3	
28	耶穌講論天國的比喻	十三1～52	四1～34	八4～18，十三18～21	
28	耶穌平靜風和海	八23～27	四35～41	八22～25	
28	睚魯【葉魯《現修》】的女兒和患血漏病的女人	九18～26	五21～43	八40～56	
28	耶穌差遣12個使徒	九35～十14	六6下～13	九1～6	
	被敵對時期				
29	施洗約翰之死	十四3～12	六17～29	三19～20	
29	5,000人得飽	十四13～21	六32～44	九10下～17	六1～15
29	耶穌履海	十四22～33	六45～52		六16～21
29	4,000人得飽	十五32～39	八1～10		
29	彼得承認耶穌為基督	十六13～20	八27～30	九18～21	六67～71
29	耶穌醫好生來瞎眼的人				九1～41
29	耶穌改變形像	十七1～9	九2～10	九28～36	
29	耶穌在住棚節上耶路撒冷				七11～52（～十21）
29	拉撒路復活				十一1～44
30	耶穌為小孩祝福	十九13～15	十13～16	十八15～17	
30	瞎子（巴底買）得醫治	二十29～34	十46～52	十八35～43	
30	稅吏撒該			十九1～10	
30	耶穌探望馬大和馬利亞				十一55～十二1
30	耶穌的最後一週	二十一1～二十七66	十一1～十六8	二十二39～二十三56	十二12～十九42
30	耶穌復活的形像	二十八1～20		二十四1～53	二十1～二十一25

初代教會的發展

黃錫木

在短短60多年間，初代教會的人數由只有120人發展成數以萬計，遍布的範圍超越當時羅馬帝國的邊界。

新約聖經沒有在初代教會發展史方面提供完整的資料；路加的使徒行傳*(和保羅書信)所提供的資料主要都是以保羅*為主。對於研究初代教會的發展史，這的確是一個限制，但這卻是聖經作者要我們細察的角度。

耶穌升天之前，他指示使徒要先等候聖靈*降臨，才遍傳復活*的喜訊。他們又選擇了另一個門徒馬提亞，代替出賣耶穌後自殺的猶大，完整保存「12」這個數目，為要標誌一個新的以色列民族。在這時候，這個羣體只有120個信徒。耶穌的預言在五旬節*當天應驗了，按路加的理解，教會*就在這天成立。在當天的宣講*中，有3,000人回應了彼得*的信息，認罪*悔改。這些信徒奉耶穌的名施洗，聚集祈禱*，聽使徒的教訓，守主的聖餐*。

雖然教會的人數不斷增加，但從猶太人來的壓迫亦不斷增加。彼得和約翰*被監禁，之後司提反執事在猶太人引發的騷動中被石頭打死(徒七章)，又有以逼迫基督信徒為榮的掃羅(即保羅)；這種種危機反而成為把福音外傳的契機。路加特別記載腓利的傳道工作，他把福音傳到撒馬利亞人*當中，然後又向一名衣索匹亞(或稱埃塞俄比亞)的太監傳福音*(徒八章)——從猶太人的角度而言，他是一名被雙重詛咒的人。路加要指出，主耶穌的大使命在腓利身上已被落實。

保羅信主（徒九1～19）是初代教會發展的一大轉捩點，因此，從使徒行傳九章開始，他亦成為全書的中心人物。保羅雖然曾經到耶城教會作短暫停留，但之後一直以安提阿為根據地，在基利家省及敍利亞積極投入宣教*工作。公元46至48年，巴拿巴和保羅更遠赴旁非利亞省；這幾年的工作非常成功，亦使初代教會開始思想基督信仰與猶太教的關係。結果，在耶路撒冷*的會議中，耶城教會認同保羅的見解，認為外邦人不需要守割禮*和猶太人的律例，但卻要遠離拜偶像和淫亂等事情（徒十五章）。

這是初代教會發展的新里程。自此，雖然保羅依然受到猶太人的迫害，但他已經和當時耶城教會的領袖取得共識，把福音傳到更遠的地方。於公元49/50至58年，保羅把福音傳至馬其頓和希臘，並在哥林多*和以弗所兩城逗留較長時間。他又藉著上訴羅馬*的機會，把福音帶到西班牙去。

直至公元1世紀末，福音遍傳的範圍已超越羅馬帝國的邊境，東至印度（馬太和巴多羅買），西至羅馬（彼得和馬可），甚至西班牙（保羅曾到那裏），南至埃及的亞歷山太城和亞拉伯半島地區。

第一次猶太人叛亂

黃錫木

於公元66至74年發生的第一次猶太人叛亂，是古代猶太人最慘烈的歷史事件，最後以耶城聖殿被毀告終。

羅馬*政府統治巴勒斯坦*初期(自公元前63年起)，與猶太人保持頗良好的關係，這多少是大希律*的功勞。然而，隨著大希律去世，他兒子的暴政，後來羅馬直接指派的巡撫極為腐敗的管治(公元44～66年)，以及整體上各地的反閃族情緒，直到公元1世紀中期，很多猶太人聚居的地方已經醞釀了不少騷亂情緒。

根據猶太歷史家約瑟夫*所記，第一次猶太人叛亂是由猶太地巡撫弗洛厄斯的劣行所致的：他搶掠聖殿*的庫房，又大肆屠殺抗議的羣眾。發生這些事後，亞基帕二世和他的妹妹百妮基(兩者都是大希律的孫兒)、大祭司*和法利賽人*企圖說服猶太人不要以武力反抗，但猶太人的憤怒情緒已一發不可收拾。

聖殿的守殿官以利亞撒聯同奮鋭黨*的極端派系刺客黨，一起安排殺戮行動。他們先將亞基帕二世和百妮基趕出耶城，然後佔據城中的羅馬人城堡，殺盡所有羅馬軍隊，甚至連那些溫和派的猶太人也殺害(包括大祭司)。不但如此，刺客黨亦佔據原為羅馬部隊駐守的瑪撒大*(Masada)；至此，原本只屬猶太地的叛亂，已擴展至整個巴勒斯坦地。在這個時候，耶路撒冷*的猶太人變得士氣激昂，他們以為上帝會帶領他們脫離異族的管治。他們組織游擊隊，又在加利利*設防壘。當時本來是祭司的約瑟夫，就是在此時從耶路撒冷被調派到加利利駐守。

雖然在叛亂的初期，猶太人可算是節節勝利，但猶太人的人數與羅馬軍隊的人數，實在不可相比。在羅馬大將軍維斯帕先(Vespasian)的統領之下，叛黨逐步被剷平，而猶太人的內訌亦愈來愈嚴重。公元69年，維斯帕先回羅馬當皇帝，他的兒子提多繼續率領大軍；翌年9月，在惡劣的天氣和缺糧的情況之下，耶城終被攻破，聖殿被摧毀，只剩下瑪撒大的叛黨仍不屈服。

由於地理形勢險要，羅馬軍隊花了很多精力和時間，才成功攻上瑪撒大的城寨。據約瑟夫的記載，猶太叛黨為免被羅馬人凌辱，決定全體自殺。但按近代考古學發現，可能只是一部分叛黨自殺，還有一些人是與攻上來的羅馬人交戰而死的，甚至也有想躲藏或逃走的人。

聖殿被毀以後，猶太的獻祭和祭司制度便徹底廢止了，而領導層轉為法利賽人(後來稱為拉比)執掌。猶太基督徒沒有參與戰爭，並且於叛亂的早期已逃離耶路撒冷，到約旦河外的比拉城(Pella)；由於他們將此次毀滅解釋為上帝的審判*，所以第一次猶太人叛亂無疑加深了猶太教和基督教之間的鴻溝。

• 位於死海以西的瑪撒大，為第一次猶太人叛亂的最後據點。

• 公元71年，為了慶祝提多平定第一次猶太人叛亂，羅馬議會宣布在羅馬道上舉行盛大的遊行，特建了一座用木頭和灰泥製的拱門，這位得勝的將軍和猶太俘虜則從其下經過。到公元81年，又用大理石和銅重建這座拱門。

• 拱門雕刻有羅馬士兵搶劫耶路撒冷城聖殿的情景。

新約大事年表

年份(公元)	新約歷史事迹	參考新約經卷	羅馬王朝歷史
公元前4 ～ 公元30	**耶穌生平**	**馬太福音、馬可福音、路加福音、約翰福音**	
公元前4	耶穌出生		奧古斯都(公元前27～公元14年)
8	耶穌12歲在聖殿聽道		
26	施洗約翰開始傳道工作;耶穌開始傳道工作		提庇留(公元14～37年)
26～36			猶太總督本丟・彼拉多上任
27～28	施洗約翰被囚		
29	施洗約翰被斬;耶穌過住棚節		
30	耶穌被釘十字架、復活、升天;聖靈在五旬節降臨		
30～100	**早期教會時期**	**使徒行傳**	
35	大數的掃羅信主		
44	約翰的兄弟雅各殉道	雅各書	克勞第(公元41～54年)
46～48	保羅第一次傳道旅程		
49/50	耶路撒冷會議	加拉太書	
49/50～52	保羅第二次傳道旅程	帖撒羅尼迦前、後書	
53～57	保羅第三次傳道旅程	羅馬書,哥林多前、後書	尼祿(公元54～68年)
57	保羅在耶路撒冷被捕		
59	保羅在凱撒面前申訴		
60～62	保羅在羅馬被軟禁兩年	以弗所書、歌羅西書	
62	耶穌的兄弟雅各殉道	腓利門書、腓立比書	
64			尼祿焚燒羅馬
65～67	保羅在羅馬第二次被囚	彼得前、後書,提摩太前、後書,提多書,猶大書	

65～67/68	彼得與保羅在羅馬殉道		迦勒巴、鄂圖、威特留(公元69年)，維斯帕先(公元69～79年)，提多(公元79～81年)
70	耶路撒冷被毀；聖殿被毀	希伯來書	
81～96	多米田逼迫基督徒		
90～95	使徒約翰被逐至拔摩海島	約翰一、二、三書，啟示錄	納華(公元96～98年)

羅馬帝國王帝和任期(至公元2世紀初)

公元前27～公元14年	奧古斯都(Augustus)
公元14～37年	提庇留(Tiberius)
公元37～41年	該猶／加里古拉(Gaius/Caligula)
公元41～54年	克勞第(Claudius)
公元54～68年	尼祿(Nero)
公元68～69年	迦勒巴(Galba)、鄂圖(Otho)和威特留(Vitellius)
公元69～79年	維斯帕先(Vespasian)
公元79～81年	提多(Titus)
公元81～96年	多米田(Domitian)
公元96～98年	納華(Nerva)
公元98～117年	他雅努(Trajan)
公元117～138年	哈德良(Hadrian)

古代民族和帝國
非利士人

羅慶才

非利士人屬「海民」(Sea Peoples) 的一族，其發源地乃愛琴海一帶的島嶼；雖然非利士人其後從歷史中消失，巴勒斯坦 (Palestine) 地卻因而得名。

包括非利士人在內的「海民」沿陸 (經小亞細亞) 海 (經克里特及塞浦路斯) 兩路遷移到埃及*時，曾摧毀赫人帝國及腓尼基境內各國。到公元前12世紀初，這羣「海民」曾大舉入侵埃及，最後被擊退，自此粉碎其侵佔埃及的野心。當時在位的法老蘭塞三世把被征服的「海民」安置在迦南地沿海平原上。此後，「海民」在那裏建立城邦聯盟，包括5大城市：沿海的迦薩、亞實基倫、亞實突，並內陸的以革倫和迦特 (書十三3)。

按舊約聖經記載，雖然早在列祖時代，亞伯拉罕*與以撒曾接觸非利士人的王亞比米勒 (創二十，二十六章)，然而考古研究發現，非利士人要到較後期才大規模在迦南出現。他們與以色列人其實是差不多同時期到達巴勒斯坦* (公元前13世紀末～12世紀初)，但以色列人初期多聚居於中央山脈之上，故少與非利士人接觸。其後，因兩族人口不斷增長，對土地需求增加，遂無可避免地發生衝突。舊約中士師記*所記載的參孫的故事 (十三～十六章) 及撒母耳記*中所載的示羅*一役 (撒上四～六章)，正是以此為背景。從中可見非利士人的軍事優勢。

當以色列人膏立掃羅為王時，非利士人對以色列人的威脅最大。當時，在便雅憫地的示羅已被非利士人攻破 (撒上四章)，約

櫃被搶走，表示非利士人的勢力已深入以色列的心臟地帶。掃羅統治時，並未能有效阻止非利士人的擴張(撒上三十一章)。到大衛*作王時，才能瓦解非利士人的力量(撒下五17～25，八1，二十一15～22，二十三9～17)，並取代非利士，成為區內的霸權。即使如此，兩族的關係仍然相當緊張(王上十五27，十六15～17)。

正當新亞述帝國*在提革拉・毗列色統治下進入高峯時，非利士於公元前734年被亞述征服。直至亞述帝國滅亡為止(公元前612年)，非利士雖然在政治上受制於異族，但其經濟卻有重大發展。其後，非利士經歷了巴比倫*及波斯*時期，就逐漸湮沒在歷史裏。

非利士人的文化較接近歐洲愛琴海一帶的邁錫尼(Mycenean)文化。舊約指出以色列人在科技上遠遜於非利士，這與現代考古學的發現大致相符。近期的考古研究顯示非利士人其實有相當發達的文化，經濟則以農業為主，考古研究顯示他們把迦南地的橄欖油經海路出口到其他地區，進行貿易。當非利士人在迦南定居後，逐漸融入當地文化。在宗教上，他們主要信奉大袞(士十六23～25)、女神亞斯她錄(撒上三十一10)和巴力・西卜(王下一2～3)，這些皆為古代近東*普遍的神衹。

迦南人

羅慶才

迦南人乃迦南地的原居民，其中包括多個民族，其信仰與文化對以色列有頗為深遠的影響。

「迦南」一詞的起源及意思至今仍未有定論，但自公元前3000年起，就一直作地理名稱用。不過，古代典籍對迦南地的範圍卻沒有明確的界定。約於公元前1500年，「迦南」乃埃及*統治的區域之一，其範圍約北至敍利亞，東面則包括大馬士革及約旦河東高原，南面止於埃及河。舊約聖經大致採納這說法。

「迦南人」並非一個民族，而是一個多元化的族羣。舊約多處經文列舉了組成「迦南人」的各部族名稱（創十五18～21；申七1等）。在以色列民進入迦南*前，當地的政治組織以城邦為主（書九1～2，十1～5，十二7～24），各自為政，且多有紛爭衝突。迦南人的重要城市多建於迦南區內的平原上，以農業為主。此外，迦南人亦以善於進行買賣交易而聞名（亞十四21）。從現時的資料可知，迦南人的社會結構是金字塔式，階級分明，貧富懸殊，以少數貴族操控大部分經濟資源。

因迦南地以農業為主，其宗教信仰亦與此有關。迦南神祇中主要是巴力，根據當地的神話*傳統，巴力把邪惡之神「大魚」殺死後，就創造*了宇宙萬物。此外，巴力也執掌氣候及萬物的生殖能力，務農者敬拜它就是為了確保有豐盛的收穫。巴力的妻子亞舍拉亦是迦南人所尊崇的神祇之一。

舊約記載迦南人的事迹，往往給讀者這個印象：以色列人對

迦南人深惡痛絕。律法書中三番四次強調以色列人不能與迦南人通婚，不要被他們的宗教敬拜吸引，更要徹底剷除迦南人的敬拜，不然就會成為以色列的網羅，難以自拔。自以色列建立王國*後，所羅門雇用了大量迦南人來建設城市及建造國家設施(如聖殿*)。到大衛*王國分裂*後，有大批迦南人居於北國以色列境內，成為一股強大的政治力量，以致北國的統治者不得不用政治手段，滿足他們的訴求，如為他們建立神廟等(王上十六32～33)，以討好他們。此舉在聖經作者眼中，無異是出賣了以色列的一神信仰。

話說回來，以色列人居於迦南區內，少不免受其文化影響。從近代考古學研究得知，以色列的建築風格與迦南人的無異，這包括城市、房屋、敬拜場所等，甚至農業技術、生活方式等亦多有相同之處。然而，另一方面，以色列因信仰的緣故，與迦南本土居民亦有顯著的差異。例如以色列的先知秉承律法的精神，強烈譴責國內貧富懸殊的情況，多番提醒同胞要以公平公義的原則彼此相待。而在律法中，亦以建立一個公平的、沒有貧窮的社會為目標(利二十五章；申十五1～18)。這就是以色列信仰對社會帶來的影響。

埃及

羅慶才

埃及乃古代文明大國，歷史悠久，對古代近東歷史影響頗深；在舊約時代，更常常企圖染指區內的局勢發展。

埃及位處非洲東北角，東西兩面被茫茫沙漠包圍，南面為高原，尼羅河從上而下流，水流急速，不易逾越，地理環境頗為孤立。不過，地理上的阻隔亦同時成為埃及防守的優勢，使埃及在政治及軍事方面均享有高度穩定的形勢，有利其經濟及文化發展。可稽考的埃及歷史可追溯至公元前3100年，直至公元前322年，始為希臘*多利買(Ptolemy)王朝取代。至其女王克麗佩脫拉(Cleopatra)在公元前31年與羅馬將軍安東尼(Mark Anthony)雙雙自殺後，埃及就被羅馬帝國*吞併，其歷史長達差不多4,000年。在距今約4,000年前，埃及人已建成金字塔——今天被稱為世界七大奇景之一。

埃及的命脈就是尼羅河，其三角洲的土地肥沃，加上氣候穩定，出產豐富(民十一5)，有古代近東的糧倉之稱，是鄰近地區人民饑荒時的避難所(創四十一53～57)。埃及墓室中的壁畫描繪了一些來自巴勒斯坦*的人進出埃及的情況，栩栩如生，讓我們一窺當時的生活面貌。

在法老的統治下，埃及奉行神權政治，統治者被視為神的兒子，地位超然，同時亦扮演大祭司的角色。埃及的社會結構就像金字塔一樣，法老及其親屬於頂端，其下是各階層的知識分子及技術人員，最下層就是普羅大眾。

在舊約時代，埃及與以色列的關係可謂千絲萬縷。埃及本身

的物產雖然豐富，但仍需從以色列人的聚居地迦南進口大量金屬及木材，所以在經濟上，迦南對埃及是非常重要的。另一方面，埃及亦可說是以色列的發源地，因為以色列在當地從一個只有70人的家族，發展成壯大的民族（出一1～7）。至大衛*建立王國時，其政府架構亦是仿效埃及的（撒下八15～18，二十23～26）。當以色列定居迦南後，埃及很多時都想借機影響迦南區內的政治，從中得利。在所羅門作王時，就曾與埃及結盟，娶了法老的女兒為妻，法老把本屬迦南人*的城市基色城相贈作嫁妝（王上九16）。其後，所羅門的臣僕耶羅波安密謀作反，被識破後潛逃至埃及，得埃及法老示撒收留（王上十一40）。到所羅門死後，耶羅波安返國，領導北面10支派脫離大衛家的統治，建立以色列國（王上十二章）。之後法老示撒率領軍隊入侵南北兩國，但觀其行軍路線，其主要對象實在是以色列國（王上十四25～26）。

從公元前8世紀起，隨著亞述帝國*的興起，埃及為要在本身和亞述間設下緩衝區，常常插手迦南區內的事務，扶助備受壓力的以色列及猶大政府（王下十七4，二十三29），但卻不能成事，最終以色列及猶大均先後敗亡於亞述及巴比倫*之手。

亞述

羅慶才

亞述乃古代近東的文明大國，亦為古代近東首個帝國，以好戰及強悍見稱，在以色列歷史中有舉足輕重的地位。

亞述的發源地乃亞施戶城（Assur），位於底格里斯河東岸，因該地氣候適合畜牧，所以成為遊牧者的聚居處。其最早發現的考古文物為公元前2800至2200年左右，顯示其文化與居於亞述以南的蘇美爾人（Sumerians）相似。亞述人作為一個政治實體，最早可追溯至公元前2000年左右。除本土居民外，還混合了亞摩利人及亞蘭人的血統。

亞述人早期聚居於幼發拉底河和底格里斯河流域的北部，以尼尼微、亞比拉、亞施戶城等地為核心，以農業和畜牧為生，自公元前1900年（古帝國期）始有政治制度及組織。公元前1750至1000年間為亞述發展的高峯期（中帝國期），曾征服南部的巴比倫*及西面的亞蘭，建立了一個強大的國家。其後經歷了一段低沉時期，但由公元前9世紀初起，亞述又再興盛，至公元前8世紀末至7世紀初達至頂峯，成為歷史上的「新亞述帝國」。然而，亞述的國力自公元前625年起迅速滑落，其國都尼尼微於公元前612年被巴比倫及瑪代聯軍所破，亞述帝國最後於公元前609年滅亡。

和眾多古代近東國家一樣，亞述的社會結構亦是金字塔式的。最上層的是君王貴族，依次為各級官員、平民百姓，最下層的就是奴隸。亞述社會崇尚武力，有軍國主義的傾向，人民從小習武。君王同時是軍隊中的最高統帥，有絕對的權力，他的說話

就是律法；君王權力的惟一掣肘就是社會傳統及宗教習慣。記載在舊約中的官員包括：「他珥探」(總督或總管)、「拉伯撒利」(太監長) 和「拉伯沙基」(酒政) (王下十八17)。

經濟方面，亞述土地肥沃，農業及畜牧業均相當發達。此外，亞述政府向對外貿易徵稅，是為亞述經濟來源的第三大支柱。當亞述成為超級大國時，還有外國的貢銀作為第四大收入來源 (王下十五19，十六8等)。

除軍事及政治外，亞述在文化方面亦有重大成就。亞述人承襲了亞甲人 (Akkadian) 的文化傳統，保存了很多重要的亞甲文獻。亞述巴尼帕王 (Ashurbanipal，公元前669～627年) 在位時，曾在皇宮中建造圖書館，搜集古巴比倫文獻，並將之存放於此；此圖書館在19世紀中期被發掘出土。在藝術及雕刻方面，亞述亦有卓越的成就，亞述的雕刻家甚有創意，生動地捕捉了古代生活各方面的形態，尤其值得注意的是印鑒，常刻有與亞述宗教有關的主題，為舊約研究提供了重要的參考資料。此外，亞述皇宮中的浮雕亦甚有價值，常刻有古代生活的面貌，如搜獵和皇室花園景色等。另外，浮雕上亦常見古代戰爭的場面，可見古代進行戰事的方式等，實具歷史價值。

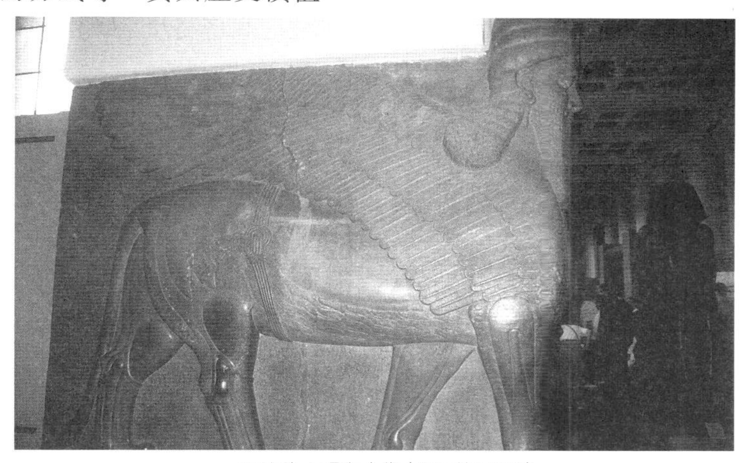

• 亞述的人頭獅身像(公元前9世紀)

巴比倫

羅慶才

巴比倫文化最早可追溯至公元前4000年，屬重要文化發源地之一。

「巴比倫人」所指的是居於美索不達米亞南部，今巴格達至波斯灣海岸一帶的居民。他們自公元前3000年已建立城邦，其後逐漸發展成古代近東的軍事強國。

當以色列人於公元前13世紀末進入迦南*時，巴比倫正受亞述*控制，到8世紀更被亞述統治。不過，至公元前7世紀末，隨著亞述的衰落，巴比倫在尼布甲尼撒二世的領導下，不只擺脫了亞述的掣肘，更建立了新巴比倫帝國，取代亞述成為古代近東霸主，其統治範圍包括迦南地，猶大在內的各國。不過，這段輝煌時期只維持了數十年，至公元前539年，波斯*不費吹灰之力，就推翻了巴比倫帝國。

巴比倫一帶的雨量較少，而幼發拉底和底格里斯兩大河流域地勢平坦，廣泛地區都是沼澤，故此自古以來，巴比倫統治者的天職就是開發及維修灌溉用的輸水道，以利農耕。不過，因土質鹽分較高，故農產以大麥為主。此外，巴比倫是區內棗子產量最多的國家。

巴比倫最早期的政治結構基本是以城邦為主，君主制度成立後，源自城邦時期的一些傳統，如長老的參與，雖仍得以維持，卻已演變成扶助君主執政的工具。其次，廟宇及其祭司在經濟上本來有舉足輕重的地位，但到君主執政時期，其影響力已被大大

希臘化時代的埃及與敘利亞(公元前2世紀末)

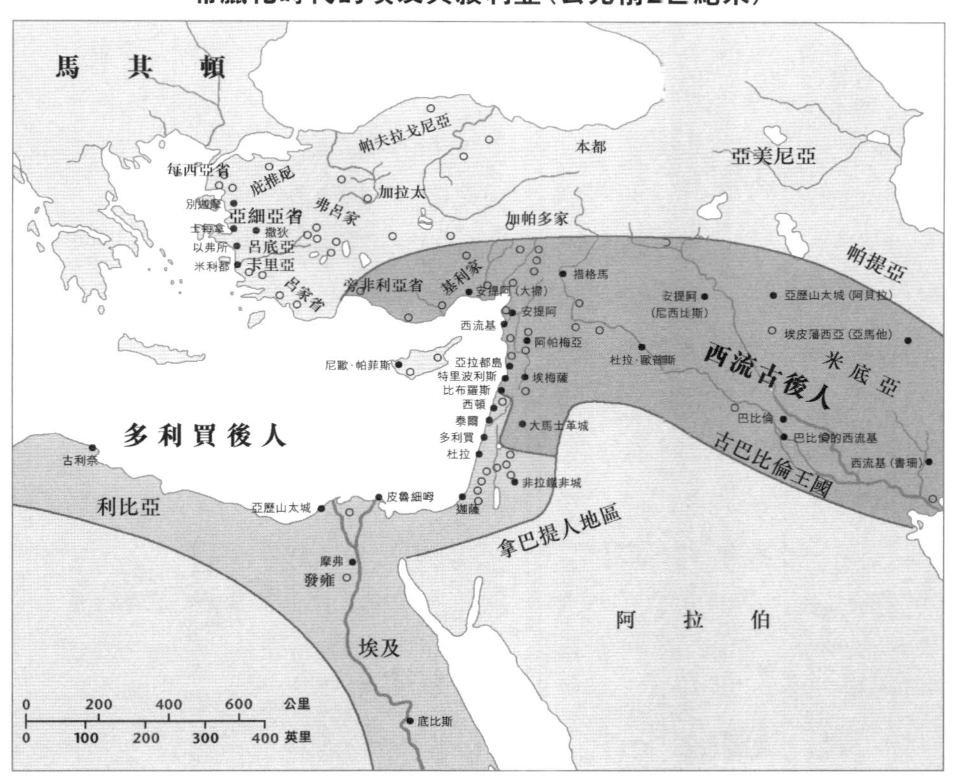

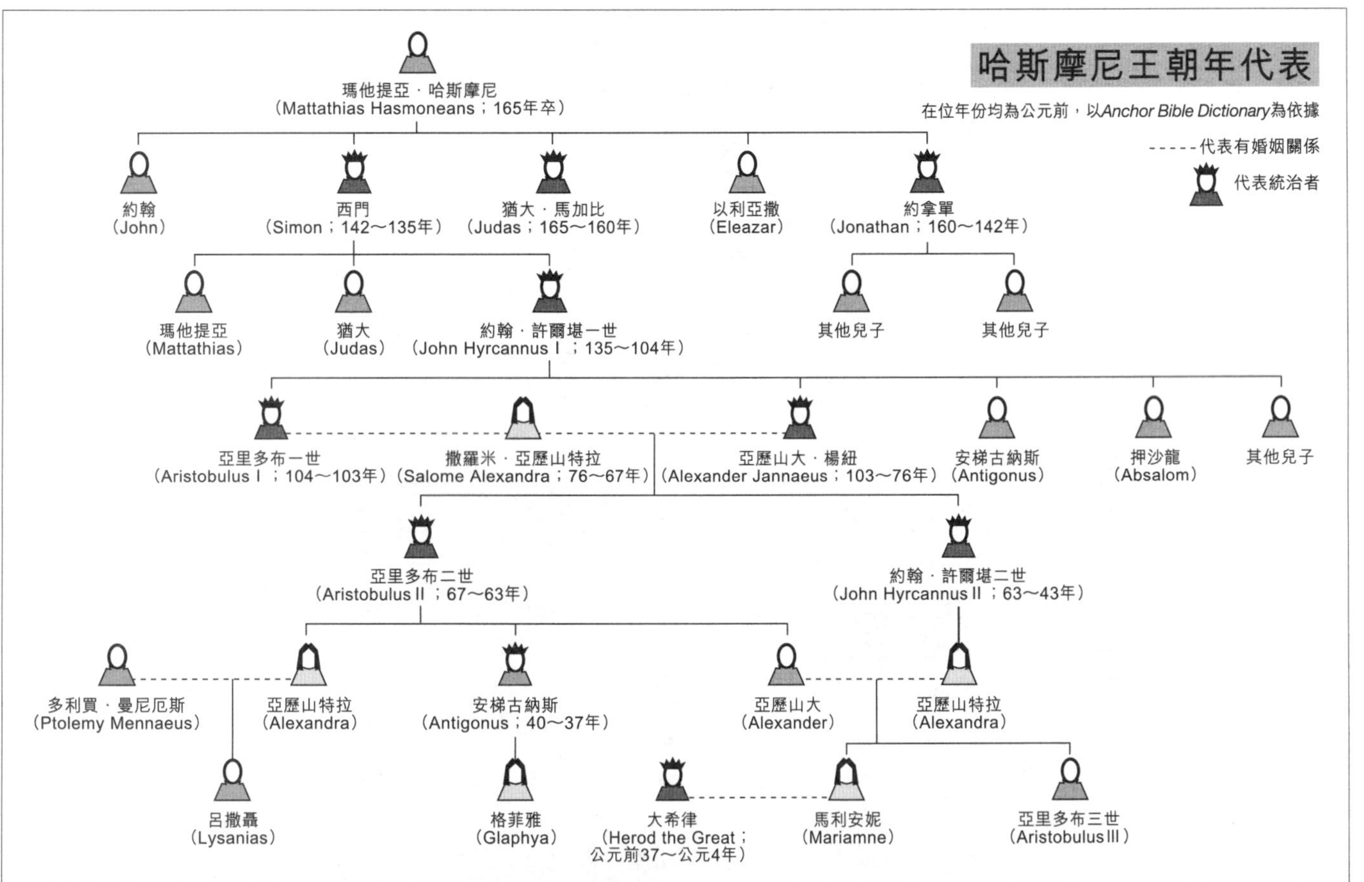
哈斯摩尼王朝年代表
在位年份均為公元前，以*Anchor Bible Dictionary*為依據
-----代表有婚姻關係
代表統治者
瑪他提亞．哈斯摩尼（Mattathias Hasmoneans；165年卒）
約翰（John）
西門（Simon；142～135年）
猶大．馬加比（Judas；165～160年）
以利亞撒（Eleazar）
約拿單（Jonathan；160～142年）
瑪他提亞（Mattathias）
猶大（Judas）
約翰．許爾堪一世（John Hyrcannus I；135～104年）
其他兒子
其他兒子
亞里多布一世（Aristobulus I；104～103年）
撒羅米．亞歷山特拉（Salome Alexandra；76～67年）
亞歷山大．楊紐（Alexander Jannaeus；103～76年）
安梯古納斯（Antigonus）
押沙龍（Absalom）
其他兒子
亞里多布二世（Aristobulus II；67～63年）
約翰．許爾堪二世（John Hyrcannus II；63～43年）
多利買．曼尼厄斯（Ptolemy Mennaeus）
亞歷山特拉（Alexandra）
安梯古納斯（Antigonus；40～37年）
亞歷山大（Alexander）
亞歷山特拉（Alexandra）
呂撒聶（Lysanias）
格菲雅（Glaphya）
大希律（Herod the Great；公元前37～公元4年）
馬利安妮（Mariamne）
亞里多布三世（Aristobulus III）

猶太散居地

黃錫木

在新約時代，猶太散居僑民的數目遠超過住在巴勒斯坦本土的猶太人；雖然有些猶太僑民較為開放，但大多數依然謹守猶太傳統。

猶太散居地（*disapora*）是指猶太地（或巴勒斯坦*）或以色列地以外的地方。

在古代社會，移民並非一件光彩的事。除了因經商或逃避饑荒（得一1）、戰亂、迫害（王下二十五25～26；耶四十一1～18）而自願遷徙外，一般猶太人都是被迫移居外地，例如因戰敗被俘擄到別國。自大衛*統一王朝，以色列人先後經歷兩次大規模遷移，分別是被亞述*（公元前722/721；王下十七1～6）和巴比倫*（公元前587/586；王下二十五8～21）強迫的。在兩約時期*，猶太人亦經歷多次遷徙。而在兩次猶太叛亂中，不少猶太人亦遷居到美索不達米亞以東地區。

新約時代，猶太僑民散布羅馬帝國*各地，主要有巴比倫、埃及、敍利亞、小亞細亞和羅馬*；我們甚至可以肯定，猶太散居僑民比住在巴勒斯坦的猶太人還要多。

埃及是最重要和歷史最悠久的猶太散居地。據考古和文獻記載，在埃及最南方的伊里芬丁（Elephantine）的猶太人，曾經於公元前6世紀末建造一座耶和華的殿（但後來被當地人拆毀）。據約瑟夫*所說，在新約時代的埃及就有100萬猶太人。在亞歷山太城，猶太人佔城市總人口的極大部分。他們在政治上自成一體，

居住在自己的地區和城市，延續傳統猶太文化和生活方式。除了埃及，巴比倫也是很重要的城鎮。雖然波斯*王（公元前538年）曾經宣布猶太人可以回歸自己的國土，但依然有很多人寧願留在巴比倫（按典外文獻的記載），暗示了人民已經在那裏落地生根。公元70年耶路撒冷*淪陷後，巴比倫就成為保留猶太傳統的中心。

住在異教文化當中的猶太人，固然較容易受希羅文化影響，他們雖然未至於放棄自己獨特的信仰與文化，但卻較願意學習希臘文化。不少後期的猶太作品，特別是那些寫於亞歷山太城的作品，均深受希臘哲學的影響，其用詞與寫於巴勒斯坦地的猶太作品，亦有差異。

很多猶太人依然謹守傳統猶太教的教導，男性出生8天便受割禮*。猶太人自小便接受律法的教導，獨尊上帝，拒絕跪拜別的神明及參與任何其他宗教儀式，又謹守一切潔淨*的禮儀、禁食、安息日*及節期*。散居地的猶太人常與其他民族發生衝突和磨擦，這與他們謹守這些習俗有密切關係。於是，在宗教、文化和社交上，會堂*往往成為維繫猶太散居僑民的一個非常重要的活動中心。

這些猶太僑民為保持自己獨特的文化和信仰，和非猶太人的關係常變得緊張；從希臘和羅馬作家常在作品中貶低那些生活在他們當中的猶太人可見一斑。

散居的猶太僑民（公元前1世紀末）

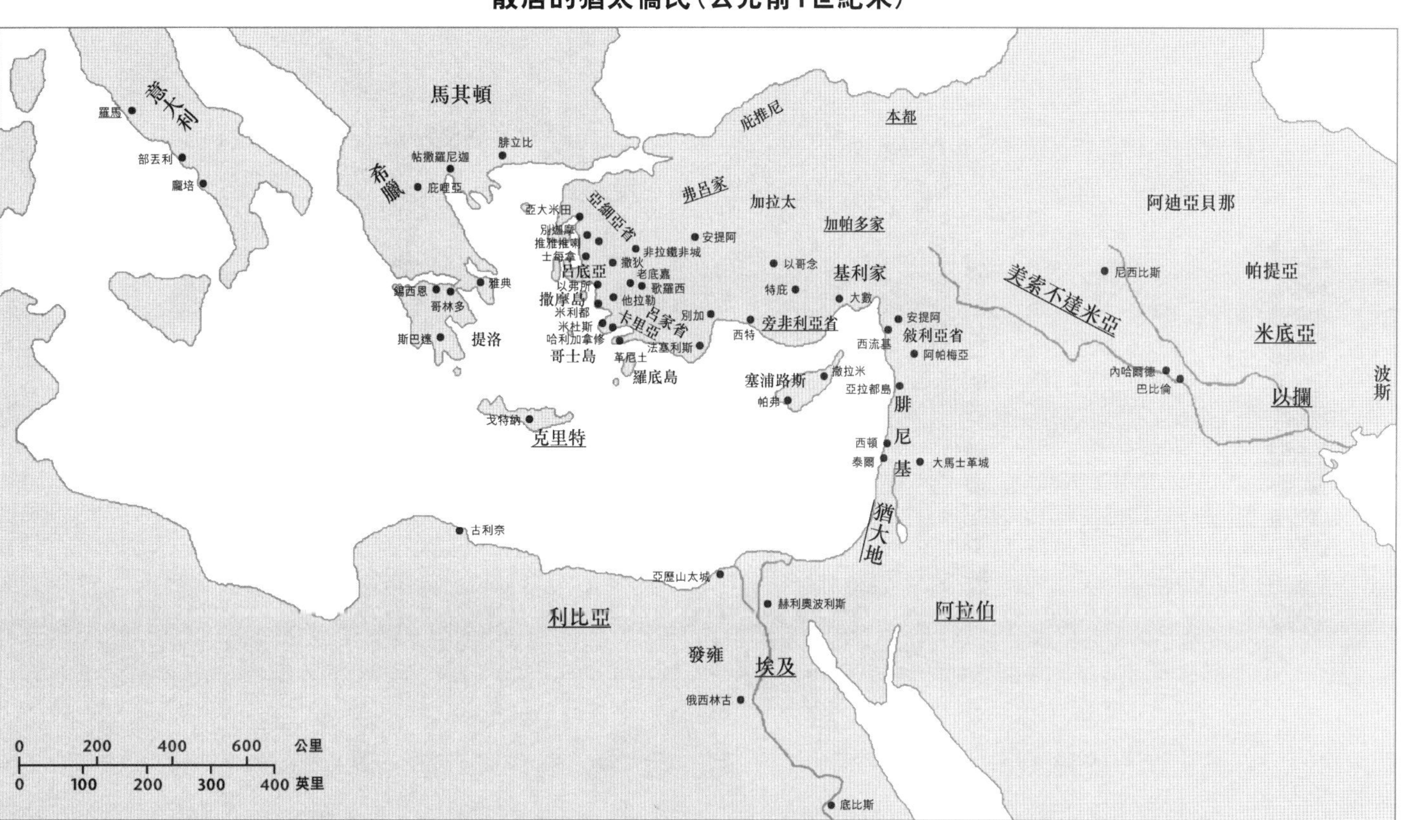

新約歷史簡述

羅馬帝國版圖（公元1世紀末）

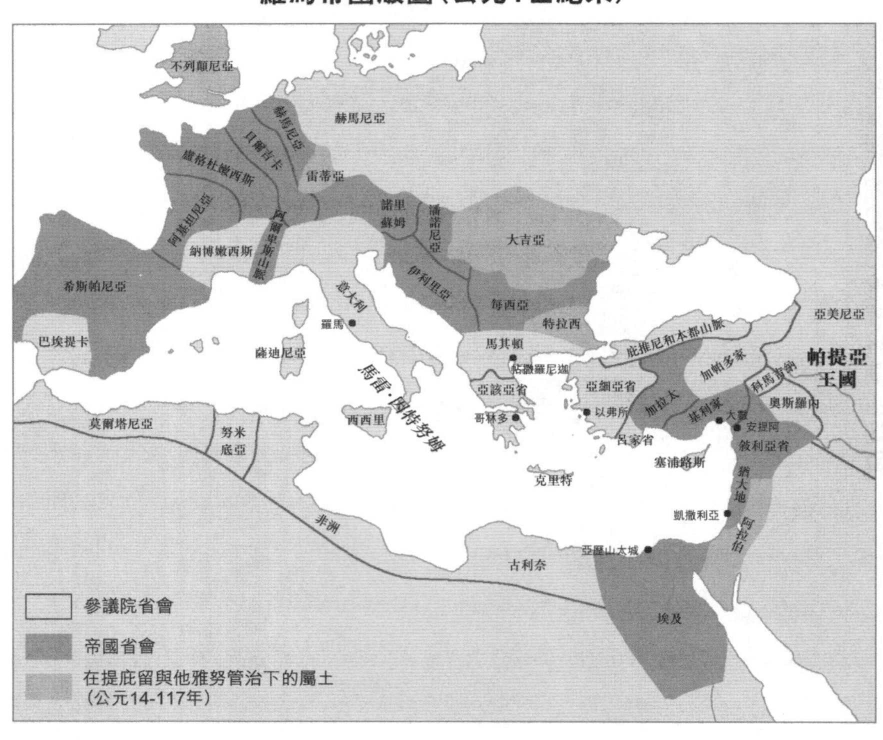

大希律的統治

黃錫木

大希律的統治揭開新約時代的歷史序幕。希律生性殘暴狡猾，不過，他對猶太人社會亦有很深遠的貢獻。

公元前63年，羅馬*將軍龐培（Pompey）進亘耶路撒冷*，結束了為期只有80年（公元前143/142～63年）的馬加比家族*獨立管治。自此，猶太地一帶成為羅馬中央政府管治的地區，屬敍利亞省。龐培將軍任命馬加比家族*的後人許爾堪二世（Hyrcanus II；他亦是當時的大祭司*）管理猶太人事務，他手下其中一位精明的輔臣就是希律的父親安提帕特（Antipater）。因為這種關係，希律家族*取得羅馬公民的資格。

希律自年幼時已處處表現領導者的風範。他管治加利利*省時只有25歲，當時的加利利省，已經是一個高度自治的省分。希律雖然多次在政治決策上錯下注碼，但他至終仍能得到羅馬王帝的信任。公元前37年，希律正式被羅馬政府封為猶太人的王，使當時的巴勒斯坦地*享有全面的自主權，直接向羅馬負責，歷時35年之久。

希律自知自己不是純猶太血統（原是以東人），不能像馬加比家族的成員一樣當大祭司，因此，他極其量只能擔任猶太人的王。為使猶太人視他為哈斯摩尼王朝的合法繼承人，希律娶了許爾堪二世的孫女馬利安妮（Mariamne）為妻；又為要使人對其家族忠心，他特別設立擁護自己的猶太派別，就是「希律黨人」。除此以外，他仿效埃及多利買（Ptolemy）政府，以組雇傭軍、建立政制

和建築防衛體系（其中之一就是瑪撒大*堡壘）鞏固自己的權力。

希律性情殘暴，曾處死自己的兩個妻子、3個兒子，又在耶穌出生時，下令殺害全國兩歲以下的嬰孩（太二16～18）。他的私生活一團糟，曾結婚10次，家庭中數之不盡的問題，都是他的妻子和她們的母親為使自己的子女得到某些優待或特權而產生的。歷史上對希律的為人作出最貼切的評價的，要算是奧古斯都了。當他聽見希律殺了自己的骨肉時，他幽默地說：「當希律的豬，勝過當他的兒子。」

希律是猶太人歷史上最偉大的建築家。他在任期間，大興土木，經營了十多個大城邑，其中最有名的是地中海沿岸的凱撒利亞*。耶路撒冷的建築物，例如歌劇院、浴場和學校等都是他自費興建的，而最重要的，亦因而得到猶太人歡心的，莫過於擴建聖殿*。計劃始於公元前19年，聖殿本身的建築過了不久便落成，但附近的建築和裝飾則花了很多人力和時間；整個工程到公元64年才完成。然而，希律並不是一個虔誠的猶太教信徒，既沒有敬畏的心，也不在乎甚麼是正統；反之，他卻是希羅文化和宗教的熱愛者。

希律在位33年，卒於公元前4年。

耶穌時期的巴勒斯坦地

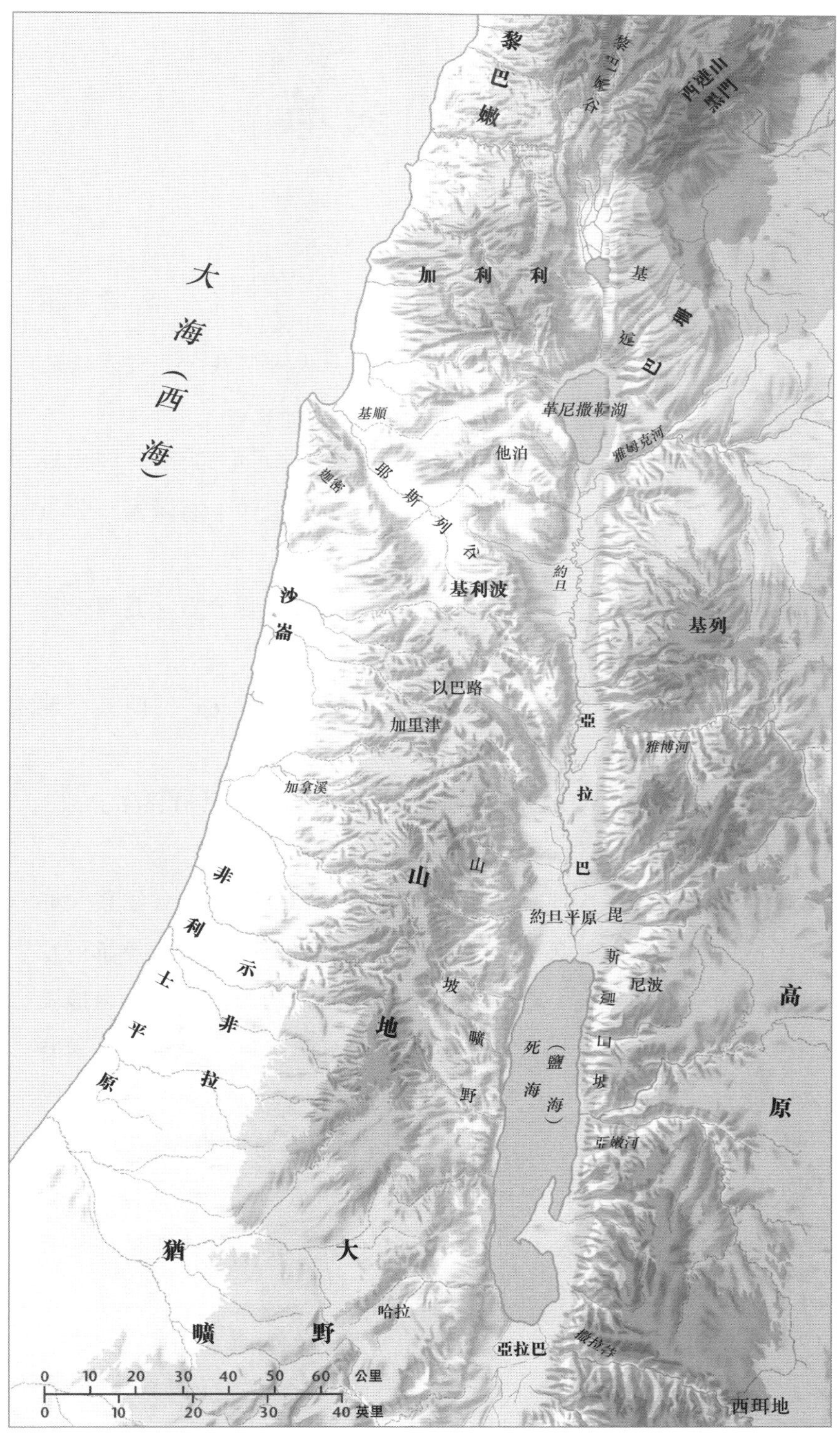

希律的家族

黃錫木

希律的家族是新約時代中最重要的猶太人家族，在這家族的統治下，猶太地的猶太人能享有某程度的自治。

希律在位33年，卒於公元前4年。他死後，耶路撒冷*即出現多次暴亂。騷亂平息後，羅馬政府完成他的遺願，將國家一分為三，交由他的3個兒子治理：

1. 亞基老(參太二22)管治猶太地、撒馬利亞和以土買，是專管理猶太人事務的提督(ethnarch)；
2. 安提帕(Antipas)管理加利利*和比利亞省(Perea)的四分一地區，職銜是分封王(tetrarch)；
3. 腓力(參路三1)承受以土利亞(Iturea)、特拉可尼(Trachonitis)和東北部的附屬地區，作為分封王。

亞基老統治了10年，承襲父親的暴行(參太二22)。結果，耶路撒冷的居民聯同撒馬利亞人*派遣一隊專員到羅馬*，投訴他在治理上的無能和殘酷。羅馬政府最後奪回他的統治權，交由地區巡撫管理，直接向羅馬政府負責；在耶穌誕生時，居里扭是當時敍利亞省的巡撫(路二2)。

與亞基老相反，安提帕的管治與父親大希律*一樣，能與猶太人維持良好關係；耶穌和施洗約翰*傳道旅程經過的地方，主要是安提帕的所屬地(太十四1～12)。不過，施洗約翰卻是被他殺害的，耶穌亦曾被他審訊。

腓力可能是大希律的繼承者中，惟一的好領袖。按約瑟夫*

所記，他愛護人民，尊重猶太人，又沒有耗費人力物力於奢華的建築工程上。他重建了加利利湖一帶多個城市，包括伯賽大，又開拓了凱撒利亞．腓立比這個城市，以自己和羅馬王的名字作為這城的名稱。

大希律另有兩名孫兒也見於新約聖經中，就是亞基帕一世和二世。亞基帕一世的父親被大希律處死，他在羅馬長大，認識了兩位日後成為羅馬王帝的朋友——該猶和克勞第(又稱革老丟)。在他們的幫助之下，他把大希律原本統治的國界重新合併起來。雖然新約聖經記載他把雅各處死，又監禁彼得*(參徒十二1～4)，但在猶太人心目中，亞基帕因遵守傳統猶太教的教訓和規條，得到猶太人的敬重。按約瑟夫記載，他是得到怪病而死的(徒十二20～23)。

亞基帕二世在任期間，曾應非斯都之邀請，一起聽保羅*的分訴，而他的妹妹百妮基亦在場(徒二十五13～二十六32)。亞基帕二世完成其祖父大希律修葺聖殿*的計劃，並在耶路撒冷多處街道上，鋪上大理石塊。他雖然敬重猶太教，但仍然忠於羅馬。公元66年，當第一次猶太人叛亂*剛剛開始，亞基帕二世和他的妹妹百妮基竭力勸阻猶太人對抗羅馬政府，但不成功。亞基帕二世不單擴張自己管轄的領土，更與後來成為王帝的提多將軍成為好友。亞基帕二世於公元96年去世，此後，希律家再沒機會直接管理猶太人的事務。

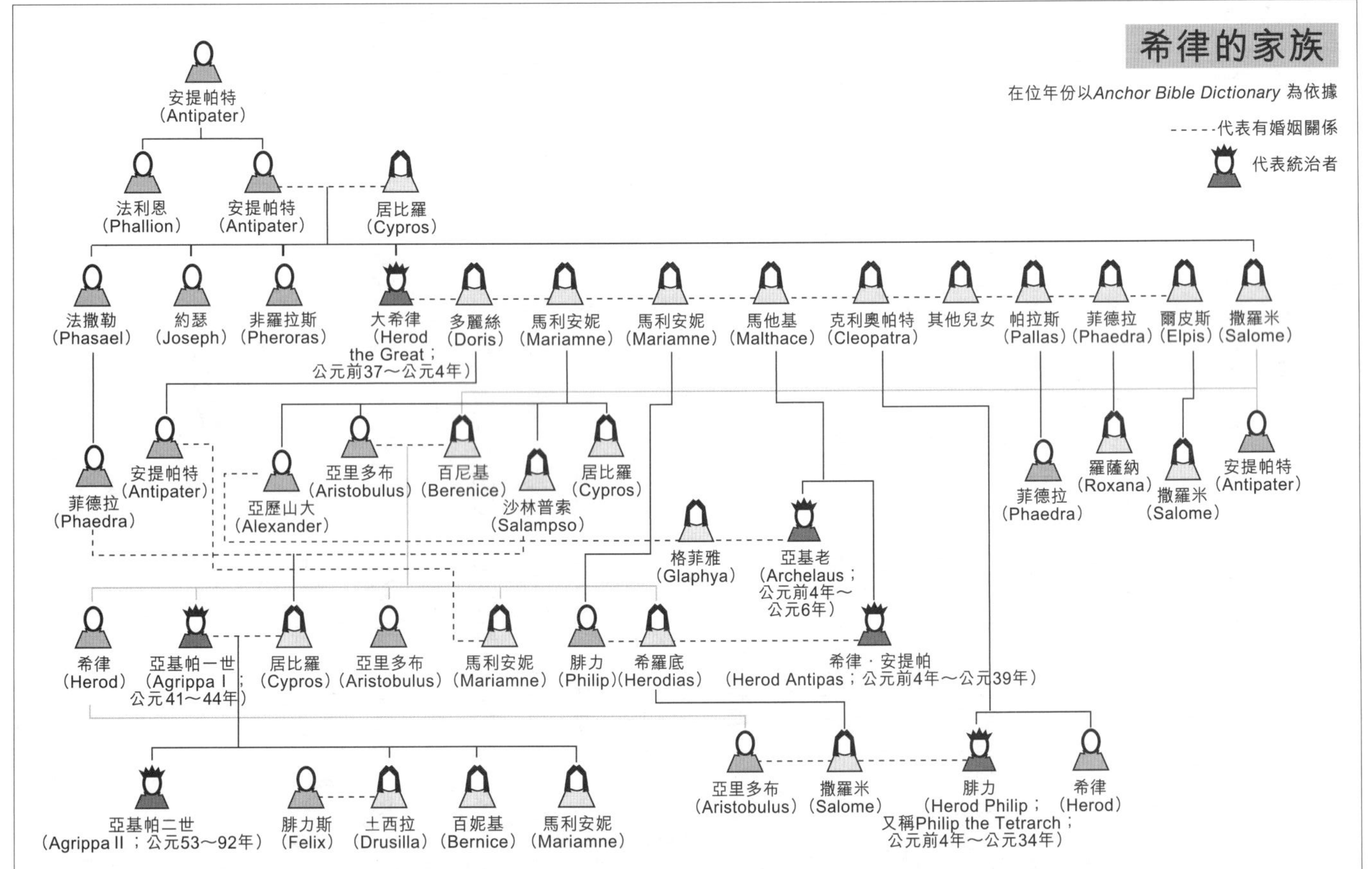
希律的家族
在位年份以Anchor Bible Dictionary 為依據
-----代表有婚姻關係
代表統治者
安提帕特（Antipater）
法利恩（Phallion）
安提帕特（Antipater）
居比羅（Cypros）
法撒勒（Phasael）
約瑟（Joseph）
非羅拉斯（Pheroras）
大希律（Herod the Great；公元前37～公元4年）
多麗絲（Doris）
馬利安妮（Mariamne）
馬利安妮（Mariamne）
馬他基（Malthace）
克利奧帕特（Cleopatra）
其他兒女
帕拉斯（Pallas）
菲德拉（Phaedra）
爾皮斯（Elpis）
撒羅米（Salome）
菲德拉（Phaedra）
安提帕特（Antipater）
亞歷山大（Alexander）
亞里多布（Aristobulus）
百尼基（Berenice）
沙林普索（Salampso）
居比羅（Cypros）
菲德拉（Phaedra）
羅薩納（Roxana）
撒羅米（Salome）
安提帕特（Antipater）
格菲雅（Glaphya）
亞基老（Archelaus；公元前4年～公元6年）
希律（Herod）
亞基帕一世（Agrippa I；公元41～44年）
居比羅（Cypros）
亞里多布（Aristobulus）
馬利安妮（Mariamne）
腓力（Philip）
希羅底（Herodias）
希律・安提帕（Herod Antipas；公元前4年～公元39年）
亞基帕二世（Agrippa II；公元53～92年）
腓力斯（Felix）
土西拉（Drusilla）
百妮基（Bernice）
馬利安妮（Mariamne）
亞里多布（Aristobulus）
撒羅米（Salome）
腓力（Herod Philip；又稱Philip the Tetrarch；公元前4年～公元34年）
希律（Herod）

耶穌生平

黃錫木

雖然我們未能仔細和具體地重構耶穌的一生，但分階段理解耶穌的一生能讓我們更清晰地認識他。

4卷福音書對耶穌一生的言行提供了不少資料，但由於要完全協調這些資料是極其困難，我們不能詳細地重構耶穌一生所做的事，而只能分階段描述他的一生。

耶穌公開傳道前的日子：耶穌的出生、童年、少年和成長經過，直至30歲為止，福音書有關這方面的記載只有100多節。在這段日子，有兩件事是福音書作者很看重的：耶穌領受施洗約翰*的水禮*——顯示耶穌與約翰是一脈相承的；耶穌接受並勝過魔鬼*的試探——象徵他要以得勝者的姿態出現。有關耶穌傳道的年日，雖然馬太福音*、馬可福音*和路加福音*記載耶穌只有一次（亦是最後的一次）上耶路撒冷*，但約翰福音*則清楚記述耶穌曾經3次上耶路撒冷過每年一度的節期*（約二23，五1，六4，十二1）；後者的記載似乎較清晰表達耶穌傳道的時間。

傳道的初期：耶穌在猶太地開始傳道（約三22），在施洗約翰的推舉下，耶穌已有幾位核心的跟隨者（如彼得*、約翰*等）。在這一年半裏，耶穌可能穿梭於猶太與加利利*之間，他突出的言論（如在會堂*講論；路四16～32）和所行的神蹟*已使他薄有名聲（約二23～25，三1～21）；而他「出位」的行為，例如與撒馬利亞人*和外邦人（甚至是婦女）接觸（太十五21～23；約四1～12），亦使他成為猶太領袖針對的對象（約二13～22）。

在加利利傳道：雖然耶穌傳道的活動範圍遍及巴勒斯坦*，但加利利省明顯是福音書作者記載的焦點。耶穌的言論和行徑為他贏得思想較開放的加利利人歡迎。他在眾多的跟隨者中，揀選了12位門徒，成為他的門生和同工，既為他的日常生活和傳道工作打點，亦學習宣講天國*的道理（路九1～2）。除了個別言論的記載，馬太和路加分別把耶穌在不同場合的講論整合成為著名的登山寶訓（太五～七章）和平原講道（路六17～49）。按福音書的記載，耶穌的講論主要以比喻*為主，並且常在被人詢問和挑戰的情況下才闡述某些課題。福音書共記載了35件耶穌所行的神蹟，很多都是在這段日子施行的，其中有一半以上是與醫治*和驅鬼有關，其餘的主要是突顯他超乎自然定律的大能。

上十字架的道路：耶穌知道自己受難的日子近了，便多次向門徒披露此事，然而，門徒既不明白，亦不能接受（可八31～33）。耶穌沿途經過很多地方，在伯大尼，馬利亞用極貴的香膏膏抹耶穌（約十二1～8）；福音書作者認為這是為他的安葬準備的。耶穌花了一整週在耶路撒冷，當中他不忘繼續講道，包括末世*的事情（可十三章）。最後，他在假公濟私的審判之下被處死，死在十字架上。

耶穌生平年表

年份	耶穌生平的重要事件	馬太	馬可	路加	約翰
公元前	**耶穌的出生**				
5	天使傳報耶穌誕生的喜信			一26～38	
5	約瑟的夢	一18～25			
	耶穌的童年				
	耶穌的家譜	一2～17		三23～38	
4	耶穌的降生	一18～25		二1～7	
4	天使與牧人			二8～20	
4	耶穌受割禮並在聖殿奉獻			二21～38	
4	朝拜聖嬰耶穌	二1～12		二8～20	
4/2	逃往埃及、歸來	二13～21			
2	童年的耶穌在拿撒勒	二22～23		二39～40	
公元	**沉寂期**				
8	孩童耶穌在聖殿聽道			二41～52	
	18年沉寂期／預備及傳道初期				
26	耶穌受洗	三13～17	一9～11	三21～22	一29～34
26	耶穌受試探	四1～11	一12～13	四1～13	
27	迦拿婚筵				二1～11
27	耶穌潔淨聖殿	二十一12～13	十一15～17	十九45～46	二14～22
27	耶穌與尼哥德慕談道				三1～21
27	耶穌與撒馬利亞婦人談道				四4～42
27	迦百農的百夫長	八5～13		七1～10	四46下～54
27	耶穌在拿撒勒傳道	十三53～58	六1～6上	四16～30	
	聲名遠播時期				
28	耶穌呼召眾門徒	四18～22	一16～20		
28	耶穌醫治彼得的岳母	八14～15	一29～31	四38～39	
28	耶穌第一次到加利利各城各鄉傳道	四23	一39	四44	
28	利未(馬太)被召	九9～13	二13～17	五27～32	
28	耶穌揀選12個門徒	十1～4	三13～19	六12～16	
28	登山寶訓／平原講道	四24～七27		六17～49	
28	婦人與香膏	二十六6～13	十四3～9	七36～50	十二1～8

28	耶穌第二次到加利利			八1～3	
28	耶穌講論天國的比喻	十三1～52	四1～34	八4～18，十三18～21	
28	耶穌平靜風和海	八23～27	四35～41	八22～25	
28	睚魯【葉魯《現修》】的女兒和患血漏病的女人	九18～26	五21～43	八40～56	
28	耶穌差遣12個使徒	九35～十14	六6下～13	九1～6	
	被敵對時期				
29	施洗約翰之死	十四3～12	六17～29	三19～20	
29	5,000人得飽	十四13～21	六32～44	九10下～17	六1～15
29	耶穌履海	十四22～33	六45～52		六16～21
29	4,000人得飽	十五32～39	八1～10		
29	彼得承認耶穌為基督	十六13～20	八27～30	九18～21	六67～71
29	耶穌醫好生來瞎眼的人				九1～41
29	耶穌改變形像	十七1～9	九2～10	九28～36	
29	耶穌在住棚節上耶路撒冷				七11～52（～十21）
29	拉撒路復活				十一1～44
30	耶穌為小孩祝福	十九13～15	十13～16	十八15～17	
30	瞎子（巴底買）得醫治	二十29～34	十46～52	十八35～43	
30	稅吏撒該			十九1～10	
30	耶穌探望馬大和馬利亞				十一55～十二1
30	耶穌的最後一週	二十一1～二十七66	十一1～十六8	二十二39～二十三56	十二12～十九42
30	耶穌復活的形像	二十八1～20		二十四1～53	二十1～二十一25

初代教會的發展

黃錫木

在短短60多年間，初代教會的人數由只有120人發展成數以萬計，遍布的範圍超越當時羅馬帝國的邊界。

新約聖經沒有在初代教會發展史方面提供完整的資料；路加的使徒行傳*（和保羅書信）所提供的資料主要都是以保羅*為主。對於研究初代教會的發展史，這的確是一個限制，但這卻是聖經作者要我們細察的角度。

耶穌升天之前，他指示使徒要先等候聖靈*降臨，才遍傳復活*的喜訊。他們又選擇了另一個門徒馬提亞，代替出賣耶穌後自殺的猶大，完整保存「12」這個數目，為要標誌一個新的以色列民族。在這時候，這個羣體只有120個信徒。耶穌的預言在五旬節*當天應驗了，按路加的理解，教會*就在這天成立。在當天的宣講*中，有3,000人回應了彼得*的信息，認罪*悔改。這些信徒奉耶穌的名施洗，聚集祈禱*，聽使徒的教訓，守主的聖餐*。

雖然教會的人數不斷增加，但從猶太人來的壓迫亦不斷增加。彼得和約翰*被監禁，之後司提反執事在猶太人引發的騷動中被石頭打死（徒七章），又有以逼迫基督信徒為榮的掃羅（即保羅）；這種種危機反而成為把福音外傳的契機。路加特別記載腓利的傳道工作，他把福音傳到撒馬利亞人*當中，然後又向一名衣索匹亞（或稱埃塞俄比亞）的太監傳福音*（徒八章）——從猶太人的角度而言，他是一名被雙重詛咒的人。路加要指出，主耶穌的大使命在腓利身上已被落實。

保羅信主(徒九1～19)是初代教會發展的一大轉捩點，因此，從使徒行傳九章開始，他亦成為全書的中心人物。保羅雖然曾經到耶城教會作短暫停留，但之後一直以安提阿為根據地，在基利家省及敍利亞積極投入宣教*工作。公元46至48年，巴拿巴和保羅更遠赴旁非利亞省；這幾年的工作非常成功，亦使初代教會開始思想基督信仰與猶太教的關係。結果，在耶路撒冷*的會議中，耶城教會認同保羅的見解，認為外邦人不需要守割禮*和猶太人的律例，但卻要遠離拜偶像和淫亂等事情(徒十五章)。

這是初代教會發展的新里程。自此，雖然保羅依然受到猶太人的迫害，但他已經和當時耶城教會的領袖取得共識，把福音傳到更遠的地方。於公元49/50至58年，保羅把福音傳至馬其頓和希臘，並在哥林多*和以弗所兩城逗留較長時間。他又藉著上訴羅馬*的機會，把福音帶到西班牙去。

直至公元1世紀末，福音遍傳的範圍已超越羅馬帝國的邊境，東至印度(馬太和巴多羅買)，西至羅馬(彼得和馬可)，甚至西班牙(保羅曾到那裏)，南至埃及的亞歷山太城和亞拉伯半島地區。

第一次猶太人叛亂

黃錫木

於公元66至74年發生的第一次猶太人叛亂，是古代猶太人最慘烈的歷史事件，最後以耶城聖殿被毀告終。

羅馬*政府統治巴勒斯坦*初期(自公元前63年起)，與猶太人保持頗良好的關係，這多少是大希律*的功勞。然而，隨著大希律去世，他兒子的暴政，後來羅馬直接指派的巡撫極為腐敗的管治(公元44～66年)，以及整體上各地的反閃族情緒，直到公元1世紀中期，很多猶太人聚居的地方已經醞釀了不少騷亂情緒。

根據猶太歷史家約瑟夫*所記，第一次猶太人叛亂是由猶太地巡撫弗洛厄斯的劣行所致的：他搶掠聖殿*的庫房，又大肆屠殺抗議的羣眾。發生這些事後，亞基帕二世和他的妹妹百妮基(兩者都是大希律的孫兒)、大祭司*和法利賽人*企圖說服猶太人不要以武力反抗，但猶太人的憤怒情緒已一發不可收拾。

聖殿的守殿官以利亞撒聯同奮鋭黨*的極端派系刺客黨，一起安排殺戮行動。他們先將亞基帕二世和百妮基趕出耶城，然後佔據城中的羅馬人城堡，殺盡所有羅馬軍隊，甚至連那些溫和派的猶太人也殺害(包括大祭司)。不但如此，刺客黨亦佔據原為羅馬部隊駐守的瑪撒大*(Masada)；至此，原本只屬猶太地的叛亂，已擴展至整個巴勒斯坦地。在這個時候，耶路撒冷*的猶太人變得士氣激昂，他們以為上帝會帶領他們脫離異族的管治。他們組織游擊隊，又在加利利*設防壘。當時本來是祭司的約瑟夫，就是在此時從耶路撒冷被調派到加利利駐守。

雖然在叛亂的初期，猶太人可算是節節勝利，但猶太人的人數與羅馬軍隊的人數，實在不可相比。在羅馬大將軍維斯帕先(Vespasian)的統領之下，叛黨逐步被剷平，而猶太人的內訌亦愈來愈嚴重。公元69年，維斯帕先回羅馬當皇帝，他的兒子提多繼續率領大軍；翌年9月，在惡劣的天氣和缺糧的情況之下，耶城終被攻破，聖殿被摧毀，只剩下瑪撒大的叛黨仍不屈服。

由於地理形勢險要，羅馬軍隊花了很多精力和時間，才成功攻上瑪撒大的城寨。據約瑟夫的記載，猶太叛黨為免被羅馬人凌辱，決定全體自殺。但按近代考古學發現，可能只是一部分叛黨自殺，還有一些人是與攻上來的羅馬人交戰而死的，甚至也有想躲藏或逃走的人。

聖殿被毀以後，猶太的獻祭和祭司制度便徹底廢止了，而領導層轉為法利賽人(後來稱為拉比)執掌。猶太基督徒沒有參與戰爭，並且於叛亂的早期已逃離耶路撒冷，到約旦河外的比拉城(Pella)；由於他們將此次毀滅解釋為上帝的審判*，所以第一次猶太人叛亂無疑加深了猶太教和基督教之間的鴻溝。

• 位於死海以西的瑪撒大，為第一次猶太人叛亂的最後據點。

• 公元71年，為了慶祝提多平定第一次猶太人叛亂，羅馬議會宣布在羅馬道上舉行盛大的遊行，特建了一座用木頭和灰泥製的拱門，這位得勝的將軍和猶太俘虜則從其下經過。到公元81年，又用大理石和銅重建這座拱門。

• 拱門雕刻有羅馬士兵搶劫耶路撒冷城聖殿的情景。

新約大事年表

年份（公元）	新約歷史事迹	參考新約經卷	羅馬王朝歷史
公元前4～公元30	**耶穌生平**	**馬太福音、馬可福音、路加福音、約翰福音**	
公元前4	耶穌出生		奧古斯都（公元前27～公元14年）
8	耶穌12歲在聖殿聽道		
26	施洗約翰開始傳道工作；耶穌開始傳道工作		提庇留（公元14～37年）
26～36			猶太總督本丟·彼拉多上任
27～28	施洗約翰被囚		
29	施洗約翰被斬；耶穌過住棚節		
30	耶穌被釘十字架、復活、升天；聖靈在五旬節降臨		
30～100	**早期教會時期**	**使徒行傳**	
35	大數的掃羅信主		
44	約翰的兄弟雅各殉道	雅各書	克勞第（公元41～54年）
46～48	保羅第一次傳道旅程		
49/50	耶路撒冷會議	加拉太書	
49/50～52	保羅第二次傳道旅程	帖撒羅尼迦前、後書	
53～57	保羅第三次傳道旅程	羅馬書，哥林多前、後書	尼祿（公元54～68年）
57	保羅在耶路撒冷被捕		
59	保羅在凱撒面前申訴		
60～62	保羅在羅馬被軟禁兩年	以弗所書、歌羅西書	
62	耶穌的兄弟雅各殉道	腓利門書、腓立比書	
64			尼祿焚燒羅馬
65～67	保羅在羅馬第二次被囚	彼得前、後書，提摩太前、後書，提多書，猶大書	

65～67/68	彼得與保羅在羅馬殉道		迦勒巴、鄂圖、威特留(公元69年)，維斯帕先(公元69～79年)，提多(公元79～81年)
70	耶路撒冷被毀；聖殿被毀	希伯來書	
81～96	多米田逼迫基督徒		
90～95	使徒約翰被逐至拔摩海島	約翰一、二、三書，啟示錄	納華(公元96～98年)

羅馬帝國王帝和任期(至公元2世紀初)

公元前27～公元14年	奧古斯都(Augustus)
公元14～37年	提庇留(Tiberius)
公元37～41年	該猶／加里古拉(Gaius/Caligula)
公元41～54年	克勞第(Claudius)
公元54～68年	尼祿(Nero)
公元68～69年	迦勒巴(Galba)、鄂圖(Otho)和威特留(Vitellius)
公元69～79年	維斯帕先(Vespasian)
公元79～81年	提多(Titus)
公元81～96年	多米田(Domitian)
公元96～98年	納華(Nerva)
公元98～117年	他雅努(Trajan)
公元117～138年	哈德良(Hadrian)

古代民族和帝國
非利士人

羅慶才

非利士人屬「海民」(Sea Peoples) 的一族，其發源地乃愛琴海一帶的島嶼；雖然非利士人其後從歷史中消失，巴勒斯坦 (Palestine) 地卻因而得名。

包括非利士人在內的「海民」沿陸 (經小亞細亞) 海 (經克里特及塞浦路斯) 兩路遷移到埃及*時，曾摧毀赫人帝國及腓尼基境內各國。到公元前12世紀初，這羣「海民」曾大舉入侵埃及，最後被擊退，自此粉碎其侵佔埃及的野心。當時在位的法老蘭塞三世把被征服的「海民」安置在迦南地沿海平原上。此後，「海民」在那裏建立城邦聯盟，包括5大城市：沿海的迦薩、亞實基倫、亞實突，並內陸的以革倫和迦特 (書十三3)。

按舊約聖經記載，雖然早在列祖時代，亞伯拉罕*與以撒曾接觸非利士人的王亞比米勒 (創二十，二十六章)，然而考古研究發現，非利士人要到較後期才大規模在迦南出現。他們與以色列人其實是差不多同時期到達巴勒斯坦* (公元前13世紀末～12世紀初)，但以色列人初期多聚居於中央山脈之上，故少與非利士人接觸。其後，因兩族人口不斷增長，對土地需求增加，遂無可避免地發生衝突。舊約中士師記*所記載的參孫的故事 (十三～十六章) 及撒母耳記*中所載的示羅*一役 (撒上四～六章)，正是以此為背景。從中可見非利士人的軍事優勢。

當以色列人膏立掃羅為王時，非利士人對以色列人的威脅最大。當時，在便雅憫地的示羅已被非利士人攻破 (撒上四章)，約

櫃被搶走，表示非利士人的勢力已深入以色列的心臟地帶。掃羅統治時，並未能有效阻止非利士人的擴張（撒上三十一章）。到大衛*作王時，才能瓦解非利士人的力量（撒下五17～25，八1，二十一15～22，二十三9～17），並取代非利士，成為區內的霸權。即使如此，兩族的關係仍然相當緊張（王上十五27，十六15～17）。

正當新亞述帝國*在提革拉．毗列色統治下進入高峯時，非利士於公元前734年被亞述征服。直至亞述帝國滅亡為止（公元前612年），非利士雖然在政治上受制於異族，但其經濟卻有重大發展。其後，非利士經歷了巴比倫*及波斯*時期，就逐漸湮沒在歷史裏。

非利士人的文化較接近歐洲愛琴海一帶的邁錫尼（Mycenean）文化。舊約指出以色列人在科技上遠遜於非利士，這與現代考古學的發現大致相符。近期的考古研究顯示非利士人其實有相當發達的文化，經濟則以農業為主，考古研究顯示他們把迦南地的橄欖油經海路出口到其他地區，進行貿易。當非利士人在迦南定居後，逐漸融入當地文化。在宗教上，他們主要信奉大袞（士十六23～25）、女神亞斯她錄（撒上三十一10）和巴力．西卜（王下一2～3），這些皆為古代近東*普遍的神祇。

迦南人

羅慶才

迦南人乃迦南地的原居民，其中包括多個民族，其信仰與文化對以色列有頗為深遠的影響。

「迦南」一詞的起源及意思至今仍未有定論，但自公元前3000年起，就一直作地理名稱用。不過，古代典籍對迦南地的範圍卻沒有明確的界定。約於公元前1500年，「迦南」乃埃及*統治的區域之一，其範圍約北至敍利亞，東面則包括大馬士革及約旦河東高原，南面止於埃及河。舊約聖經大致採納這說法。

「迦南人」並非一個民族，而是一個多元化的族羣。舊約多處經文列舉了組成「迦南人」的各部族名稱（創十五18～21；申七1等）。在以色列民進入迦南*前，當地的政治組織以城邦為主（書九1～2，十1～5，十二7～24），各自為政，且多有紛爭衝突。迦南人的重要城市多建於迦南區內的平原上，以農業為主。此外，迦南人亦以善於進行買賣交易而聞名（亞十四21）。從現時的資料可知，迦南人的社會結構是金字塔式，階級分明，貧富懸殊，以少數貴族操控大部分經濟資源。

因迦南地以農業為主，其宗教信仰亦與此有關。迦南神祇中主要是巴力，根據當地的神話*傳統，巴力把邪惡之神「大魚」殺死後，就創造*了宇宙萬物。此外，巴力也執掌氣候及萬物的生殖能力，務農者敬拜它就是為了確保有豐盛的收穫。巴力的妻子亞舍拉亦是迦南人所尊崇的神祇之一。

舊約記載迦南人的事迹，往往給讀者這個印象：以色列人對

迦南人深惡痛絕。律法書中三番四次強調以色列人不能與迦南人通婚，不要被他們的宗教敬拜吸引，更要徹底剷除迦南人的敬拜，不然就會成為以色列的網羅，難以自拔。自以色列建立王國*後，所羅門雇用了大量迦南人來建設城市及建造國家設施（如聖殿*）。到大衛*王國分裂*後，有大批迦南人居於北國以色列境內，成為一股強大的政治力量，以致北國的統治者不得不用政治手段，滿足他們的訴求，如為他們建立神廟等（王上十六32～33），以討好他們。此舉在聖經作者眼中，無異是出賣了以色列的一神信仰。

話說回來，以色列人居於迦南區內，少不免受其文化影響。從近代考古學研究得知，以色列的建築風格與迦南人的無異，這包括城市、房屋、敬拜場所等，甚至農業技術、生活方式等亦多有相同之處。然而，另一方面，以色列因信仰的緣故，與迦南本土居民亦有顯著的差異。例如以色列的先知秉承律法的精神，強烈譴責國內貧富懸殊的情況，多番提醒同胞要以公平公義的原則彼此相待。而在律法中，亦以建立一個公平的、沒有貧窮的社會為目標（利二十五章；申十五1～18）。這就是以色列信仰對社會帶來的影響。

埃及

羅慶才

埃及乃古代文明大國，歷史悠久，對古代近東歷史影響頗深；在舊約時代，更常常企圖染指區內的局勢發展。

埃及位處非洲東北角，東西兩面被茫茫沙漠包圍，南面為高原，尼羅河從上而下流，水流急速，不易逾越，地理環境頗為孤立。不過，地理上的阻隔亦同時成為埃及防守的優勢，使埃及在政治及軍事方面均享有高度穩定的形勢，有利其經濟及文化發展。可稽考的埃及歷史可追溯至公元前3100年，直至公元前322年，始為希臘*多利買(Ptolemy)王朝取代。至其女王克麗佩脫拉(Cleopatra)在公元前31年與羅馬將軍安東尼(Mark Anthony)雙雙自殺後，埃及就被羅馬帝國*吞併，其歷史長達差不多4,000年。在距今約4,000年前，埃及人已建成金字塔——今天被稱為世界七大奇景之一。

埃及的命脈就是尼羅河，其三角洲的土地肥沃，加上氣候穩定，出產豐富(民十一5)，有古代近東的糧倉之稱，是鄰近地區人民饑荒時的避難所(創四十一53～57)。埃及墓室中的壁畫描繪了一些來自巴勒斯坦*的人進出埃及的情況，栩栩如生，讓我們一窺當時的生活面貌。

在法老的統治下，埃及奉行神權政治，統治者被視為神的兒子，地位超然，同時亦扮演大祭司的角色。埃及的社會結構就像金字塔一樣，法老及其親屬於頂端，其下是各階層的知識分子及技術人員，最下層就是普羅大眾。

在舊約時代，埃及與以色列的關係可謂千絲萬縷。埃及本身

的物產雖然豐富，但仍需從以色列人的聚居地迦南進口大量金屬及木材，所以在經濟上，迦南對埃及是非常重要的。另一方面，埃及亦可說是以色列的發源地，因為以色列在當地從一個只有70人的家族，發展成壯大的民族（出一1～7）。亖大衛*建立王國時，其政府架構亦是仿效埃及的（撒下八15～18，二十23～26）。當以色列定居迦南後，埃及很多時都想借機影響迦南區內的政治，從中得利。在所羅門作王時，就曾與埃及結盟，娶了法老的女兒為妻，法老把本屬迦南人*的城市基色城相贈作嫁妝（王上九16）。其後，所羅門的臣僕耶羅波安密謀作反，被識破後潛逃至埃及，得埃及法老示撒收留（王上十一40）。到所羅門死後，耶羅波安返國，領導北面10支派脫離大衛家的統治，建立以色列國（王上十二章）。之後法老示撒率領軍隊入侵南北兩國，但觀其行軍路線，其主要對象實在是以色列國（王上十四25～26）。

從公元前8世紀起，隨著亞述帝國*的興起，埃及為要在本身和亞述間設下緩衝區，常常插手迦南區內的事務，扶助備受壓力的以色列及猶大政府（王下十七4，二十三29），但卻不能成事，最終以色列及猶大均先後敗亡於亞述及巴比倫*之手。

亞述

羅慶才

亞述乃古代近東的文明大國，亦為古代近東首個帝國，以好戰及強悍見稱，在以色列歷史中有舉足輕重的地位。

亞述的發源地乃亞施戶城(Assur)，位於底格里斯河東岸，因該地氣候適合畜牧，所以成為遊牧者的聚居處。其最早發現的考古文物為公元前2800至2200年左右，顯示其文化與居於亞述以南的蘇美爾人(Sumerians)相似。亞述人作為一個政治實體，最早可追溯至公元前2000年左右。除本土居民外，還混合了亞摩利人及亞蘭人的血統。

亞述人早期聚居於幼發拉底河和底格里斯河流域的北部，以尼尼微、亞比拉、亞施戶城等地為核心，以農業和畜牧為生，自公元前1900年(古帝國期)始有政治制度及組織。公元前1750至1000年間為亞述發展的高峯期(中帝國期)，曾征服南部的巴比倫*及西面的亞蘭，建立了一個強大的國家。其後經歷了一段低沉時期，但由公元前9世紀初起，亞述又再興盛，至公元前8世紀末至7世紀初達至頂峯，成為歷史上的「新亞述帝國」。然而，亞述的國力自公元前625年起迅速滑落，其國都尼尼微於公元前612年被巴比倫及瑪代聯軍所破，亞述帝國最後於公元前609年滅亡。

和眾多古代近東國家一樣，亞述的社會結構亦是金字塔式的。最上層的是君王貴族，依次為各級官員、平民百姓，最下層的就是奴隸。亞述社會崇尚武力，有軍國主義的傾向，人民從小習武。君王同時是軍隊中的最高統帥，有絕對的權力，他的說話

就是律法；君王權力的惟一掣肘就是社會傳統及宗教習慣。記載在舊約中的官員包括：「他珥探」(總督或總管)、「拉伯撒利」(太監長) 和「拉伯沙基」(酒政) (王下十八17)。

經濟方面，亞述土地肥沃，農業及畜牧業均相當發達。此外，亞述政府向對外貿易徵稅，是為亞述經濟來源的第三大支柱。當亞述成為超級大國時，還有外國的貢銀作為第四大收入來源(王下十五19，十六8等)。

除軍事及政治外，亞述在文化方面亦有重大成就。亞述人承襲了亞甲人(Akkadian) 的文化傳統，保存了很多重要的亞甲文獻。亞述巴尼帕王(Ashurbanipal，公元前669～627年) 在位時，曾在皇宮中建造圖書館，搜集古巴比倫文獻，並將之存放於此；此圖書館在19世紀中期被發掘出土。在藝術及雕刻方面，亞述亦有卓越的成就，亞述的雕刻家甚有創意，生動地捕捉了古代生活各方面的形態，尤其值得注意的是印鑒，常刻有與亞述宗教有關的主題，為舊約研究提供了重要的參考資料。此外，亞述皇宮中的浮雕亦甚有價值，常刻有古代生活的面貌，如搜獵和皇室花園景色等。另外，浮雕上亦常見古代戰爭的場面，可見古代進行戰事的方式等，實具歷史價值。

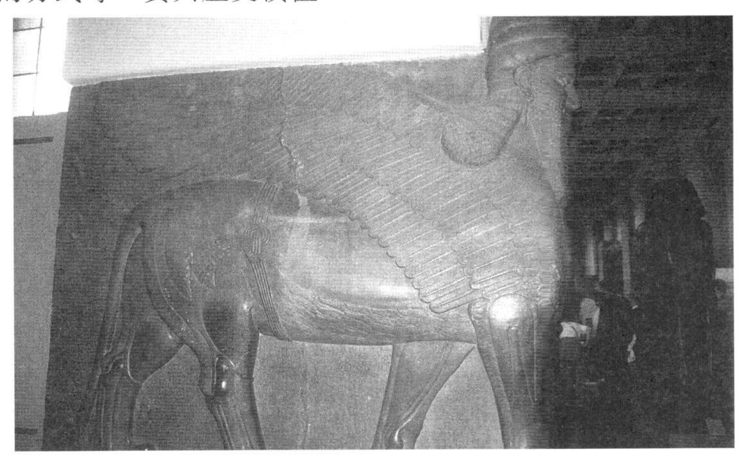

• 亞述的人頭獅身像(公元前9世紀)

巴比倫

羅慶才

巴比倫文化最早可追溯至公元前4000年，屬重要文化發源地之一。

「巴比倫人」所指的是居於美索不達米亞南部，今巴格達至波斯灣海岸一帶的居民。他們自公元前3000年已建立城邦，其後逐漸發展成古代近東的軍事強國。

當以色列人於公元前13世紀末進入迦南*時，巴比倫正受亞述*控制，到8世紀更被亞述統治。不過，至公元前7世紀末，隨著亞述的衰落，巴比倫在尼布甲尼撒二世的領導下，不只擺脫了亞述的掣肘，更建立了新巴比倫帝國，取代亞述成為古代近東霸主，其統治範圍包括迦南地，猶大在內的各國。不過，這段輝煌時期只維持了數十年，至公元前539年，波斯*不費吹灰之力，就推翻了巴比倫帝國。

巴比倫一帶的雨量較少，而幼發拉底和底格里斯兩大河流域地勢平坦，廣泛地區都是沼澤，故此自古以來，巴比倫統治者的天職就是開發及維修灌溉用的輸水道，以利農耕。不過，因土質鹽分較高，故農產以大麥為主。此外，巴比倫是區內棗子產量最多的國家。

巴比倫最早期的政治結構基本是以城邦為主，君主制度成立後，源自城邦時期的一些傳統，如長老的參與，雖仍得以維持，卻已演變成扶助君主執政的工具。其次，廟宇及其祭司在經濟上本來有舉足輕重的地位，但到君主執政時期，其影響力已被大大

希臘化時代的埃及與敍利亞(公元前2世紀末)

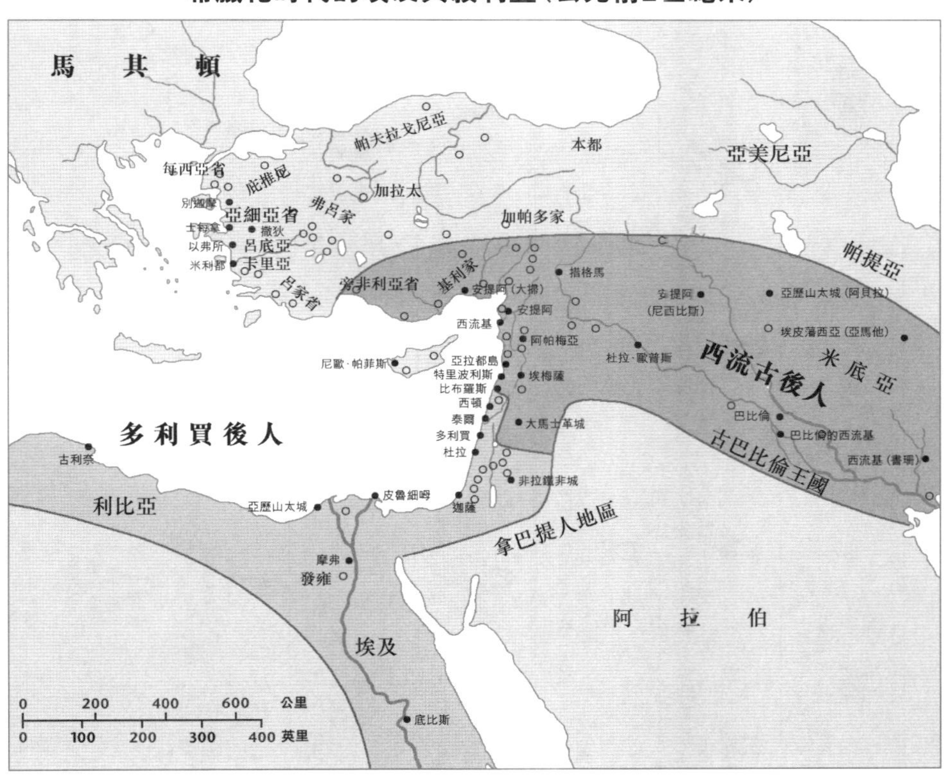

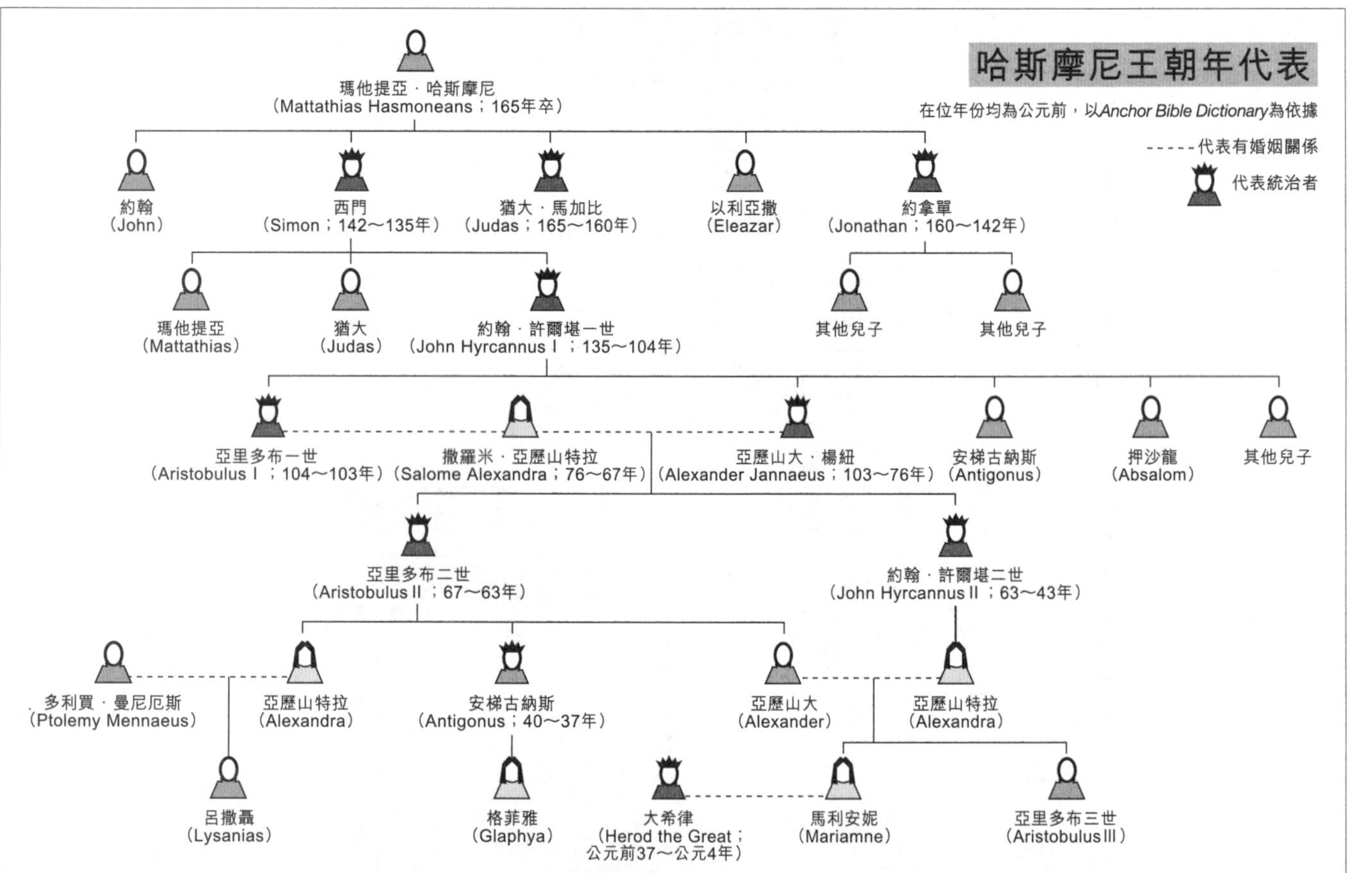
哈斯摩尼王朝年代表
在位年份均為公元前，以Anchor Bible Dictionary為依據
代表有婚姻關係
代表統治者
瑪他提亞．哈斯摩尼
（Mattathias Hasmoneans；165年卒）
約翰
（John）
西門
（Simon；142～135年）
猶大．馬加比
（Judas；165～160年）
以利亞撒
（Eleazar）
約拿單
（Jonathan；160～142年）
瑪他提亞
（Mattathias）
猶大
（Judas）
約翰．許爾堪一世
（John Hyrcannus I；135～104年）
其他兒子
其他兒子
亞里多布一世
（Aristobulus I；104～103年）
撒羅米．亞歷山特拉
（Salome Alexandra；76～67年）
亞歷山大．楊紐
（Alexander Jannaeus；103～76年）
安梯古納斯
（Antigonus）
押沙龍
（Absalom）
其他兒子
亞里多布二世
（Aristobulus II；67～63年）
約翰．許爾堪二世
（John Hyrcannus II；63～43年）
多利買．曼尼厄斯
（Ptolemy Mennaeus）
亞歷山特拉
（Alexandra）
安梯古納斯
（Antigonus；40～37年）
亞歷山大
（Alexander）
亞歷山特拉
（Alexandra）
呂撒聶
（Lysanias）
格菲雅
（Glaphya）
大希律
（Herod the Great；
公元前37～公元4年）
馬利安妮
（Mariamne）
亞里多布三世
（Aristobulus III）

猶太散居地

黃錫木

在新約時代，猶太散居僑民的數目遠超過住在巴勒斯坦本土的猶太人；雖然有些猶太僑民較為開放，但大多數依然謹守猶太傳統。

猶太散居地（*disapora*）是指猶太地（或巴勒斯坦*）或以色列地以外的地方。

在古代社會，移民並非一件光彩的事。除了因經商或逃避饑荒（得一1）、戰亂、迫害（王下二十五25～26；耶四十一1～18）而自願遷徙外，一般猶太人都是被迫移居外地，例如因戰敗被俘擄到別國。自大衛*統一王朝，以色列人先後經歷兩次大規模遷移，分別是被亞述*（公元前722/721；王下十七1～6）和巴比倫*（公元前587/586；王下二十五8～21）強迫的。在兩約時期*，猶太人亦經歷多次遷徙。而在兩次猶太叛亂中，不少猶太人亦遷居到美索不達米亞以東地區。

新約時代，猶太僑民散布羅馬帝國*各地，主要有巴比倫、埃及、敘利亞、小亞細亞和羅馬*；我們甚至可以肯定，猶太散居僑民比住在巴勒斯坦的猶太人還要多。

埃及是最重要和歷史最悠久的猶太散居地。據考古和文獻記載，在埃及最南方的伊里芬丁（Elephantine）的猶太人，曾經於公元前6世紀末建造一座耶和華的殿（但後來被當地人拆毀）。據約瑟夫*所說，在新約時代的埃及就有100萬猶太人。在亞歷山太城，猶太人佔城市總人口的極大部分。他們在政治上自成一體，

居住在自己的地區和城市，延續傳統猶太文化和生活方式。除了埃及，巴比倫也是很重要的城鎮。雖然波斯*王（公元前538年）曾經宣布猶太人可以回歸自己的國土，但依然有很多人寧願留在巴比倫（按典外文獻的記載），暗示了人民已經在那裏落地生根。公元70年耶路撒冷*淪陷後，巴比倫就成為保留猶太傳統的中心。

住在異教文化當中的猶太人，固然較容易受希羅文化影響，他們雖然未至於放棄自己獨特的信仰與文化，但卻較願意學習希臘文化。不少後期的猶太作品，特別是那些寫於亞歷山太城的作品，均深受希臘哲學的影響，其用詞與寫於巴勒斯坦地的猶太作品，亦有差異。

很多猶太人依然謹守傳統猶太教的教導，男性出生8天便受割禮*。猶太人自小便接受律法的教導，獨尊上帝，拒絕跪拜別的神明及參與任何其他宗教儀式，又謹守一切潔淨*的禮儀、禁食、安息日*及節期*。散居地的猶太人常與其他民族發生衝突和磨擦，這與他們謹守這些習俗有密切關係。於是，在宗教、文化和社交上，會堂*往往成為維繫猶太散居僑民的一個非常重要的活動中心。

這些猶太僑民為保持自己獨特的文化和信仰，和非猶太人的關係常變得緊張；從希臘和羅馬作家常在作品中貶低那些生活在他們當中的猶太人可見一斑。

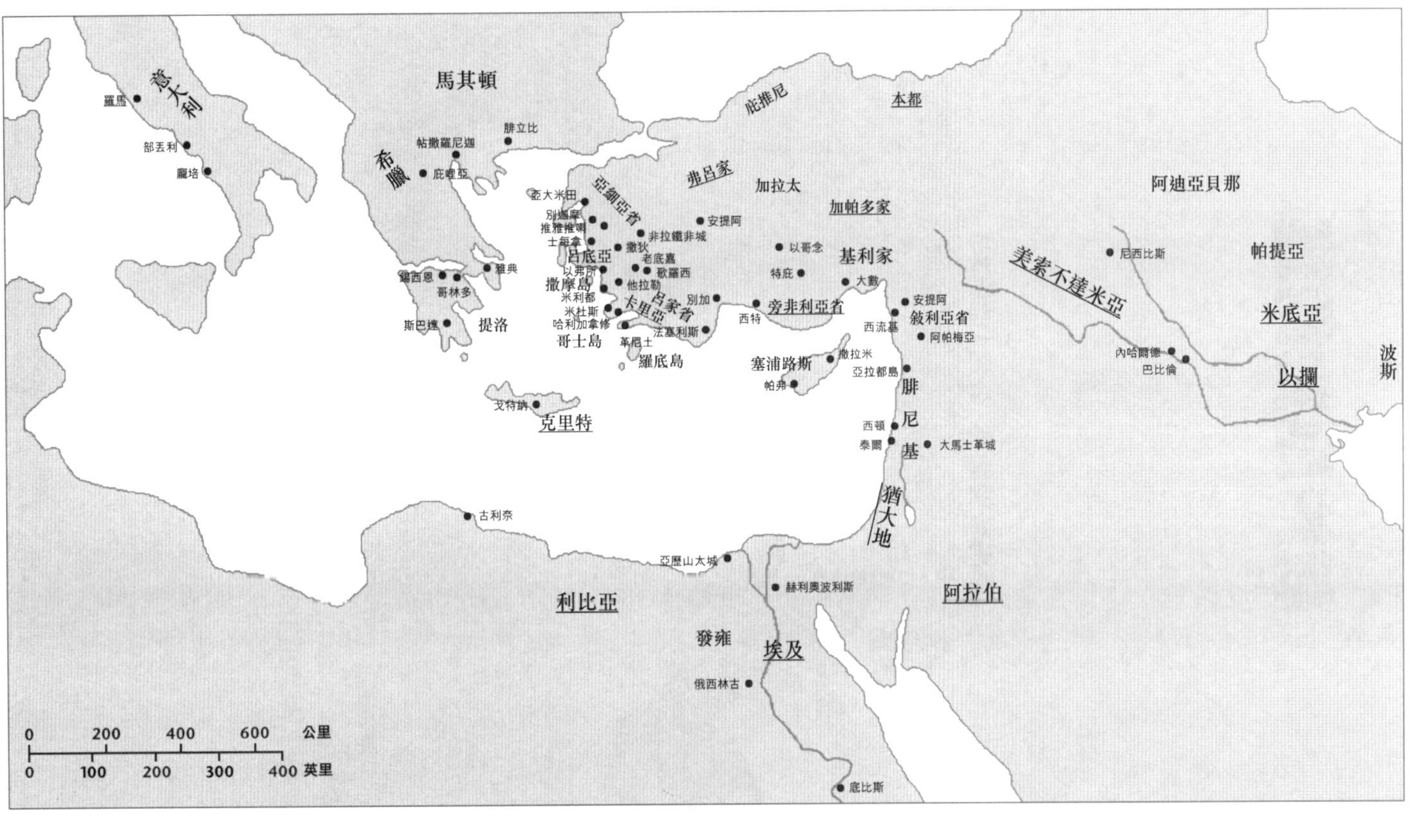
散居的猶太僑民（公元前1世紀末）
意大利
羅馬
部丟利
龐培
馬其頓
希臘
帖撒羅尼迦
腓立比
庇哩亞
雅典
哥林多
斯巴達
提洛
克里特
戈特納
亞細亞省
亞大米田
別迦摩
推雅推喇
士每拿
呂底亞
撒狄
非拉鐵非城
老底嘉
歌羅西
以弗所
他拉勒
撒摩島
米利都
米杜斯
哈利加拿修
哥士島
卡里亞
呂家省
革尼士
法塞利斯
羅底島
別加
弗呂家
安提阿
庇推尼
加拉太
本都
加帕多家
以哥念
特庇
基利家
大數
西特
旁非利亞省
塞浦路斯
撒拉米
帕弗
安提阿
敘利亞省
西流基
阿帕梅亞
亞拉都島
腓尼基
西頓
泰爾
大馬士革城
猶大地
阿拉伯
美索不達米亞
尼西比斯
內哈爾德
巴比倫
阿迪亞貝那
帕提亞
米底亞
以攔
波斯
古利奈
利比亞
亞歷山太城
赫利奧波利斯
發雍
埃及
俄西林古
底比斯
0 200 400 600 公里
0 100 200 300 400 英里

新約歷史簡述

羅馬帝國版圖（公元1世紀末）

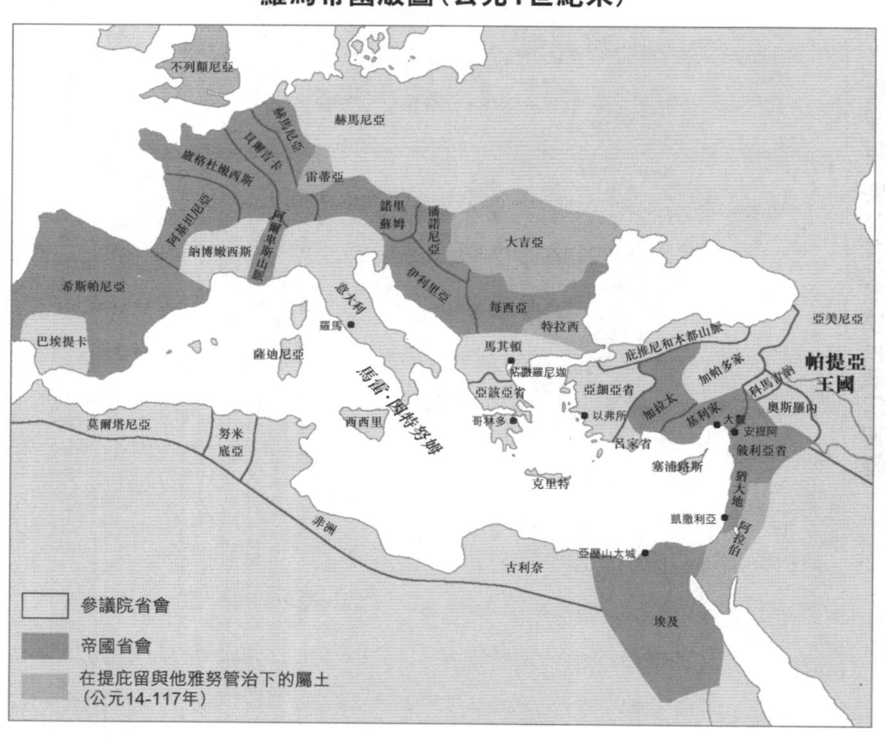

大希律的統治

黃錫木

大希律的統治揭開新約時代的歷史序幕。希律生性殘暴狡猾，不過，他對猶太人社會亦有很深遠的貢獻。

公元前63年，羅馬*將軍龐培（Pompey）進軍耶路撒冷*，結束了為期只有80年（公元前143/142～63年）的馬加比家族*獨立管治。自此，猶太地一帶成為羅馬中央政府管治的地區，屬敍利亞省。龐培將軍任命馬加比家族*的後人許爾堪二世（Hyrcanus II；他亦是當時的大祭司*）管理猶太人事務，他手下其中一位精明的輔臣就是希律的父親安提帕特（Antipater）。因為這種關係，希律家族*取得羅馬公民的資格。

希律自年幼時已處處表現領導者的風範。他管治加利利*省時只有25歲，當時的加利利省，已經是一個高度自治的省分。希律雖然多次在政治決策上錯下注碼，但他至終仍能得到羅馬王帝的信任。公元前37年，希律正式被羅馬政府封為猶太人的王，使當時的巴勒斯坦地*享有全面的自主權，直接向羅馬負責，歷時35年之久。

希律自知自己不是純猶太血統（原是以東人），不能像馬加比家族的成員一樣當大祭司，因此，他極其量只能擔任猶太人的王。為使猶太人視他為哈斯摩尼王朝的合法繼承人，希律娶了許爾堪二世的孫女馬利安妮（Mariamne）為妻；又為要使人對其家族忠心，他特別設立擁護自己的猶太派別，就是「希律黨人」。除此以外，他仿效埃及多利買（Ptolemy）政府，以組雇傭軍、建立政制

和建築防衛體系（其中之一就是瑪撒大*堡壘）鞏固自己的權力。

希律性情殘暴，曾處死自己的兩個妻子、3個兒子，又在耶穌出生時，下令殺害全國兩歲以下的嬰孩（太二16～18）。他的私生活一團糟，曾結婚10次，家庭中數之不盡的問題，都是他的妻子和她們的母親為使自己的子女得到某些優待或特權而產生的。歷史上對希律的為人作出最貼切的評價的，要算是奧古斯都了。當他聽見希律殺了自己的骨肉時，他幽默地說：「當希律的豬，勝過當他的兒子。」

希律是猶太人歷史上最偉大的建築家。他在任期間，大興土木，經營了十多個大城邑，其中最有名的是地中海沿岸的凱撒利亞*。耶路撒冷的建築物，例如歌劇院、浴場和學校等都是他自費興建的，而最重要的，亦因而得到猶太人歡心的，莫過於擴建聖殿*。計劃始於公元前19年，聖殿本身的建築過了不久便落成，但附近的建築和裝飾則花了很多人力和時間；整個工程到公元64年才完成。然而，希律並不是一個虔誠的猶太教信徒，既沒有敬畏的心，也不在乎甚麼是正統；反之，他卻是希羅文化和宗教的熱愛者。

希律在位33年，卒於公元前4年。

耶穌時期的巴勒斯坦地

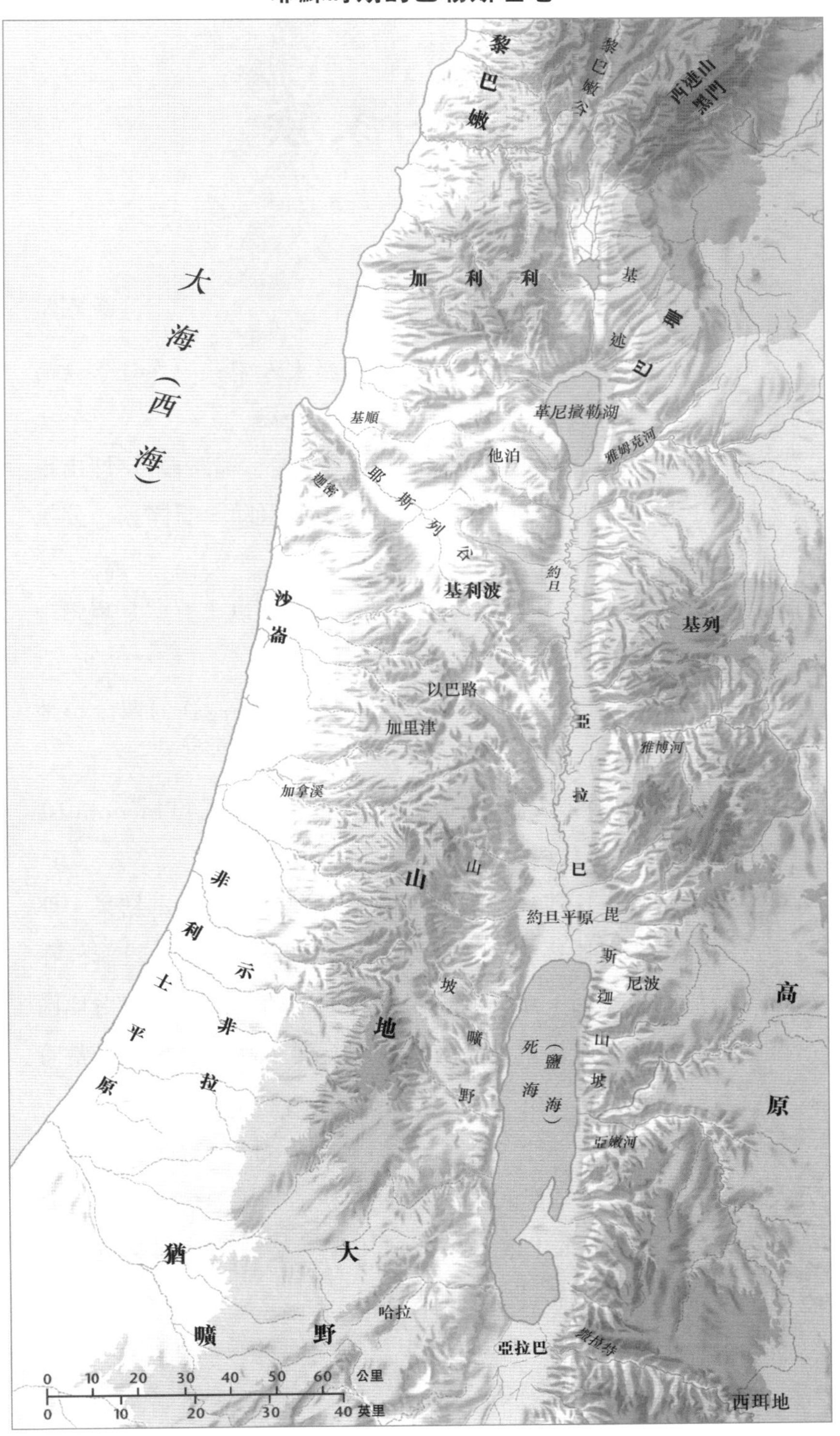

希律的家族

黃錫木

希律的家族是新約時代中最重要的猶太人家族，在這家族的統治下，猶太地的猶太人能享有某程度的自治。

希律在位33年，卒於公元前4年。他死後，耶路撒冷*即出現多次暴亂。騷亂平息後，羅馬政府完成他的遺願，將國家一分為三，交由他的3個兒子治理：

1. 亞基老(參太二22)管治猶太地、撒馬利亞和以土買，是專管理猶太人事務的提督(ethnarch)；
2. 安提帕(Antipas)管理加利利*和比利亞省(Perea)的四分一地區，職銜是分封王(tetrarch)；
3. 腓力(參路三1)承受以土利亞(Iturea)、特拉可尼(Trachonitis)和東北部的附屬地區，作為分封王。

亞基老統治了10年，承襲父親的暴行(參太二22)。結果，耶路撒冷的居民聯同撒馬利亞人*派遣一隊專員到羅馬*，投訴他在治理上的無能和殘酷。羅馬政府最後奪回他的統治權，交由地區巡撫管理，直接向羅馬政府負責；在耶穌誕生時，居里扭是當時敍利亞省的巡撫(路二2)。

與亞基老相反，安提帕的管治與父親大希律*一樣，能與猶太人維持良好關係；耶穌和施洗約翰*傳道旅程經過的地方，主要是安提帕的所屬地(太十四1～12)。不過，施洗約翰卻是被他殺害的，耶穌亦曾被他審訊。

腓力可能是大希律的繼承者中，惟一的好領袖。按約瑟夫*

所記，他愛護人民，尊重猶太人，又沒有耗費人力物力於奢華的建築工程上。他重建了加利利湖一帶多個城市，包括伯賽大，又開拓了凱撒利亞·腓立比這個城市，以自己和羅馬王的名字作為這城的名稱。

大希律另有兩名孫兒也見於新約聖經中，就是亞基帕一世和二世。亞基帕一世的父親被大希律處死，他在羅馬長大，認識了兩位日後成為羅馬王帝的朋友——該猶和克勞第（又稱革老丟）。在他們的幫助之下，他把大希律原本統治的國界重新合併起來。雖然新約聖經記載他把雅各處死，又監禁彼得*（參徒十二1～4），但在猶太人心目中，亞基帕因遵守傳統猶太教的教訓和規條，得到猶太人的敬重。按約瑟夫記載，他是得到怪病而死的（徒十二20～23）。

亞基帕二世在任期間，曾應非斯都之邀請，一起聽保羅*的分訴，而他的妹妹百妮基亦在場（徒二十五13～二十六32）。亞基帕二世完成其祖父大希律修葺聖殿*的計劃，並在耶路撒冷多處街道上，鋪上大理石塊。他雖然敬重猶太教，但仍然忠於羅馬。公元66年，當第一次猶太人叛亂*剛剛開始，亞基帕二世和他的妹妹百妮基竭力勸阻猶太人對抗羅馬政府，但不成功。亞基帕二世不單擴張自己管轄的領土，更與後來成為王帝的提多將軍成為好友。亞基帕二世於公元96年去世，此後，希律家再沒機會直接管理猶太人的事務。

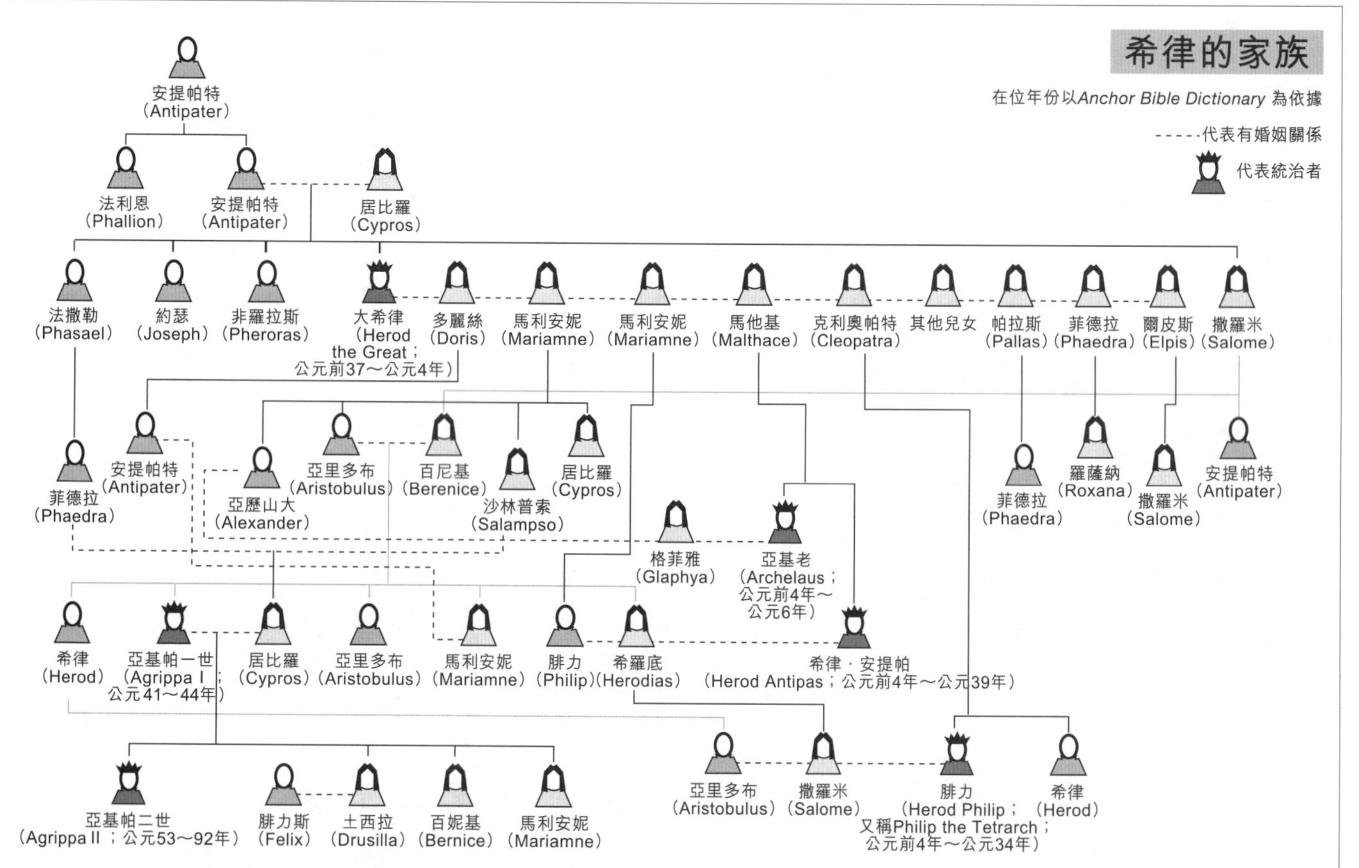
希律的家族
在位年份以Anchor Bible Dictionary 為依據
----代表有婚姻關係
代表統治者
安提帕特（Antipater）
法利恩（Phallion）
安提帕特（Antipater）
居比羅（Cypros）
法撒勒（Phasael）
約瑟（Joseph）
非羅拉斯（Pheroras）
大希律（Herod the Great；公元前37～公元4年）
多麗絲（Doris）
馬利安妮（Mariamne）
馬利安妮（Mariamne）
馬他基（Malthace）
克利奧帕特（Cleopatra）
其他兒女
帕拉斯（Pallas）
菲德拉（Phaedra）
爾皮斯（Elpis）
撒羅米（Salome）
菲德拉（Phaedra）
安提帕特（Antipater）
亞歷山大（Alexander）
亞里多布（Aristobulus）
百尼基（Berenice）
沙林普索（Salampso）
居比羅（Cypros）
格菲雅（Glaphya）
亞基老（Archelaus；公元前4年～公元6年）
菲德拉（Phaedra）
羅薩納（Roxana）
撒羅米（Salome）
安提帕特（Antipater）
希律（Herod）
亞基帕一世（Agrippa I；公元41～44年）
居比羅（Cypros）
亞里多布（Aristobulus）
馬利安妮（Mariamne）
腓力（Philip）
希羅底（Herodias）
希律・安提帕（Herod Antipas；公元前4年～公元39年）
亞基帕二世（Agrippa II；公元53～92年）
腓力斯（Felix）
土西拉（Drusilla）
百妮基（Bernice）
馬利安妮（Mariamne）
亞里多布（Aristobulus）
撒羅米（Salome）
腓力（Herod Philip；又稱Philip the Tetrarch；公元前4年～公元34年）
希律（Herod）

耶穌生平

黃錫木

雖然我們未能仔細和具體地重構耶穌的一生，但分階段理解耶穌的一生能讓我們更清晰地認識他。

4卷福音書對耶穌一生的言行提供了不少資料，但由於要完全協調這些資料是極其困難，我們不能詳細地重構耶穌一生所做的事，而只能分階段描述他的一生。

耶穌公開傳道前的日子：耶穌的出生、童年、少年和成長經過，直至30歲為止，福音書有關這方面的記載只有100多節。在這段日子，有兩件事是福音書作者很看重的：耶穌領受施洗約翰*的水禮*——顯示耶穌與約翰是一脈相承的；耶穌接受並勝過魔鬼*的試探——象徵他要以得勝者的姿態出現。有關耶穌傳道的年日，雖然馬太福音*、馬可福音*和路加福音*記載耶穌只有一次(亦是最後的一次)上耶路撒冷*，但約翰福音*則清楚記述耶穌曾經3次上耶路撒冷過每年一度的節期*(約二23，五1，六4，十二1)；後者的記載似乎較清晰表達耶穌傳道的時間。

傳道的初期：耶穌在猶太地開始傳道(約三22)，在施洗約翰的推舉下，耶穌已有幾位核心的跟隨者(如彼得*、約翰*等)。在這一年半裏，耶穌可能穿梭於猶太與加利利*之間，他突出的言論(如在會堂*講論；路四16～32)和所行的神蹟*已使他薄有名聲(約二23～25，三1～21)；而他「出位」的行為，例如與撒馬利亞人*和外邦人(甚至是婦女)接觸(太十五21～28；約四1～12)，亦使他成為猶太領袖針對的對象(約二13～22)。

在加利利傳道：雖然耶穌傳道的活動範圍遍及巴勒斯坦*，但加利利省明顯是福音書作者記載的焦點。耶穌的言論和行徑為他贏得思想較開放的加利利人歡迎。他在眾多的跟隨者中，揀選了12位門徒，成為他的門生和同工，既為他的日常生活和傳道工作打點，亦學習宣講天國*的道理（路九1～2）。除了個別言論的記載，馬太和路加分別把耶穌在不同場合的講論整合成為著名的登山寶訓（太五～七章）和平原講道（路六17～49）。按福音書的記載，耶穌的講論主要以比喻*為主，並且常在被人詢問和挑戰的情況下才闡述某些課題。福音書共記載了35件耶穌所行的神蹟，很多都是在這段日子施行的，其中有一半以上是與醫治*和驅鬼有關，其餘的主要是突顯他超乎自然定律的大能。

上十字架的道路：耶穌知道自己受難的日子近了，便多次向門徒披露此事，然而，門徒既不明白，亦不能接受（可八31～33）。耶穌沿途經過很多地方，在伯大尼，馬利亞用極貴的香膏膏抹耶穌（約十二1～8）；福音書作者認為這是為他的安葬準備的。耶穌花了一整週在耶路撒冷，當中他不忘繼續講道，包括末世*的事情（可十三章）。最後，他在假公濟私的審判之下被處死，死在十字架上。

耶穌生平年表

年份	耶穌生平的重要事件	馬太	馬可	路加	約翰
公元前	**耶穌的出生**				
5	天使傳報耶穌誕生的喜信			一26～38	
5	約瑟的夢	一18～25			
	耶穌的童年				
	耶穌的家譜	一2～17		三23～38	
4	耶穌的降生	一18～25		二1～7	
4	天使與牧人			二8～20	
4	耶穌受割禮並在聖殿奉獻			二21～38	
4	朝拜聖嬰耶穌	二1～12		二8～20	
4/2	逃往埃及、歸來	二13～21			
2	童年的耶穌在拿撒勒	二22～23		二39～40	
公元	**沉寂期**				
8	孩童耶穌在聖殿聽道			二41～52	
	18年沉寂期／預備及傳道初期				
26	耶穌受洗	三13～17	一9～11	三21～22	一29～34
26	耶穌受試探	四1～11	一12～13	四1～13	
27	迦拿婚筵				二1～11
27	耶穌潔淨聖殿	二十一12～13	十一15～17	十九45～46	二14～22
27	耶穌與尼哥德慕談道				三1～21
27	耶穌與撒馬利亞婦人談道				四4～42
27	迦百農的百夫長	八5～13		七1～10	四46下～54
27	耶穌在拿撒勒傳道	十三53～58	六1～6上	四16～30	
	聲名遠播時期				
28	耶穌呼召眾門徒	四18～22	一16～20		
28	耶穌醫治彼得的岳母	八14～15	一29～31	四38～39	
28	耶穌第一次到加利利各城各鄉傳道	四23	一39	四44	
28	利未(馬太)被召	九9～13	二13～17	五27～32	
28	耶穌揀選12個門徒	十1～4	三13～19	六12～16	
28	登山寶訓／平原講道	四24～七27		六17～49	
28	婦人與香膏	二十六6～13	十四3～9	七36～50	十二1～8

28	耶穌第二次到加利利			八1～3	
28	耶穌講論天國的比喻	十三1～52	四1～34	八4～18，十三18～21	
28	耶穌平靜風和海	八23～27	四35～41	八22～25	
28	睚魯【葉魯《現修》】的女兒和患血漏病的女人	九18～26	五21～43	八40～56	
28	耶穌差遣12個使徒	九35～十14	六6下～13	九1～6	
	被敵對時期				
29	施洗約翰之死	十四3～12	六17～29	三19～20	
29	5,000人得飽	十四13～21	六32～44	九10下～17	六1～15
29	耶穌履海	十四22～33	六45～52		六16～21
29	4,000人得飽	十五32～39	八1～10		
29	彼得承認耶穌為基督	十六13～20	八27～30	九18～21	六67～71
29	耶穌醫好生來瞎眼的人				九1～41
29	耶穌改變形像	十七1～9	九2～10	九28～36	
29	耶穌在住棚節上耶路撒冷				七11～52（～十21）
29	拉撒路復活				十一1～44
30	耶穌為小孩祝福	十九13～15	十13～16	十八15～17	
30	瞎子（巴底買）得醫治	二十29～34	十46～52	十八35～43	
30	稅吏撒該			十九1～10	
30	耶穌探望馬大和馬利亞				十一55～十二1
30	耶穌的最後一週	二十一1～二十七66	十一1～十六8	二十二39～二十三56	十二12～十九42
30	耶穌復活的形像	二十八1～20		二十四1～53	二十1～二十一25

初代教會的發展

黃錫木

在短短60多年間，初代教會的人數由只有120人發展成數以萬計，遍布的範圍超越當時羅馬帝國的邊界。

新約聖經沒有在初代教會發展史方面提供完整的資料；路加的使徒行傳*(和保羅書信)所提供的資料主要都是以保羅*為主。對於研究初代教會的發展史，這的確是一個限制，但這卻是聖經作者要我們細察的角度。

耶穌升天之前，他指示使徒要先等候聖靈*降臨，才遍傳復活*的喜訊。他們又選擇了另一個門徒馬提亞，代替出賣耶穌後自殺的猶大，完整保存「12」這個數目，為要標誌一個新的以色列民族。在這時候，這個羣體只有120個信徒。耶穌的預言在五旬節*當天應驗了，按路加的理解，教會*就在這天成立。在當天的宣講*中，有3,000人回應了彼得*的信息，認罪*悔改。這些信徒奉耶穌的名施洗，聚集祈禱*，聽使徒的教訓，守主的聖餐*。

雖然教會的人數不斷增加，但從猶太人來的壓迫亦不斷增加。彼得和約翰*被監禁，之後司提反執事在猶太人引發的騷動中被石頭打死(徒七章)，又有以逼迫基督信徒為榮的掃羅(即保羅)；這種種危機反而成為把福音外傳的契機。路加特別記載腓利的傳道工作，他把福音傳到撒馬利亞人*當中，然後又向一名衣索匹亞(或稱埃塞俄比亞)的太監傳福音*(徒八章)——從猶太人的角度而言，他是一名被雙重詛咒的人。路加要指出，主耶穌的大使命在腓利身上已被落實。

保羅信主（徒九1～19）是初代教會發展的一大轉捩點，因此，從使徒行傳九章開始，他亦成為全書的中心人物。保羅雖然曾經到耶城教會作短暫停留，但之後一直以安提阿為根據地，在基利家省及敍利亞積極投入宣教*工作。公元46至48年，巴拿巴和保羅更遠赴旁非利亞省；這幾年的工作非常成功，亦使初代教會開始思想基督信仰與猶太教的關係。結果，在耶路撒冷*的會議中，耶城教會認同保羅的見解，認為外邦人不需要守割禮*和猶太人的律例，但卻要遠離拜偶像和淫亂等事情（徒十五章）。

這是初代教會發展的新里程。自此，雖然保羅依然受到猶太人的迫害，但他已經和當時耶城教會的領袖取得共識，把福音傳到更遠的地方。於公元49/50至58年，保羅把福音傳至馬其頓和希臘，並在哥林多*和以弗所兩城逗留較長時間。他又藉著上訴羅馬*的機會，把福音帶到西班牙去。

直至公元1世紀末，福音遍傳的範圍已超越羅馬帝國的邊境，東至印度（馬太和巴多羅買），西至羅馬（彼得和馬可），甚至西班牙（保羅曾到那裏），南至埃及的亞歷山太城和亞拉伯半島地區。

第一次猶太人叛亂

黃錫木

於公元66至74年發生的第一次猶太人叛亂，是古代猶太人最慘烈的歷史事件，最後以耶城聖殿被毀告終。

羅馬*政府統治巴勒斯坦*初期（自公元前63年起），與猶太人保持頗良好的關係，這多少是大希律*的功勞。然而，隨著大希律去世，他兒子的暴政，後來羅馬直接指派的巡撫極為腐敗的管治（公元44～66年），以及整體上各地的反閃族情緒，直到公元1世紀中期，很多猶太人聚居的地方已經醞釀了不少騷亂情緒。

根據猶太歷史家約瑟夫*所記，第一次猶太人叛亂是由猶太地巡撫弗洛厄斯的劣行所致的：他搶掠聖殿*的庫房，又大肆屠殺抗議的羣眾。發生這些事後，亞基帕二世和他的妹妹百妮基（兩者都是大希律的孫兒）、大祭司*和法利賽人*企圖説服猶太人不要以武力反抗，但猶太人的憤怒情緒已一發不可收拾。

聖殿的守殿官以利亞撒聯同奮鋭黨*的極端派系刺客黨，一起安排殺戮行動。他們先將亞基帕二世和百妮基趕出耶城，然後佔據城中的羅馬人城堡，殺盡所有羅馬軍隊，甚至連那些溫和派的猶太人也殺害（包括大祭司）。不但如此，刺客黨亦佔據原為羅馬部隊駐守的瑪撒大*（Masada）；至此，原本只屬猶太地的叛亂，已擴展至整個巴勒斯坦地。在這個時候，耶路撒冷*的猶太人變得士氣激昂，他們以為上帝會帶領他們脱離異族的管治。他們組織游擊隊，又在加利利*設防壘。當時本來是祭司的約瑟夫，就是在此時從耶路撒冷被調派到加利利駐守。

雖然在叛亂的初期，猶太人可算是節節勝利，但猶太人的人數與羅馬軍隊的人數，實在不可相比。在羅馬大將軍維斯帕先(Vespasian)的統領之下，叛黨逐步被剷平，而猶太人的內訌亦愈來愈嚴重。公元69年，維斯帕先回羅馬當皇帝，他的兒子提多繼續率領大軍；翌年9月，在惡劣的天氣和缺糧的情況之下，耶城終被攻破，聖殿被摧毀，只剩下瑪撒大的叛黨仍不屈服。

由於地理形勢險要，羅馬軍隊花了很多精力和時間，才成功攻上瑪撒大的城寨。據約瑟夫的記載，猶太叛黨為免被羅馬人凌辱，決定全體自殺。但按近代考古學發現，可能只是一部分叛黨自殺，還有一些人是與攻上來的羅馬人交戰而死的，甚至也有想躲藏或逃走的人。

聖殿被毀以後，猶太的獻祭和祭司制度便徹底廢止了，而領導層轉為法利賽人(後來稱為拉比)執掌。猶太基督徒沒有參與戰爭，並且於叛亂的早期已逃離耶路撒冷，到約旦河外的比拉城(Pella)；由於他們將此次毀滅解釋為上帝的審判*，所以第一次猶太人叛亂無疑加深了猶太教和基督教之間的鴻溝。

● 位於死海以西的瑪撒大，為第一次猶太人叛亂的最後據點。

• 公元71年，為了慶祝提多平定第一次猶太人叛亂，羅馬議會宣布在羅馬道上舉行盛大的遊行，特建了一座用木頭和灰泥製的拱門，這位得勝的將軍和猶太俘虜則從其下經過。到公元81年，又用大理石和銅重建這座拱門。

• 拱門雕刻有羅馬士兵搶劫耶路撒冷城聖殿的情景。

新約大事年表

年份（公元）	新約歷史事迹	參考新約經卷	羅馬王朝歷史
公元前4～公元30	**耶穌生平**	**馬太福音、馬可福音、路加福音、約翰福音**	
公元前4	耶穌出生		奧古斯都（公元前27～公元14年）
8	耶穌12歲在聖殿聽道		
26	施洗約翰開始傳道工作；耶穌開始傳道工作		提庇留（公元14～37年）
26～36			猶太總督本丟・彼拉多上任
27～28	施洗約翰被囚		
29	施洗約翰被斬；耶穌過住棚節		
30	耶穌被釘十字架、復活、升天；聖靈在五旬節降臨		
30～100	**早期教會時期**	**使徒行傳**	
35	大數的掃羅信主		
44	約翰的兄弟雅各殉道	雅各書	克勞第（公元41～54年）
46～48	保羅第一次傳道旅程		
49/50	耶路撒冷會議	加拉太書	
49/50～52	保羅第二次傳道旅程	帖撒羅尼迦前、後書	
53～57	保羅第三次傳道旅程	羅馬書，哥林多前、後書	尼祿（公元54～68年）
57	保羅在耶路撒冷被捕		
59	保羅在凱撒面前申訴		
60～62	保羅在羅馬被軟禁兩年	以弗所書、歌羅西書	
62	耶穌的兄弟雅各殉道	腓利門書、腓立比書	
64			尼祿焚燒羅馬
65～67	保羅在羅馬第二次被囚	彼得前、後書，提摩太前、後書，提多書，猶大書	

65～67/68	彼得與保羅在羅馬殉道		迦勒巴、鄂圖、威特留(公元69年)，維斯帕先(公元69～79年)，提多(公元79～81年)
70	耶路撒冷被毀；聖殿被毀	希伯來書	
81～96	多米田逼迫基督徒		
90～95	使徒約翰被逐至拔摩海島	約翰一、二、三書，啟示錄	納華(公元96～98年)

羅馬帝國王帝和任期(至公元2世紀初)

公元前27～公元14年	奧古斯都(Augustus)
公元14～37年	提庇留(Tiberius)
公元37～41年	該猶／加里古拉(Gaius/Caligula)
公元41～54年	克勞第(Claudius)
公元54～68年	尼祿(Nero)
公元68～69年	迦勒巴(Galba)、鄂圖(Otho)和威特留(Vitellius)
公元69～79年	維斯帕先(Vespasian)
公元79～81年	提多(Titus)
公元81～96年	多米田(Domitian)
公元96～98年	納華(Nerva)
公元98～117年	他雅努(Trajan)
公元117～138年	哈德良(Hadrian)

古代民族和帝國
非利士人

羅慶才

非利士人屬「海民」(Sea Peoples) 的一族，其發源地乃愛琴海一帶的島嶼；雖然非利士人其後從歷史中消失，巴勒斯坦 (Palestine) 地卻因而得名。

包括非利士人在內的「海民」沿陸 (經小亞細亞) 海 (經克里特及塞浦路斯) 兩路遷移到埃及*時，曾摧毀赫人帝國及腓尼基境內各國。到公元前12世紀初，這羣「海民」曾大舉入侵埃及，最後被擊退，自此粉碎其侵佔埃及的野心。當時在位的法老蘭塞三世把被征服的「海民」安置在迦南地沿海平原上。此後，「海民」在那裏建立城邦聯盟，包括5大城市：沿海的迦薩、亞實基倫、亞實突，並內陸的以革倫和迦特 (書十三3)。

按舊約聖經記載，雖然早在列祖時代，亞伯拉罕*與以撒曾接觸非利士人的王亞比米勒 (創二十，二十六章)，然而考古研究發現，非利士人要到較後期才大規模在迦南出現。他們與以色列人其實是差不多同時期到達巴勒斯坦* (公元前13世紀末～12世紀初)，但以色列人初期多聚居於中央山脈之上，故少與非利士人接觸。其後，因兩族人口不斷增長，對土地需求增加，遂無可避免地發生衝突。舊約中士師記*所記載的參孫的故事 (十三～十六章) 及撒母耳記*中所載的示羅*一役 (撒上四～六章)，正是以此為背景。從中可見非利士人的軍事優勢。

當以色列人膏立掃羅為王時，非利士人對以色列人的威脅最大。當時，在便雅憫地的示羅已被非利士人攻破 (撒上四章)，約

櫃被搶走，表示非利士人的勢力已深入以色列的心臟地帶。掃羅統治時，並未能有效阻止非利士人的擴張（撒上三十一章）。到大衛*作王時，才能瓦解非利士人的力量（撒下五17～25，八1，二十一15～22，二十三9～17），並取代非利士，成為區內的霸權。即使如此，兩族的關係仍然相當緊張（王上十五27，十六15～17）。

正當新亞述帝國*在提革拉·毗列色統治下進入高峯時，非利士於公元前734年被亞述征服。直至亞述帝國滅亡為止（公元前612年），非利士雖然在政治上受制於異族，但其經濟卻有重大發展。其後，非利士經歷了巴比倫*及波斯*時期，就逐漸湮沒在歷史裏。

非利士人的文化較接近歐洲愛琴海一帶的邁錫尼（Mycenean）文化。舊約指出以色列人在科技上遠遜於非利士，這與現代考古學的發現大致相符。近期的考古研究顯示非利士人其實有相當發達的文化，經濟則以農業為主，考古研究顯示他們把迦南地的橄欖油經海路出口到其他地區，進行貿易。當非利士人在迦南定居後，逐漸融入當地文化。在宗教上，他們主要信奉大袞（士十六23～25）、女神亞斯她錄（撒上三十一10）和巴力·西卜（王下一2～3），這些皆為古代近東*普遍的神祇。

迦南人

羅慶才

迦南人乃迦南地的原居民，其中包括多個民族，其信仰與文化對以色列有頗為深遠的影響。

「迦南」一詞的起源及意思至今仍未有定論，但自公元前3000年起，就一直作地理名稱用。不過，古代典籍對迦南地的範圍卻沒有明確的界定。約於公元前1500年，「迦南」乃埃及*統治的區域之一，其範圍約北至敍利亞，東面則包括大馬士革及約旦河東高原，南面止於埃及河。舊約聖經大致採納這説法。

「迦南人」並非一個民族，而是一個多元化的族羣。舊約多處經文列舉了組成「迦南人」的各部族名稱(創十五18～21；申七1等)。在以色列民進入迦南*前，當地的政治組織以城邦為主(書九1～2，十1～5，十二7～24)，各自為政，且多有紛爭衝突。迦南人的重要城市多建於迦南區內的平原上，以農業為主。此外，迦南人亦以善於進行買賣交易而聞名(亞十四21)。從現時的資料可知，迦南人的社會結構是金字塔式，階級分明，貧富懸殊，以少數貴族操控大部分經濟資源。

因迦南地以農業為主，其宗教信仰亦與此有關。迦南神祇中主要是巴力，根據當地的神話*傳統，巴力把邪惡之神「大魚」殺死後，就創造*了宇宙萬物。此外，巴力也執掌氣候及萬物的生殖能力，務農者敬拜它就是為了確保有豐盛的收穫。巴力的妻子亞舍拉亦是迦南人所尊崇的神祇之一。

舊約記載迦南人的事迹，往往給讀者這個印象：以色列人對

迦南人深惡痛絕。律法書中三番四次強調以色列人不能與迦南人通婚，不要被他們的宗教敬拜吸引，更要徹底剷除迦南人的敬拜，不然就會成為以色列的網羅，難以自拔。自以色列建立王國*後，所羅門雇用了大量迦南人來建設城市及建造國家設施（如聖殿*）。到大衛*王國分裂*後，有大批迦南人居於北國以色列境內，成為一股強大的政治力量，以致北國的統治者不得不用政治手段，滿足他們的訴求，如為他們建立神廟等（王上十六32～33），以討好他們。此舉在聖經作者眼中，無異是出賣了以色列的一神信仰。

話說回來，以色列人居於迦南區內，少不免受其文化影響。從近代考古學研究得知，以色列的建築風格與迦南人的無異，這包括城市、房屋、敬拜場所等，甚至農業技術、生活方式等亦多有相同之處。然而，另一方面，以色列因信仰的緣故，與迦南本土居民亦有顯著的差異。例如以色列的先知秉承律法的精神，強烈譴責國內貧富懸殊的情況，多番提醒同胞要以公平公義的原則彼此相待。而在律法中，亦以建立一個公平的、沒有貧窮的社會為目標（利二十五章；申十五1～18）。這就是以色列信仰對社會帶來的影響。

埃及

羅慶才

埃及乃古代文明大國，歷史悠久，對古代近東歷史影響頗深；在舊約時代，更常常企圖染指區內的局勢發展。

埃及位處非洲東北角，東西兩面被茫茫沙漠包圍，南面為高原，尼羅河從上而下流，水流急速，不易逾越，地理環境頗為孤立。不過，地理上的阻隔亦同時成為埃及防守的優勢，使埃及在政治及軍事方面均享有高度穩定的形勢，有利其經濟及文化發展。可稽考的埃及歷史可追溯至公元前3100年，直至公元前322年，始為希臘*多利買(Ptolemy)王朝取代。至其女王克麗佩脫拉(Cleopatra)在公元前31年與羅馬將軍安東尼(Mark Anthony)雙雙自殺後，埃及就被羅馬帝國*吞併，其歷史長達差不多4,000年。在距今約4,000年前，埃及人已建成金字塔——今天被稱為世界七大奇景之一。

埃及的命脈就是尼羅河，其三角洲的土地肥沃，加上氣候穩定，出產豐富(民十一5)，有古代近東的糧倉之稱，是鄰近地區人民饑荒時的避難所(創四十一53～57)。埃及墓室中的壁畫描繪了一些來自巴勒斯坦*的人進出埃及的情況，栩栩如生，讓我們一窺當時的生活面貌。

在法老的統治下，埃及奉行神權政治，統治者被視為神的兒子，地位超然，同時亦扮演大祭司的角色。埃及的社會結構就像金字塔一樣，法老及其親屬於頂端，其下是各階層的知識分子及技術人員，最下層就是普羅大眾。

在舊約時代，埃及與以色列的關係可謂千絲萬縷。埃及本身

的物產雖然豐富，但仍需從以色列人的聚居地迦南進口大量金屬及木材，所以在經濟上，迦南對埃及是非常重要的。另一方面，埃及亦可說是以色列的發源地，因為以色列在當地從一個只有70人的家族，發展成壯大的民族（出一1～7）。至大衛*建立王國時，其政府架構亦是仿效埃及的（撒下八15～18，二十23～26）。當以色列定居迦南後，埃及很多時都想借機影響迦南區內的政治，從中得利。在所羅門作王時，就曾與埃及結盟，娶了法老的女兒為妻，法老把本屬迦南人*的城市基色城相贈作嫁妝（王上九16）。其後，所羅門的臣僕耶羅波安密謀作反，被識破後潛逃至埃及，得埃及法老示撒收留（王上十一40）。到所羅門死後，耶羅波安返國，領導北面10支派脫離大衛家的統治，建立以色列國（王上十二章）。之後法老示撒率領軍隊入侵南北兩國，但觀其行軍路線，其主要對象實在是以色列國（王上十四25～26）。

從公元前8世紀起，隨著亞述帝國*的興起，埃及為要在本身和亞述間設下緩衝區，常常插手迦南區內的事務，扶助備受壓力的以色列及猶大政府（王下十七4，二十三29），但卻不能成事，最終以色列及猶大均先後敗亡於亞述及巴比倫*之手。

亞述

羅慶才

亞述乃古代近東的文明大國，亦為古代近東首個帝國，以好戰及強悍見稱，在以色列歷史中有舉足輕重的地位。

亞述的發源地乃亞施戶城(Assur)，位於底格里斯河東岸，因該地氣候適合畜牧，所以成為遊牧者的聚居處。其最早發現的考古文物為公元前2800至2200年左右，顯示其文化與居於亞述以南的蘇美爾人(Sumerians)相似。亞述人作為一個政治實體，最早可追溯至公元前2000年左右。除本土居民外，還混合了亞摩利人及亞蘭人的血統。

亞述人早期聚居於幼發拉底河和底格里斯河流域的北部，以尼尼微、亞比拉、亞施戶城等地為核心，以農業和畜牧為生，自公元前1900年(古帝國期)始有政治制度及組織。公元前1750至1000年間為亞述發展的高峯期(中帝國期)，曾征服南部的巴比倫*及西面的亞蘭，建立了一個強大的國家。其後經歷了一段低沉時期，但由公元前9世紀初起，亞述又再興盛，至公元前8世紀末至7世紀初達至頂峯，成為歷史上的「新亞述帝國」。然而，亞述的國力自公元前625年起迅速滑落，其國都尼尼微於公元前612年被巴比倫及瑪代聯軍所破，亞述帝國最後於公元前609年滅亡。

和眾多古代近東國家一樣，亞述的社會結構亦是金字塔式的。最上層的是君王貴族，依次為各級官員、平民百姓，最下層的就是奴隸。亞述社會崇尚武力，有軍國主義的傾向，人民從小習武。君王同時是軍隊中的最高統帥，有絕對的權力，他的説話就是律法；君王權力的惟一掣肘就是社會傳統及宗教習慣。記載在舊約中的官員包括：「他珥探」(總督或總管)、「拉伯撒利」(太監長)和「拉伯沙基」(酒政)(王下十八17)。

經濟方面，亞述土地肥沃，農業及畜牧業均相當發達。此外，亞述政府向對外貿易徵稅，是為亞述經濟來源的第三大支柱。當亞述成為超級大國時，還有外國的貢銀作為第四大收入來源(王下十五19，十六8等)。

除軍事及政治外，亞述在文化方面亦有重大成就。亞述人承襲了亞甲人(Akkadian)的文化傳統，保存了很多重要的亞甲文獻。亞述巴尼帕王(Ashurbanipal，公元前669～627年)在位時，曾在皇宮中建造圖書館，搜集古巴比倫文獻，並將之存放於此；此圖書館在19世紀中期被發掘出土。在藝術及雕刻方面，亞述亦有卓越的成就，亞述的雕刻家甚有創意，生動地捕捉了古代生活各方面的形態，尤其值得注意的是印鑒，常刻有與亞述宗教有關的主題，為舊約研究提供了重要的參考資料。此外，亞述皇宮中的浮雕亦甚有價值，常刻有古代生活的面貌，如搜獵和皇室花園景色等。另外，浮雕上亦常見古代戰爭的場面，可見古代進行戰事的方式等，實具歷史價值。

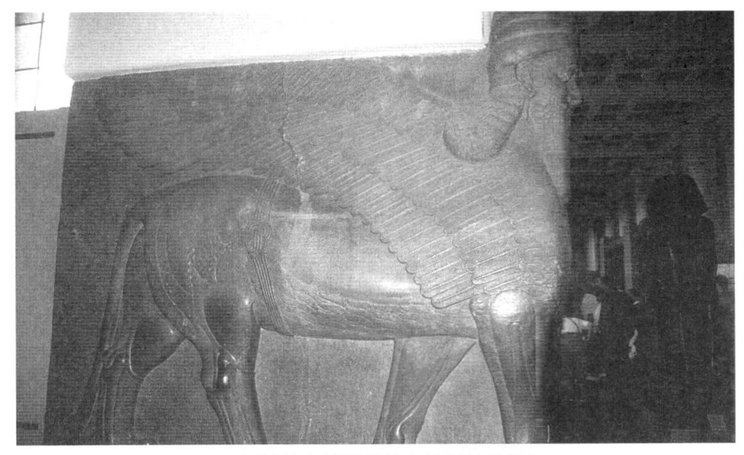

• 亞述的人頭獅身像(公元前9世紀)

巴比倫

羅慶才

巴比倫文化最早可追溯至公元前4000年，屬重要文化發源地之一。

「巴比倫人」所指的是居於美索不達米亞南部，今巴格達至波斯灣海岸一帶的居民。他們自公元前3000年已建立城邦，其後逐漸發展成古代近東的軍事強國。

當以色列人於公元前13世紀末進入迦南*時，巴比倫正受亞述*控制，到8世紀更被亞述統治。不過，至公元前7世紀末，隨著亞述的衰落，巴比倫在尼布甲尼撒二世的領導下，不只擺脫了亞述的掣肘，更建立了新巴比倫帝國，取代亞述成為古代近東霸主，其統治範圍包括迦南地，猶大在內的各國。不過，這段輝煌時期只維持了數十年，至公元前539年，波斯*不費吹灰之力，就推翻了巴比倫帝國。

巴比倫一帶的雨量較少，而幼發拉底和底格里斯兩大河流域地勢平坦，廣泛地區都是沼澤，故此自古以來，巴比倫統治者的天職就是開發及維修灌溉用的輸水道，以利農耕。不過，因土質鹽分較高，故農產以大麥為主。此外，巴比倫是區內棗子產量最多的國家。

巴比倫最早期的政治結構基本是以城邦為主，君主制度成立後，源自城邦時期的一些傳統，如長老的參與，雖仍得以維持，卻已演變成扶助君主執政的工具。其次，廟宇及其祭司在經濟上本來有舉足輕重的地位，但到君主執政時期，其影響力已被大大

希臘化時代的埃及與敍利亞（公元前2世紀末）

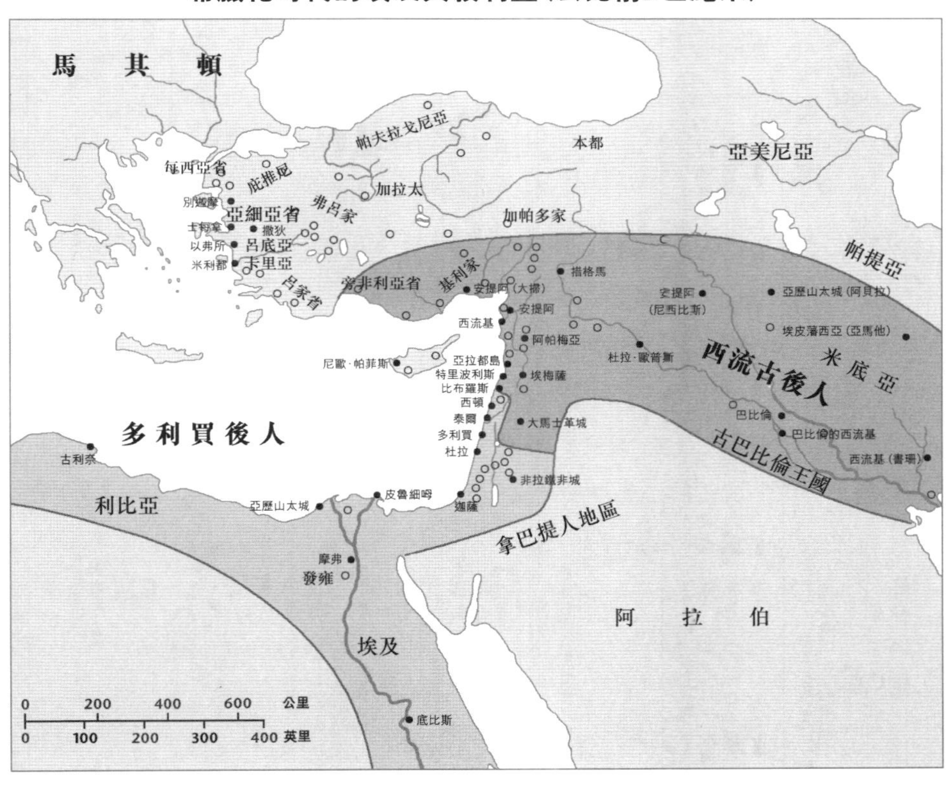

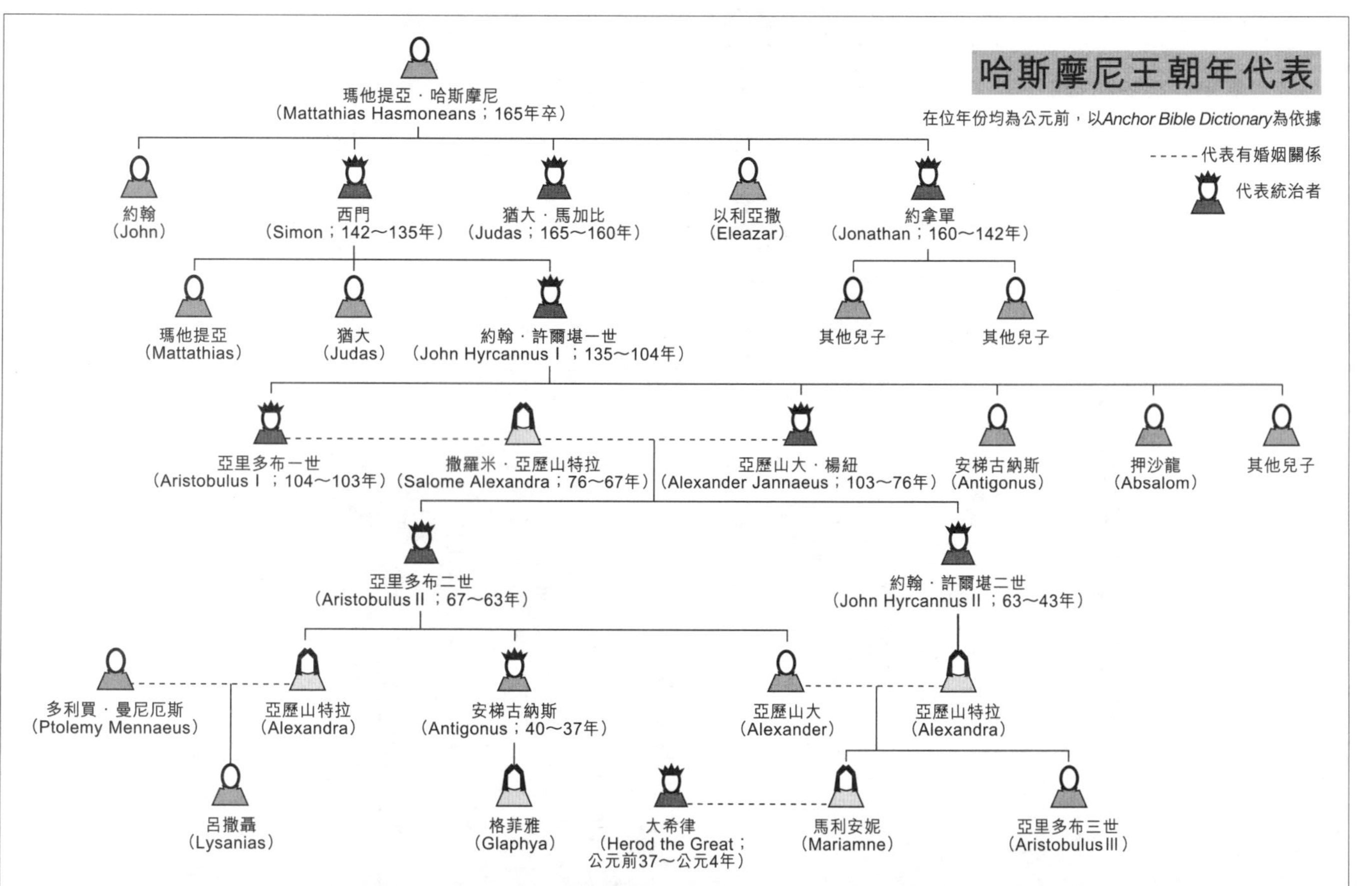
哈斯摩尼王朝年代表
在位年份均為公元前，以*Anchor Bible Dictionary*為依據
-----代表有婚姻關係
代表統治者
瑪他提亞．哈斯摩尼
（Mattathias Hasmoneans；165年卒）
約翰
（John）
西門
（Simon；142～135年）
猶大．馬加比
（Judas；165～160年）
以利亞撒
（Eleazar）
約拿單
（Jonathan；160～142年）
瑪他提亞
（Mattathias）
猶大
（Judas）
約翰．許爾堪一世
（John Hyrcannus I；135～104年）
其他兒子
其他兒子
亞里多布一世
（Aristobulus I；104～103年）
撒羅米．亞歷山特拉
（Salome Alexandra；76～67年）
亞歷山大．楊紐
（Alexander Jannaeus；103～76年）
安梯古納斯
（Antigonus）
押沙龍
（Absalom）
其他兒子
亞里多布二世
（Aristobulus II；67～63年）
約翰．許爾堪二世
（John Hyrcannus II；63～43年）
多利買．曼尼厄斯
（Ptolemy Mennaeus）
亞歷山特拉
（Alexandra）
安梯古納斯
（Antigonus；40～37年）
亞歷山大
（Alexander）
亞歷山特拉
（Alexandra）
呂撒聶
（Lysanias）
格菲雅
（Glaphya）
大希律
（Herod the Great；
公元前37～公元4年）
馬利安妮
（Mariamne）
亞里多布三世
（Aristobulus III）

猶太散居地

黃錫木

在新約時代，猶太散居僑民的數目遠超過住在巴勒斯坦本土的猶太人；雖然有些猶太僑民較為開放，但大多數依然謹守猶太傳統。

猶太散居地（*disapora*）是指猶太地（或巴勒斯坦*）或以色列地以外的地方。

在古代社會，移民並非一件光彩的事。除了因經商或逃避饑荒（得一1）、戰亂、迫害（王下二十五25～26；耶四十一1～18）而自願遷徙外，一般猶太人都是被迫移居外地，例如因戰敗被俘擄到別國。自大衛*統一王朝，以色列人先後經歷兩次大規模遷移，分別是被亞述*（公元前722/721；王下十七1～6）和巴比倫*（公元前587/586；王下二十五8～21）強迫的。在兩約時期*，猶太人亦經歷多次遷徙。而在兩次猶太叛亂中，不少猶太人亦遷居到美索不達米亞以東地區。

新約時代，猶太僑民散布羅馬帝國*各地，主要有巴比倫、埃及、敍利亞、小亞細亞和羅馬*；我們甚至可以肯定，猶太散居僑民比住在巴勒斯坦的猶太人還要多。

埃及是最重要和歷史最悠久的猶太散居地。據考古和文獻記載，在埃及最南方的伊里芬丁（Elephantine）的猶太人，曾經於公元前6世紀末建造一座耶和華的殿（但後來被當地人拆毀）。據約瑟夫*所說，在新約時代的埃及就有100萬猶太人。在亞歷山太城，猶太人佔城市總人口的極大部分。他們在政治上自成一體，

居住在自己的地區和城市，延續傳統猶太文化和生活方式。除了埃及，巴比倫也是很重要的城鎮。雖然波斯*王（公元前538年）曾經宣布猶太人可以回歸自己的國土，但依然有很多人寧願留在巴比倫（按典外文獻的記載），暗示了人民已經在那裏落地生根。公元70年耶路撒冷*淪陷後，巴比倫就成為保留猶太傳統的中心。

住在異教文化當中的猶太人，固然較容易受希羅文化影響，他們雖然未至於放棄自己獨特的信仰與文化，但卻較願意學習希臘文化。不少後期的猶太作品，特別是那些寫於亞歷山太城的作品，均深受希臘哲學的影響，其用詞與寫於巴勒斯坦地的猶太作品，亦有差異。

很多猶太人依然謹守傳統猶太教的教導，男性出生8天便受割禮*。猶太人自小便接受律法的教導，獨尊上帝，拒絕跪拜別的神明及參與任何其他宗教儀式，又謹守一切潔淨*的禮儀、禁食、安息日*及節期*。散居地的猶太人常與其他民族發生衝突和磨擦，這與他們謹守這些習俗有密切關係。於是，在宗教、文化和社交上，會堂*往往成為維繫猶太散居僑民的一個非常重要的活動中心。

這些猶太僑民為保持自己獨特的文化和信仰，和非猶太人的關係常變得緊張；從希臘和羅馬作家常在作品中貶低那些生活在他們當中的猶太人可見一斑。

散居的猶太僑民（公元前1世紀末）

新約歷史簡述

羅馬帝國版圖（公元1世紀末）

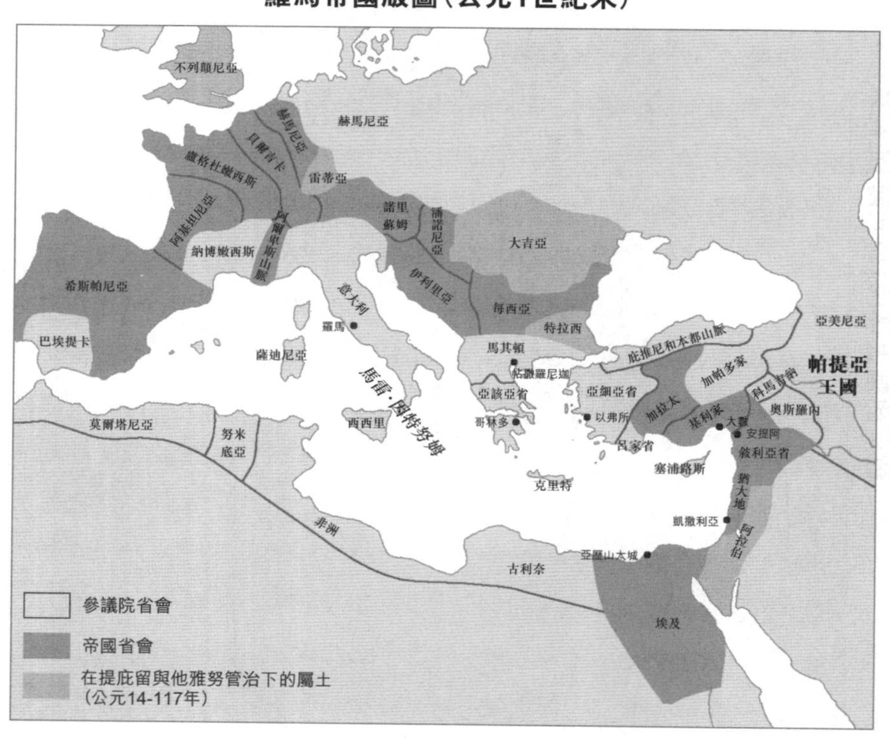

大希律的統治

黃錫木

大希律的統治揭開新約時代的歷史序幕。希律生性殘暴狡猾，不過，他對猶太人社會亦有很深遠的貢獻。

公元前63年，羅馬*將軍龐培(Pompey)進軍耶路撒冷*，結束了為期只有80年(公元前143/142～63年)的馬加比家族*獨立管治。自此，猶太地一帶成為羅馬中央政府管治的地區，屬敍利亞省。龐培將軍任命馬加比家族*的後人許爾堪二世(Hyrcanus II；他亦是當時的大祭司*)管理猶太人事務，他手下其中一位精明的輔臣就是希律的父親安提帕特(Antipater)。因為這種關係，希律家族*取得羅馬公民的資格。

希律自年幼時已處處表現領導者的風範。他管治加利利*省時只有25歲，當時的加利利省，已經是一個高度自治的省分。希律雖然多次在政治決策上錯下注碼，但他至終仍能得到羅馬王帝的信任。公元前37年，希律正式被羅馬政府封為猶太人的王，使當時的巴勒斯坦地*享有全面的自主權，直接向羅馬負責，歷時35年之久。

希律自知自己不是純猶太血統(原是以東人)，不能像馬加比家族的成員一樣當大祭司，因此，他極其量只能擔任猶太人的王。為使猶太人視他為哈斯摩尼王朝的合法繼承人，希律娶了許爾堪二世的孫女馬利安妮(Mariamne)為妻；又為要使人對其家族忠心，他特別設立擁護自己的猶太派別，就是「希律黨人」。除此以外，他仿效埃及多利買(Ptolemy)政府，以組雇傭軍、建立政制

和建築防衛體系（其中之一就是瑪撒大*堡壘）鞏固自己的權力。

希律性情殘暴，曾處死自己的兩個妻子、3個兒子，又在耶穌出生時，下令殺害全國兩歲以下的嬰孩（太二16～18）。他的私生活一團糟，曾結婚10次，家庭中數之不盡的問題，都是他的妻子和她們的母親為使自己的子女得到某些優待或特權而產生的。歷史上對希律的為人作出最貼切的評價的，要算是奧古斯都了。當他聽見希律殺了自己的骨肉時，他幽默地說：「當希律的豬，勝過當他的兒子。」

希律是猶太人歷史上最偉大的建築家。他在任期間，大興土木，經營了十多個大城邑，其中最有名的是地中海沿岸的凱撒利亞*。耶路撒冷的建築物，例如歌劇院、浴場和學校等都是他自費興建的，而最重要的，亦因而得到猶太人歡心的，莫過於擴建聖殿*。計劃始於公元前19年，聖殿本身的建築過了不久便落成，但附近的建築和裝飾則花了很多人力和時間；整個工程到公元64年才完成。然而，希律並不是一個虔誠的猶太教信徒，既沒有敬畏的心，也不在乎甚麼是正統；反之，他卻是希羅文化和宗教的熱愛者。

希律在位33年，卒於公元前4年。

耶穌時期的巴勒斯坦地

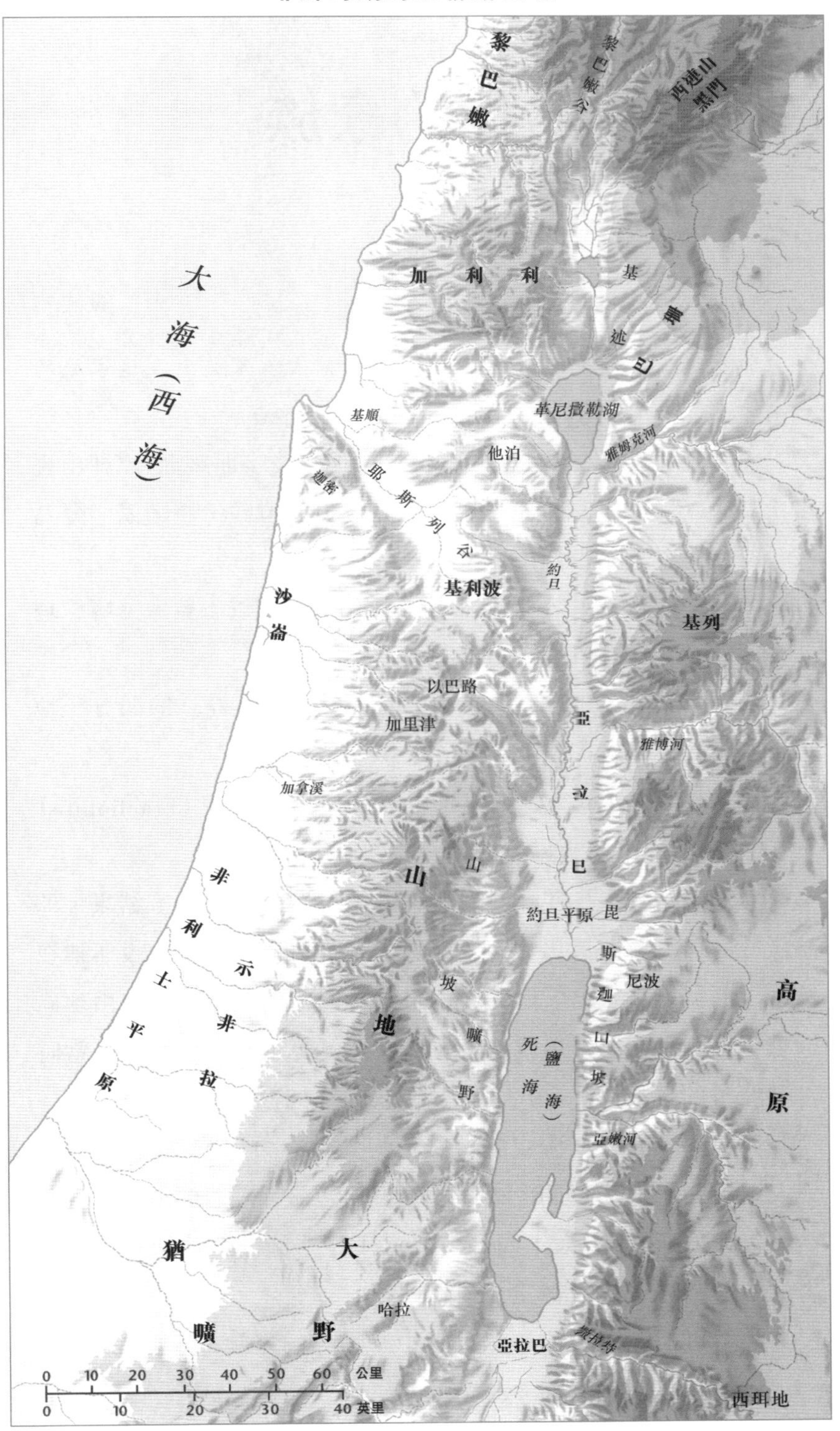

希律的家族

黃錫木

希律的家族是新約時代中最重要的猶太人家族，在這家族的統治下，猶太地的猶太人能享有某程度的自治。

希律在位33年，卒於公元前4年。他死後，耶路撒冷*即出現多次暴亂。騷亂平息後，羅馬政府完成他的遺願，將國家一分為三，交由他的3個兒子治理：

1. 亞基老(參太二22)管治猶太地、撒馬利亞和以土買，是專管理猶太人事務的提督(ethnarch)；
2. 安提帕(Antipas)管理加利利*和比利亞省(Perea)的四分一地區，職銜是分封王(tetrarch)；
3. 腓力(參路三1)承受以土利亞(Iturea)、特拉可尼(Trachonitis)和東北部的附屬地區，作為分封王。

亞基老統治了10年，承襲父親的暴行(參太二22)。結果，耶路撒冷的居民聯同撒馬利亞人*派遣一隊專員到羅馬*，投訴他在治理上的無能和殘酷。羅馬政府最後奪回他的統治權，交由地區巡撫管理，直接向羅馬政府負責；在耶穌誕生時，居里扭是當時敘利亞省的巡撫(路二2)。

與亞基老相反，安提帕的管治與父親大希律*一樣，能與猶太人維持良好關係；耶穌和施洗約翰*傳道旅程經過的地方，主要是安提帕的所屬地(太十四1～12)。不過，施洗約翰卻是被他殺害的，耶穌亦曾被他審訊。

腓力可能是大希律的繼承者中，惟一的好領袖。按約瑟夫*

所記，他愛護人民，尊重猶太人，又沒有耗費人力物力於奢華的建築工程上。他重建了加利利湖一帶多個城市，包括伯賽大，又開拓了凱撒利亞·腓立比這個城市，以自己和羅馬王的名字作為這城的名稱。

大希律另有兩名孫兒也見於新約聖經中，就是亞基帕一世和二世。亞基帕一世的父親被大希律處死，他在羅馬長大，認識了兩位日後成為羅馬王帝的朋友——該猶和克勞第（又稱革老丟）。在他們的幫助之下，他把大希律原本統治的國界重新合併起來。雖然新約聖經記載他把雅各處死，又監禁彼得*（參徒十二1～4），但在猶太人心目中，亞基帕因遵守傳統猶太教的教訓和規條，得到猶太人的敬重。按約瑟夫記載，他是得到怪病而死的（徒十二20～23）。

亞基帕二世在任期間，曾應非斯都之邀請，一起聽保羅*的分訴，而他的妹妹百妮基亦在場（徒二十五13～二十六32）。亞基帕二世完成其祖父大希律修葺聖殿*的計劃，並在耶路撒冷多處街道上，鋪上大理石塊。他雖然敬重猶太教，但仍然忠於羅馬。公元66年，當第一次猶太人叛亂*剛剛開始，亞基帕二世和他的妹妹百妮基竭力勸阻猶太人對抗羅馬政府，但不成功。亞基帕二世不單擴張自己管轄的領土，更與後來成為王帝的提多將軍成為好友。亞基帕二世於公元96年去世，此後，希律家再沒機會直接管理猶太人的事務。

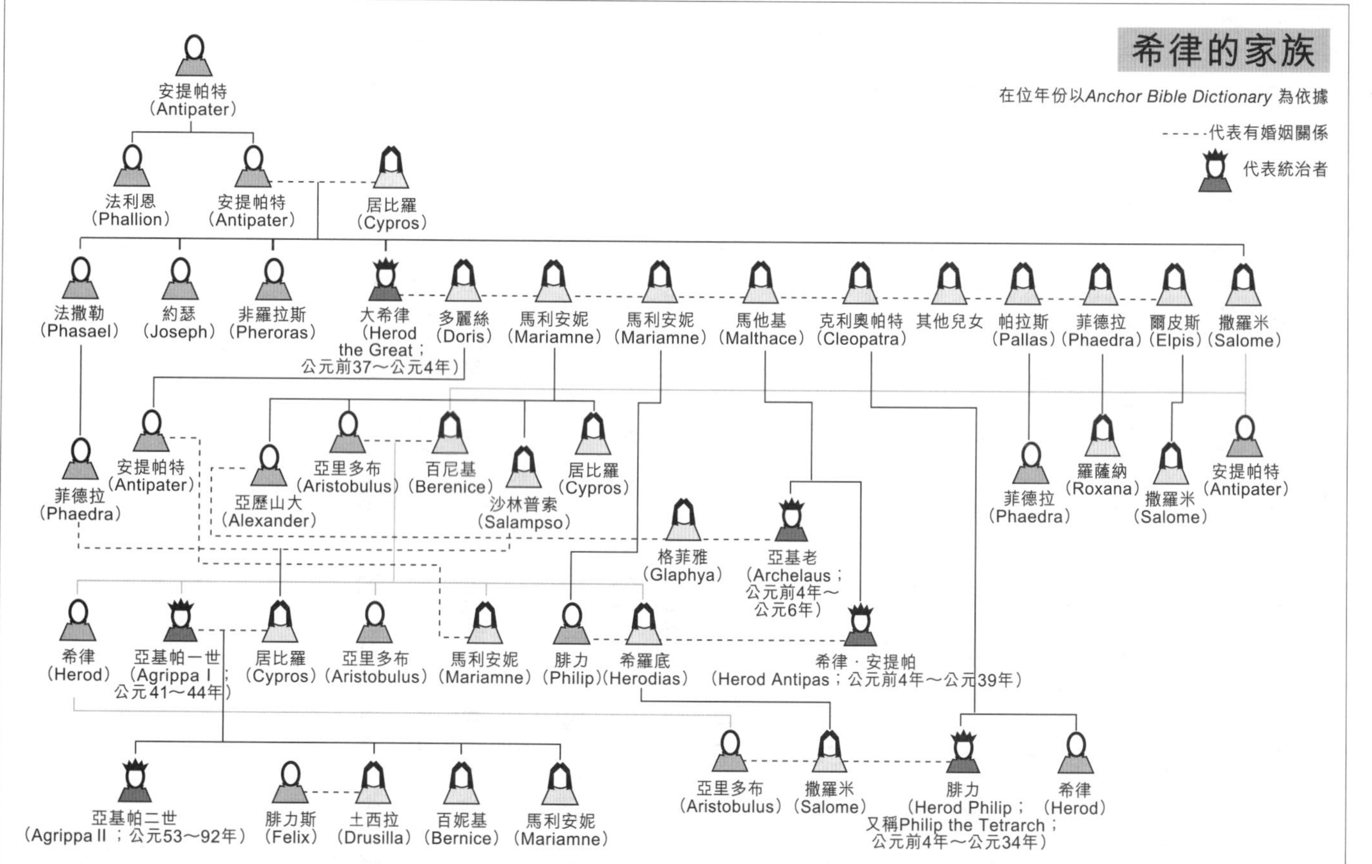
希律的家族
在位年份以Anchor Bible Dictionary 為依據
-----代表有婚姻關係
代表統治者
安提帕特（Antipater）
法利恩（Phallion）
安提帕特（Antipater）
居比羅（Cypros）
法撒勒（Phasael）
約瑟（Joseph）
非羅拉斯（Pheroras）
大希律（Herod the Great；公元前37～公元4年）
多麗絲（Doris）
馬利安妮（Mariamne）
馬利安妮（Mariamne）
馬他基（Malthace）
克利奧帕特（Cleopatra）
其他兒女
帕拉斯（Pallas）
菲德拉（Phaedra）
爾皮斯（Elpis）
撒羅米（Salome）
菲德拉（Phaedra）
安提帕特（Antipater）
亞歷山大（Alexander）
亞里多布（Aristobulus）
百尼基（Berenice）
沙林普索（Salampso）
居比羅（Cypros）
格菲雅（Glaphya）
亞基老（Archelaus；公元前4年～公元6年）
菲德拉（Phaedra）
羅薩納（Roxana）
撒羅米（Salome）
安提帕特（Antipater）
希律（Herod）
亞基帕一世（Agrippa I；公元41～44年）
居比羅（Cypros）
亞里多布（Aristobulus）
馬利安妮（Mariamne）
腓力（Philip）
希羅底（Herodias）
希律・安提帕（Herod Antipas；公元前4年～公元39年）
亞基帕二世（Agrippa II；公元53～92年）
腓力斯（Felix）
土西拉（Drusilla）
百妮基（Bernice）
馬利安妮（Mariamne）
亞里多布（Aristobulus）
撒羅米（Salome）
腓力（Herod Philip；又稱Philip the Tetrarch；公元前4年～公元34年）
希律（Herod）

耶穌生平

黃錫木

雖然我們未能仔細和具體地重構耶穌的一生，但分階段理解耶穌的一生能讓我們更清晰地認識他。

4卷福音書對耶穌一生的言行提供了不少資料，但由於要完全協調這些資料是極其困難，我們不能詳細地重構耶穌一生所做的事，而只能分階段描述他的一生。

耶穌公開傳道前的日子：耶穌的出生、童年、少年和成長經過，直至30歲為止，福音書有關這方面的記載只有100多節。在這段日子，有兩件事是福音書作者很看重的：耶穌領受施洗約翰*的水禮*——顯示耶穌與約翰是一脈相承的；耶穌接受並勝過魔鬼*的試探——象徵他要以得勝者的姿態出現。有關耶穌傳道的年日，雖然馬太福音*、馬可福音*和路加福音*記載耶穌只有一次（亦是最後的一次）上耶路撒冷*，但約翰福音*則清楚記述耶穌曾經3次上耶路撒冷過每年一度的節期*（約二23，五1，六4，十二1）；後者的記載似乎較清晰表達耶穌傳道的時間。

傳道的初期：耶穌在猶太地開始傳道（約三22），在施洗約翰的推舉下，耶穌已有幾位核心的跟隨者（如彼得*、約翰*等）。在這一年半裏，耶穌可能穿梭於猶太與加利利*之間，他突出的言論（如在會堂*講論；路四16～32）和所行的神蹟*已使他薄有名聲（約二23～25，三1～21）；而他「出位」的行為，例如與撒馬利亞人*和外邦人（甚至是婦女）接觸（太十五21～28；約四1～12），亦使他成為猶太領袖針對的對象（約二13～22）。

在加利利傳道：雖然耶穌傳道的活動範圍遍及巴勒斯坦*，但加利利省明顯是福音書作者記載的焦點。耶穌的言論和行徑為他贏得思想較開放的加利利人歡迎。他在眾多的跟隨者中，揀選了12位門徒，成為他的門生和同工，既為他的日常生活和傳道工作打點，亦學習宣講天國*的道理(路九1～2)。除了個別言論的記載，馬太和路加分別把耶穌在不同場合的講論整合成為著名的登山寶訓(太五～七章)和平原講道(路六17～49)。按福音書的記載，耶穌的講論主要以比喻*為主，並且常在被人詢問和挑戰的情況下才闡述某些課題。福音書共記載了35件耶穌所行的神蹟，很多都是在這段日子施行的，其中有一半以上是與醫治*和驅鬼有關，其餘的主要是突顯他超乎自然定律的大能。

上十字架的道路：耶穌知道自己受難的日子近了，便多次向門徒披露此事，然而，門徒既不明白，亦不能接受(可八31～33)。耶穌沿途經過很多地方，在伯大尼，馬利亞用極貴的香膏膏抹耶穌(約十二1～8)；福音書作者認為這是為他的安葬準備的。耶穌花了一整週在耶路撒冷，當中他不忘繼續講道，包括末世*的事情(可十三章)。最後，他在假公濟私的審判之下被處死，死在十字架上。

耶穌生平年表

年份	耶穌生平的重要事件	馬太	馬可	路加	約翰
公元前	**耶穌的出生**				
5	天使傳報耶穌誕生的喜信			一26～38	
5	約瑟的夢	一18～25			
	耶穌的童年				
	耶穌的家譜	一2～17		三23～38	
4	耶穌的降生	一18～25		二1～7	
4	天使與牧人			二8～20	
4	耶穌受割禮並在聖殿奉獻			二21～38	
4	朝拜聖嬰耶穌	二1～12		二8～20	
4/2	逃往埃及、歸來	二13～21			
2	童年的耶穌在拿撒勒	二22～23		二39～40	
公元	**沉寂期**				
8	孩童耶穌在聖殿聽道			二41～52	
	18年沉寂期／預備及傳道初期				
26	耶穌受洗	三13～17	一9～11	三21～22	一29～34
26	耶穌受試探	四1～11	一12～13	四1～13	
27	迦拿婚筵				二1～11
27	耶穌潔淨聖殿	二十一12～13	十一15～17	十九45～46	二14～22
27	耶穌與尼哥德慕談道				三1～21
27	耶穌與撒馬利亞婦人談道				四4～42
27	迦百農的百夫長	八5～13		七1～10	四46下～54
27	耶穌在拿撒勒傳道	十三53～58	六1～6上	四16～30	
	聲名遠播時期				
28	耶穌呼召眾門徒	四18～22	一16～20		
28	耶穌醫治彼得的岳母	八14～15	一29～31	四38～39	
28	耶穌第一次到加利利各城各鄉傳道	四23	一39	四44	
28	利未（馬太）被召	九9～13	二13～17	五27～32	
28	耶穌揀選12個門徒	十1～4	三13～19	六12～16	
28	登山寶訓／平原講道	四24～七27		六17～49	
28	婦人與香膏	二十六6～13	十四3～9	七36～50	十二1～8

28	耶穌第二次到加利利			八1～3	
28	耶穌講論天國的比喻	十三1～52	四1～34	八4～18，十三18～21	
28	耶穌平靜風和海	八23～27	四35～41	八22～25	
28	睚魯【葉魯《現修》】的女兒和患血漏病的女人	九18～26	五21～43	八40～56	
28	耶穌差遣12個使徒	九35～十14	六6下～13	九1～6	
	被敵對時期				
29	施洗約翰之死	十四3～12	六17～29	三19～20	
29	5,000人得飽	十四13～21	六32～44	九10下～17	六1～15
29	耶穌履海	十四22～33	六45～52		六16～21
29	4,000人得飽	十五32～39	八1～10		
29	彼得承認耶穌為基督	十六13～20	八27～30	九18～21	六67～71
29	耶穌醫好生來瞎眼的人				九1～41
29	耶穌改變形像	十七1～9	九2～10	九28～36	
29	耶穌在住棚節上耶路撒冷				七11～52（～十21）
29	拉撒路復活				十一1～44
30	耶穌為小孩祝福	十九13～15	十13～16	十八15～17	
30	瞎子（巴底買）得醫治	二十29～34	十46～52	十八35～43	
30	稅吏撒該			十九1～10	
30	耶穌探望馬大和馬利亞				十一55～十二1
30	耶穌的最後一週	二十一1～二十七66	十一1～十六8	二十二39～二十三56	十二12～十九42
30	耶穌復活的形像	二十八1～20		二十四1～53	二十1～二十一25

初代教會的發展

黃錫木

在短短60多年間，初代教會的人數由只有120人發展成數以萬計，遍布的範圍超越當時羅馬帝國的邊界。

新約聖經沒有在初代教會發展史方面提供完整的資料；路加的使徒行傳*(和保羅書信)所提供的資料主要都是以保羅*為主。對於研究初代教會的發展史，這的確是一個限制，但這卻是聖經作者要我們細察的角度。

耶穌升天之前，他指示使徒要先等候聖靈*降臨，才遍傳復活*的喜訊。他們又選擇了另一個門徒馬提亞，代替出賣耶穌後自殺的猶大，完整保存「12」這個數目，為要標誌一個新的以色列民族。在這時候，這個羣體只有120個信徒。耶穌的預言在五旬節*當天應驗了，按路加的理解，教會*就在這天成立。在當天的宣講*中，有3,000人回應了彼得*的信息，認罪*悔改。這些信徒奉耶穌的名施洗，聚集祈禱*，聽使徒的教訓，守主的聖餐*。

雖然教會的人數不斷增加，但從猶太人來的壓迫亦不斷增加。彼得和約翰*被監禁，之後司提反執事在猶太人引發的騷動中被石頭打死(徒七章)，又有以逼迫基督信徒為榮的掃羅(即保羅)；這種種危機反而成為把福音外傳的契機。路加特別記載腓利的傳道工作，他把福音傳到撒馬利亞人*當中，然後又向一名衣索匹亞(或稱埃塞俄比亞)的太監傳福音*(徒八章)——從猶太人的角度而言，他是一名被雙重詛咒的人。路加要指出，主耶穌的大使命在腓利身上已被落實。

保羅信主（徒九1～19）是初代教會發展的一大轉捩點，因此，從使徒行傳九章開始，他亦成為全書的中心人物。保羅雖然曾經到耶城教會作短暫停留，但之後一直以安提阿為根據地，在基利家省及敍利亞積極投入宣教*工作。公元46至48年，巴拿巴和保羅更遠赴旁非利亞省；這幾年的工作非常成功，亦使初代教會開始思想基督信仰與猶太教的關係。結果，在耶路撒冷*的會議中，耶城教會認同保羅的見解，認為外邦人不需要守割禮*和猶太人的律例，但卻要遠離拜偶像和淫亂等事情（徒十五章）。

這是初代教會發展的新里程。自此，雖然保羅依然受到猶太人的迫害，但他已經和當時耶城教會的領袖取得共識，把福音傳到更遠的地方。於公元49/50至58年，保羅把福音傳至馬其頓和希臘，並在哥林多*和以弗所兩城逗留較長時間。他又藉著上訴羅馬*的機會，把福音帶到西班牙去。

直至公元1世紀末，福音遍傳的範圍已超越羅馬帝國的邊境，東至印度（馬太和巴多羅買），西至羅馬（彼得和馬可），甚至西班牙（保羅曾到那裏），南至埃及的亞歷山太城和亞拉伯半島地區。

第一次猶太人叛亂

黃錫木

於公元66至74年發生的第一次猶太人叛亂，是古代猶太人最慘烈的歷史事件，最後以耶城聖殿被毀告終。

羅馬*政府統治巴勒斯坦*初期（自公元前63年起），與猶太人保持頗良好的關係，這多少是大希律*的功勞。然而，隨著大希律去世，他兒子的暴政，後來羅馬直接指派的巡撫極為腐敗的管治（公元44～66年），以及整體上各地的反閃族情緒，直到公元1世紀中期，很多猶太人聚居的地方已經醞釀了不少騷亂情緒。

根據猶太歷史家約瑟夫*所記，第一次猶太人叛亂是由猶太地巡撫弗洛厄斯的劣行所致的：他搶掠聖殿*的庫房，又大肆屠殺抗議的羣眾。發生這些事後，亞基帕二世和他的妹妹百妮基（兩者都是大希律的孫兒）、大祭司*和法利賽人*企圖說服猶太人不要以武力反抗，但猶太人的憤怒情緒已一發不可收拾。

聖殿的守殿官以利亞撒聯同奮鋭黨*的極端派系刺客黨，一起安排殺戮行動。他們先將亞基帕二世和百妮基趕出耶城，然後佔據城中的羅馬人城堡，殺盡所有羅馬軍隊，甚至連那些溫和派的猶太人也殺害（包括大祭司）。不但如此，刺客黨亦佔據原為羅馬部隊駐守的瑪撒大*（Masada）；至此，原本只屬猶太地的叛亂，已擴展至整個巴勒斯坦地。在這個時候，耶路撒冷*的猶太人變得士氣激昂，他們以為上帝會帶領他們脫離異族的管治。他們組織游擊隊，又在加利利*設防壘。當時本來是祭司的約瑟夫，就是在此時從耶路撒冷被調派到加利利駐守。

雖然在叛亂的初期，猶太人可算是節節勝利，但猶太人的人數與羅馬軍隊的人數，實在不可相比。在羅馬大將軍維斯帕先(Vespasian)的統領之下，叛黨逐步被剿平，而猶太人的內訌亦愈來愈嚴重。公元69年，維斯帕先回羅馬當皇帝，他的兒子提多繼續率領大軍；翌年9月，在惡劣的天氣和缺糧的情況之下，耶城終被攻破，聖殿被摧毀，只剩下瑪撒大的叛黨仍不屈服。

由於地理形勢險要，羅馬軍隊花了很多精力和時間，才成功攻上瑪撒大的城寨。據約瑟夫的記載，猶太叛黨為免被羅馬人凌辱，決定全體自殺。但按近代考古學發現，可能只是一部分叛黨自殺，還有一些人是與攻上來的羅馬人交戰而死的，甚至也有想躲藏或逃走的人。

聖殿被毀以後，猶太的獻祭和祭司制度便徹底廢止了，而領導層轉為法利賽人(後來稱為拉比)執掌。猶太基督徒沒有參與戰爭，並且於叛亂的早期已逃離耶路撒冷，到約旦河外的比拉城(Pella)；由於他們將此次毀滅解釋為上帝的審判*，所以第一次猶太人叛亂無疑加深了猶太教和基督教之間的鴻溝。

• 位於死海以西的瑪撒大，為第一次猶太人叛亂的最後據點。

• 公元71年，為了慶祝提多平定第一次猶太人叛亂，羅馬議會宣布在羅馬道上舉行盛大的遊行，特建了一座用木頭和灰泥製的拱門，這位得勝的將軍和猶太俘虜則從其下經過。到公元81年，又用大理石和銅重建這座拱門。

• 拱門雕刻有羅馬士兵搶劫耶路撒冷城聖殿的情景。

新約大事年表

年份(公元)	新約歷史事迹	參考新約經卷	羅馬王朝歷史
公元前4 ～ 公元30	**耶穌生平**	**馬太福音、馬可福音、路加福音、約翰福音**	
公元前4	耶穌出生		奧古斯都(公元前27～公元14年)
8	耶穌12歲在聖殿聽道		
26	施洗約翰開始傳道工作；耶穌開始傳道工作		提庇留(公元14～37年)
26～36			猶太總督本丟·彼拉多上任
27～28	施洗約翰被囚		
29	施洗約翰被斬；耶穌過住棚節		
30	耶穌被釘十字架、復活、升天；聖靈在五旬節降臨		
30～100	**早期教會時期**	**使徒行傳**	
35	大數的掃羅信主		
44	約翰的兄弟雅各殉道	雅各書	克勞第(公元41～54年)
46～48	保羅第一次傳道旅程		
49/50	耶路撒冷會議	加拉太書	
49/50～52	保羅第二次傳道旅程	帖撒羅尼迦前、後書	
53～57	保羅第三次傳道旅程	羅馬書，哥林多前、後書	尼祿(公元54～68年)
57	保羅在耶路撒冷被捕		
59	保羅在凱撒面前申訴		
60～62	保羅在羅馬被軟禁兩年	以弗所書、歌羅西書	
62	耶穌的兄弟雅各殉道	腓利門書、腓立比書	
64			尼祿焚燒羅馬
65～67	保羅在羅馬第二次被囚	彼得前、後書，提摩太前、後書，提多書，猶大書	

65～67/68	彼得與保羅在羅馬殉道		迦勒巴、鄂圖、威特留(公元69年)，維斯帕先(公元69～79年)，提多(公元79～81年)
70	耶路撒冷被毀；聖殿被毀	希伯來書	
81～96	多米田逼迫基督徒		
90～95	使徒約翰被逐至拔摩海島	約翰一、二、三書，啟示錄	納華(公元96～98年)

羅馬帝國王帝和任期(至公元2世紀初)

公元前27～公元14年	奧古斯都(Augustus)
公元14～37年	提庇留(Tiberius)
公元37～41年	該猶／加里古拉(Gaius/Caligula)
公元41～54年	克勞第(Claudius)
公元54～68年	尼祿(Nero)
公元68～69年	迦勒巴(Galba)、鄂圖(O-ho)和威特留(Vitellius)
公元69～79年	維斯帕先(Vespasian)
公元79～81年	提多(Titus)
公元81～96年	多米田(Domitian)
公元96～98年	納華(Nerva)
公元98～117年	他雅努(Trajan)
公元117～138年	哈德良(Hadrian)

古代民族和帝國
非利士人

羅慶才

非利士人屬「海民」(Sea Peoples) 的一族，其發源地乃愛琴海一帶的島嶼；雖然非利士人其後從歷史中消失，巴勒斯坦 (Palestine) 地卻因而得名。

包括非利士人在內的「海民」沿陸 (經小亞細亞) 海 (經克里特及塞浦路斯) 兩路遷移到埃及*時，曾摧毀赫人帝國及腓尼基境內各國。到公元前12世紀初，這羣「海民」曾大舉入侵埃及，最後被擊退，自此粉碎其侵佔埃及的野心。當時在位的法老蘭塞三世把被征服的「海民」安置在迦南地沿海平原上。此後，「海民」在那裏建立城邦聯盟，包括5大城市：沿海的迦薩、亞實基倫、亞實突，並內陸的以革倫和迦特 (書十三3)。

按舊約聖經記載，雖然早在列祖時代，亞伯拉罕*與以撒曾接觸非利士人的王亞比米勒 (創二十，二十六章)，然而考古研究發現，非利士人要到較後期才大規模在迦南出現。他們與以色列人其實是差不多同時期到達巴勒斯坦* (公元前13世紀末～12世紀初)，但以色列人初期多聚居於中央山脈之上，故少與非利士人接觸。其後，因兩族人口不斷增長，對土地需求增加，遂無可避免地發生衝突。舊約中士師記*所記載的參孫的故事 (十三～十六章) 及撒母耳記*中所載的示羅*一役 (撒上四～六章)，正是以此為背景。從中可見非利士人的軍事優勢。

當以色列人膏立掃羅為王時，非利士人對以色列人的威脅最大。當時，在便雅憫地的示羅已被非利士人攻破 (撒上四章)，約

櫃被搶走，表示非利士人的勢力已深入以色列的心臟地帶。掃羅統治時，並未能有效阻止非利士人的擴張（撒上三十一章）。到大衛*作王時，才能瓦解非利士人的力量（撒下五17～25，八1，二十一15～22，二十三9～17），並取代非利士，成為區內的霸權。即使如此，兩族的關係仍然相當緊張（王上十五27，十六15～17）。

正當新亞述帝國*在提革拉．毗列色統治下進入高峯時，非利士於公元前734年被亞述征服。直至亞述帝國滅亡為止（公元前612年），非利士雖然在政治上受制於異族，但其經濟卻有重大發展。其後，非利士經歷了巴比倫*及波斯*時期，就逐漸湮沒在歷史裏。

非利士人的文化較接近歐洲愛琴海一帶的邁錫尼（Mycenean）文化。舊約指出以色列人在科技上遠遜於非利士，這與現代考古學的發現大致相符。近期的考古研究顯示非利士人其實有相當發達的文化，經濟則以農業為主，考古研究顯示他們把迦南地的橄欖油經海路出口到其他地區，進行貿易。當非利士人在迦南定居後，逐漸融入當地文化。在宗教上，他們主要信奉大袞（士十六23～25）、女神亞斯她錄（撒上三十一10）和巴力．西卜（王下一2～3），這些皆為古代近東*普遍的神衹。

迦南人

羅慶才

迦南人乃迦南地的原居民，其中包括多個民族，其信仰與文化對以色列有頗為深遠的影響。

「迦南」一詞的起源及意思至今仍未有定論，但自公元前3000年起，就一直作地理名稱用。不過，古代典籍對迦南地的範圍卻沒有明確的界定。約於公元前1500年，「迦南」乃埃及*統治的區域之一，其範圍約北至敘利亞，東面則包括大馬士革及約旦河東高原，南面止於埃及河。舊約聖經大致採納這說法。

「迦南人」並非一個民族，而是一個多元化的族羣。舊約多處經文列舉了組成「迦南人」的各部族名稱(創十五18～21；申七1等)。在以色列民進入迦南*前，當地的政治組織以城邦為主(書九1～2，十1～5，十二7～24)，各自為政，且多有紛爭衝突。迦南人的重要城市多建於迦南區內的平原上，以農業為主。此外，迦南人亦以善於進行買賣交易而聞名(亞十四21)。從現時的資料可知，迦南人的社會結構是金字塔式，階級分明，貧富懸殊，以少數貴族操控大部分經濟資源。

因迦南地以農業為主，其宗教信仰亦與此有關。迦南神祇中主要是巴力，根據當地的神話*傳統，巴力把邪惡之神「大魚」殺死後，就創造*了宇宙萬物。此外，巴力也執掌氣候及萬物的生殖能力，務農者敬拜它就是為了確保有豐盛的收穫。巴力的妻子亞舍拉亦是迦南人所尊崇的神祇之一。

舊約記載迦南人的事跡，往往給讀者這個印象：以色列人對迦南人深惡痛絕。律法書中三番四次強調以色列人不能與迦南人通婚，不要被他們的宗教敬拜吸引，更要徹底剷除迦南人的敬拜，不然就會成為以色列的網羅，難以自拔。自以色列建立王國*後，所羅門雇用了大量迦南人來建設城市及建造國家設施（如聖殿*）。到大衛*王國分裂*後，有大批迦南人居於北國以色列境內，成為一股強大的政治力量，以致北國的統治者不得不用政治手段，滿足他們的訴求，如為他們建立神廟等（王上十六32～33），以討好他們。此舉在聖經作者眼中，無異是出賣了以色列的一神信仰。

話說回來，以色列人居於迦南區內，少不免受其文化影響。從近代考古學研究得知，以色列的建築風格與迦南人的無異，這包括城市、房屋、敬拜場所等，甚至農業技術、生活方式等亦多有相同之處。然而，另一方面，以色列因信仰的緣故，與迦南本土居民亦有顯著的差異。例如以色列的先知秉承律法的精神，強烈譴責國內貧富懸殊的情況，多番提醒同胞要以公平公義的原則彼此相待。而在律法中，亦以建立一個公平的、沒有貧窮的社會為目標（利二十五章；申十五1～18）。這就是以色列信仰對社會帶來的影響。

埃及

羅慶才

埃及乃古代文明大國，歷史悠久，對古代近東歷史影響頗深；在舊約時代，更常常企圖染指區內的局勢發展。

埃及位處非洲東北角，東西兩面被茫茫沙漠包圍，南面為高原，尼羅河從上而下流，水流急速，不易逾越，地理環境頗為孤立。不過，地理上的阻隔亦同時成為埃及防守的優勢，使埃及在政治及軍事方面均享有高度穩定的形勢，有利其經濟及文化發展。可稽考的埃及歷史可追溯至公元前3100年，直至公元前322年，始為希臘*多利買(Ptolemy)王朝取代。至其女王克麗佩脫拉(Cleopatra)在公元前31年與羅馬將軍安東尼(Mark Anthony)雙雙自殺後，埃及就被羅馬帝國*吞併，其歷史長達差不多4,000年。在距今約4,000年前，埃及人已建成金字塔——今天被稱為世界七大奇景之一。

埃及的命脈就是尼羅河，其三角洲的土地肥沃，加上氣候穩定，出產豐富(民十一5)，有古代近東的糧倉之稱，是鄰近地區人民饑荒時的避難所(創四十一53～57)。埃及墓室中的壁畫描繪了一些來自巴勒斯坦*的人進出埃及的情況，栩栩如生，讓我們一窺當時的生活面貌。

在法老的統治下，埃及奉行神權政治，統治者被視為神的兒子，地位超然，同時亦扮演大祭司的角色。埃及的社會結構就像金字塔一樣，法老及其親屬於頂端，其下是各階層的知識分子及技術人員，最下層就是普羅大眾。

在舊約時代，埃及與以色列的關係可謂千絲萬縷。埃及本身

的物產雖然豐富，但仍需從以色列人的聚居地迦南進口大量金屬及木材，所以在經濟上，迦南對埃及是非常重要的。另一方面，埃及亦可說是以色列的發源地，因為以色列在當地從一個只有70人的家族，發展成壯大的民族（出一1～7）。至大衞*建立王國時，其政府架構亦是仿效埃及的（撒下八15～18，二十23～26）。當以色列定居迦南後，埃及很多時都想借機影響迦南區內的政治，從中得利。在所羅門作王時，就曾與埃及結盟，娶了法老的女兒為妻，法老把本屬迦南人*的城市基色城相贈作嫁妝（王上九16）。其後，所羅門的臣僕耶羅波安密謀作反，被識破後潛逃至埃及，得埃及法老示撒收留（王上十一40）。到所羅門死後，耶羅波安返國，領導北面10支派脫離大衞家的統治，建立以色列國（王上十二章）。之後法老示撒率領軍隊入侵南北兩國，但觀其行軍路線，其主要對象實在是以色列國（王上十四25～26）。

從公元前8世紀起，隨著亞述帝國*的興起，埃及為要在本身和亞述間設下緩衝區，常常插手迦南區內的事務，扶助備受壓力的以色列及猶大政府（王下十七4，二十三29），但卻不能成事，最終以色列及猶大均先後敗亡於亞述及巴比倫*之手。

亞述

羅慶才

亞述乃古代近東的文明大國，亦為古代近東首個帝國，以好戰及強悍見稱，在以色列歷史中有舉足輕重的地位。

亞述的發源地乃亞施戶城(Assur)，位於底格里斯河東岸，因該地氣候適合畜牧，所以成為遊牧者的聚居處。其最早發現的考古文物為公元前2800至2200年左右，顯示其文化與居於亞述以南的蘇美爾人(Sumerians)相似。亞述人作為一個政治實體，最早可追溯至公元前2000年左右。除本土居民外，還混合了亞摩利人及亞蘭人的血統。

亞述人早期聚居於幼發拉底河和底格里斯河流域的北部，以尼尼微、亞比拉、亞施戶城等地為核心，以農業和畜牧為生，自公元前1900年(古帝國期)始有政治制度及組織。公元前1750至1000年間為亞述發展的高峯期(中帝國期)，曾征服南部的巴比倫*及西面的亞蘭，建立了一個強大的國家。其後經歷了一段低沉時期，但由公元前9世紀初起，亞述又再興盛，至公元前8世紀末至7世紀初達至頂峯，成為歷史上的「新亞述帝國」。然而，亞述的國力自公元前625年起迅速滑落，其國都尼尼微於公元前612年被巴比倫及瑪代聯軍所破，亞述帝國最後於公元前609年滅亡。

和眾多古代近東國家一樣，亞述的社會結構亦是金字塔式的。最上層的是君王貴族，依次為各級官員、平民百姓，最下層的就是奴隸。亞述社會崇尚武力，有軍國主義的傾向，人民從小習武。君王同時是軍隊中的最高統帥，有絕對的權力，他的說話

就是律法；君王權力的惟一掣肘就是社會傳統及宗教習慣。記載在舊約中的官員包括：「他珥探」(總督或總管)、「拉伯撒利」(太監長) 和「拉伯沙基」(酒政) (王下十八17)。

經濟方面，亞述土地肥沃，農業及畜牧業均相當發達。此外，亞述政府向對外貿易徵稅，是為亞述經濟來源的第三大支柱。當亞述成為超級大國時，還有外國的貢銀作為第四大收入來源(王下十五19，十六8等)。

除軍事及政治外，亞述在文化方面亦有重大成就。亞述人承襲了亞甲人(Akkadian)的文化傳統，保存了很多重要的亞甲文獻。亞述巴尼帕王(Ashurbanipal，公元前669～627年)在位時，曾在皇宮中建造圖書館，搜集古巴比倫文獻，並將之存放於此；此圖書館在19世紀中期被發掘出土。在藝術及雕刻方面，亞述亦有卓越的成就，亞述的雕刻家甚有創意，生動地捕捉了古代生活各方面的形態，尤其值得注意的是印鑒，常刻有與亞述宗教有關的主題，為舊約研究提供了重要的參考資料。此外，亞述皇宮中的浮雕亦甚有價值，常刻有古代生活的面貌，如搜獵和皇室花園景色等。另外，浮雕上亦常見古代戰爭的場面，可見古代進行戰事的方式等，實具歷史價值。

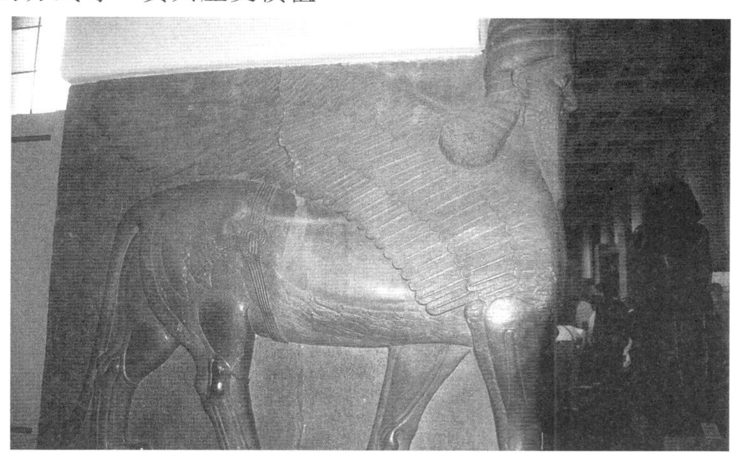

• 亞述的人頭獅身像(公元前9世紀)

巴比倫

羅慶才

巴比倫文化最早可追溯至公元前4000年，屬重要文化發源地之一。

「巴比倫人」所指的是居於美索不達米亞南部，今巴格達至波斯灣海岸一帶的居民。他們自公元前3000年已建立城邦，其後逐漸發展成古代近東的軍事強國。

當以色列人於公元前13世紀末進入迦南*時，巴比倫正受亞述*控制，到8世紀更被亞述統治。不過，至公元前7世紀末，隨著亞述的衰落，巴比倫在尼布甲尼撒二世的領導下，不只擺脫了亞述的掣肘，更建立了新巴比倫帝國，取代亞述成為古代近東霸主，其統治範圍包括迦南地，猶大在內的各國。不過，這段輝煌時期只維持了數十年，至公元前539年，波斯*不費吹灰之力，就推翻了巴比倫帝國。

巴比倫一帶的雨量較少，而幼發拉底和底格里斯兩大河流域地勢平坦，廣泛地區都是沼澤，故此自古以來，巴比倫統治者的天職就是開發及維修灌溉用的輸水道，以利農耕。不過，因土質鹽分較高，故農產以大麥為主。此外，巴比倫是區內棗子產量最多的國家。

巴比倫最早期的政治結構基本是以城邦為主，君主制度成立後，源自城邦時期的一些傳統，如長老的參與，雖仍得以維持，卻已演變成扶助君主執政的工具。其次，廟宇及其祭司在經濟上本來有舉足輕重的地位，但到君主執政時期，其影響力已被大大

希臘化時代的埃及與敍利亞（公元前2世紀末）

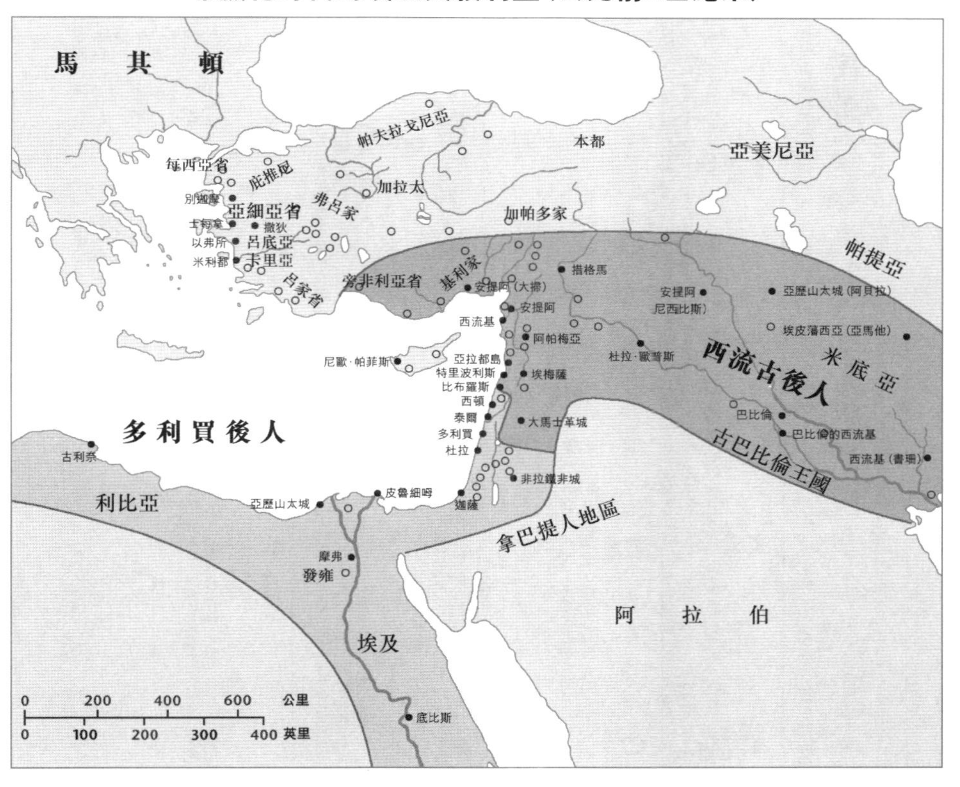

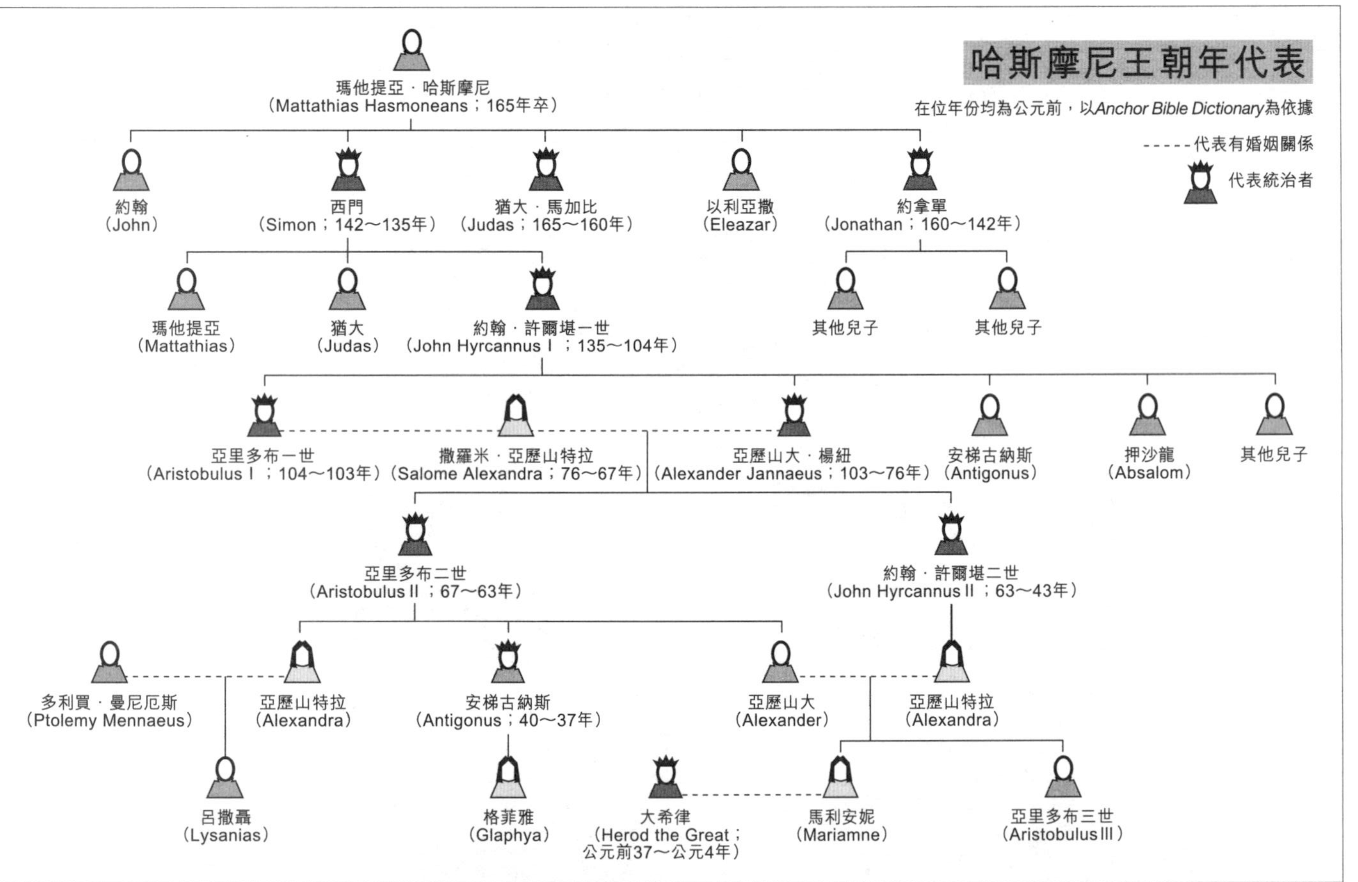
哈斯摩尼王朝年代表
在位年份均為公元前，以Anchor Bible Dictionary為依據
-----代表有婚姻關係
代表統治者
瑪他提亞．哈斯摩尼
（Mattathias Hasmoneans；165年卒）
約翰
（John）
西門
（Simon；142～135年）
猶大．馬加比
（Judas；165～160年）
以利亞撒
（Eleazar）
約拿單
（Jonathan；160～142年）
瑪他提亞
（Mattathias）
猶大
（Judas）
約翰．許爾堪一世
（John Hyrcannus I；135～104年）
其他兒子
其他兒子
亞里多布一世
（Aristobulus I；104～103年）
撒羅米．亞歷山特拉
（Salome Alexandra；76～67年）
亞歷山大．楊紐
（Alexander Jannaeus；103～76年）
安梯古納斯
（Antigonus）
押沙龍
（Absalom）
其他兒子
亞里多布二世
（Aristobulus II；67～63年）
約翰．許爾堪二世
（John Hyrcannus II；63～43年）
多利買．曼尼厄斯
（Ptolemy Mennaeus）
亞歷山特拉
（Alexandra）
安梯古納斯
（Antigonus；40～37年）
亞歷山大
（Alexander）
亞歷山特拉
（Alexandra）
呂撒聶
（Lysanias）
格菲雅
（Glaphya）
大希律
（Herod the Great；
公元前37～公元4年）
馬利安妮
（Mariamne）
亞里多布三世
（Aristobulus III）

猶太散居地

黃錫木

在新約時代，猶太散居僑民的數目遠超過住在巴勒斯坦本土的猶太人；雖然有些猶太僑民較為開放，但大多數依然謹守猶太傳統。

猶太散居地（*disapora*）是指猶太地（或巴勒斯坦*）或以色列地以外的地方。

在古代社會，移民並非一件光彩的事。除了因經商或逃避饑荒（得一1）、戰亂、迫害（王下二十五25～26　耶四十一1～18）而自願遷徙外，一般猶太人都是被迫移居外地　例如因戰敗被俘擄到別國。自大衛*統一王朝，以色列人先後經歷兩次大規模遷移，分別是被亞述*（公元前722/721；王下十七1～6）和巴比倫*（公元前587/586；王下二十五8～21）強迫的。在兩約時期*，猶太人亦經歷多次遷徙。而在兩次猶太叛亂中，不少猶太人亦遷居到美索不達米亞以東地區。

新約時代，猶太僑民散布羅馬帝國*各地，主要有巴比倫、埃及、敍利亞、小亞細亞和羅馬*；我們甚至可以肯定，猶太散居僑民比住在巴勒斯坦的猶太人還要多。

埃及是最重要和歷史最悠久的猶太散居地。據考古和文獻記載，在埃及最南方的伊里芬丁（Elephantine）的猶太人，曾經於公元前6世紀末建造一座耶和華的殿（但後來被當地人拆毀）。據約瑟夫*所説，在新約時代的埃及就有100萬猶太人。在亞歷山太城，猶太人佔城市總人口的極大部分。他們在政治上自成一體，居住在自己的地區和城市，延續傳統猶太文化和生活方式。除了埃及，巴比倫也是很重要的城鎮。雖然波斯*王（公元前538年）曾經宣布猶太人可以回歸自己的國土，但依然有很多人寧願留在巴比倫（按典外文獻的記載），暗示了人民已經在那裏落地生根。公元70年耶路撒冷*淪陷後，巴比倫就成為保留猶太傳統的中心。

住在異教文化當中的猶太人，固然較容易受希羅文化影響，他們雖然未至於放棄自己獨特的信仰與文化，但卻較願意學習希臘文化。不少後期的猶太作品，特別是那些寫於亞歷山太城的作品，均深受希臘哲學的影響，其用詞與寫於巴勒斯坦地的猶太作品，亦有差異。

很多猶太人依然謹守傳統猶太教的教導，男性出生8天便受割禮*。猶太人自小便接受律法的教導，獨尊上帝，拒絕跪拜別的神明及參與任何其他宗教儀式，又謹守一切潔淨*的禮儀、禁食、安息日*及節期*。散居地的猶太人常與其他民族發生衝突和磨擦，這與他們謹守這些習俗有密切關係。於是，在宗教、文化和社交上，會堂*往往成為維繫猶太散居僑民的一個非常重要的活動中心。

這些猶太僑民為保持自己獨特的文化和信仰，和非猶太人的關係常變得緊張；從希臘和羅馬作家常在作品中貶低那些生活在他們當中的猶太人可見一斑。

散居的猶太僑民（公元前1世紀末）

新約歷史簡述

羅馬帝國版圖(公元1世紀末)

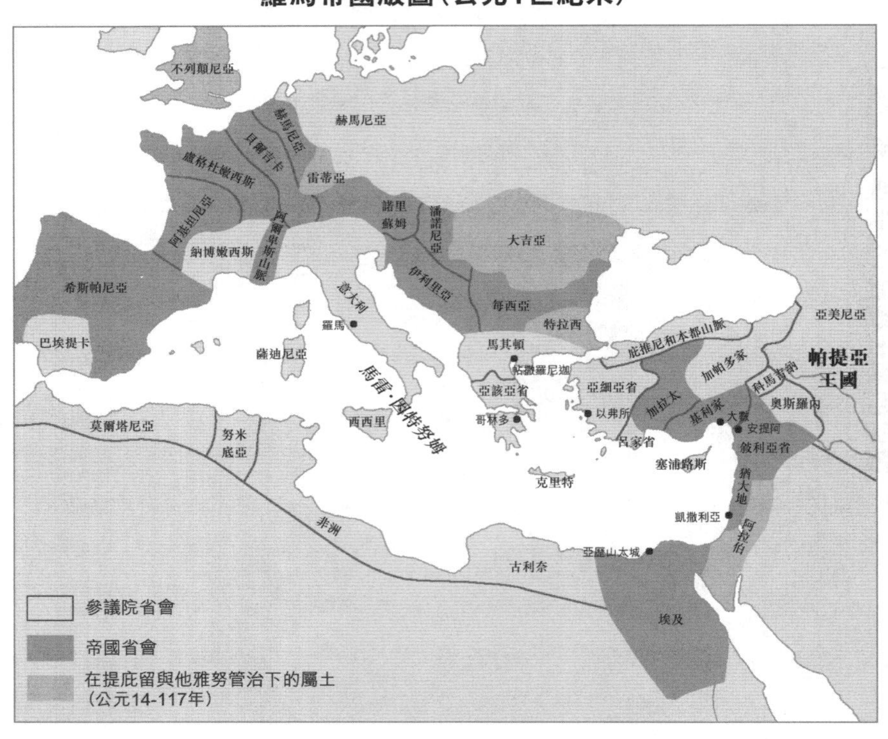

大希律的統治

黃錫木

大希律的統治揭開新約時代的歷史序幕。希律生性殘暴狡猾，不過，他對猶太人社會亦有很深遠的貢獻。

公元前63年，羅馬*將軍龐培(Pompey)進軍耶路撒冷*，結束了為期只有80年(公元前143/142～63年)的馬加比家族*獨立管治。自此，猶太地一帶成為羅馬中央政府管治的地區，屬敍利亞省。龐培將軍任命馬加比家族*的後人許爾堪二世(Hyrcanus II；他亦是當時的大祭司*)管理猶太人事務，他手下其中一位精明的輔臣就是希律的父親安提帕特(Antipater)。因為這種關係，希律家族*取得羅馬公民的資格。

希律自年幼時已處處表現領導者的風範。他管治加利利*省時只有25歲，當時的加利利省，已經是一個高度自治的省分。希律雖然多次在政治決策上錯下注碼，但他至終仍能得到羅馬王帝的信任。公元前37年，希律正式被羅馬政府封為猶太人的王，使當時的巴勒斯坦地*享有全面的自主權，直接向羅馬負責，歷時35年之久。

希律自知自己不是純猶太血統(原是以東人)，不能像馬加比家族的成員一樣當大祭司，因此，他極其量只能擔任猶太人的王。為使猶太人視他為哈斯摩尼王朝的合法繼承人，希律娶了許爾堪二世的孫女馬利安妮(Mariamne)為妻；又為要使人對其家族忠心，他特別設立擁護自己的猶太派別，就是「希律黨人」。除此以外，他仿效埃及多利買(Ptolemy)政府，以組雇傭軍、建立政制

和建築防衛體系（其中之一就是瑪撒大*堡壘）鞏固自己的權力。

希律性情殘暴，曾處死自己的兩個妻子、3個兒子，又在耶穌出生時，下令殺害全國兩歲以下的嬰孩（太二16～18）。他的私生活一團糟，曾結婚10次，家庭中數之不盡的問題，都是他的妻子和她們的母親為使自己的子女得到某些優待或特權而產生的。歷史上對希律的為人作出最貼切的評價的，要算是奧古斯都了。當他聽見希律殺了自己的骨肉時，他幽默地說：「當希律的豬，勝過當他的兒子。」

希律是猶太人歷史上最偉大的建築家。他在任期間，大興土木，經營了十多個大城邑，其中最有名的是地中海沿岸的凱撒利亞*。耶路撒冷的建築物，例如歌劇院、浴場和學校等都是他自費興建的，而最重要的，亦因而得到猶太人歡心的，莫過於擴建聖殿*。計劃始於公元前19年，聖殿本身的建築過了不久便落成，但附近的建築和裝飾則花了很多人力和時間；整個工程到公元64年才完成。然而，希律並不是一個虔誠的猶太教信徒，既沒有敬畏的心，也不在乎甚麼是正統；反之，他卻是希羅文化和宗教的熱愛者。

希律在位33年，卒於公元前4年。

耶穌時期的巴勒斯坦地

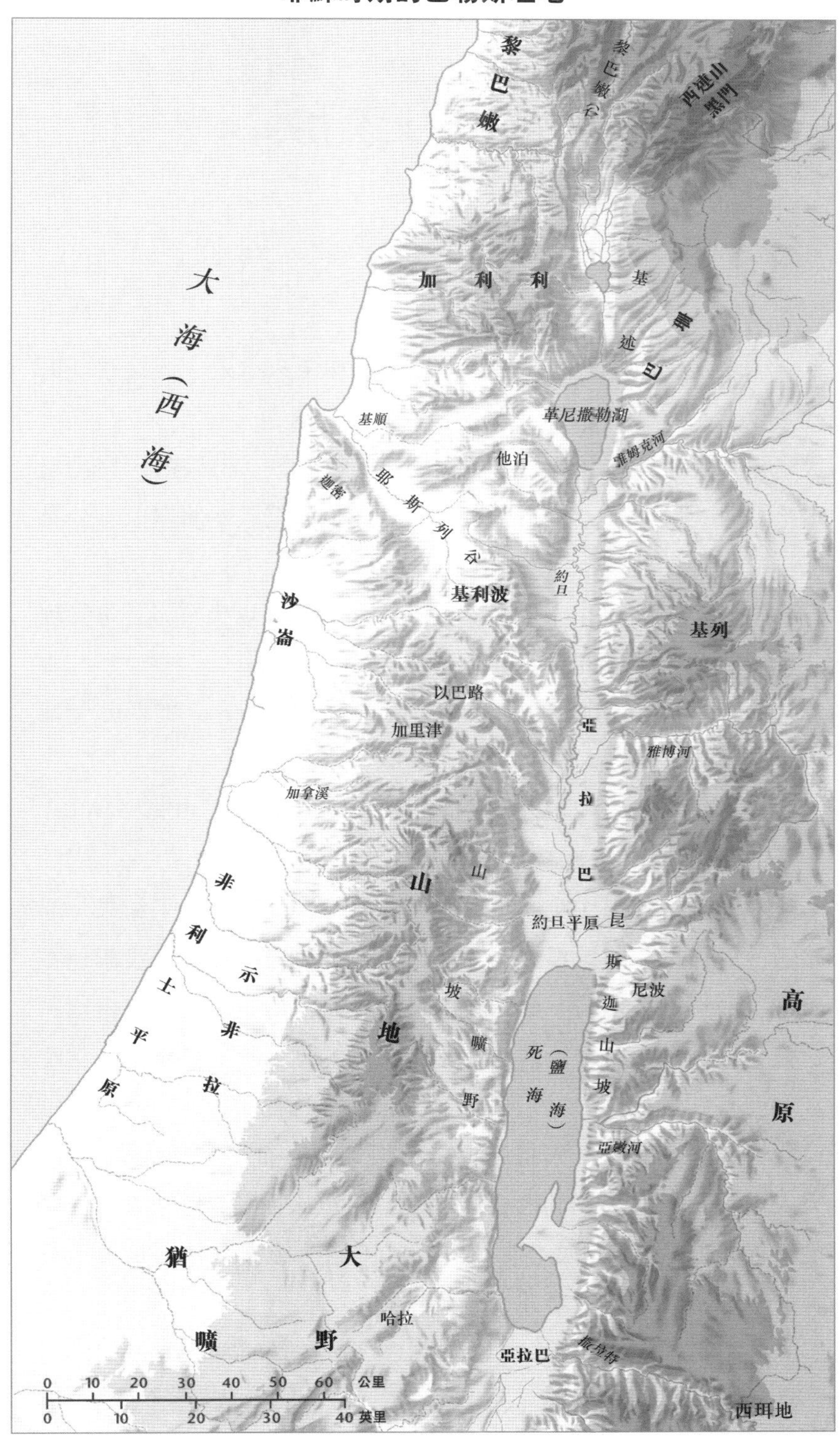

希律的家族

黃錫木

希律的家族是新約時代中最重要的猶太人家族，在這家族的統治下，猶太地的猶太人能享有某程度的自治。

希律在位33年，卒於公元前4年。他死後，耶路撒冷*即出現多次暴亂。騷亂平息後，羅馬政府完成他的遺願，將國家一分為三，交由他的3個兒子治理：

1. 亞基老(參太二22)管治猶太地、撒馬利亞和以土買，是專管理猶太人事務的提督(ethnarch)；
2. 安提帕(Antipas)管理加利利*和比利亞省(Perea)的四分一地區，職銜是分封王(tetrarch)；
3. 腓力(參路三1)承受以土利亞(Iturea)、特拉可尼(Trachonitis)和東北部的附屬地區，作為分封王。

亞基老統治了10年，承襲父親的暴行(參太二22)。結果，耶路撒冷的居民聯同撒馬利亞人*派遣一隊專員到羅馬*，投訴他在治理上的無能和殘酷。羅馬政府最後奪回他的統治權，交由地區巡撫管理，直接向羅馬政府負責；在耶穌誕生時，居里扭是當時敍利亞省的巡撫(路二2)。

與亞基老相反，安提帕的管治與父親大希律*一樣，能與猶太人維持良好關係；耶穌和施洗約翰*傳道旅程經過的地方，主要是安提帕的所屬地(太十四1～12)。不過，施洗約翰卻是被他殺害的，耶穌亦曾被他審訊。

腓力可能是大希律的繼承者中，惟一的好領袖。按約瑟夫*

所記，他愛護人民，尊重猶太人，又沒有耗費人力物力於奢華的建築工程上。他重建了加利利湖一帶多個城市，包括伯賽大，又開拓了凱撒利亞．腓立比這個城市，以自己和羅馬王的名字作為這城的名稱。

大希律另有兩名孫兒也見於新約聖經中，就是亞基帕一世和二世。亞基帕一世的父親被大希律處死，他在羅馬長大，認識了兩位日後成為羅馬王帝的朋友——該猶和克勞第（又稱革老丟）。在他們的幫助之下，他把大希律原本統治的國界重新合併起來。雖然新約聖經記載他把雅各處死，又監禁彼得*（參徒十二1～4），但在猶太人心目中，亞基帕因遵守傳統猶太教的教訓和規條，得到猶太人的敬重。按約瑟夫記載，他是得到怪病而死的（徒十二20～23）。

亞基帕二世在任期間，曾應非斯都之邀請，一起聽保羅*的分訴，而他的妹妹百妮基亦在場（徒二十五13～二十六32）。亞基帕二世完成其祖父大希律修葺聖殿*的計劃，並在耶路撒冷多處街道上，鋪上大理石塊。他雖然敬重猶太教，但仍然忠於羅馬。公元66年，當第一次猶太人叛亂*剛剛開始，亞基帕二世和他的妹妹百妮基竭力勸阻猶太人對抗羅馬政府，但不成功。亞基帕二世不單擴張自己管轄的領土，更與後來成為王帝的提多將軍成為好友。亞基帕二世於公元96年去世，此後，希律家再沒機會直接管理猶太人的事務。

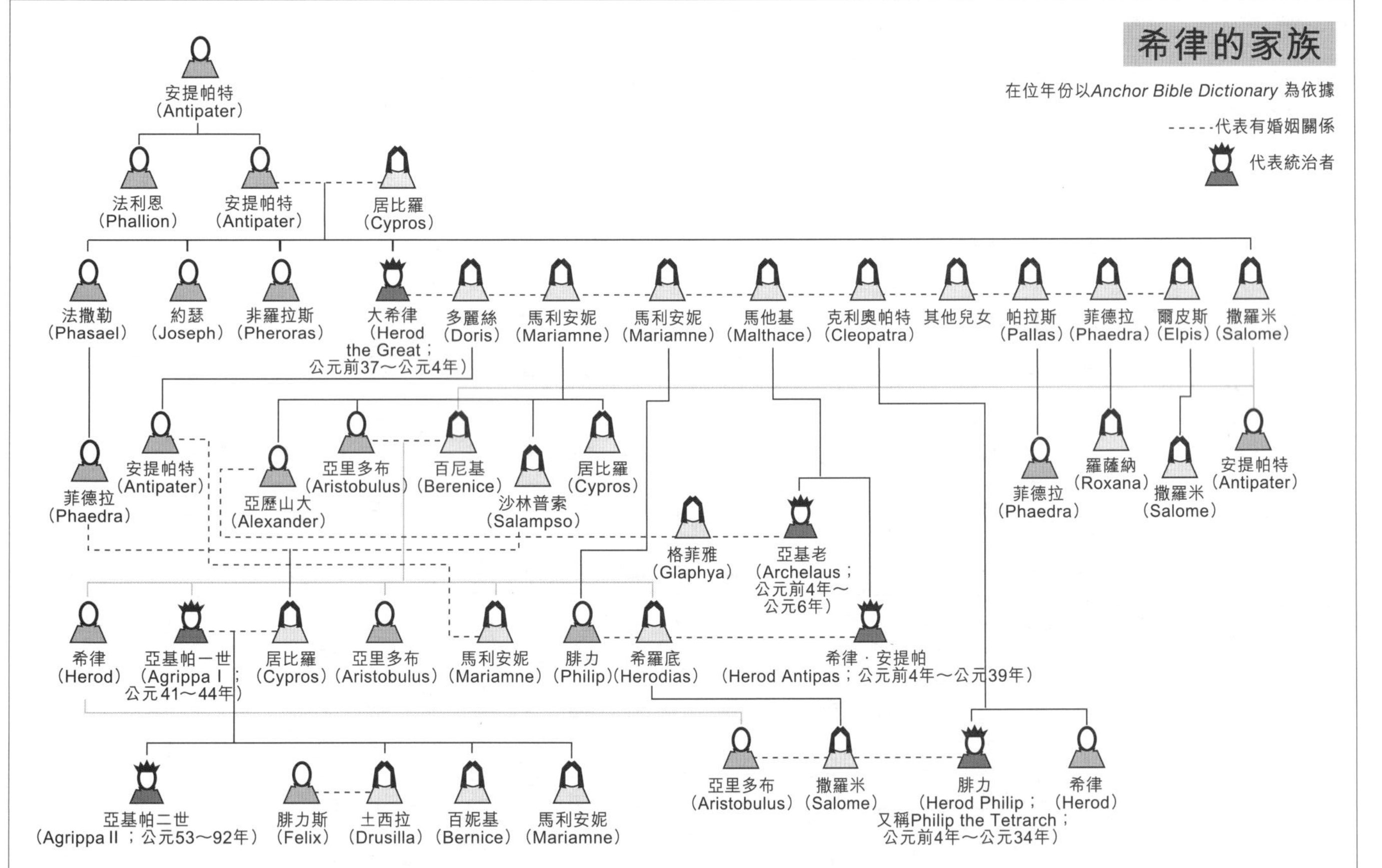
希律的家族
在位年份以Anchor Bible Dictionary 為依據
代表有婚姻關係
代表統治者
安提帕特（Antipater）
法利恩（Phallion）
安提帕特（Antipater）
居比羅（Cypros）
法撒勒（Phasael）
約瑟（Joseph）
非羅拉斯（Pheroras）
大希律（Herod the Great；公元前37～公元4年）
多麗絲（Doris）
馬利安妮（Mariamne）
馬利安妮（Mariamne）
馬他基（Malthace）
克利奧帕特（Cleopatra）
其他兒女
帕拉斯（Pallas）
菲德拉（Phaedra）
爾皮斯（Elpis）
撒羅米（Salome）
菲德拉（Phaedra）
安提帕特（Antipater）
亞歷山大（Alexander）
亞里多布（Aristobulus）
百尼基（Berenice）
沙林普索（Salampso）
居比羅（Cypros）
格菲雅（Glaphya）
亞基老（Archelaus；公元前4年～公元6年）
菲德拉（Phaedra）
羅薩納（Roxana）
撒羅米（Salome）
安提帕特（Antipater）
希律（Herod）
亞基帕一世（Agrippa I；公元41～44年）
居比羅（Cypros）
亞里多布（Aristobulus）
馬利安妮（Mariamne）
腓力（Philip）
希羅底（Herodias）
希律．安提帕（Herod Antipas；公元前4年～公元39年）
亞基帕二世（Agrippa II；公元53～92年）
腓力斯（Felix）
土西拉（Drusilla）
百妮基（Bernice）
馬利安妮（Mariamne）
亞里多布（Aristobulus）
撒羅米（Salome）
腓力（Herod Philip；又稱Philip the Tetrarch；公元前4年～公元34年）
希律（Herod）

耶穌生平

黃錫木

雖然我們未能仔細和具體地重構耶穌的一生，但分階段理解耶穌的一生能讓我們更清晰地認識他。

4卷福音書對耶穌一生的言行提供了不少資料，但由於要完全協調這些資料是極其困難，我們不能詳細地重構耶穌一生所做的事，而只能分階段描述他的一生。

耶穌公開傳道前的日子：耶穌的出生、童年、少年和成長經過，直至30歲為止，福音書有關這方面的記載只有100多節。在這段日子，有兩件事是福音書作者很看重的：耶穌領受施洗約翰*的水禮*——顯示耶穌與約翰是一脈相承的；耶穌接受並勝過魔鬼*的試探——象徵他要以得勝者的姿態出現。有關耶穌傳道的年日，雖然馬太福音*、馬可福音*和路加福音*記載耶穌只有一次(亦是最後的一次)上耶路撒冷*，但約翰福音*則清楚記述耶穌曾經3次上耶路撒冷過每年一度的節期*(約二23，五1，六4，十二1)；後者的記載似乎較清晰表達耶穌傳道的時間。

傳道的初期：耶穌在猶太地開始傳道(約三22)，在施洗約翰的推舉下，耶穌已有幾位核心的跟隨者(如彼得*、約翰*等)。在這一年半裏，耶穌可能穿梭於猶太與加利利*之間，他突出的言論(如在會堂*講論；路四16～32)和所行的神蹟*已使他薄有名聲(約二23～25，三1～21)；而他「出位」的行為，例如與撒馬利亞人*和外邦人(甚至是婦女)接觸(太十五21～28；約四1～12)，亦使他成為猶太領袖針對的對象(約二13～22)。

在加利利傳道：雖然耶穌傳道的活動範圍遍及巴勒斯坦*，但加利利省明顯是福音書作者記載的焦點。耶穌的言論和行徑為他贏得思想較開放的加利利人歡迎。他在眾多的跟隨者中，揀選了12位門徒，成為他的門生和同工，既為他的日常生活和傳道工作打點，亦學習宣講天國*的道理（路九1～2）。除了個別言論的記載，馬太和路加分別把耶穌在不同場合的講論整合成為著名的登山寶訓（太五～七章）和平原講道（路六17～49）。按福音書的記載，耶穌的講論主要以比喻*為主，並且常在被人詢問和挑戰的情況下才闡述某些課題。福音書共記載了35件耶穌所行的神蹟，很多都是在這段日子施行的，其中有一半以上是與醫治*和驅鬼有關，其餘的主要是突顯他超乎自然定律的大能。

上十字架的道路：耶穌知道自己受難的日子近了，便多次向門徒披露此事，然而，門徒既不明白，亦不能接受（可八31～33）。耶穌沿途經過很多地方，在伯大尼，馬利亞用極貴的香膏膏抹耶穌（約十二1～8）；福音書作者認為這是為他的安葬準備的。耶穌花了一整週在耶路撒冷，當中他不忘繼續講道，包括末世*的事情（可十三章）。最後，他在假公濟私的審判之下被處死，死在十字架上。

耶穌生平年表

年份	耶穌生平的重要事件	馬太	馬可	路加	約翰
公元前	**耶穌的出生**				
5	天使傳報耶穌誕生的喜信			一26～38	
5	約瑟的夢	一18～25			
	耶穌的童年				
	耶穌的家譜	一2～17		三23～38	
4	耶穌的降生	一18～25		二1～7	
4	天使與牧人			二8～20	
4	耶穌受割禮並在聖殿奉獻			二21～38	
4	朝拜聖嬰耶穌	二1～12		二8～20	
4/2	逃往埃及、歸來	二13～21			
2	童年的耶穌在拿撒勒	二22～23		二39～40	
公元	**沉寂期**				
8	孩童耶穌在聖殿聽道			二41～52	
	18年沉寂期／預備及傳道初期				
26	耶穌受洗	三13～17	一9～11	三21～22	一29～34
26	耶穌受試探	四1～11	一12～13	四1～13	
27	迦拿婚筵				二1～11
27	耶穌潔淨聖殿	二十一12～13	十一15～17	十九45～46	二14～22
27	耶穌與尼哥德慕談道				三1～21
27	耶穌與撒馬利亞婦人談道				四4～42
27	迦百農的百夫長	八5～13		七1～10	四46下～54
27	耶穌在拿撒勒傳道	十三53～58	六1～6上	四16～30	
	聲名遠播時期				
28	耶穌呼召眾門徒	四18～22	一16～20		
28	耶穌醫治彼得的岳母	八14～15	一29～31	四38～39	
28	耶穌第一次到加利利各城各鄉傳道	四23	一39	四44	
28	利未(馬太)被召	九9～13	二13～17	五27～32	
28	耶穌揀選12個門徒	十1～4	三13～19	六12～16	
28	登山寶訓／平原講道	四24～七27		六17～49	
28	婦人與香膏	二十六6～13	十四3～9	七36～50	十二1～8

28	耶穌第二次到加利利			八1～3	
28	耶穌講論天國的比喻	十三1～52	四1～34	八4～18，十三18～21	
28	耶穌平靜風和海	八23～27	四35～41	八22～25	
28	睚魯【葉魯《現修》】的女兒和患血漏病的女人	九18～26	五21～43	八40～56	
28	耶穌差遣12個使徒	九35～十14	六6下～13	九1～6	
	被敵對時期				
29	施洗約翰之死	十四3～12	六17～29	三19～20	
29	5,000人得飽	十四13～21	六32～44	九10下～17	六1～15
29	耶穌履海	十四22～33	六45～52		六16～21
29	4,000人得飽	十五32～39	八1～10		
29	彼得承認耶穌為基督	十六13～20	八27～30	九18～21	六67～71
29	耶穌醫好生來瞎眼的人				九1～41
29	耶穌改變形像	十七1～9	九2～10	九28～36	
29	耶穌在住棚節上耶路撒冷				七11～52（～十21）
29	拉撒路復活				十一1～44
30	耶穌為小孩祝福	十九13～15	十13～16	十八15～17	
30	瞎子（巴底買）得醫治	二十29～34	十46～52	十八35～43	
30	稅吏撒該			十九1～10	
30	耶穌探望馬大和馬利亞				十一55～十二1
30	耶穌的最後一週	二十一1～二十七66	十一1～十六8	二十二39～二十三56	十二12～十九42
30	耶穌復活的形像	二十八1～20		二十四1～53	二十1～二十一25

初代教會的發展

黃錫木

在短短60多年間，初代教會的人數由只有120人發展成數以萬計，遍布的範圍超越當時羅馬帝國的邊界。

新約聖經沒有在初代教會發展史方面提供完整的資料；路加的使徒行傳*（和保羅書信）所提供的資料主要都是以保羅*為主。對於研究初代教會的發展史，這的確是一個限制，但這卻是聖經作者要我們細察的角度。

耶穌升天之前，他指示使徒要先等候聖靈*降臨，才遍傳復活*的喜訊。他們又選擇了另一個門徒馬提亞，代替出賣耶穌後自殺的猶大，完整保存「12」這個數目，為要標誌一個新的以色列民族。在這時候，這個羣體只有120個信徒。耶穌的預言在五旬節*當天應驗了，按路加的理解，教會*就在這天成立。在當天的宣講*中，有3,000人回應了彼得*的信息，認罪*悔改。這些信徒奉耶穌的名施洗，聚集祈禱*，聽使徒的教訓，守主的聖餐*。

雖然教會的人數不斷增加，但從猶太人來的壓迫亦不斷增加。彼得和約翰*被監禁，之後司提反執事在猶太人引發的騷動中被石頭打死（徒七章），又有以逼迫基督信徒為榮的掃羅（即保羅）；這種種危機反而成為把福音外傳的契機。路加特別記載腓利的傳道工作，他把福音傳到撒馬利亞人*當中，然後又向一名衣索匹亞（或稱埃塞俄比亞）的太監傳福音*（徒八章）——從猶太人的角度而言，他是一名被雙重詛咒的人。路加要指出，主耶穌的大使命在腓利身上已被落實。

保羅信主(徒九1～19)是初代教會發展的一大轉捩點，因此，從使徒行傳九章開始，他亦成為全書的中心人物。保羅雖然曾經到耶城教會作短暫停留，但之後一直以安提阿為根據地，在基利家省及敍利亞積極投入宣教*工作。公元46至48年，巴拿巴和保羅更遠赴旁非利亞省；這幾年的工作非常成功，亦使初代教會開始思想基督信仰與猶太教的關係。結果，在耶路撒冷*的會議中，耶城教會認同保羅的見解，認為外邦人不需要守割禮*和猶太人的律例，但卻要遠離拜偶像和淫亂等事情(徒十五章)。

這是初代教會發展的新里程。自此，雖然保羅依然受到猶太人的迫害，但他已經和當時耶城教會的領袖取得共識，把福音傳到更遠的地方。於公元49/50至58年，保羅把福音傳至馬其頓和希臘，並在哥林多*和以弗所兩城逗留較長時間。他又藉著上訴羅馬*的機會，把福音帶到西班牙去。

直至公元1世紀末，福音遍傳的範圍已超越羅馬帝國的邊境，東至印度(馬太和巴多羅買)，西至羅馬(彼得和馬可)，甚至西班牙(保羅曾到那裏)，南至埃及的亞歷山太城和亞拉伯半島地區。

第一次猶太人叛亂

黃錫木

於公元66至74年發生的第一次猶太人叛亂，是古代猶太人最慘烈的歷史事件，最後以耶城聖殿被毀告終。

羅馬*政府統治巴勒斯坦*初期（自公元前63年起），與猶太人保持頗良好的關係，這多少是大希律*的功勞。然而，隨著大希律去世，他兒子的暴政，後來羅馬直接指派的巡撫極為腐敗的管治（公元44～66年），以及整體上各地的反閃族情緒，直到公元1世紀中期，很多猶太人聚居的地方已經醞釀了不少騷亂情緒。

根據猶太歷史家約瑟夫*所記，第一次猶太人叛亂是由猶太地巡撫弗洛厄斯的劣行所致的：他搶掠聖殿*的庫房，又大肆屠殺抗議的羣眾。發生這些事後，亞基帕二世和他的妹妹百妮基（兩者都是大希律的孫兒）、大祭司*和法利賽人*企圖説服猶太人不要以武力反抗，但猶太人的憤怒情緒已一發不可收拾。

聖殿的守殿官以利亞撒聯同奮鋭黨*的極端派系刺客黨，一起安排殺戮行動。他們先將亞基帕二世和百妮基趕出耶城，然後佔據城中的羅馬人城堡，殺盡所有羅馬軍隊，甚至連那些溫和派的猶太人也殺害（包括大祭司）。不但如此，刺客黨亦佔據原為羅馬部隊駐守的瑪撒大*（Masada）；至此，原本只屬猶太地的叛亂，已擴展至整個巴勒斯坦地。在這個時候，耶路撒冷*的猶太人變得士氣激昂，他們以為上帝會帶領他們脱離異族的管治。他們組織游擊隊，又在加利利*設防壘。當時本來是祭司的約瑟夫，就是在此時從耶路撒冷被調派到加利利駐守。

雖然在叛亂的初期，猶太人可算是節節勝利，但猶太人的人數與羅馬軍隊的人數，實在不可相比。在羅馬大將軍維斯帕先(Vespasian)的統領之下，叛黨逐步被剷平，而猶太人的內訌亦愈來愈嚴重。公元69年，維斯帕先回羅馬當皇帝，他的兒子提多繼續率領大軍；翌年9月，在惡劣的天氣和缺糧的情況之下，耶城終被攻破，聖殿被摧毀，只剩下瑪撒大的叛黨仍不屈服。

由於地理形勢險要，羅馬軍隊花了很多精力和時間，才成功攻上瑪撒大的城寨。據約瑟夫的記載，猶太叛黨為免被羅馬人凌辱，決定全體自殺。但按近代考古學發現，可能只是一部分叛黨自殺，還有一些人是與攻上來的羅馬人交戰而死的，甚至也有想躲藏或逃走的人。

聖殿被毀以後，猶太的獻祭和祭司制度便徹底廢止了，而領導層轉為法利賽人(後來稱為拉比)執掌。猶太基督徒沒有參與戰爭，並且於叛亂的早期已逃離耶路撒冷，到約旦河外的比拉城(Pella)；由於他們將此次毀滅解釋為上帝的審判*，所以第一次猶太人叛亂無疑加深了猶太教和基督教之間的鴻溝。

• 位於死海以西的瑪撒大，為第一次猶太人叛亂的最後據點。

• 公元71年，為了慶祝提多平定第一次猶太人叛亂，羅馬議會宣布在羅馬道上舉行盛大的遊行，特建了一座用木頭和灰泥製的拱門，這位得勝的將軍和猶太俘虜則從其下經過。到公元81年，又用大理石和銅重建這座拱門。

• 拱門雕刻有羅馬士兵搶劫耶路撒冷城聖殿的情景。

新約大事年表

年份(公元)	新約歷史事迹	參考新約經卷	羅馬王朝歷史
公元前4～公元30	**耶穌生平**	**馬太福音、馬可福音、路加福音、約翰福音**	
公元前4	耶穌出生		奧古斯都(公元前27～公元14年)
8	耶穌12歲在聖殿聽道		
26	施洗約翰開始傳道工作；耶穌開始傳道工作		提庇留(公元14～37年)
26～36			猶太總督本丟·彼拉多上任
27～28	施洗約翰被囚		
29	施洗約翰被斬；耶穌過住棚節		
30	耶穌被釘十字架、復活、升天；聖靈在五旬節降臨		
30～100	**早期教會時期**	**使徒行傳**	
35	大數的掃羅信主		
44	約翰的兄弟雅各殉道	雅各書	克勞第(公元41～54年)
46～48	保羅第一次傳道旅程		
49/50	耶路撒冷會議	加拉太書	
49/50～52	保羅第二次傳道旅程	帖撒羅尼迦前、後書	
53～57	保羅第三次傳道旅程	羅馬書，哥林多前、後書	尼祿(公元54～68年)
57	保羅在耶路撒冷被捕		
59	保羅在凱撒面前申訴		
60～62	保羅在羅馬被軟禁兩年	以弗所書、歌羅西書	
62	耶穌的兄弟雅各殉道	腓利門書、腓立比書	
64			尼祿焚燒羅馬
65～67	保羅在羅馬第二次被囚	彼得前、後書，提摩太前、後書，提多書，猶大書	

65～67/68	彼得與保羅在羅馬殉道		迦勒巴、鄂圖、威特留（公元69年），維斯帕先（公元69～79年），提多（公元79～81年）
70	耶路撒冷被毀；聖殿被毀	希伯來書	
81～96	多米田逼迫基督徒		
90～95	使徒約翰被逐至拔摩海島	約翰一、二、三書，啟示錄	納華（公元96～98年）

羅馬帝國王帝和任期（至公元2世紀初）

公元前27～公元14年	奧古斯都（Augustus）
公元14～37年	提庇留（Tiberius）
公元37～41年	該猶／加里古拉（Gaius, Caligula）
公元41～54年	克勞第（Claudius）
公元54～68年	尼祿（Nero）
公元68～69年	迦勒巴（Galba）、鄂圖（Otho）和威特留（Vitellius）
公元69～79年	維斯帕先（Vespasian）
公元79～81年	提多（Titus）
公元81～96年	多米田（Domitian）
公元96～98年	納華（Nerva）
公元98～117年	他雅努（Trajan）
公元117～138年	哈德良（Hadrian）

古代民族和帝國
非利士人

羅慶才

非利士人屬「海民」(Sea Peoples) 的一族，其發源地乃愛琴海一帶的島嶼；雖然非利士人其後從歷史中消失，巴勒斯坦 (Palestine) 地卻因而得名。

包括非利士人在內的「海民」沿陸 (經小亞細亞) 海 (經克里特及塞浦路斯) 兩路遷移到埃及*時，曾摧毀赫人帝國及腓尼基境內各國。到公元前12世紀初，這羣「海民」曾大舉入侵埃及，最後被擊退，自此粉碎其侵佔埃及的野心。當時在位的法老蘭塞三世把被征服的「海民」安置在迦南地沿海平原上。此後，「海民」在那裏建立城邦聯盟，包括5大城市：沿海的迦薩、亞實基倫、亞實突，並內陸的以革倫和迦特 (書十三3)。

按舊約聖經記載，雖然早在列祖時代，亞伯拉罕*與以撒曾接觸非利士人的王亞比米勒 (創二十，二十六章)，然而考古研究發現，非利士人要到較後期才大規模在迦南出現。他們與以色列人其實是差不多同時期到達巴勒斯坦* (公元前13世紀末～12世紀初)，但以色列人初期多聚居於中央山脈之上，故少與非利士人接觸。其後，因兩族人口不斷增長，對土地需求增加，遂無可避免地發生衝突。舊約中士師記*所記載的參孫的故事 (十三～十六章) 及撒母耳記*中所載的示羅*一役 (撒上四～六章)，正是以此為背景。從中可見非利士人的軍事優勢。

當以色列人膏立掃羅為王時，非利士人對以色列人的威脅最大。當時，在便雅憫地的示羅已被非利士人攻破 (撒上四章)，約

櫃被搶走，表示非利士人的勢力已深入以色列的心臟地帶。掃羅統治時，並未能有效阻止非利士人的擴張（撒上三十一章）。到大衛*作王時，才能瓦解非利士人的力量（撒下五17～25，八1，二十一15～22，二十三9～17），並取代非利士，成為區內的霸權。即使如此，兩族的關係仍然相當緊張（王上十五27，十六15～17）。

正當新亞述帝國*在提革拉．毗列色統治下進入高峯時，非利士於公元前734年被亞述征服。直至亞述帝國滅亡為止（公元前612年），非利士雖然在政治上受制於異族，但其經濟卻有重大發展。其後，非利士經歷了巴比倫*及波斯*時期，就逐漸湮沒在歷史裏。

非利士人的文化較接近歐洲愛琴海一帶的邁錫尼（Mycenean）文化。舊約指出以色列人在科技上遠遜於非利士，這與現代考古學的發現大致相符。近期的考古研究顯示非利士人其實有相當發達的文化，經濟則以農業為主，考古研究顯示他們把迦南地的橄欖油經海路出口到其他地區，進行貿易。當非利士人在迦南定居後，逐漸融入當地文化。在宗教上，他們主要信奉大袞（士十六23～25）、女神亞斯她錄（撒上三十一10）和巴力．西卜（王下一2～3），這些皆為古代近東*普遍的神祇。

迦南人

羅慶才

迦南人乃迦南地的原居民，其中包括多個民族，其信仰與文化對以色列有頗為深遠的影響。

「迦南」一詞的起源及意思至今仍未有定論，但自公元前3000年起，就一直作地理名稱用。不過，古代典籍對迦南地的範圍卻沒有明確的界定。約於公元前1500年，「迦南」乃埃及*統治的區域之一，其範圍約北至敍利亞，東面則包括大馬士革及約旦河東高原，南面止於埃及河。舊約聖經大致採納這說法。

「迦南人」並非一個民族，而是一個多元化的族羣。舊約多處經文列舉了組成「迦南人」的各部族名稱（創十五18～21；申七1等）。在以色列民進入迦南*前，當地的政治組織以城邦為主（書九1～2，十1～5，十二7～24），各自為政，且多有紛爭衝突。迦南人的重要城市多建於迦南區內的平原上，以農業為主。此外，迦南人亦以善於進行買賣交易而聞名（亞十四21）。從現時的資料可知，迦南人的社會結構是金字塔式，階級分明，貧富懸殊，以少數貴族操控大部分經濟資源。

因迦南地以農業為主，其宗教信仰亦與此有關。迦南神祇中主要是巴力，根據當地的神話*傳統，巴力把邪惡之神「大魚」殺死後，就創造*了宇宙萬物。此外，巴力也執掌氣候及萬物的生殖能力，務農者敬拜它就是為了確保有豐盛的收穫。巴力的妻子亞舍拉亦是迦南人所尊崇的神祇之一。

舊約記載迦南人的事迹，往往給讀者這個印象：以色列人對

迦南人深惡痛絕。律法書中三番四次強調以色列人不能與迦南人通婚，不要被他們的宗教敬拜吸引，更要徹底剷除迦南人的敬拜，不然就會成為以色列的網羅，難以自拔。自以色列建立王國*後，所羅門雇用了大量迦南人來建設城市及建造國家設施（如聖殿*）。到大衛*王國分裂*後，有大批迦南人居於北國以色列境內，成為一股強大的政治力量，以致北國的統治者不得不用政治手段，滿足他們的訴求，如為他們建立神廟等（王上十六32～33），以討好他們。此舉在聖經作者眼中，無異是出賣了以色列的一神信仰。

話說回來，以色列人居於迦南區內，少不免受其文化影響。從近代考古學研究得知，以色列的建築風格與迦南人的無異，這包括城市、房屋、敬拜場所等，甚至農業技術、生活方式等亦多有相同之處。然而，另一方面，以色列因信仰的緣故，與迦南本土居民亦有顯著的差異。例如以色列的先知秉承律法的精神，強烈譴責國內貧富懸殊的情況，多番提醒同胞要以公平公義的原則彼此相待。而在律法中，亦以建立一個公平的、沒有貧窮的社會為目標（利二十五章；申十五1～18）。這就是以色列信仰對社會帶來的影響。

埃及

羅慶才

埃及乃古代文明大國，歷史悠久，對古代近東歷史影響頗深；在舊約時代，更常常企圖染指區內的局勢發展。

埃及位處非洲東北角，東西兩面被茫茫沙漠包圍，南面為高原，尼羅河從上而下流，水流急速，不易逾越，地理環境頗為孤立。不過，地理上的阻隔亦同時成為埃及防守的優勢，使埃及在政治及軍事方面均享有高度穩定的形勢，有利其經濟及文化發展。可稽考的埃及歷史可追溯至公元前3100年，直至公元前322年，始為希臘*多利買 (Ptolemy) 王朝取代。至其女王克麗佩脱拉 (Cleopatra) 在公元前31年與羅馬將軍安東尼 (Mark Anthony) 雙雙自殺後，埃及就被羅馬帝國*吞併，其歷史長達差不多4,000年。在距今約4,000年前，埃及人已建成金字塔——今天被稱為世界七大奇景之一。

埃及的命脈就是尼羅河，其三角洲的土地肥沃，加上氣候穩定，出產豐富 (民十一5)，有古代近東的糧倉之稱，是鄰近地區人民饑荒時的避難所 (創四十一53～57)。埃及墓室中的壁畫描繪了一些來自巴勒斯坦*的人進出埃及的情況，栩栩如生，讓我們一窺當時的生活面貌。

在法老的統治下，埃及奉行神權政治，統治者被視為神的兒子，地位超然，同時亦扮演大祭司的角色。埃及的社會結構就像金字塔一樣，法老及其親屬於頂端，其下是各階層的知識分子及技術人員，最下層就是普羅大眾。

在舊約時代，埃及與以色列的關係可謂千絲萬縷。埃及本身

的物產雖然豐富，但仍需從以色列人的聚居地迦南進口大量金屬及木材，所以在經濟上，迦南對埃及是非常重要的。另一方面，埃及亦可說是以色列的發源地，因為以色列在當地從一個只有70人的家族，發展成壯大的民族（出一1～7）。至大衛*建立王國時，其政府架構亦是仿效埃及的（撒下八15～18，二十23～26）。當以色列定居迦南後，埃及很多時都想借機影響迦南區內的政治，從中得利。在所羅門作王時，就曾與埃及結盟，娶了法老的女兒為妻，法老把本屬迦南人*的城市基色城作贈作嫁妝（王上九16）。其後，所羅門的臣僕耶羅波安密謀作反，被識破後潛逃至埃及，得埃及法老示撒收留（王上十一40）。到所羅門死後，耶羅波安返國，領導北面10支派脫離大衛家的統治，建立以色列國（王上十二章）。之後法老示撒率領軍隊入侵南北兩國，但觀其行軍路線，其主要對象實在是以色列國（王上十四25～26）。

從公元前8世紀起，隨著亞述帝國*的興起，埃及為要在本身和亞述間設下緩衝區，常常插手迦南區內的事務，扶助備受壓力的以色列及猶大政府（王下十七4，二十三29），但卻不能成事，最終以色列及猶大均先後敗亡於亞述及巴比倫*之手。

亞述

羅慶才

亞述乃古代近東的文明大國，亦為古代近東首個帝國，以好戰及強悍見稱，在以色列歷史中有舉足輕重的地位。

亞述的發源地乃亞施戶城(Assur)，位於底格里斯河東岸，因該地氣候適合畜牧，所以成為遊牧者的聚居處。其最早發現的考古文物為公元前2800至2200年左右，顯示其文化與居於亞述以南的蘇美爾人(Sumerians)相似。亞述人作為一個政治實體，最早可追溯至公元前2000年左右。除本土居民外，還混合了亞摩利人及亞蘭人的血統。

亞述人早期聚居於幼發拉底河和底格里斯河流域的北部，以尼尼微、亞比拉、亞施戶城等地為核心，以農業和畜牧為生，自公元前1900年(古帝國期)始有政治制度及組織。公元前1750至1000年間為亞述發展的高峯期(中帝國期)，曾征服南部的巴比倫*及西面的亞蘭，建立了一個強大的國家。其後經歷了一段低沉時期，但由公元前9世紀初起，亞述又再興盛，至公元前8世紀末至7世紀初達至頂峯，成為歷史上的「新亞述帝國」。然而，亞述的國力自公元前625年起迅速滑落，其國都尼尼微於公元前612年被巴比倫及瑪代聯軍所破，亞述帝國最後於公元前609年滅亡。

和眾多古代近東國家一樣，亞述的社會結構亦是金字塔式的。最上層的是君王貴族，依次為各級官員、平民百姓，最下層的就是奴隸。亞述社會崇尚武力，有軍國主義的傾向，人民從小習武。君王同時是軍隊中的最高統帥，有絕對的權力，他的說話

就是律法；君王權力的惟一掣肘就是社會傳統及宗教習慣。記載在舊約中的官員包括：「他珥探」(總督或總管)、「拉伯撒利」(太監長)和「拉伯沙基」(酒政)(王下十八17)。

經濟方面，亞述土地肥沃，農業及畜牧業均相當發達。此外，亞述政府向對外貿易徵稅，是為亞述經濟來源的第三大支柱。當亞述成為超級大國時，還有外國的貢銀作為第四大收入來源(王下十五19，十六8等)。

除軍事及政治外，亞述在文化方面亦有重大成就。亞述人承襲了亞甲人(Akkadian)的文化傳統，保存了很多重要的亞甲文獻。亞述巴尼帕王(Ashurbanipal，公元前669～627年)在位時，曾在皇宮中建造圖書館，搜集古巴比倫文獻，並將之存放於此；此圖書館在19世紀中期被發掘出土。在藝術及雕刻方面，亞述亦有卓越的成就，亞述的雕刻家甚有創意，生動地捕捉了古代生活各方面的形態，尤其值得注意的是印鑒，常刻有與亞述宗教有關的主題，為舊約研究提供了重要的參考資料。此外，亞述皇宮中的浮雕亦甚有價值，常刻有古代生活的面貌，如搜獵和皇室花園景色等。另外，浮雕上亦常見古代戰爭的場面，可見古代進行戰事的方式等，實具歷史價值。

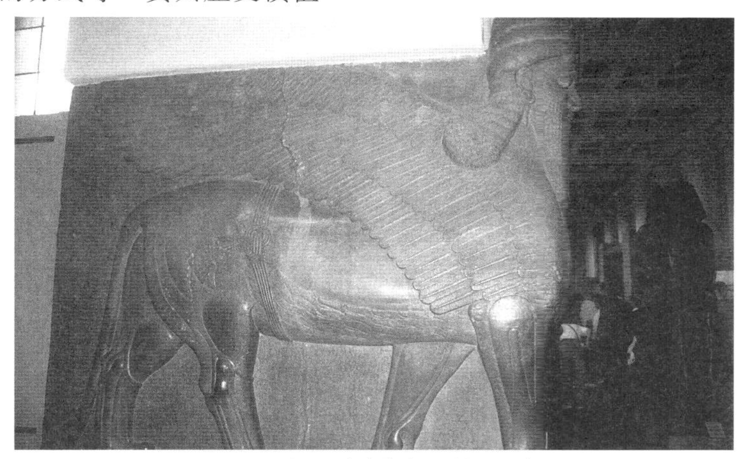

• 亞述的人頭獅身像(公元前9世紀)

巴比倫

羅慶才

巴比倫文化最早可追溯至公元前4000年，屬重要文化發源地之一。

「巴比倫人」所指的是居於美索不達米亞南部，今巴格達至波斯灣海岸一帶的居民。他們自公元前3000年已建立城邦，其後逐漸發展成古代近東的軍事強國。

當以色列人於公元前13世紀末進入迦南*時，巴比倫正受亞述*控制，到8世紀更被亞述統治。不過，至公元前7世紀末，隨著亞述的衰落，巴比倫在尼布甲尼撒二世的領導下，不只擺脫了亞述的掣肘，更建立了新巴比倫帝國，取代亞述成為古代近東霸主，其統治範圍包括迦南地，猶大在內的各國。不過，這段輝煌時期只維持了數十年，至公元前539年，波斯*不費吹灰之力，就推翻了巴比倫帝國。

巴比倫一帶的雨量較少，而幼發拉底和底格里斯兩大河流域地勢平坦，廣泛地區都是沼澤，故此自古以來，巴比倫統治者的天職就是開發及維修灌溉用的輸水道，以利農耕。不過，因土質鹽分較高，故農產以大麥為主。此外，巴比倫是區內棗子產量最多的國家。

巴比倫最早期的政治結構基本是以城邦為主，君主制度成立後，源自城邦時期的一些傳統，如長老的參與，雖仍得以維持，卻已演變成扶助君主執政的工具。其次，廟宇及其祭司在經濟上本來有舉足輕重的地位，但到君主執政時期，其影響力已被大大

希臘化時代的埃及與敘利亞（公元前2世紀末）

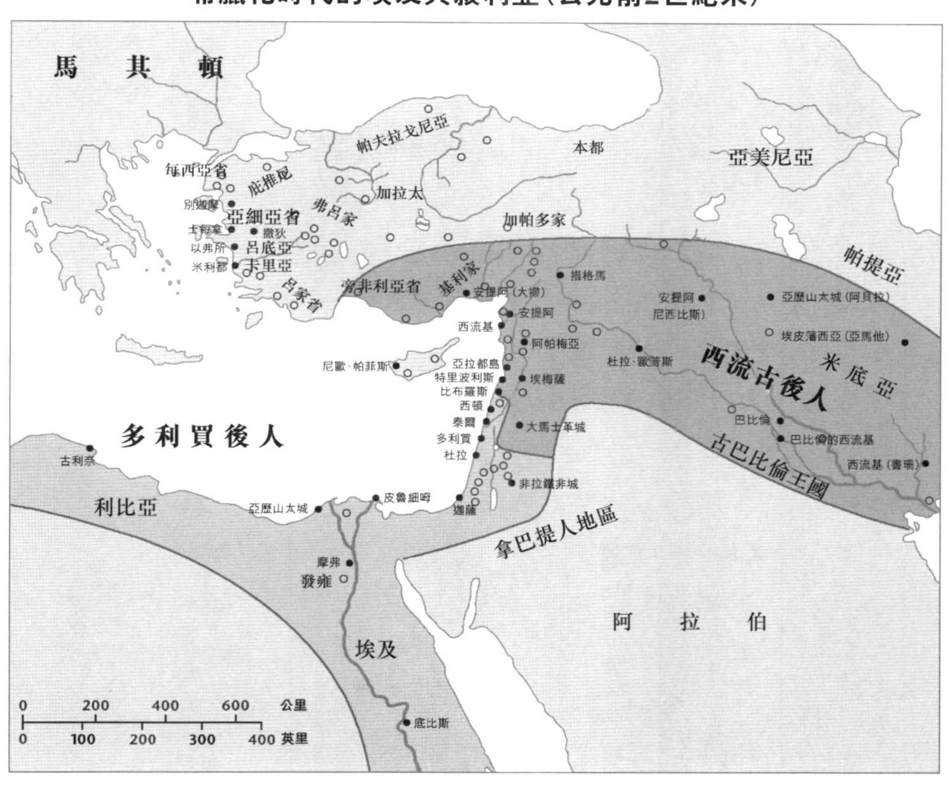

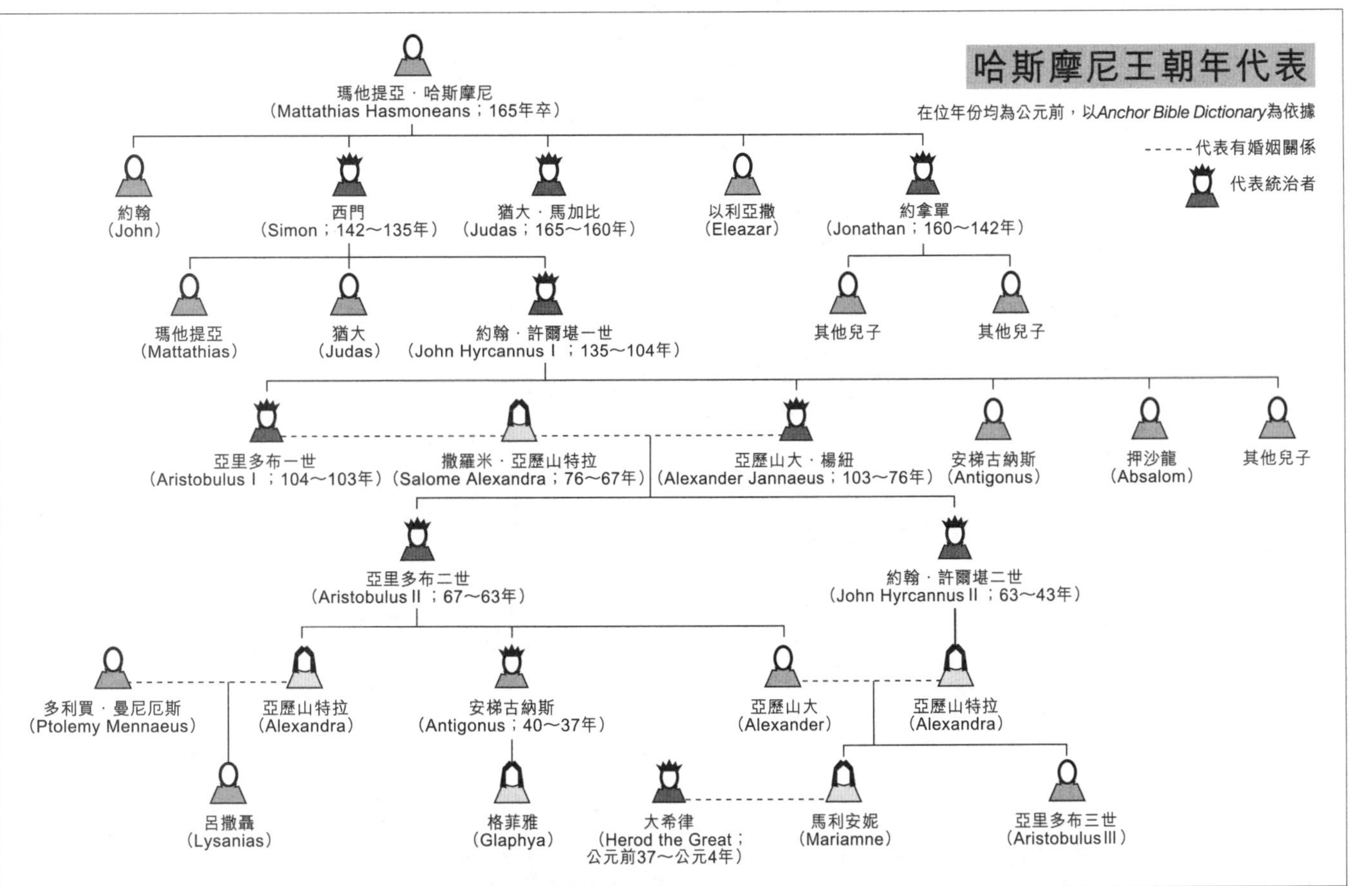
哈斯摩尼王朝年代表
在位年份均為公元前，以*Anchor Bible Dictionary*為依據
-----代表有婚姻關係
代表統治者
瑪他提亞．哈斯摩尼
（Mattathias Hasmoneans；165年卒）
約翰
（John）
西門
（Simon；142～135年）
猶大．馬加比
（Judas；165～160年）
以利亞撒
（Eleazar）
約拿單
（Jonathan；160～142年）
瑪他提亞
（Mattathias）
猶大
（Judas）
約翰．許爾堪一世
（John Hyrcannus I；135～104年）
其他兒子
其他兒子
亞里多布一世
（Aristobulus I；104～103年）
撒羅米．亞歷山特拉
（Salome Alexandra；76～67年）
亞歷山大．楊紐
（Alexander Jannaeus；103～76年）
安梯古納斯
（Antigonus）
押沙龍
（Absalom）
其他兒子
亞里多布二世
（Aristobulus II；67～63年）
約翰．許爾堪二世
（John Hyrcannus II；63～43年）
多利買．曼尼厄斯
（Ptolemy Mennaeus）
亞歷山特拉
（Alexandra）
安梯古納斯
（Antigonus；40～37年）
亞歷山大
（Alexander）
亞歷山特拉
（Alexandra）
呂撒聶
（Lysanias）
格菲雅
（Glaphya）
大希律
（Herod the Great；
公元前37～公元4年）
馬利安妮
（Mariamne）
亞里多布三世
（Aristobulus III）

猶太散居地

黃錫木

在新約時代，猶太散居僑民的數目遠超過住在巴勒斯坦本土的猶太人；雖然有些猶太僑民較為開放，但大多數依然謹守猶太傳統。

猶太散居地（*disapora*）是指猶太地（或巴勒斯坦*）或以色列地以外的地方。

在古代社會，移民並非一件光彩的事。除了因經商或逃避饑荒（得一1）、戰亂、迫害（王下二十五25～26；耶四十一1～18）而自願遷徙外，一般猶太人都是被迫移居外地，例如因戰敗被俘擄到別國。自大衛*統一王朝，以色列人先後經歷兩次大規模遷移，分別是被亞述*（公元前722/721；王下十七1～6）和巴比倫*（公元前587/586；王下二十五8～21）強迫的。在兩約時期*，猶太人亦經歷多次遷徙。而在兩次猶太叛亂中，不少猶太人亦遷居到美索不達米亞以東地區。

新約時代，猶太僑民散布羅馬帝國*各地，主要有巴比倫、埃及、敍利亞、小亞細亞和羅馬*；我們甚至可以肯定，猶太散居僑民比住在巴勒斯坦的猶太人還要多。

埃及是最重要和歷史最悠久的猶太散居地。據考古和文獻記載，在埃及最南方的伊里芬丁（Elephantine）的猶太人，曾經於公元前6世紀末建造一座耶和華的殿（但後來被當地人拆毀）。據約瑟夫*所說，在新約時代的埃及就有100萬猶太人。在亞歷山太城，猶太人佔城市總人口的極大部分。他們在政治上自成一體，

居住在自己的地區和城市，延續傳統猶太文化和生活方式。除了埃及，巴比倫也是很重要的城鎮。雖然波斯*王（公元前538年）曾經宣布猶太人可以回歸自己的國土，但依然有很多人寧願留在巴比倫（按典外文獻的記載），暗示了人民已經在那裏落地生根。公元70年耶路撒冷*淪陷後，巴比倫就成為保留猶太傳統的中心。

住在異教文化當中的猶太人，固然較容易受希羅文化影響，他們雖然未至於放棄自己獨特的信仰與文化，但卻較願意學習希臘文化。不少後期的猶太作品，特別是那些寫於亞歷山太城的作品，均深受希臘哲學的影響，其用詞與寫於巴勒斯坦地的猶太作品，亦有差異。

很多猶太人依然謹守傳統猶太教的教導，男性出生8天便受割禮*。猶太人自小便接受律法的教導，獨尊上帝，拒絕跪拜別的神明及參與任何其他宗教儀式，又謹守一切潔淨*的禮儀、禁食、安息日*及節期*。散居地的猶太人常與其他民族發生衝突和磨擦，這與他們謹守這些習俗有密切關係。於是，在宗教、文化和社交上，會堂*往往成為維繫猶太散居僑民的一個非常重要的活動中心。

這些猶太僑民為保持自己獨特的文化和信仰，和非猶太人的關係常變得緊張；從希臘和羅馬作家常在作品中貶低那些生活在他們當中的猶太人可見一斑。

散居的猶太僑民（公元前1世紀末）

新約歷史簡述

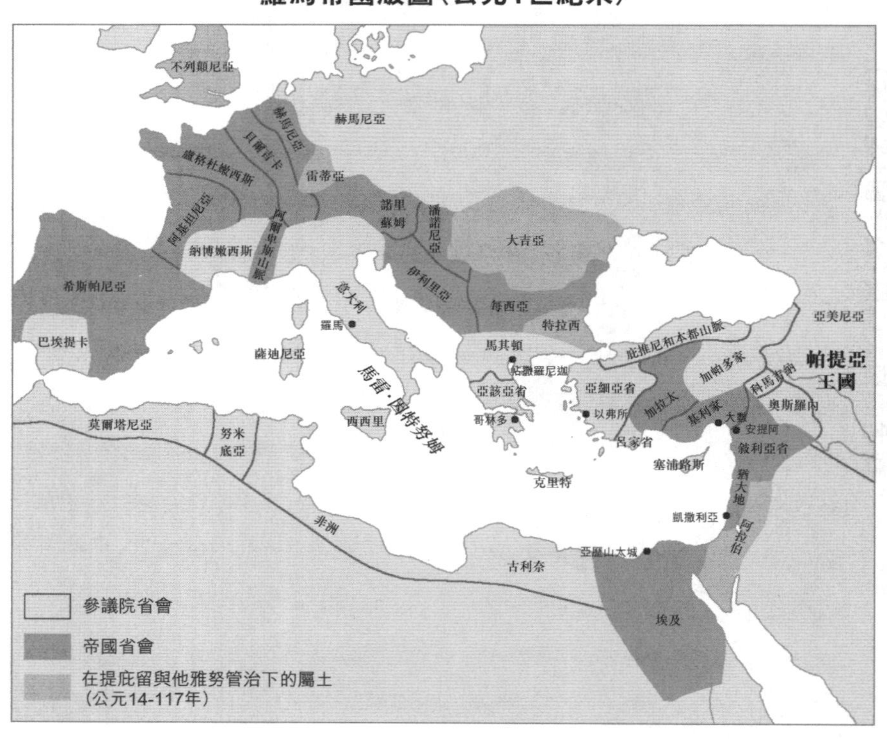

大希律的統治

黃錫木

大希律的統治揭開新約時代的歷史序幕。希律生性殘暴狡猾，不過，他對猶太人社會亦有很深遠的貢獻。

公元前63年，羅馬*將軍龐培(Pompey)進軍耶路撒冷*，結束了為期只有80年(公元前143/142～63年)的馬加比家族*獨立管治。自此，猶太地一帶成為羅馬中央政府管治的地區，屬敍利亞省。龐培將軍任命馬加比家族*的後人許爾堪二世(Hyrcanus II；他亦是當時的大祭司*)管理猶太人事務，他手下其中一位精明的輔臣就是希律的父親安提帕特(Antipater)。因為這種關係，希律家族*取得羅馬公民的資格。

希律自年幼時已處處表現領導者的風範。他管治加利利*省時只有25歲，當時的加利利省，已經是一個高度自治的省分。希律雖然多次在政治決策上錯下注碼，但他至終仍能得到羅馬王帝的信任。公元前37年，希律正式被羅馬政府封為猶太人的王，使當時的巴勒斯坦地*享有全面的自主權，直接向羅馬負責，歷時35年之久。

希律自知自己不是純猶太血統(原是以東人)，不能像馬加比家族的成員一樣當大祭司，因此，他極其量只能擔任猶太人的王。為使猶太人視他為哈斯摩尼王朝的合法繼承人，希律娶了許爾堪二世的孫女馬利安妮(Mariamne)為妻；又為要使人對其家族忠心，他特別設立擁護自己的猶太派別，就是「希律黨人」。除此以外，他仿效埃及多利買(Ptolemy)政府，以組雇傭軍、建立政制

和建築防衛體系(其中之一就是瑪撒大*堡壘)鞏固自己的權力。

希律性情殘暴，曾處死自己的兩個妻子、3個兒子，又在耶穌出生時，下令殺害全國兩歲以下的嬰孩(太二16～18)。他的私生活一團糟，曾結婚10次，家庭中數之不盡的問題，都是他的妻子和她們的母親為使自己的子女得到某些優待或特權而產生的。歷史上對希律的為人作出最貼切的評價的，要算是奧古斯都了。當他聽見希律殺了自己的骨肉時，他幽默地說：「當希律的豬，勝過當他的兒子。」

希律是猶太人歷史上最偉大的建築家。他在任期間，大興土木，經營了十多個大城邑，其中最有名的是地中海沿岸的凱撒利亞*。耶路撒冷的建築物，例如歌劇院、浴場和學校等都是他自費興建的，而最重要的，亦因而得到猶太人歡心的，莫過於擴建聖殿*。計劃始於公元前19年，聖殿本身的建築過了不久便落成，但附近的建築和裝飾則花了很多人力和時間；整個工程到公元64年才完成。然而，希律並不是一個虔誠的猶太教信徒，既沒有敬畏的心，也不在乎甚麼是正統；反之，他卻是希羅文化和宗教的熱愛者。

希律在位33年，卒於公元前4年。

耶穌時期的巴勒斯坦地

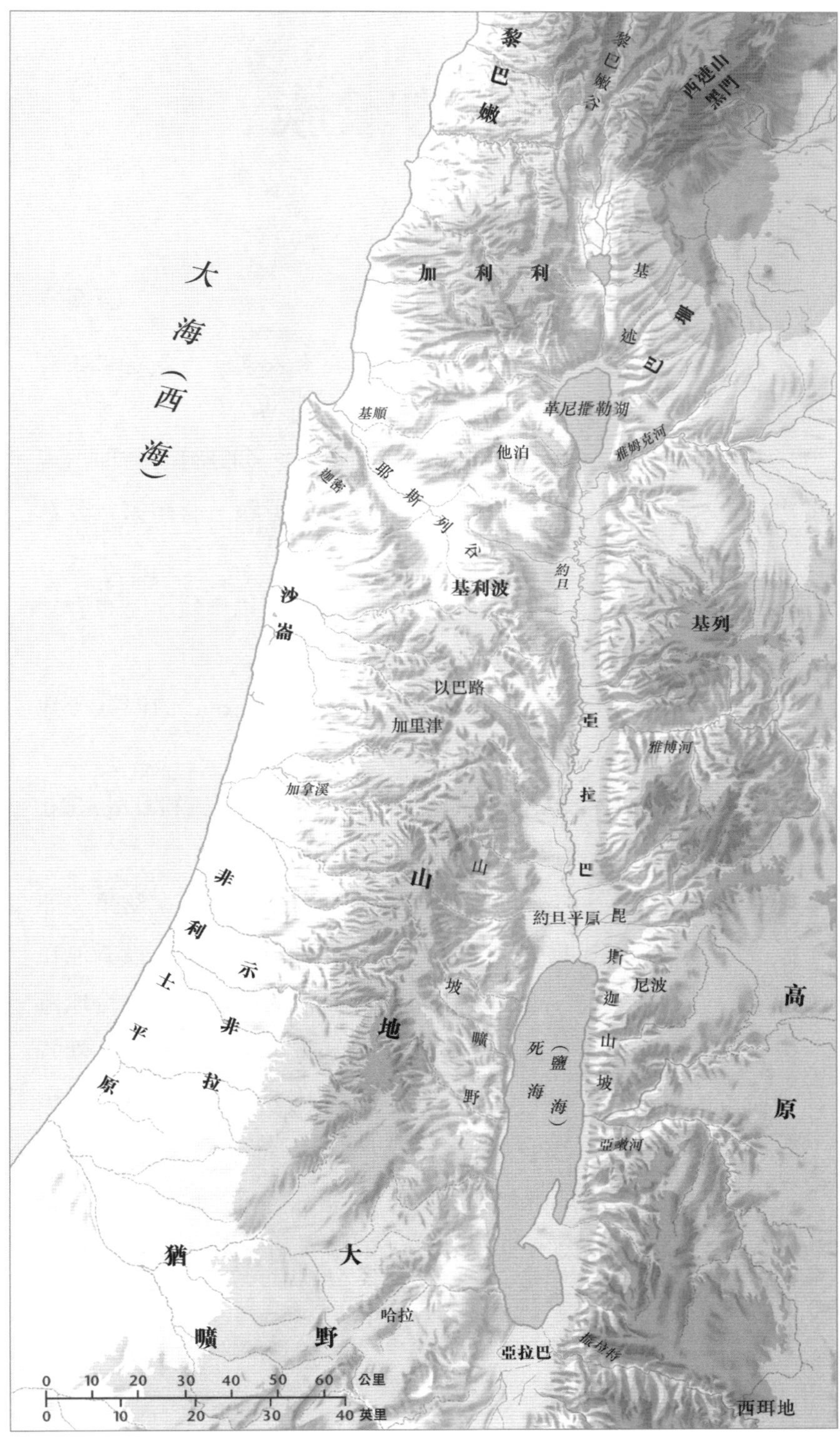

希律的家族

黃錫木

希律的家族是新約時代中最重要的猶太人家族，在這家族的統治下，猶太地的猶太人能享有某程度的自治。

希律在位33年，卒於公元前4年。他死後，耶路撒冷*即出現多次暴亂。騷亂平息後，羅馬政府完成他的遺願，將國家一分為三，交由他的3個兒子治理：

1. 亞基老(參太二22)管治猶太地、撒馬利亞和以土買，是專管理猶太人事務的提督(ethnarch)；
2. 安提帕(Antipas)管理加利利*和比利亞省(Perea)的四分一地區，職銜是分封王(tetrarch)；
3. 腓力(參路三1)承受以土利亞(Iturea)、特拉可尼(Trachonitis)和東北部的附屬地區，作為分封王。

亞基老統治了10年，承襲父親的暴行(參太二22)。結果，耶路撒冷的居民聯同撒馬利亞人*派遣一隊專員到羅馬*，投訴他在治理上的無能和殘酷。羅馬政府最後奪回他的統治權，交由地區巡撫管理，直接向羅馬政府負責；在耶穌誕生時，居里扭是當時敍利亞省的巡撫(路二2)。

與亞基老相反，安提帕的管治與父親大希律*一樣，能與猶太人維持良好關係；耶穌和施洗約翰*傳道旅程經過的地方，主要是安提帕的所屬地(太十四1～12)。不過，施洗約翰卻是被他殺害的，耶穌亦曾被他審訊。

腓力可能是大希律的繼承者中，惟一的好領袖。按約瑟夫*

所記，他愛護人民，尊重猶太人，又沒有耗費人力物力於奢華的建築工程上。他重建了加利利湖一帶多個城市，包括伯賽大，又開拓了凱撒利亞．腓立比這個城市，以自己和羅馬王的名字作為這城的名稱。

大希律另有兩名孫兒也見於新約聖經中：就是亞基帕一世和二世。亞基帕一世的父親被大希律處死，他在羅馬長大，認識了兩位日後成為羅馬王帝的朋友——該猶和克勞第（又稱革老丟）。在他們的幫助之下，他把大希律原本統治的國界重新合併起來。雖然新約聖經記載他把雅各處死，又監禁彼得*（參徒十二1～4），但在猶太人心目中，亞基帕因遵守傳統猶太教的教訓和規條，得到猶太人的敬重。按約瑟夫記載，他是得到怪病而死的（徒十二20～23）。

亞基帕二世在任期間，曾應非斯都之邀請，一起聽保羅*的分訴，而他的妹妹百妮基亦在場（徒二十五13～二十六32）。亞基帕二世完成其祖父大希律修葺聖殿*的計劃，並在耶路撒冷多處街道上，鋪上大理石塊。他雖然敬重猶太教，但仍然忠於羅馬。公元66年，當第一次猶太人叛亂*剛剛開始，亞基帕二世和他的妹妹百妮基竭力勸阻猶太人對抗羅馬政府，但不成功。亞基帕二世不單擴張自己管轄的領土，更與後來成為王帝的提多將軍成為好友。亞基帕二世於公元96年去世，此後，希律家再沒機會直接管理猶太人的事務。

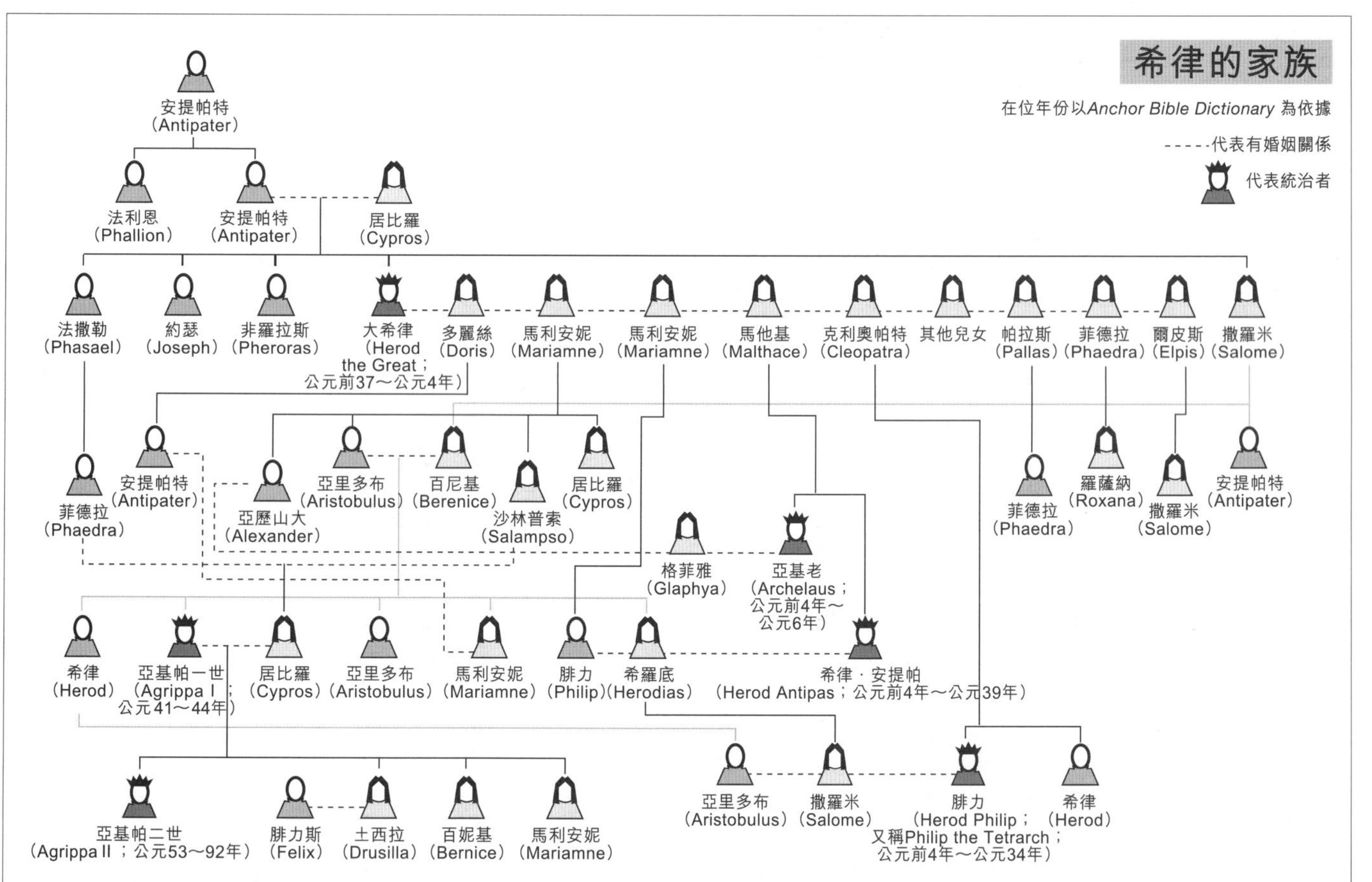
希律的家族
在位年份以Anchor Bible Dictionary為依據
代表有婚姻關係
代表統治者
安提帕特（Antipater）
法利恩（Phallion）
安提帕特（Antipater）
居比羅（Cypros）
法撒勒（Phasael）
約瑟（Joseph）
非羅拉斯（Pheroras）
大希律（Herod the Great；公元前37～公元4年）
多麗絲（Doris）
馬利安妮（Mariamne）
馬利安妮（Mariamne）
馬他基（Malthace）
克利奧帕特（Cleopatra）
其他兒女
帕拉斯（Pallas）
菲德拉（Phaedra）
爾皮斯（Elpis）
撒羅米（Salome）
菲德拉（Phaedra）
安提帕特（Antipater）
亞歷山大（Alexander）
亞里多布（Aristobulus）
百尼基（Berenice）
沙林普索（Salampso）
居比羅（Cypros）
菲德拉（Phaedra）
羅薩納（Roxana）
撒羅米（Salome）
安提帕特（Antipater）
格菲雅（Glaphya）
亞基老（Archelaus；公元前4年～公元6年）
希律（Herod）
亞基帕一世（Agrippa I；公元41～44年）
居比羅（Cypros）
亞里多布（Aristobulus）
馬利安妮（Mariamne）
腓力（Philip）
希羅底（Herodias）
希律．安提帕（Herod Antipas；公元前4年～公元39年）
亞基帕二世（Agrippa II；公元53～92年）
腓力斯（Felix）
土西拉（Drusilla）
百妮基（Bernice）
馬利安妮（Mariamne）
亞里多布（Aristobulus）
撒羅米（Salome）
腓力（Herod Philip；又稱Philip the Tetrarch；公元前4年～公元34年）
希律（Herod）

耶穌生平

黃錫木

雖然我們未能仔細和具體地重構耶穌的一生，但分階段理解耶穌的一生能讓我們更清晰地認識他。

4卷福音書對耶穌一生的言行提供了不少資料，但由於要完全協調這些資料是極其困難，我們不能詳細地重構耶穌一生所做的事，而只能分階段描述他的一生。

耶穌公開傳道前的日子：耶穌的出生、童年、少年和成長經過，直至30歲為止，福音書有關這方面的記載只有100多節。在這段日子，有兩件事是福音書作者很看重的：耶穌領受施洗約翰*的水禮*——顯示耶穌與約翰是一脈相承的；耶穌接受並勝過魔鬼*的試探——象徵他要以得勝者的姿態出現。有關耶穌傳道的年日，雖然馬太福音*、馬可福音*和路加福音*記載耶穌只有一次（亦是最後的一次）上耶路撒冷*，但約翰福音*則清楚記述耶穌曾經3次上耶路撒冷過每年一度的節期*（約二23，五1，六4，十二1）；後者的記載似乎較清晰表達耶穌傳道的時間。

傳道的初期：耶穌在猶太地開始傳道（約三22），在施洗約翰的推舉下，耶穌已有幾位核心的跟隨者（如彼得*、約翰*等）。在這一年半裏，耶穌可能穿梭於猶太與加利利*之間，他突出的言論（如在會堂*講論；路四16～32）和所行的神蹟*已使他薄有名聲（約二23～25，三1～21）；而他「出位」的行為，例如與撒馬利亞人*和外邦人（甚至是婦女）接觸（太十五21～28；約四1～12），亦使他成為猶太領袖針對的對象（約二13～22）。

在加利利傳道：雖然耶穌傳道的活動範圍遍及巴勒斯坦*，但加利利省明顯是福音書作者記載的焦點。耶穌的言論和行徑為他贏得思想較開放的加利利人歡迎。他在眾多的跟隨者中，揀選了12位門徒，成為他的門生和同工，既為他的日常生活和傳道工作打點，亦學習宣講天國*的道理（路九1～2）。除了個別言論的記載，馬太和路加分別把耶穌在不同場合的講論整合成為著名的登山寶訓（太五～七章）和平原講道（路六17～49）。按福音書的記載，耶穌的講論主要以比喻*為主，並且常在被人詢問和挑戰的情況下才闡述某些課題。福音書共記載了35件耶穌所行的神蹟，很多都是在這段日子施行的，其中有一半以上是與醫治*和驅鬼有關，其餘的主要是突顯他超乎自然定律的大能。

上十字架的道路：耶穌知道自己受難的日子近了，便多次向門徒披露此事，然而，門徒既不明白，亦不能接受（可八31～33）。耶穌沿途經過很多地方，在伯大尼，馬利亞用極貴的香膏膏抹耶穌（約十二1～8）；福音書作者認為這是為他的安葬準備的。耶穌花了一整週在耶路撒冷，當中他不忘繼續講道，包括末世*的事情（可十三章）。最後，他在假公濟私的審判之下被處死，死在十字架上。

耶穌生平年表

年份	耶穌生平的重要事件	馬太	馬可	路加	約翰
公元前	**耶穌的出生**				
5	天使傳報耶穌誕生的喜信			一26～38	
5	約瑟的夢	一18～25			
	耶穌的童年				
	耶穌的家譜	一2～17		三23～38	
4	耶穌的降生	一18～25		二1～7	
4	天使與牧人			二8～20	
4	耶穌受割禮並在聖殿奉獻			二21～38	
4	朝拜聖嬰耶穌	二1～12		二8～20	
4/2	逃往埃及、歸來	二13～21			
2	童年的耶穌在拿撒勒	二22～23		二39～40	
公元	**沉寂期**				
8	孩童耶穌在聖殿聽道			二41～52	
	18年沉寂期／預備及傳道初期				
26	耶穌受洗	三13～17	一9～11	三21～22	一29～34
26	耶穌受試探	四1～11	一12～13	四1～13	
27	迦拿婚筵				二1～11
27	耶穌潔淨聖殿	二十一12～13	十一15～17	十九45～46	二14～22
27	耶穌與尼哥德慕談道				三1～21
27	耶穌與撒馬利亞婦人談道				四4～42
27	迦百農的百夫長	八5～13		七1～10	四46下～54
27	耶穌在拿撒勒傳道	十三53～58	六1～6上	四16～30	
	聲名遠播時期				
28	耶穌呼召眾門徒	四18～22	一16～20		
28	耶穌醫治彼得的岳母	八14～15	一29～31	四38～39	
28	耶穌第一次到加利利各城各鄉傳道	四23	一39	四44	
28	利未(馬太)被召	九9～13	二13～17	五27～32	
28	耶穌揀選12個門徒	十1～4	三13～19	六12～16	
28	登山寶訓／平原講道	四24～七27		六17～49	
28	婦人與香膏	二十六6～13	十四3～9	七36～50	十二1～8

28	耶穌第二次到加利利			八1～3	
28	耶穌講論天國的比喻	十三1～52	四1～34	八4～18，十三18～21	
28	耶穌平靜風和海	八23～27	四35～41	八22～25	
28	睚魯【葉魯《現修》】的女兒和患血漏病的女人	九18～26	五21～43	八40～56	
28	耶穌差遣12個使徒	九35～十14	六6下～13	九1～6	
	被敵對時期				
29	施洗約翰之死	十四3～12	六17～29	三19～20	
29	5,000人得飽	十四13～21	六32～44	九10下～17	六1～15
29	耶穌履海	十四22～33	六45～52		六16～21
29	4,000人得飽	十五32～39	八1～10		
29	彼得承認耶穌為基督	十六13～20	八27～30	九18～21	六67～71
29	耶穌醫好生來瞎眼的人				九1～41
29	耶穌改變形像	十七1～9	九2～10	九28～36	
29	耶穌在住棚節上耶路撒冷				七11～52（～十21）
29	拉撒路復活				十一1～44
30	耶穌為小孩祝福	十九13～15	十13～16	十八15～17	
30	瞎子（巴底買）得醫治	二十29～34	十46～52	十八35～43	
30	稅吏撒該			十九1～10	
30	耶穌探望馬大和馬利亞				十一55～十二1
30	耶穌的最後一週	二十一1～二十七66	十一1～十六8	二十二39～二十三56	十二12～十九42
30	耶穌復活的形像	二十八1～20		二十四1～53	二十1～二十一25

初代教會的發展

黃錫木

在短短60多年間，初代教會的人數由只有120人發展成數以萬計，遍布的範圍超越當時羅馬帝國的邊界。

新約聖經沒有在初代教會發展史方面提供完整的資料；路加的使徒行傳*（和保羅書信）所提供的資料主要都是以保羅*為主。對於研究初代教會的發展史，這的確是一個限制，但這卻是聖經作者要我們細察的角度。

耶穌升天之前，他指示使徒要先等候聖靈*降臨，才遍傳復活*的喜訊。他們又選擇了另一個門徒馬提亞，代替出賣耶穌後自殺的猶大，完整保存「12」這個數目，為要標誌一個新的以色列民族。在這時候，這個羣體只有120個信徒。耶穌的預言在五旬節*當天應驗了，按路加的理解，教會*就在這天成立。在當天的宣講*中，有3,000人回應了彼得*的信息，認罪*悔改。這些信徒奉耶穌的名施洗，聚集祈禱*，聽使徒的教訓，守三的聖餐*。

雖然教會的人數不斷增加，但從猶太人來的壓迫亦不斷增加。彼得和約翰*被監禁，之後司提反執事在猶太人引發的騷動中被石頭打死（徒七章），又有以逼迫基督信徒為榮的掃羅（即保羅）；這種種危機反而成為把福音外傳的契機。路加特別記載腓利的傳道工作，他把福音傳到撒馬利亞人*當中，然後又向一名衣索匹亞（或稱埃塞俄比亞）的太監傳福音*（徒八章）——從猶太人的角度而言，他是一名被雙重詛咒的人。路加要指出，主耶穌的大使命在腓利身上已被落實。

保羅信主（徒九1～19）是初代教會發展的一大轉捩點，因此，從使徒行傳九章開始，他亦成為全書的中心人物。保羅雖然曾經到耶城教會作短暫停留，但之後一直以安提阿為根據地，在基利家省及敍利亞積極投入宣教*工作。公元46至48年，巴拿巴和保羅更遠赴旁非利亞省；這幾年的工作非常成功，亦使初代教會開始思想基督信仰與猶太教的關係。結果，在耶路撒冷*的會議中，耶城教會認同保羅的見解，認為外邦人不需要守割禮*和猶太人的律例，但卻要遠離拜偶像和淫亂等事情（徒十五章）。

這是初代教會發展的新里程。自此，雖然保羅依然受到猶太人的迫害，但他已經和當時耶城教會的領袖取得共識，把福音傳到更遠的地方。於公元49/50至58年，保羅把福音傳至馬其頓和希臘，並在哥林多*和以弗所兩城逗留較長時間。他又藉著上訴羅馬*的機會，把福音帶到西班牙去。

直至公元1世紀末，福音遍傳的範圍已超越羅馬帝國的邊境，東至印度（馬太和巴多羅買），西至羅馬（彼得和馬可），甚至西班牙（保羅曾到那裏），南至埃及的亞歷山太城和亞拉伯半島地區。

第一次猶太人叛亂

黃錫木

於公元66至74年發生的第一次猶太人叛亂，是古代猶太人最慘烈的歷史事件，最後以耶城聖殿被毀告終。

羅馬*政府統治巴勒斯坦*初期（自公元前63年起），與猶太人保持頗良好的關係，這多少是大希律*的功勞。然而，隨著大希律去世，他兒子的暴政，後來羅馬直接指派的巡撫極為腐敗的管治（公元44～66年），以及整體上各地的反閃族情緒，直到公元1世紀中期，很多猶太人聚居的地方已經醞釀了不少騷亂情緒。

根據猶太歷史家約瑟夫*所記，第一次猶太人叛亂是由猶太地巡撫弗洛厄斯的劣行所致的：他搶掠聖殿*的庫房，又大肆屠殺抗議的羣眾。發生這些事後，亞基帕二世和他的妹妹百妮基（兩者都是大希律的孫兒）、大祭司*和法利賽人*企圖說服猶太人不要以武力反抗，但猶太人的憤怒情緒已一發不可收拾。

聖殿的守殿官以利亞撒聯同奮鋭黨*的極端派系刺客黨，一起安排殺戮行動。他們先將亞基帕二世和百妮基趕出耶城，然後佔據城中的羅馬人城堡，殺盡所有羅馬軍隊，甚至連那些溫和派的猶太人也殺害（包括大祭司）。不但如此，刺客黨亦佔據原為羅馬部隊駐守的瑪撒大*（Masada）；至此，原本只屬猶太地的叛亂，已擴展至整個巴勒斯坦地。在這個時候，耶路撒冷*的猶太人變得士氣激昂，他們以為上帝會帶領他們脫離異族的管治。他們組織游擊隊，又在加利利*設防壘。當時本來是祭司的約瑟夫，就是在此時從耶路撒冷被調派到加利利駐守。

雖然在叛亂的初期，猶太人可算是節節勝利，但猶太人的人數與羅馬軍隊的人數，實在不可相比。在羅馬大將軍維斯帕先(Vespasian)的統領之下，叛黨逐步被剷平，而猶太人的內訌亦愈來愈嚴重。公元69年，維斯帕先回羅馬當皇帝，他的兒子提多繼續率領大軍；翌年9月，在惡劣的天氣和缺糧的情況之下，耶城終被攻破，聖殿被摧毀，只剩下瑪撒大的叛黨仍不屈服。

由於地理形勢險要，羅馬軍隊花了很多精力和時間，才成功攻上瑪撒大的城寨。據約瑟夫的記載，猶太叛黨為免被羅馬人凌辱，決定全體自殺。但按近代考古學發現，可能只是一部分叛黨自殺，還有一些人是與攻上來的羅馬人交戰而死的，甚至也有想躲藏或逃走的人。

聖殿被毀以後，猶太的獻祭和祭司制度便徹底廢止了，而領導層轉為法利賽人(後來稱為拉比)執掌。猶太基督徒沒有參與戰爭，並且於叛亂的早期已逃離耶路撒冷，到約旦河外的比拉城(Pella)；由於他們將此次毀滅解釋為上帝的審判*，所以第一次猶太人叛亂無疑加深了猶太教和基督教之間的鴻溝。

• 位於死海以西的瑪撒大，為第一次猶太人叛亂的最後據點。

• 公元71年，為了慶祝提多平定第一次猶太人叛亂，羅馬議會宣布在羅馬道上舉行盛大的遊行，特建了一座用木頭和灰泥製的拱門，這位得勝的將軍和猶太俘虜則從其下經過。到公元81年，又用大理石和銅重建這座拱門。

• 拱門雕刻有羅馬士兵搶劫耶路撒冷城聖殿的情景。

新約大事年表

年份（公元）	新約歷史事迹	參考新約經卷	羅馬王朝歷史
公元前4～公元30	**耶穌生平**	**馬太福音、馬可福音、路加福音、約翰福音**	
公元前4	耶穌出生		奧古斯都（公元前27～公元14年）
8	耶穌12歲在聖殿聽道		
26	施洗約翰開始傳道工作；耶穌開始傳道工作		提庇留（公元14～37年）
26～36			猶太總督本丟・彼拉多上任
27～28	施洗約翰被囚		
29	施洗約翰被斬；耶穌過住棚節		
30	耶穌被釘十字架、復活、升天；聖靈在五旬節降臨		
30～100	**早期教會時期**	**使徒行傳**	
35	大數的掃羅信主		
44	約翰的兄弟雅各殉道	雅各書	克勞第（公元41～54年）
46～48	保羅第一次傳道旅程		
49/50	耶路撒冷會議	加拉太書	
49/50～52	保羅第二次傳道旅程	帖撒羅尼迦前、後書	
53～57	保羅第三次傳道旅程	羅馬書，哥林多前、後書	尼祿（公元54～68年）
57	保羅在耶路撒冷被捕		
59	保羅在凱撒面前申訴		
60～62	保羅在羅馬被軟禁兩年	以弗所書、歌羅西書	
62	耶穌的兄弟雅各殉道	腓利門書、腓立比書	
64			尼祿焚燒羅馬
65～67	保羅在羅馬第二次被囚	彼得前、後書，提摩太前、後書，提多書，猶大書	

65～67/68	彼得與保羅在羅馬殉道		迦勒巴、鄂圖、威特留(公元69年)，維斯帕先(公元69～79年)，提多(公元79～81年)
70	耶路撒冷被毀；聖殿被毀	希伯來書	
81～96	多米田逼迫基督徒		
90～95	使徒約翰被逐至拔摩海島	約翰一、二、三書，啟示錄	納華(公元96～98年)

羅馬帝國王帝和任期(至公元2世紀初)

公元前27～公元14年	奧古斯都(Augustus)
公元14～37年	提庇留(Tiberius)
公元37～41年	該猶／加里古拉(Gaius/Caligula)
公元41～54年	克勞第(Claudius)
公元54～68年	尼祿(Nero)
公元68～69年	迦勒巴(Galba)、鄂圖(Ctho)和威特留(Vitellius)
公元69～79年	維斯帕先(Vespasian)
公元79～81年	提多(Titus)
公元81～96年	多米田(Domitian)
公元96～98年	納華(Nerva)
公元98～117年	他雅努(Trajan)
公元117～138年	哈德良(Hadrian)

古代民族和帝國
非利士人

羅慶才

非利士人屬「海民」(Sea Peoples) 的一族，其發源地乃愛琴海一帶的島嶼；雖然非利士人其後從歷史中消失，巴勒斯坦 (Palestine) 地卻因而得名。

包括非利士人在內的「海民」沿陸 (經小亞細亞) 海 (經克里特及塞浦路斯) 兩路遷移到埃及*時，曾摧毀赫人帝國及腓尼基境內各國。到公元前12世紀初，這羣「海民」曾大舉入侵埃及，最後被擊退，自此粉碎其侵佔埃及的野心。當時在位的法老蘭塞三世把被征服的「海民」安置在迦南地沿海平原上。此後，「海民」在那裏建立城邦聯盟，包括5大城市：沿海的迦薩、亞實基倫、亞實突，並內陸的以革倫和迦特 (書十三3)。

按舊約聖經記載，雖然早在列祖時代，亞伯拉罕*與以撒曾接觸非利士人的王亞比米勒 (創二十，二十六章)，然而考古研究發現，非利士人要到較後期才大規模在迦南出現。他們與以色列人其實是差不多同時期到達巴勒斯坦* (公元前13世紀末～12世紀初)，但以色列人初期多聚居於中央山脈之上，故少與非利士人接觸。其後，因兩族人口不斷增長，對土地需求增加，遂無可避免地發生衝突。舊約中士師記*所記載的參孫的故事 (十三～十六章) 及撒母耳記*中所載的示羅*一役 (撒上四～六章)，正是以此為背景。從中可見非利士人的軍事優勢。

當以色列人膏立掃羅為王時，非利士人對以色列人的威脅最大。當時，在便雅憫地的示羅已被非利士人攻破 (撒上四章)，約

櫃被搶走，表示非利士人的勢力已深入以色列的心臟地帶。掃羅統治時，並未能有效阻止非利士人的擴張（撒上三十一章）。到大衛*作王時，才能瓦解非利士人的力量（撒下五17～25，八1，二十一15～22，二十三9～17），並取代非利士，成為區內的霸權。即使如此，兩族的關係仍然相當緊張（王上十五27，十六15～17）。

正當新亞述帝國*在提革拉．毗列色統治下進入高峯時，非利士於公元前734年被亞述征服。直至亞述帝國滅亡為止（公元前612年），非利士雖然在政治上受制於異族，但其經濟卻有重大發展。其後，非利士經歷了巴比倫*及波斯*時期，就逐漸湮沒在歷史裏。

非利士人的文化較接近歐洲愛琴海一帶的邁錫尼（Mycenean）文化。舊約指出以色列人在科技上遠遜於非利士，這與現代考古學的發現大致相符。近期的考古研究顯示非利士人其實有相當發達的文化，經濟則以農業為主，考古研究顯示他們把迦南地的橄欖油經海路出口到其他地區，進行貿易。當非利士人在迦南定居後，逐漸融入當地文化。在宗教上，他們主要信奉大袞（士十六23～25）、女神亞斯她錄（撒上三十一10）和巴力．西卜（王下一2～3），這些皆為古代近東*普遍的神祇。

迦南人

羅慶才

迦南人乃迦南地的原居民，其中包括多個民族，其信仰與文化對以色列有頗為深遠的影響。

「迦南」一詞的起源及意思至今仍未有定論，但自公元前3000年起，就一直作地理名稱用。不過，古代典籍對迦南地的範圍卻沒有明確的界定。約於公元前1500年，「迦南」乃埃及*統治的區域之一，其範圍約北至敍利亞，東面則包括大馬士革及約旦河東高原，南面止於埃及河。舊約聖經大致採納這說法。

「迦南人」並非一個民族，而是一個多元化的族羣。舊約多處經文列舉了組成「迦南人」的各部族名稱(創十五18～21；申七1等)。在以色列民進入迦南*前，當地的政治組織以城邦為主(書九1～2，十1～5，十二7～24)，各自為政，且多有紛爭衝突。迦南人的重要城市多建於迦南區內的平原上，以農業為主。此外，迦南人亦以善於進行買賣交易而聞名(亞十四21)。從現時的資料可知，迦南人的社會結構是金字塔式，階級分明，貧富懸殊，以少數貴族操控大部分經濟資源。

因迦南地以農業為主，其宗教信仰亦與此有關。迦南神祇中主要是巴力，根據當地的神話*傳統，巴力把邪惡之神「大魚」殺死後，就創造*了宇宙萬物。此外，巴力也執掌氣候及萬物的生殖能力，務農者敬拜它就是為了確保有豐盛的收穫。巴力的妻子亞舍拉亦是迦南人所尊崇的神祇之一。

舊約記載迦南人的事迹，往往給讀者這個印象：以色列人對

迦南人深惡痛絕。律法書中三番四次強調以色列人不能與迦南人通婚，不要被他們的宗教敬拜吸引，更要徹底剷除迦南人的敬拜，不然就會成為以色列的網羅，難以自拔。自以色列建立王國*後，所羅門雇用了大量迦南人來建設城市及建造國家設施（如聖殿*）。到大衞*王國分裂*後，有大批迦南人居於北國以色列境內，成為一股強大的政治力量，以致北國的統治者不得不用政治手段，滿足他們的訴求，如為他們建立神廟等（王上十六32～33），以討好他們。此舉在聖經作者眼中，無異是出賣了以色列的一神信仰。

話說回來，以色列人居於迦南區內，少不免受其文化影響。從近代考古學研究得知，以色列的建築風格與迦南人的無異，這包括城市、房屋、敬拜場所等，甚至農業技術、生活方式等亦多有相同之處。然而，另一方面，以色列因信仰的緣故，與迦南本土居民亦有顯著的差異。例如以色列的先知秉承律法的精神，強烈譴責國內貧富懸殊的情況，多番提醒同胞要以公平公義的原則彼此相待。而在律法中，亦以建立一個公平的、沒有貧窮的社會為目標（利二十五章；申十五1～18）。這就是以色列信仰對社會帶來的影響。

埃及

羅慶才

埃及乃古代文明大國，歷史悠久，對古代近東歷史影響頗深；在舊約時代，更常常企圖染指區內的局勢發展。

埃及位處非洲東北角，東西兩面被茫茫沙漠包圍，南面為高原，尼羅河從上而下流，水流急速，不易逾越，地理環境頗為孤立。不過，地理上的阻隔亦同時成為埃及防守的優勢，使埃及在政治及軍事方面均享有高度穩定的形勢，有利其經濟及文化發展。可稽考的埃及歷史可追溯至公元前3100年，直至公元前322年，始為希臘*多利買（Ptolemy）王朝取代。至其女王克麗佩脫拉（Cleopatra）在公元前31年與羅馬將軍安東尼（Mark Anthony）雙雙自殺後，埃及就被羅馬帝國*吞併，其歷史長達差不多4,000年。在距今約4,000年前，埃及人已建成金字塔——今天被稱為世界七大奇景之一。

埃及的命脈就是尼羅河，其三角洲的土地肥沃，加上氣候穩定，出產豐富（民十一5），有古代近東的糧倉之稱，是鄰近地區人民饑荒時的避難所（創四十一53～57）。埃及墓室中的壁畫描繪了一些來自巴勒斯坦*的人進出埃及的情況，栩栩如生，讓我們一窺當時的生活面貌。

在法老的統治下，埃及奉行神權政治，統治者被視為神的兒子，地位超然，同時亦扮演大祭司的角色。埃及的社會結構就像金字塔一樣，法老及其親屬於頂端，其下是各階層的知識分子及技術人員，最下層就是普羅大眾。

在舊約時代，埃及與以色列的關係可謂千絲萬縷。埃及本身

的物產雖然豐富，但仍需從以色列人的聚居地迦南進口大量金屬及木材，所以在經濟上，迦南對埃及是非常重要的。另一方面，埃及亦可說是以色列的發源地，因為以色列在當地從一個只有70人的家族，發展成壯大的民族（出一1～7）。至大衛*建立王國時，其政府架構亦是仿效埃及的（撒下八15～18，二十23～26）。當以色列定居迦南後，埃及很多時都想借機影響迦南區內的政治，從中得利。在所羅門作王時，就曾與埃及結盟，娶了法老的女兒為妻，法老把本屬迦南人*的城市基色城相贈作嫁妝（王上九16）。其後，所羅門的臣僕耶羅波安密謀作反，被識破後潛逃至埃及，得埃及法老示撒收留（王上十一40）。到所羅門死後，耶羅波安返國，領導北面10支派脫離大衛家的統治，建立以色列國（王上十二章）。之後法老示撒率領軍隊入侵南北兩國，但觀其行軍路線，其主要對象實在是以色列國（王上一四25～26）。

從公元前8世紀起，隨著亞述帝國*的興起，埃及為要在本身和亞述間設下緩衝區，常常插手迦南區內的事務，扶助備受壓力的以色列及猶大政府（王下十七4，二十三29），但卻不能成事，最終以色列及猶大均先後敗亡於亞述及巴比倫*之手。

亞述

羅慶才

亞述乃古代近東的文明大國，亦為古代近東首個帝國，以好戰及強悍見稱，在以色列歷史中有舉足輕重的地位。

亞述的發源地乃亞施戶城 (Assur)，位於底格里斯河東岸，因該地氣候適合畜牧，所以成為遊牧者的聚居處。其最早發現的考古文物為公元前2800至2200年左右，顯示其文化與居於亞述以南的蘇美爾人 (Sumerians) 相似。亞述人作為一個政治實體，最早可追溯至公元前2000年左右。除本土居民外，還混合了亞摩利人及亞蘭人的血統。

亞述人早期聚居於幼發拉底河和底格里斯河流域的北部，以尼尼微、亞比拉、亞施戶城等地為核心，以農業和畜牧為生，自公元前1900年 (古帝國期) 始有政治制度及組織。公元前1750至1000年間為亞述發展的高峯期 (中帝國期)，曾征服南部的巴比倫*及西面的亞蘭，建立了一個強大的國家。其後經歷了一段低沉時期，但由公元前9世紀初起，亞述又再興盛，至公元前8世紀末至7世紀初達至頂峯，成為歷史上的「新亞述帝國」。然而，亞述的國力自公元前625年起迅速滑落，其國都尼尼微於公元前612年被巴比倫及瑪代聯軍所破，亞述帝國最後於公元前609年滅亡。

和眾多古代近東國家一樣，亞述的社會結構亦是金字塔式的。最上層的是君王貴族，依次為各級官員、平民百姓，最下層的就是奴隸。亞述社會崇尚武力，有軍國主義的傾向，人民從小習武。君王同時是軍隊中的最高統帥，有絕對的權力，他的説話就是律法；君王權力的惟一掣肘就是社會傳統及宗教習慣。記載在舊約中的官員包括：「他珥探」(總督或總管)、「拉伯撒利」(太監長)和「拉伯沙基」(酒政)(王下十八17)。

經濟方面，亞述土地肥沃，農業及畜牧業均相當發達。此外，亞述政府向對外貿易徵稅，是為亞述經濟來源的第三大支柱。當亞述成為超級大國時，還有外國的貢銀作為第四大收入來源(王下十五19，十六8等)。

除軍事及政治外，亞述在文化方面亦有重大成就。亞述人承襲了亞甲人(Akkadian)的文化傳統，保存了很多重要的亞甲文獻。亞述巴尼帕王(Ashurbanipal，公元前669～627年)在位時，曾在皇宮中建造圖書館，搜集古巴比倫文獻，並將之存放於此；此圖書館在19世紀中期被發掘出土。在藝術及雕刻方面，亞述亦有卓越的成就，亞述的雕刻家甚有創意，生動地捕捉了古代生活各方面的形態，尤其值得注意的是印鑒，常刻有與亞述宗教有關的主題，為舊約研究提供了重要的參考資料。此外，亞述皇宮中的浮雕亦甚有價值，常刻有古代生活的面貌，如搜獵和皇室花園景色等。另外，浮雕上亦常見古代戰爭的場面，可見古代進行戰事的方式等，實具歷史價值。

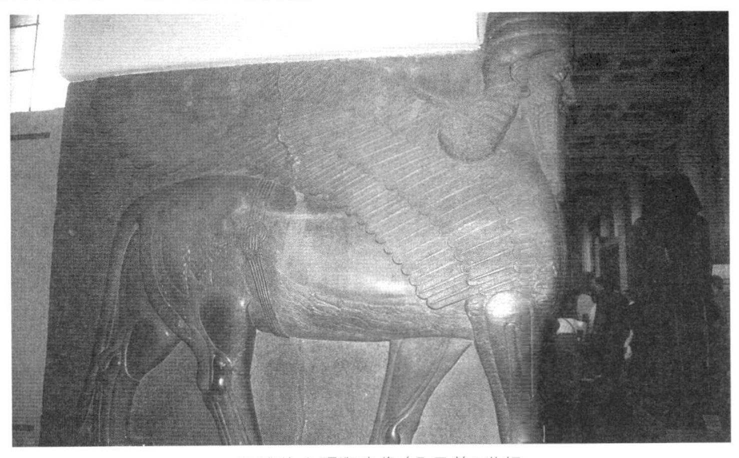

• 亞述的人頭獅身像(公元前9世紀)

巴比倫

羅慶才

巴比倫文化最早可追溯至公元前4000年，屬重要文化發源地之一。

「巴比倫人」所指的是居於美索不達米亞南部，今巴格達至波斯灣海岸一帶的居民。他們自公元前3000年已建立城邦，其後逐漸發展成古代近東的軍事強國。

當以色列人於公元前13世紀末進入迦南*時，巴比倫正受亞述*控制，到8世紀更被亞述統治。不過，至公元前7世紀末，隨著亞述的衰落，巴比倫在尼布甲尼撒二世的領導下，不只擺脫了亞述的掣肘，更建立了新巴比倫帝國，取代亞述成為古代近東霸主，其統治範圍包括迦南地，猶大在內的各國。不過，這段輝煌時期只維持了數十年，至公元前539年，波斯*不費吹灰之力，就推翻了巴比倫帝國。

巴比倫一帶的雨量較少，而幼發拉底和底格里斯兩大河流域地勢平坦，廣泛地區都是沼澤，故此自古以來，巴比倫統治者的天職就是開發及維修灌溉用的輸水道，以利農耕。不過，因土質鹽分較高，故農產以大麥為主。此外，巴比倫是區內棗子產量最多的國家。

巴比倫最早期的政治結構基本是以城邦為主，君主制度成立後，源自城邦時期的一些傳統，如長老的參與，雖仍得以維持，卻已演變成扶助君主執政的工具。其次，廟宇及其祭司在經濟上本來有舉足輕重的地位，但到君主執政時期，其影響力已被大大

的人名及地名難以在其他資料考證確定。還有，斯密約瑟的助手馬田哈理斯(Martin Harris)曾經取一張由斯密約瑟從金葉片抄寫下來的字條，將部分內容附上翻譯後，交與當時哥倫比亞大學教授查理士安頓(Charles Anthon)，傳說安頓讚揚這篇翻譯的素質極高，但至今學者仍未能翻譯這字條。

對於將《摩門經》視為與《聖經》地位同等，正統教會則有所保留。耶穌基督後期聖徒教會重視《英王欽定本》(*King James Version*)的翻譯，並指出其他譯本的聖經只有在準確翻譯的情況下才有權威性。正統教會則認為《英王欽定本》確實是準確的譯本，不過卻不一定比其他英語聖經譯本更接近原文。正統教會亦指出，《摩門經》內有接近三分之一的以賽亞書*是節錄自1769年的《英王欽定本》譯本，這與斯密約瑟在上帝的奇妙引領下進行翻譯的講法有所出入。此外，曾任職耶穌基督後期聖徒教會翻譯部的史單拉遜(Stan Larson)在1986年發現《摩門經》內的登山寶訓的翻譯錯誤，與1769年《英王欽定本》的翻譯錯誤並沒有分別，因而提出斯密約瑟在異象中翻譯金葉片的講法不成立，結果他被迫辭職。

總的來說，《摩門經》尚有很多疑點尚待查證，正統教會反對在《聖經》以外，尚有同等權威*的經典的講法。

《古蘭經》

黃錫木

《古蘭經》是伊斯蘭教至為神聖的經典，代表真主給穆斯林最完美的啟示。

「古蘭」是阿拉伯文*Qur'an*的音譯，意為「誦讀」。《古蘭經》是伊斯蘭教至為神聖的經典，是伊斯蘭教信徒（即「穆斯林」，意思是「順服者」）的聖經。據書上所說，其內容是由安拉（伊斯蘭教的真神）派天使哲布勒伊來（26.193），向穆罕默德逐句分多次地口授的（17.106，25.32），共花了23年時間才完成（公元610～632年）；穆罕默德（生於公元570年）亦因蒙這特別的啟示被稱為先知。在他死後，這些聖諭才加以整理，編修成書。由於《古蘭經》亦記載了真主的啟示是在一夜間（稱為「大能的晚上」）降下（44.3），因此，有解釋認為，全本《古蘭經》是在夜間降到天際中最低的一層，然後再由天使啟示給穆罕默德。

《古蘭經》的內容並不是一套很有系統的講論，反而是頗為斷斷續續的，並且有很多重複的論述。全書共30卷，114章，6,200餘節，可分為「麥加篇章」和「麥地那篇章」兩大部分、7個單元，內容包括：伊斯蘭的基本信仰和基本功課，其中特別強調安拉獨一、順服、忍耐、行善、施舍和宿命等。

雖然有些穆斯林深信，《古蘭經》的內容在流傳的千多年間並沒有任何差異，但學者均承認，在流傳《古蘭經》的早期，抄本之間有顯著的差異。而在公元7世紀中期，不同的版本亦經過徹底整合，整合後的版本則送到不同地區（如也門、埃及等），作為當地信徒最有權威的依據。

一般基督宗教的信徒認為，上帝使用祂的僕人寫成聖經，因此，聖經可說是既是上帝的話語，亦是人的作品。但對於穆斯林而言，《古蘭經》是完全沒有人的說話。信徒誦讀《古蘭經》時，就好像站在可畏的真主面前，面對永恆的真理。穆斯林為了要強調《古蘭經》的降示本身是個神蹟，有傳統甚至認為，穆罕默德是不能讀寫的(很多穆斯林學者都不以為然)，所以他並非受猶太基督宗教的聖經影響而寫成《古蘭經》的。

毫無疑問，從宗教歷史的發展來看，伊斯蘭宗教是源出自猶太基督教。但對於兩個宗教的聖典的關係，就可有不同的見解。穆斯林亦相信，《古蘭經》的啟示與猶太基督教的聖經一樣，源自同一位神。因此，《古蘭經》中亦提及穆斯林所領受的啟示與亞伯拉罕*、以撒、雅各、摩西*，以及耶穌所蒙受的啟示都是一樣(2.136)。在這一點上，基督宗教明顯是不能認同的了。然而，兩者對各自經典的權威的看法都是頗為相似的，都認為各自的經典是人類的主宰(無論是安拉或上帝)對人的最終的和最完整的啟示。

對於穆斯林來說，《古蘭經》的權威並非單只是在信仰上(的經典)，而更是在文化、社會和政治上，其訓誨都具有指導性的作用。

聖經與信經

黃錫木

信經的內容取材自聖經，以言簡意賅的表達方式，列出基督教信仰的核心教義。

「信經」的英文creed源自拉丁文*credo*，意即「我相信」，是教會*對信仰的認信條文，詞句精簡，容易背誦，亦便於教導。在基督教史上，信經都是因應羣體的需要而產生的，例如要與異端識別開來、為逼迫中所堅守的立場、成為禮儀*(特別是聖禮*)中共同宣認信仰的依據。基本上，「信經」與「信條」並沒有十分嚴格的界分，一般信條都較詳盡，並且是宗派性的；而信經則是較精簡，是大公性的，為歷代教會所接納。

舊約聖經並沒有明確記載信經的條文；然而，某程度上，猶太人經常誦讀的「以色列啊，你要聽！耶和華——我們上帝是獨一的主」(申六4；王上十八39)，也可算是信經一類。雖然被公認為信經的條文要到公元2世紀才面世，但不少聖經學者都認為，新約聖經已包括一些來自初代教會*的認信條文，例如：

- 「承認耶穌是主」(羅十9；林前十二3)：承認拿撒勒*人耶穌與舊約聖經中的主耶和華是等同的；
- 「我信耶穌基督*是上帝的兒子」(徒八37)：承認耶穌是上帝的兒子這身分，並以此作為初代教會洗禮*用的認信；
- 認定基督的道成肉身、受死和復活*(羅一3～4；林前十五3～4；約壹四2)，成為初代教會信徒一貫的信念；
- 建立三位一體*教義的認信初模(林前八6；另參太二十八19；

林後十三14）。

信經的起源原屬地區性的，但在很早的時期，這些早期的信經都已為普世教會所接受。例如著名的《使徒信經》（*Apostles' Creed*，約公元4世紀）是改編自西方教會最早的信經《古羅馬信經》（*Old Roman Creed*，公元2世紀末）；這信經本來是信徒在接受水禮時向會眾的宣認，但今天已成為很多教會在崇拜*的認信環節所誦讀的內容。同樣重要的是東方教會的《尼西亞信經》（*Nicene Creed*，公元381年），其篇幅較長，內容強調耶穌的神人二性（為抗衡當時的異端）。這些信經從起初就被眾教會所接納。

聖經是上帝全備的啟示*，信徒對基督教信仰的認識當然是以聖經為基礎。然而，要從一本接近一百萬字的書集整理出我們信仰中不同層次的教義（核心性或非核心性）絕非易事。信經所發揮的作用，正是以簡潔的字句將信仰的核心教義表達出來，使之一目了然，亦便於一般人（教內或教外人）掌握。

我們不應該因為「信經不是聖經」，就認為信經不重要，反之，既然信經的內容都是以聖經為基礎，以言簡意賅的方式列出基督教信仰的核心教義，今天的信徒仍應予以珍惜和重視。

若有人傳異教，不服從我們主耶穌基督純正的話與那合乎敬虔的道理，他是自高自大，一無所知……。（提前六3～4）

聖經與科學

鄧紹光

同一個世界，我們卻可以用不同方法去了解它；聖經與科學就是當中的典型例子。

從公元19世紀起，學者對於聖經（及信仰）與科學之間的關係，先後出現了3種看法：矛盾說（或衝突說）、分隔說（或無關說）、和諧說（或對話說）。一直以來，聖經（及信仰）與科學之間的關係都是針鋒相對，直到近20年才有許多研究逐漸認清兩者之間的複雜關係。本文主要解釋這3個不同的看法。

「矛盾說」可以算是公元18世紀西方啟蒙時代高舉理性下的產物，認為聖經與科學自古以來就處於你死我活的鬥爭之中，兩者是誓不兩立，不能共存的。持這觀念的人認為，科學是理性的，而聖經所代表的宗教信仰則是迷信的、非理性的，要讓位給自然科學，因為只有以理性為真理之標準的自然科學才能幫助我們真正認識世界。很明顯，這裏的問題是把理性視為惟一獲取真正知識的途徑。

「分隔說」則清楚劃分聖經的信仰與科學，各自隸屬兩個不同的領域。前者關乎價值，後者涉及事實。這就是著名的價值與事實的「二分法」。把信仰與科學劃清界線，那就不再存在任何矛盾了。這是一種很吸引的理論，但顯然採用了一種未經證實的立場，就是價值與事實是可以截然二分的。我們得反問，作為一個真理的追求者，任何對「事實」的認識，是否可以完全中立，沒有任何先設的取向呢？事實當然並不是這麼簡單。再者，這種「劃地自限」的做法，無疑是矮化了聖經和當中的信仰，只容許它在一個狹小且無關宏旨的空間下偷生。

至於「和諧說」，則認為上帝是世界萬物的根源，科學與聖經是和諧的、對話的關係，而不是矛盾對立或互不相干的關係。世界是有秩序的、可理解的，這就是兩者對話的核心主題。科學引證人的理性與自然理性吻合，神學則指出此乃兩者都是基於創造*主的理性所致。因此，信仰與科學雖然隸屬不同的領域，功能迥異，角度不一，但因為神學家和科學家都處身同一的宇宙，並對同一的宇宙發生興趣，而就相同的課題進行積極和有意義的對話，幫助我們更了解、認識這個世界。

事實上，從早期教會*時代至中世紀一直流傳一個隱喻說法，一般稱為「上帝的兩本書」：上帝賜給人類兩本書，一本是自然，另一本是聖經。這隱喻清楚表明，聖經（和當中的信仰）與科學不一定是矛盾對立的，反而是指向同一位上帝。一切理論，無論是對聖經的反省（即神學），或是對自然世界的研究（即科學），總有限制；問題只是，我們能否以謙卑、開放的心靈彼此聆聽，互相學習，至終把榮耀歸與上帝？

聖經與教會傳統

盧龍光

聖經是上帝活潑的道，是上帝給人類全備的啟示，對每一個時代都具有既獨特又帶挑戰性的信息。教會既是上帝的家，就必須不斷地藉著上帝的道更新教會的傳統，使上帝的道好像明燈一樣被燃點起來。

與猶太教一樣，基督教都是一個以書為本的宗教。一直以來，包括舊約和新約兩部分的聖經都是教會*極為看重的經書，更視之為上帝的話語、上帝的啟示*。聖經與教會傳統於公元16世紀的宗教改革*時期處於一種互不相容、彼此對立的位置，這只是歷史的非常特殊情況；在正常的情況下，兩者是處於相輔相承、彼此平衡的關係。

馬丁路德所引發的宗教改革運動，針對當時的教會情況，高舉聖經的重要性，強調「惟獨聖經」是教會及信仰的最高權威，反對教會中任何企圖要凌駕於聖經之上的其他權威，特別是教會傳統的權威，這包括了當時教皇在教會體制中的權威，教會傳統對聖經經文的權威解釋，以及教會授權對解釋聖經的權威。導致教會傳統與聖經解釋之間的張力的主要原因，是當時的教皇認為，宗教改革所強調「因信稱義*」的教導與當時教會傳統對有關經文的解釋有異，而宗教改革者則認為，必須否定只有教會才擁有解釋聖經的權威，才能建立自己解釋的權威。

聖經與教會傳統對立，是教會歷史裏的特殊情況所造成的。從歷史角度而言，聖經的66卷書成為聖經正典*的書卷，亦是教會傳統所確立的。而對聖經文本的解釋，歷代教父的註解往往都是聖經學者非常重要的參考資料。因此，聖經研究理應對教會的傳統予以尊重，但教會傳統卻不可以轄制對聖經繼續進行解釋的重要責任。

聖經既是上帝活潑、永恆的道，聖經的信息必須能夠剖析教會中一些固守、影響聖工發展和福音廣傳的人為傳統，甚至發出挑戰，使教會的傳統能夠不斷更新。在這方面，無論是教牧同工或是長執，甚至是平信徒，在「按着正意分解真理的道」(提後二15) 這大原則之下，都必須以聖經來監察教會。而聖經學者在其研究的範疇裏，亦應顧及教會的需要和聖經教育，建立基督的教會。

對於聖經的研究和教會的傳統，兩者必須彼此取得平衡，才可以保持我們對歷史中聖經經文解釋的了解。而又在教會傳統的基礎上，在變化的時代及新的資料與知識被發掘下，不斷對聖經作出適切於時代與處境的解釋，使聖經真正成為上帝活潑的道，並且不斷更新教會的傳統。

聖經都是上帝所默示的，於教訓、督責、使人歸正、教導人學義都是有益的，叫屬上帝的人得以完全，預備行各樣的善事。(提後三16)

聖經與神學教育

盧龍光

聖經是上帝的啟示，是神學教育最主要的素材，而教導信徒從聖經中認識上帝與信仰，亦成為神學教育最重要的使命之一。

神學教育的主要目標，是教導基督徒認識信仰，不但使自己的生命得以成長，更可以將對信仰的認識教導別人，使別人的生命也得以成長。

既然聖經是上帝的啟示*，是基督徒認識信仰內容的最主要來源，也是基督徒對信仰和行為作衡量時的最高標準，要深入認識聖經就自然成為神學教育一大使命。在神學教育機構的課程設計中，研究聖經（或聖經研究）的科目往往都佔較大的比重，而聖經亦往往成為神學研究的最重要素材。

聖經包括了66卷書卷（又可包括次經書卷*），由30多位來自不同背景、不同年代的作者，歷時1,000至1,500年才寫成的。要有系統地研究聖經，熟讀聖經書卷的內容固然是一項最基本的功課，但也必須學習運用相關的研究方法。

聖經既非一本現代的作品，學者研究聖經的方法，很多都為研究古籍文獻的學者所採用的。學習聖經語文（希伯來文*、亞蘭文*和希臘文*）是最基礎的訓練。對古希伯來人、以色列人（或猶太人）、兩約時期，以及希臘羅馬*的歷史、文化和社會的認識，都是不能缺少的。同樣重要的是，由於聖經中很多書卷（特別是舊約）的成書過程漫長，從口傳到文字記錄，從原作者到後期的信仰羣體把其文本加以豐富，最終成為上帝啟示的部分，甚至成為正典*，以及原稿如何在千多年的歲月中得以保存下來，這些都是研究聖經的人必須考究的。

聖經既非一本普通的書集，而是上帝全備的啟示，因此，研究聖經的人除了要分別認識個別作者及書卷的思想和信息外，同樣必須看重不同作者對同一神學課題的認識，有時我們統稱這類研究為聖經神學*，當中可包括上帝觀、人觀、啟示觀、救恩*觀、末世*觀等課題。雖然上帝的啟示不應該受到時空或處境所限制，但採用語言溝通的聖經文本卻受到這些方面的限制。為了對經文的信息作出既合乎聖經原意和教會傳統，而又適切於現代處境的解釋，研究聖經的人往往使用不同的詮釋理論，以達致兩全其美。

時至今天，研究聖經的方法愈來愈變得多元化，學者們運用各種理論，務求更多和更準確地認識聖經。由於聖經在基督教信仰中處於如此崇高的地位，神學教育工作者更責無旁貸地盡最大的努力，及付出最大的代價去協助基督徒認識聖經了。

這地方的人賢於帖撒羅尼迦的人，甘心領受這道，天天考查聖經，要曉得這道是與不是。(徒十七11)

詞彙索引

二劃

三劃

四劃

五劃

六劃

七劃

八劃

九劃

十劃

十一劃

十二劃

十三劃

十四劃

十五劃

十六劃

十七劃

十八劃

十九劃

二十劃

二十一劃

二十二劃

二十四劃

名詞對照表

1 Maccabees《馬加比一書》
2 Maccabees《馬加比二書》
3 Ezra/ 1 Esdrae/ Esdrae I《以斯拉三書》
3 Maccabees《馬加比三書》
4 Ezra/ 2 Esdrae《以斯拉四書》
4 Maccabees《馬加比四書》

A

Ab 埃波月
Abib 亞筆月
Acrocorinth 衛城，又稱上哥林多城
Acropoli 衛城
Adar 亞達月
Additions to Esther《以斯帖記補篇》
Aelia Capitolina 愛利亞．加比多連娜
Against Apion《反駁阿皮安》
Ahura Mazda 亞戶阿－馬撒大
Akhenaton 亞肯亞頓
Akkadian 亞甲人
Alkimus 阿金馬斯
allegorical interpretation 寓意釋經法
Amarna Letters《亞瑪拿書信》
Amenophis III 亞門諾斐斯三世
An 安
Anthon, Charles 安頓〔查理士〕
Antiochus IV 安提阿古四世
Antipas 安提帕
Antipater 安提帕特
Aphrodite 亞富羅底特女神
Apiru/ Habiru 哈皮魯人
apocalyptic genre 天啟文體
Apostles' Creed《使徒信經》
Aristotle 亞里士多德
Arminius, Jacob 亞米紐斯
Arnon River 亞嫩河
Artemis 亞底米
Asherah 亞舍拉
Ashurbanipal 亞述巴尼帕王
Assur 亞施戶城
Assyria 亞述
Astarte 亞斯她錄
Athanasius 亞他那修
Athen 雅典
Athena 雅典娜
Augustus 奧古斯都

B

Baal 巴力
Babylon 巴比倫
Babylonian Talmud《巴比倫他勒目》
Barth, Karl 巴特
Baruch《巴錄書》
Bashan 巴珊
Basilides 巴西利得
bath 罷特
Bedouin 貝都因族
Beer-sheba 別是巴
beka 比加
Bel and the Dragon《彼勒與大龍書》
Bethel 伯特利
Bethlehem 伯利恆
Bethulia 彼土利
Biblical Criticism 聖經鑒別學
Biblical Theology 聖經神學
Bitter Lake 苦湖
Boethius 波伊丟斯
Book of Mormon《摩門經》
Bul 布勒月
bushel 莫底奧斯

C

Caesarea 凱撒利亞
Caesar, Julius 凱撒〔猶流〕
Caligula 加里古拉
Calvin, John 加爾文
Cambyses II 剛比西斯二世
Canatha 卡納薩
Canonical Criticism 正典鑒別學
Cassander 卡山得

Charismatic Movement 靈恩運動
Chrysostom, John 屈梭多模〔約翰〕
Claudius 克勞第
Clay Prism of Sennacherib〈西拿基立棱柱〉
Cleopatra 克麗佩脫拉
Codex Leningradensis《列寧格勒翻頁書抄本》
Codex Vaticanus《梵蒂岡抄本》
Colossae 歌羅西
Community Rule《社羣守則》
Composition Criticism 編修鑒別學
Concordance 經文彙編
Constantine the Great 康士坦丁
Copernicus, Nicolas 哥白尼
Corinth 哥林多
Counter-Reformation 反宗教改革運動
cubit 肘
Cybele 區伯利女神
Cynicism 犬儒派
Cyrus Cylinder 塞魯士圓柱
Cyrus II 塞魯士二世

D

Dagon 大袞
Dan 但
Darius I 大流士一世
Darius III 大流士三世
day's pay 第納
Dead Sea Scrolls 死海古卷
Decapolis 低加坡里
Delian League 德里安聯盟
Diogenes 戴奧革尼
Dion 底翁
disapora 猶太散居地
Dome of the Rock 圓頂聖石清真寺
Domitian 多米田
Dorian Greeks 希臘多里亞人

E

Ecclesiasticus《傳道經》
Ecclesiasticus《德訓篇》
Egypt 埃及
El 伊勒
Eleazar 以利亞撒
Elephantine 伊里芬丁
el-Jib 吉卜城
el-Khalîl 埃卡利城
Elohim 伊羅興
Elul 以祿月
Emphraim 以法蓮
Enki 安基
Enlightenment Period 啟蒙時期
Enlil 安利爾
Enuma Elish《以魯瑪．以利斯史詩》
ephah 伊法
Epictetus 伊比德圖
Epicureanism 伊壁鳩魯派
Epicurus 伊壁鳩魯
epistle 文學的信件
Esdrae I 厄斯德拉一書
Esdrae I 以斯得拉
Esdrae 厄斯德拉
Esdraelon Plain 以斯德倫平原
Essenes 愛色尼人
Ethanim 以他念月
Ethnarch 提督
Etruscan 伊特利亞族人
Eusebius 優西比烏
Exiguus, Dionysius 埃塞古厄斯〔狄尼修〕
exodus 出埃及

F

Feast of Weeks 七七節
Feminist Movement 婦女運動
finger 指／趾
Form Criticism 形式鑒別學
Francke, August Hermann 富朗開
furlong 伏爾朗
furthom 法頓

G

Gadara 加達拉
Gaius 該猶
Galatia 加拉太
Galba 迦勒巴
Galilee 加利利
Galilei, Galileo 伽利略
Gallic 高盧人
gallon 梅特提斯
Gematria 數字推算釋經法
gerah 季拉
Germanic 日耳曼
Gezer Calendar 基色月曆

Gibeon 基遍
Gilead 基列
Gilgamesh Epic《吉加墨詩史詩》
Gnosticism 諾斯底主義／靈智主義
Gulf of Aqaba 亞喀巴灣
Gutenberg, Johannes 古騰堡〔約翰尼斯〕

H

Hadad 哈達
Hadrian 哈德良
Haifa 海法市
Halakah Letters《哈拉加信函》
handbreadth 掌
Hanukkah 修殿節
Haram el-Khalîl 哈蘭埃卡利清真寺
Harris, Martin 哈里斯〔馬田〕
Hasidaeans 哈西典人
Hasmoneans 哈斯摩尼家族
Hazor 夏瑣
Hebron 希伯崙
Hezekiahís tunnel 希西家水道
Hillel 希列
hin 欣
Hippos 希波斯
Historical Criticism 歷史鑒別學
Hobbes, T. 霍布斯
Holofernes 荷羅斐納
Homer 荷馬
Homer 賀梅珥
Hyksos 許克所斯人
Hyrcannus, John 許爾堪〔約翰〕
Hyrcanus II 許爾堪二世

I

Ideological Criticism 意識形態鑒別學
Irenaeus 愛任紐
Isis 伊西斯神
Iturea 以土利亞
Iyyar 以珥月

J

Jannaeus, Alexander 楊紐〔亞歷山大〕
Jebel Mûsa 莫瑟山
Jericho 耶利哥
Jerusalem 耶路撒冷
Jewish Antiquities《猶太古史》
Jewish War《猶太戰記》
Jezreel 耶斯列
Joseph ben Matthias 約瑟夫
Josephus, Flavius 約瑟夫〔夫拉維〕
Joshua ben Sirah《西拉之子耶穌》
Judaeus, Philo 猶丟斯〔斐羅〕
Judah the Prince 尊長猶大拉比
Judith《猶滴傳》
Justinian I 猶斯丁尼一世

K

kab 卡夫
Kant, I. 康德
Kavalla 卡瓦拉
Ketef Hinnom Silver Scroll 欣嫩谷銀卷
Khirbet en-Nabi 奈比廢丘
Khirbet Qumran 昆蘭廢墟
Khirbet Seilun 塞倫廢丘
Kislev 基斯流月
Koine Greek 通用希臘文
kor 柯珥
Krenides 葛勒尼第城
Kuntillet Ajrud 昆提勒·亞如陶片

L

Lachish Letters《拉吉書信》
Lachish 拉吉
Lake Huleh 胡列湖
Lamentations 耶利米哀歌
Larson, Stan 拉遜〔史單〕
Latium 拉丁姆
Law Code of Hammurabi〈漢摩拉比法典〉
lectionary 經課
lethech 利帖
Letter of Jeremiah《耶利米書信》
letter 真實的信函
Liberal Protestantism 自由主義新教
Liberalism 自由主義
Liberation Theology 解放神學
Literary Criticism 文學鑒別學
literary-historical interpretation 文本與歷史釋經法
litran 力揣
log 羅革

M

Manichaeism 摩尼教派
Marchesvan 馬西班月
Marduk 瑪爾杜克
Mariamne 馬利安妮
Mark Anthony 安東尼
Mars Hill 馬爾斯山
Mars 馬爾斯
Marx, Karl 馬克思
Masada 瑪撒大
Masoretes 馬所拉文士
Mattathias 瑪他提亞
measure 撒頓
Megiddo 米吉多
Megillot 五小卷
Merneptah Stele 馬尼他石碑
Merneptah 馬尼他
midrash 米大示
mile 里
mina 彌那
Moabite Stone 摩押石碑
Modern Greek 現代希臘文
Monastery of St. Catherine 聖凱瑟琳修道院
More Psalms of David《大衛的其他詩篇》
Morrison, Robert 馬禮遜
Mt. Pangaeus 潘磯斯山脈
Muhammad Ahmed el-Hamed 艾梅・伊克曼
Mycenean 邁錫尼
myth 神話

N

Nablus 納布盧斯
Nag Hammadi 拿・戈瑪第
Nanna 南納
Nazareth 拿撒勒
Neapolis 尼亞波利
Nero 尼祿
Nerva 納華
New Moon 月朔
Newton, I. 牛頓
Nicene Creed《尼西亞信經》
Nicolaitans 尼哥拉黨
Nisan 尼散月

O

Odes of Solomon《所羅門頌詩》
Old Greek Bible《古希臘文聖經》
Old Roman Creed《古羅馬信經》
omer 俄梅珥
Ophel 俄斐勒
Ophites 挪阿新派
Oral Law/*Torah* 口傳律法／妥拉
Origen 俄利根
Osborne, Grant R. 奧斯邦〔格蘭〕
Otho 鄂圖

P

Palestine 巴勒斯坦
Palestinian Talmud《巴勒斯坦他勒目》
Pella 比拉
Peloponnesus 伯羅奔尼撒半島
Pentecost 五旬節
Pentecostalism 五旬宗
Perea 比利亞省
Persepolis 波斯波立
Persia 波斯
Pesach 逾越節
Petrie, W. M. Flinders 彼特里爵士
Pharisees 法利賽人
Philip II 腓力二世
Philip of Macedon 馬其頓王腓力
Philippi 腓立比
Philistines 非利士人
Pia desideria《敬虔願望》
piece of money 奎士他
Pietism Movement 敬虔主義
pim 平因
Pliny the Elder 皮里紐長老
Polycarp of Smyrna 坡旅甲〔示每拿的〕
Pompey 龐培
Post-Colonial Criticism 後殖民釋經學
post-modernism 後現代主義
Prayer of Azariah and Songs of the Three Young Men《亞撒利雅禱詞與三青年之歌》
Prayer of Manasseh《瑪拿西禱言》
predestination 預定論
Priene 普利尼
Protevangelium of James《雅各原始福音》
Psalms 151《詩篇一百五十一篇》
Psalms of Solomon《所羅門詩篇》

pseudepigrapha 偽經
Ptolemy 多利買
Pur 普珥
Purim 普珥日

Q

quart 喬尼克斯
Quintilian 昆蒂里亞
Qumran 昆蘭

R

Ramses II 蘭塞二世
Raphanah 拉法納
Ras Shamra Tablets 拉斯珊拉泥版
Ras Shamra 拉斯珊拉
Rawlinson, Henry 樂靈生
Readers-response Theory 受眾回應理論
Red Sea 紅海
Redaction Criticism 編修鑒別學
reed 竿
Reformation 宗教改革運動
Reshef 拉謝
Rhetorical Criticism 修辭鑒別學
Robinson, Edward 羅濱遜
Roma 羅馬
Rosh Hashanah 吹號節

S

Sadducees 撒都該
Salecah 撒迦
Samaria Ostraca 撒馬利亞陶片
Samaria 撒馬利亞
Scythopolis 西古提波利
Sea Peoples 海民
seah 細亞
Seleucus 西流古
Seneca 辛尼加
Septuagint《七十士譯本》
Seti I 薛提一世
Shamash 示瑪虛
Shammai 煞買
Shavuot 收穫節
Shebat 細罷特月
shekel 舍客勒
Shiloh 示羅
Silva, Flavius 席爾瓦
Sin 欣
Sinai 西奈
Sivan 西彎月
Smith Jr., Joseph 斯密約瑟
Source Criticism 來源鑒別學
span 虎口
Spener, Philip Jakob 施本爾
Spinoza, B. 斯賓諾莎
step 步
Stoicism 斯多亞派
Strato's Tower 司特陀樓
Study Bible 研讀本聖經
Sukkoth 住棚節
Sumerian 蘇美爾人
Susanna《蘇撒拿傳》
Synoptic Gospels 符類福音／對觀福音
Systematic Theology 系統神學

T

Tacitus 塔西圖
talent 他連得
Tammuz 搭模斯月
Targum 他爾根
Tebeth 提別月
Tel Aviv 特拉維夫
Tel Beitîn 拜廷廢丘
Tel el-Hesi 赫西廢丘
Tel Lachish 拉吉廢丘
Tell ed-Duweir 杜韋廢丘
Tell el-Mutesellim 抹撒林廢丘
Temple Mount 聖殿山
Textual Criticism 經文鑒別學
The Arad Inscriptions 〈亞拉得銘刻〉
The Great Isaiah Scroll 《偉大以賽亞書卷》
the King's Highway 王者大道
The Parthenon 巴特農神殿
The Rosetta Stone 羅塞特石碑
The Siloam Inscription 〈西羅亞碑文〉
the Twelve 十二書
Theodore of Mopsuestia 狄奧多若〔摩普綏提亞的〕
Thermaic Gulf 塞邁海灣
Thessalonica 帖撒羅尼迦城
Thrace 塞拉斯
Tiber River 台伯河

Tiberius 提庇留
Tishri 提斯利月
Tobit《多比傳》
Torah 妥拉
Tosefta《土西他》
Trachonitis 特拉可尼
Traditio-historical criticism 形式傳統歷史的鑒別學
Tradition criticism 傳統鑒別學
Trajan 他雅努
Tyropoeon Valley 泰路普恩谷

U

Ussher, Bishop James 烏社爾主教
Utu 烏圖

V

Valentinus 華倫提努
Vespasian 維斯帕先
Via Egnatia 艾革勒提亞大道
Via Maris 沿海大路
Vitellius 威特留

W

Western Hill 西山
Wimber, John 溫約翰
Wisdom of Jesus Ben Sirach《便西拉智訓》
Wisdom of Jesus《約書亞的智慧》
Wisdom of Solomon《所羅門智訓》
Written Law/*Torah* 文載律法／妥拉

X

Xerxes 薛西

Y

Yahweh 雅威／雅巍
Yarmuk River 雅穆河
Yom Kippur 贖罪日

Z

Zagros Mountains 紮格羅斯山脈
Zealots 奮鋭黨
Zinzendorf, Nikolaus Ludwig Graf Von 親岑多夫
Ziv 西弗月
Zoroaster 瑣羅亞斯德
Zoroastrianism 祆教

作者簡介

主編

羅慶才博士(牧師)

美國南方浸信會神學院(Southern Baptist Theological Seminary)舊約研究哲學博士。現任鑽石山浸信會主任牧師。

黃錫木博士

南非普勒陀利亞大學(University of Pretoria)希臘文系文學博士。現任聯合聖經公會(亞太區)翻譯顧問,香港中文大學崇基學院神學組榮譽副研究員。

其他作者(排名以英文姓氏序):

張略博士(牧師)

英國蘇格蘭聖安德魯大學(University of St. Andrews)新約研究哲學博士。現任中國神學研究院聖經科副教授。

張達民博士(牧師)

美國惠斯敏斯特神學院(Westminster Theological Seminary)釋經學哲學博士。現任美國加州基督工人神學院新約教授。

馮耀榮博士(牧師)

英國錫菲大學(University of Sheffield)舊約研究哲學博士。現任建道神學院聖經科副教授。

郭鴻標博士

德國漢堡大學(University of Hamburg)系統神學博士。現任建道神學院神學系助理教授。

盧龍光博士(牧師)

英國德倫大學(University of Durham)新約研究哲學博士。現任香港中文大學崇基學院神學院院長。

吳慧儀博士

美國惠斯敏斯特神學院(Westminster Theological Seminary)釋經學哲學博士。現任中國神學研究院聖經科副教授。

孫寶玲博士(牧師)

美國南方浸信會神學院(Southern Baptist Theological Seminary)新約研究哲學博士。現任香港浸信會神學院聖經科副教授。

鄧紹光博士

英國蘇格蘭聖安德魯大學(University of St. Andrews)哲學博士。現任香港浸信會神學院基督教思想副教授。

聖經通識叢書

兼顧學術研究的精確和執著，
並教會信徒生活上的的實踐。

聖經鳥瞰

為您精簡而全面地展現聖經的本體與其來龍去脈

基礎篇 黃錫木 著／HK$93

進深篇 黃錫木 著／HK$68

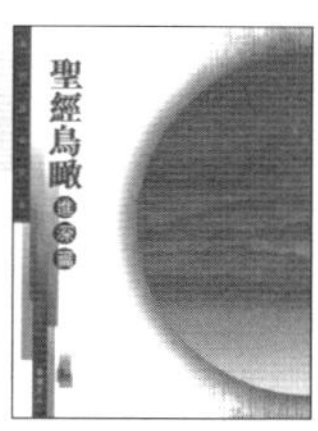

聖經書卷要領

助您宏觀同類的聖經書卷

舊約先知書要領 黃嘉樑、梁國權、雷建華 著／HK$98

耶穌生平與福音書要領 孫寶玲、黃錫木 著／HK$98

使徒行傳與保羅書信要領 張達民、黃錫木 著／HK$88

希伯來書、大公書信與啟示錄要領 張略、黃錫木 著／HK$78

聖經書卷析讀

助您進深分析個別聖經書卷的內容和信息

在曠野中與上帝同行——民數記析讀 黃嘉樑 著／HK$168

建立新世代——申命記析讀（卷上） 賴建國 著／HK$138

建立新世代——申命記析讀（卷下） 賴建國 著／HK$138

剛強壯膽回應上帝的應許——約書亞記析讀 黃嘉樑 著／HK$163

背約沉淪的循環軌迹——士師記析讀 吳獻章 著／HK$128

以敬以虔活在當下——傳道書析讀 吳慧芬 著／HK$138

愛的審判與生命的應許——耶利米書析讀 熊潤榮 著／HK$148

與人同在的彌賽亞君王——馬太福音析讀（卷上） 黃漢輝 著／HK$128

與人同在的彌賽亞君王——馬太福音析讀（卷下） 黃漢輝 著／HK$128

奔走風塵的僕人——馬可福音析讀 張略、黃錫木 著／HK$118

逆轉人生的上帝之子——路加福音析讀 孫寶玲 著／HK$118

道成為人的耶穌——約翰福音析讀 吳道宗 著／HK$118

風起雲湧的初代教會——使徒行傳析讀 張達民、黃錫木 著／HK$98

情理之間持信道——加拉太書、帖撒羅尼迦前後書析讀 張達民、郭漢成、黃錫木 著／HK$98

同歸於一得基業——以弗所書析讀 郭漢成、劉聰賜 著／HK$128

連於基督走窄路——歌羅西書析讀 曾思瀚 著／蘇慧中 等譯／HK$108

僕人領袖的教導與領導——提多書、提摩太前書析讀 曾思瀚 著／曾景恒 譯／HK$138

擁抱危機的事奉傳承——提摩太後書析讀 曾思瀚 著／曾景恒 譯／HK$98

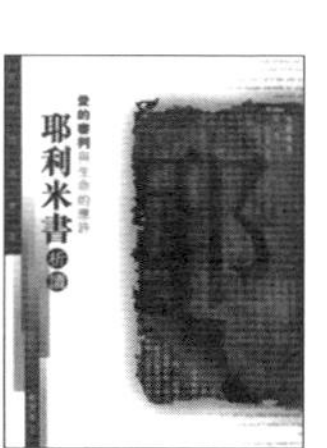

其他出版
讓您多方、多向，更完整地研讀聖經

憑祢恩言——實用基督徒生活手冊 郭鴻標、黃錫木 主編／HK$108

聖經通識手冊 羅慶才、黃錫木 主編／HK$188

讀者意見表

緊扣時代 服事教會

以文字傳揚基督真道

衷心多謝你購買本社書籍。本社一直致力以出版事工服事教會，幫助信徒扎根於神的話語，促進靈命增長。為使我們的出版更能滿足你的需要，請填寫下列各項資料，並寄回或傳真予本社。

所購書籍：______________________

本書最吸引你的地方：
□作者 □適切性 □文筆 □設計 □實用性
□其他：______________________

購買本書地點：
□基道書樓 □基督教書店 □非基督教書店

性別：□男 □女 職業：______________

信仰：□基督徒 □非基督徒

年齡：□ 16 歲或以下 □ 17～25 歲 □26～35 歲
□ 36～55 歲 □ 56 歲或以上

學歷：□中三或以下 □中五 □預科
□大學 □研究院

□我欲更多了解基道出版社的事工及考慮支持，請寄給我下列資料：
□機構簡介 □新書資料 □基道會員通訊
□《基道文字事工通訊》

姓名：______________ 電話：______________

地址：______________________

____

傳真：______________ 電子郵件：______________

其他意見：______________________

____

多謝賜教！

意見表可以傳真（2687-0281）或直接郵寄以下地址：
香港沙田火炭坳背灣街26號富騰工業中心1011室
基道出版社編輯部收